U0511822

中国劳动关系学院
CHINA UNIVERSITY OF LABOR RELATIONS

中国特色社会主义工会学

中国劳动关系学院｜组织编写

刘向兵　赵健杰｜主编

人民出版社

责任编辑：侯　春

封面设计：姚　菲

图书在版编目（CIP）数据

中国特色社会主义工会学 / 中国劳动关系学院组织

编写；刘向兵　赵健杰　主编 . -- 北京：人民出版社，

2025. 2. -- ISBN 978 - 7 - 01 - 026873 - 6

I. D412.6

中国国家版本馆 CIP 数据核字第 2024C5R290 号

中国特色社会主义工会学

ZHONGGUO TESE SHEHUIZHUYI GONGHUIXUE

中国劳动关系学院　组织编写

刘向兵　赵健杰　主编

人民出版社 出版发行

（100706　北京市东城区隆福寺街 99 号）

北京中科印刷有限公司印刷　新华书店经销

2025 年 2 月第 1 版　2025 年 2 月北京第 1 次印刷

开本：710 毫米 × 1000 毫米 1/16　印张：26

字数：350 千字

ISBN 978 - 7 - 01 - 026873 - 6　定价：98.00 元

邮购地址 100706　北京市东城区隆福寺街 99 号

人民东方图书销售中心　电话（010）65250042　65289539

版权所有·侵权必究

凡购买本社图书，如有印制质量问题，我社负责调换。

服务电话：（010）65250042

目　录

绪　论

教学基本要求

1. 认识建构中国特色社会主义工会学的必要性和基本要求
2. 了解中国特色社会主义工会学的逻辑起点和落脚点
3. 明确中国特色社会主义工会学的建构意义
4. 掌握建构中国特色社会主义工会学的主要研究方法

　　具有划时代意义的党的十一届三中全会将全党的工作重点转移到社会主义现代化建设上来，中国社会主义建设事业进入一个新的历史发展阶段，党领导下的中国工会运动也进入历史新时期。在中国共产党的英明领导下，我国各级工会组织团结、动员我国工人阶级和其他劳动群众筚路蓝缕、踔厉奋发，取得令世界瞩目的辉煌成就，我国已成为全球第二大经济体。具有深远历史意义的党的二十届三中全会及其审议通过的《中共中央关于进一步全面深化改革、推进中国式现代化的决定》，吹响了进一步全面深化改革、推进中国式现代化的进军号角，为我国改革开放伟大事业开辟了广阔前景，继续谱写新的壮丽篇章。在党的二十届三中全会精神指导下各级工会组织站在新的历史起点，立足新发展阶段，贯彻新发展理念，构建新发展格局，团结动员广大职工群众积极投入实现中华民族伟大复兴新的征程，积极发展新质生产力，推动高质量发展，正在朝着第二个百年奋斗目标阔步前行，以中国式现代化谱写中华民族伟大复兴新的历史篇章。实践证明：改革开放40多年来，尤其是中国特色社会主义进入新时代，是新中国成立以来政治、经济、文化、社会和生态文明建设发展最快、最好的历史时期，工人阶级的卓越贡献不可磨灭。

我国工会作为中国共产党领导的工人阶级群众组织，"首先是政治组织，工会工作首要是政治工作"。① 在党的领导下，工会组织忠实履行政治责任，大力加强对职工的思想政治引领，带领职工群众坚定不移听党话、跟党走，巩固党执政的阶级基础和群众基础；团结动员亿万职工建功立业新时代，牢牢把握中国工运时代主题；依法维护职工群众合法权益，竭诚服务职工群众，在改革创新中积累了丰富实践经验，不断推动工会理论创新、体制创新和实践创新。实践证明：中华全国总工会诞生近百年、改革开放40多年来，特别是中国特色社会主义进入新时代，我国工会工作实践有了长足的发展，积累了深厚的历史经验和丰富的实践经验。这些成功经验对于工会而言，不啻宝贵的精神财富，亟待从理论上尤其是学科体系建构方面进行全面系统总结和必要的理论抽象，这是新时代中国工会学理论体系建设的系统工程和创新工程。

中国特色社会主义工会学的当代出场，适应了改革开放以来，尤其是中国特色社会主义进入新时代，我国工会工作实践蓬勃发展的客观要求。这是中国工会理论研究深入发展到一定阶段并向学科化转向的必然逻辑，也是工会学作为一门科学同我国学术界全面深度接轨的重要方式。这一理论创新工程，以马克思主义理论、中国特色社会主义理论和习近平新时代中国特色社

---

① 蔡奇：《奋力书写我国工人阶级投身强国建设民族复兴的壮丽篇章——在中国工会第十八次全国代表大会上的致词（2023年10月9日）》，《人民日报》2023年10月10日。

会主义思想为指导，以中国共产党领导下的中国工会理论百年发展历史成果为强大支撑，以改革开放以来，尤其是新时代全面建设社会主义现代化国家的新征程作为宏大叙事背景，以这一历史阶段中国工会新的发展实践作为逻辑主线，依据学科建设所应遵循的学术规范，着眼于学术化基础上的体系化建构，深刻揭示中国特色社会主义工会运动与发展的基本规律、基本原则和基本内容，进而实现科学构筑中国特色社会主义工会学理论体系的学术目的。① 这一理论探索和科学概括过程，全面体现了中国工会发展的历史逻辑、理论逻辑和实践逻辑三者高度统一基础上的创新精神，深刻反映了理论继承和学术创新的辩证关系，其价值指向就是通过建构中国特色社会主义工会学理论体系，进一步推动中国工会理论建设高质量发展。

第一节　工会的产生和中国共产党领导下中国工会运动的历史发展

工会作为一种社会历史现象，产生于资本主义雇佣劳动制度下工人阶级反抗资产阶级剥削的阶级斗争，从其产生至今已有 200 多年历史。资本主义生产方式的确立与发展，经历了家庭手工业、工场手工业和机器大工业等三个不同阶段。尤其是第一次工业革命以后，大机器生产逐渐取代效率低下的手工业生产，在凸显其技术变革进步意义的同时，也引发了强烈的社会变革。在这一历史过程中，工人阶级作为资产阶级的对立物逐步发展壮大起来，这两个阶级之间的斗争对整个社会产生深远影响。面对强大的资本力量，工人阶级必须联合起来以反对资本的盘剥压榨，维护自身的利益。由此，工会作为保护工人利益的组织便应运而生，并逐渐发展成为一种世界历

---

①　赵健杰：《论中国特色社会主义工会学建构逻辑》，《工会理论研究》2024 年第 1 期。

史现象。

中国工会组织的产生距今已有 100 多年历史。中外工会发展的历史，有其共同的经济原因、共同的特点和发展规律，但因社会制度的差异以及具体国情的不同，造成中外工会运动的本质区别。其中一个原则区别体现为，波澜壮阔的中国工会运动百年历史是一部中国共产党领导的辉煌历史，始终坚持党对工会的领导，并围绕党的中心任务开展工作，积极维护工人阶级合法权益，这是推动中国工会运动不断发展的根本政治法宝。在建构中国特色社会主义工会学理论体系过程中，要正确处理中外工会发展不同历史轨迹中所反映的共性特征与个性特征及其辩证关系，从理论上深刻揭示中国共产党领导下中国工会运动深刻的历史逻辑和发展逻辑。

一、资产阶级与无产阶级的阶级矛盾是工会产生的直接历史原因

工会作为社会历史现象，是人类社会发展到一定历史阶段出现的，是一个历史范畴。工会是大机器工业时代资本与劳动矛盾的产物。随着资本的扩张以及产业革命推动生产技术的进步，工会跨越国家疆界，成为一种世界历史现象。

（一）工会产生的历史背景

欧洲工会的前身是中世纪的行会。最早的工会组织产生于英国。1640 年，英国爆发了资产阶级革命，其后几经反复和曲折，逐渐确立了君主立宪制，实现与封建势力的分权，为资本主义发展奠定了政治基础。1765 年，以哈格里夫斯发明珍妮纺织机和瓦特改进蒸汽机为标志，英国拉开了第一次工业革命的历史帷幕，开启了从工场手工业逐渐向机器大工业时代发展的阶段，并于 1840 年左右，率先完成工业革命。从 18 世纪 70 年代起，西欧各主要资本主义国家先后通过产业革命，从工场手工业逐渐过渡到机器大工业，并不断向世界其他地区扩展。工业革命极大地推动了社会生产力的发展，同

时也引起社会重大的历史性变革。整个社会结构日益分裂为两大阶级：资产阶级与工人阶级。恩格斯指出："工业革命创造了一个大工业资本家的阶级，但是也创造了一个人数远远超过前者的产业工人的阶级。"① 机器大工业的发展，为工人阶级的组织和团结提供了客观条件，也为工人阶级的阶级意识形成提供了重要基础。伴随工人阶级的发展壮大，团结起来进行组织化的斗争成为工人阶级反抗资产阶级剥削压迫的必然选择，从而为工会的产生奠定了强大的阶级基础。

（二）资产阶级与无产阶级的阶级矛盾是工会产生的直接历史原因

在机器大工业不断发展的条件下，机器代替了人力，资本主义创造出前所未有的生产力。同时，资产阶级对工人阶级的压迫与剥削日益深重。在资本主义雇佣劳动制度下，资本家为了最大限度地攫取工人的剩余价值，采取压低工人工资、减少工人福利、延长工人劳动时间、增强工人劳动强度等方式，榨取工人血汗。随着生产技术的进步，出现了机器排斥人和取代人的现象，工人成为机器的简单附属品，从而不断加剧资产阶级和无产阶级两大阶级的矛盾与对抗。工人阶级为了自身生存，采取不同形式进行反对资产阶级的斗争。但是，处于自发阶段的工人阶级由于不了解资产阶级剥削工人的全部秘密，盲目地将遭受压迫、丧失工作归咎于大机器的出现，因此，常常采用怠工、破坏机器设备或者烧毁厂房等形式同资本家进行经济斗争，这是工人阶级自发采取的反抗方式。

一部国际工人运动史册，全面展示了工人阶级反抗资产阶级斗争的壮丽图景。自18世纪末到19世纪初，工人阶级主要采取罢工形式同资产阶级进行斗争。在英国，分别爆发了1810年东北海岸矿工罢工、1812年苏格兰纺织工人罢工、1816年南威尔士矿工和炼铁工人罢工等。在法国，分别爆发了1817年里昂制帽工人罢工、1823年巴黎建筑工人罢工和马赛面包工人罢

---

① 《马克思恩格斯文集》第3卷，人民出版社2009年版，第516页。

工等。① 在长期斗争实践中，工人阶级逐渐明白一个道理：面对强大的资本力量，单个人的力量是弱小的。要对抗资产阶级的剥削，必须走联合起来的道路，建立保护自身利益的组织。这是工会组织产生最直接的动因。

1794—1796 年，英国羊毛加工业工人、缝纫业工人建立欧洲最初的工人团体。② 工会组织的出现对于工人阶级实现阶级联合是一个巨大进步，对此，列宁评价道："在资本主义发展初期，建立工会是工人阶级的一大进步，使工人由散漫无助的状态过渡到了初步的阶级联合。"③ 马克思、恩格斯在《共产党宣言》中指出："随着工业的发展，无产阶级不仅人数增加了，而且结合成更大的集体，它的力量日益增长，而且它越来越感觉到自己的力量。""机器的日益迅速的和继续不断的改良，使工人的整个生活地位越来越没有保障；单个工人和单个资产者之间的冲突越来越具有两个阶级的冲突的性质。工人开始成立反对资产者的同盟；他们联合起来保卫自己的工资。他们甚至建立了经常性的团体，以便为可能发生的反抗准备食品。"④ 在资产阶级与工人阶级尖锐的阶级对立和矛盾中，代表工人阶级利益的工会组织的产生，便具有了历史必然性。

1818 年，苏格兰格兰斯哥织布工人工会作为世界上第一个工会组织正式成立，标志着工会作为代表和保护工人利益的工人群众组织登上历史舞台。1830 年，英国成立了第一个跨行业的全国性工会组织——全国各业劳工保护协会；1851 年，世界上第一个全国性行业工会组织——混合机器工会在英国成立；1868 年，世界上第一个全国性总工会——英国职工大会正式成立。

产业革命造就了工人阶级，实现了工人阶级同先进生产力的有机结合，

---

① 于文霞：《国际工人运动史》，辽宁人民出版社 1987 年版，第 9 页。
② 于文霞：《国际工人运动史》，辽宁人民出版社 1987 年版，第 10 页。
③ 《列宁选集》第 4 卷，人民出版社 2012 年版，第 160 页。
④ 《马克思恩格斯文集》第 2 卷，人民出版社 2009 年版，第 40 页。

使其成为最有前途、最富有彻底革命精神的先进阶级。工人阶级在反对资产阶级的长期斗争实践中，开始从争取增加工资、缩短工时、改善劳动条件的经济斗争向政治斗争的方向转变，实现了从自在阶级向自为阶级质的飞跃和根本转变。工人阶级通过罢工行动和组建工会的形式同资产阶级进行不屈不挠的斗争，对于启发其阶级觉悟、加强团结具有十分重要的意义。在近代欧洲历史上风起云涌的工人运动中，最具代表性的是三大工人运动，即1831年和1834年法国里昂丝织工人的两次起义、1836—1848年英国的宪章运动以及1844年爆发的德国西里西亚织工起义，标志着工人阶级作为独立的政治力量登上历史舞台，开始走上反对资本主义制度的独立斗争道路。三大工人运动虽然因其没有科学理论指导、没有科学理论武装的革命政党领导而归于失败，却为科学社会主义理论的产生奠定了坚实的阶级基础和实践基础。马克思、恩格斯正是在参加无产阶级革命运动的实践中，创立了科学社会主义革命理论。

当无产阶级政党取得对工会组织的领导地位，尤其是马克思主义理论成为工人运动的指导思想，工会以经济斗争为主的斗争方式便发生了根本性改变。工会代表工人阶级旗帜鲜明地提出本阶级的政治主张与政治要求，把斗争矛头直接指向整个资产阶级与资本主义制度。

二、中国工会的产生与中国共产党领导的中国工会运动

中国工会组织产生于风雨飘摇的半殖民地半封建社会，要比西方资本主义国家的工会组织晚出现近一个世纪，这是由中国当时特定的国情所决定的。中国共产党成立后，领导了中国工会运动，为其开辟了新的发展道路，指明了正确发展方向。虽然历经坎坷和曲折，经受各种严峻的历史考验，但中国工会运动在中国共产党的领导下，日益发展壮大，不断谱写新的历史篇章。

（一）中国工会的产生

同西方资本主义国家的工人阶级相比较，中国近代工人阶级的产生具有自己的特殊性。从产生的时间看，要比西方资本主义国家工人阶级的产生晚一个多世纪。从产生的具体国情来看，中国工人阶级不是中国资本主义独立发展的产物。19 世纪 40 年代之后，中国由于遭受外国资本主义压榨和帝国主义列强的侵略，由封建主义社会逐渐成为半殖民地半封建社会。在这一过程中，于 19 世纪中叶外国资本在中国开办的工厂中，产生了中国最早一批近代产业工人。从 19 世纪 60 年代开始，在清政府洋务派官僚开办的军事工业和官办、官商合办以及官督民办的民用事业，产生了第二批产业工人。19 世纪 70 年代，第三批产业工人则产生于民族资本创办和经营的近代工厂企业。从工人阶级和资产阶级产生的时间来看，中国工人阶级的诞生要早于资产阶级。中国工人阶级一经产生，就拥有比资产阶级更加强大的力量。

在半殖民地半封建的社会条件下，中国工人阶级深受帝国主义、封建主义和资本主义三重压迫，在长期斗争中除了具备工人阶级的一般特点，即与工业大生产相联系，是人类历史上最进步、最有前途的阶级，富有组织性和纪律性，同时锻造出属于中国工人阶级特有的品格，即中国工人阶级遭受的压迫和剥削在世界上都是罕见的，因此，其革命性最坚决、最彻底；中国工人阶级虽然人数不多，但主要集中在少数大城市和大型厂矿企业，有利于工人阶级的组织和团结，也有利于形成强大的革命力量；中国工人阶级大多来自破产农民，与农民具有天然联系，便于同农民结成亲密联盟。

中国工人阶级自诞生之日起，为了自身的生存，自发地进行反抗剥削和压迫的斗争，并在斗争中加入帮口、行会及秘密结社。这是中国工人组织发展和演变进程中不可逾越的一个阶段。[①]1851 年，在广州成立了搬运工人组

---

① 王永玺：《试论中国工人阶级早期的组织状况及特点》，《中国工运学院学报》1988 年第 1 期。

织，即广州打包工人联合会，这是最早具有工会性质的工人组织。

真正意义上的中国近代工会及工人团体则出现于辛亥革命前后。随着工人阶级队伍的不断壮大，工会组织纷纷建立起来，如具有较大影响的 1909 年成立的广东机器研究公会，1912 年成立的中华全国铁道工会、制造工人同盟会等工会组织。

1919 年，轰轰烈烈的五四运动爆发，实现了中国人民和中华民族自鸦片战争以后第一次全面觉醒。中国工人阶级作为独立的政治力量登上历史舞台，显示出强大的力量，拉开中国新民主主义革命的历史帷幕。"五四运动，以彻底反帝反封建的革命性、追求救国强国真理的进步性、各族各界群众积极参与的广泛性，推动了中国社会进步，促进了马克思主义在中国的传播，促进了马克思主义同中国工人运动的结合，为中国共产党成立做了思想上干部上的准备"。①

（二）中国共产党领导下中国工会运动的历史发展

1921 年 7 月 23 日，中国共产党第一次全国代表大会在上海法租界望志路 106 号开幕，其后转移至浙江嘉兴南湖，继续讨论 7 月 30 日在上海未能进行的议题。党的一大召开标志着中国共产党的正式成立，这是开天辟地的大事件。大会通过的《中国共产党第一个决议》明确提出，党的基本任务是成立产业工会。同年 8 月 11 日，中共中央成立了公开领导工人运动的总机关——中国劳动组合书记部。中国共产党的诞生，标志着中国工人阶级从此有了自己政党的领导，也标志着中国工人运动从此进入一个新的历史阶段。

中国共产党自成立以来，坚持把马克思主义普遍真理同中国革命、建设、改革开放和中华民族伟大复兴的具体实际相结合，开辟了新民主主义革命道路、社会主义革命和建设道路、中国特色社会主义道路和实现中华民族

---

① 习近平：《在纪念五四运动 100 周年大会上的讲话》，人民出版社 2019 年版，第 2 页。

伟大复兴的辉煌道路。中国共产党领导下的百年中国工会运动有必然的历史发展逻辑，循其历史嬗变的轨迹，可以将中国工会发展过程划分为新民主主义革命时期、社会主义革命和建设时期、改革开放和社会主义现代化建设新时期、中国特色社会主义新时代等四个不同历史阶段。

1. 新民主主义革命时期的工会运动

新民主主义革命时期的中国工会运动，经历了从经济斗争逻辑向政治斗争逻辑的根本转换。

中国早期工会组织，是为了保护工人自身的切身利益，由工人群众自愿组织起来的。由于工人阶级处于自发状态，因而其斗争性质主要以开展经济斗争为主。马克思主义认为，工人阶级反对资本主义的经济斗争是有用的，但这种斗争形式只能治标，不能从根本上解决问题。只有把工人阶级反对资产阶级的经济斗争发展为反对整个剥削制度的政治斗争，才能从根本上实现工人阶级的解放。马克思指出：工人阶级"不应当忘记：在日常斗争中他们反对的只是结果，而不是产生这种结果的原因"，"他们应当摒弃'做一天公平的工作，得一天公平的工资！'这种保守的格言，要在自己的旗帜上写上革命的口号：'消灭雇佣劳动制度！'"。①

在轰轰烈烈的五四运动中，中国工人阶级以独立的政治姿态登上中国历史舞台，展现出强大的力量，标志着中国工人阶级开始实现由自在阶级向自为阶级的历史性飞跃，其斗争性质也实现了由单纯的经济斗争向政治斗争的根本性转换。对此，毛泽东曾指出：五四运动以后，"中国无产阶级，由于自己的长成和俄国革命的影响，已经迅速地变成了一个觉悟了的独立的政治力量了"。② 中国共产党在创建时期，就开始大力开展工人运动，组建工会组织。1920 年 11 月 21 日，在上海党的早期组织领导下建立了上海机器工会，

---

① 《马克思恩格斯选集》第 2 卷，人民出版社 2012 年版，第 69 页。
② 《毛泽东选集》第 2 卷，人民出版社 1991 年版，第 673 页。

标志着中国第一个真正具有阶级性和群众性工会组织的正式诞生，由此翻开中国共产党百年历史进程中领导中国工会运动新的历史篇章。

1921年7月23日，中国共产党第一次全国代表大会胜利召开，宣告中国共产党正式成立，这是开天辟地的大事变。1921年8月11日，中共中央成立了公开领导工人运动的总机关——中国劳动组合书记部。从此，我国工人运动在中国共产党的领导下，开启了一个崭新的发展阶段。1925年5月1—7日，在广州召开了第二次全国劳动大会，中华全国总工会正式成立，实现了全国工人的大联合，开创了党领导中国工人运动的新局面。

新民主主义革命时期，中国共产党领导的中国工会运动分别经历了大革命时期、土地革命战争时期、抗日战争时期和解放战争时期。中国工会始终围绕党的中心任务开展工作，团结和动员工人阶级，为推翻三座大山、夺取新民主主义革命的伟大胜利建立了不朽的历史功绩。

2. 社会主义革命和建设时期的工会工作

由新民主主义革命时期的工会运动发展到社会主义革命和建设时期的工会工作，经历了从革命和斗争逻辑向建设逻辑的根本转换。

在新民主主义革命时期，中国共产党领导的工会运动，将斗争的矛头直指帝国主义、封建主义和官僚资本主义。在党的领导下，我国工会团结和带领工人阶级，投入党领导的实现民族独立、人民解放的伟大革命洪流，在浴血奋战、百折不挠的革命斗争实践中，锻造出中国工人阶级"特别能战斗"的革命精神和优秀品格，为夺取新民主主义革命的伟大胜利谱写出辉煌的历史篇章。在这一历史阶段，工会所秉承的是革命和斗争的逻辑。在历次工人运动中，党领导下的工会都是运动的组织者、动员者和发动者。当然，新民主主义革命时期党领导下的工人运动的斗争逻辑并不是绝对的。比如，在土地革命战争时期党创建的红色苏区、抗日战争时期的抗日根据地以及解放战争时期解放区所属的工厂和企业，工会主要发挥建设的职能作用，通过高扬"用新的态度对待新的劳动"的旗帜，调动并激励工人阶级的生产劳动积极性、主动性和创造性，为推动红色苏区、抗日根据地和解放区的经济建设发展，支援革命战争作出重大贡献。1942年9月11日，陕甘宁边区总工会发起的轰轰烈烈的"赵占魁运动"，以及这一运动所产生的重要影响，就是一个鲜明例证。

新中国成立后，工人阶级和广大劳动群众翻身当家做了主人。伴随着社会主义制度的确立，工人阶级在政治上成为国家的领导阶级，在社会主义经济建设中成为主力军，也成为推动企业发展的主体力量。党领导下的工会组织团结动员工人阶级发挥自力更生、艰苦奋斗的精神，以主人翁的姿态奋战在社会主义建设的各条战线上，在彻底改变我国一穷二白落后面貌过程中，创造了社会主义革命和建设的伟大成就，实现了由革命和斗争逻辑向建设逻辑的根本转换。

3.改革开放和社会主义现代化建设新时期的工会工作

改革开放和社会主义现代化建设新时期的工会工作，深刻体现了解放思想、改革创新的时代特征。

党的十一届三中全会重新确立了党的马克思主义思想路线、政治路线和组织路线，将全党的工作重心转移到经济建设上来，实现了新中国成立以来党的历史上具有深远意义的伟大转折，全面开启了改革开放和社会主义现代化建设的伟大征程。在这一伟大历史转折过程中，我国工会同样经历了解放思想和拨乱反正过程，通过对包括"文化大革命"时期在内的错误路线对于工会工作干扰的深刻反思，排除了"左"的干扰，逐步确立起适应于中国特色社会主义建设的工会工作重大原则、重大理念。党领导下的中国工会运动由此踏上新的征程。

改革开放以来，面对新形势对工会工作的新要求、劳动关系前所未有的新变化带来的新挑战、职工队伍结构性变化带来的新问题，中国工会以改革创新的思路，正确确立了工会基本职责和职能，这是对1953年5月召开的中国工会七大确立的"以生产建设为中心，生产、生活、教育三位一体"工会工作方针的创新发展；为适应改革开放新形势对工会工作的新要求，不断从理论和改革实践中探索并确立了工会工作总体思路，即以贯彻实施劳动法为契机和突破口，带动工会各项工作，推动自身改革和建设；创造性地提出实现工会工作"五突破一加强"①的基本要求；突出"以职工为本"，明确确立中国特色社会主义工会维权观，深刻揭示工会自身改革的必要性和基本途径，并对中国特色社会主义工会发展道路进行不断深入的探索，正确回答了在建设中国特色社会主义新的历史条件下，中国工会举什么旗、走什么路，建设什么样的工会和怎样建设工会，工会发挥什么作用和怎样发挥作用等的时代之问。

实践证明：改革开放是中国共产党的一次伟大觉醒，是中国人民和中华民族发展史上的一次伟大革命。同样，对于中国共产党领导下的中国工会运动也是如此。以解放思想、拨乱反正为起点，遵循"破"与"立"的辩证法，在不断深入的改革实践中努力探索、锐意进取，在不断创新的实践中开创中国特色社会主义工会工作新境界。由工会理论创新推动工会实践创新和体制创新的创新逻辑，成为促进工会工作不断向前发展的内在动力。由解放思想、拨乱反正为出发点，实现了向改革创新的根本转换，并贯穿于改革开放历史过程始终。

4.中国特色社会主义新时代的工会工作

党的十八大以来，中国特色社会主义进入新时代，意味着我们党又面

---

① "五突破一加强"是1999年10月召开的全国总工会十三届主席团第三次会议提出的。"五突破"指：积极协助党政做好国有企业减员增效、下岗职工基本生活保障和再就业工作，深入实施送温暖工程，对特困职工承担第一责任人职责的工作要有新的突破；坚决维护职工的经济利益，进一步理顺劳动关系，推行平等协商和集体合同制度的工作要有新的突破；切实保障职工的民主权利，坚持和完善以职工代表大会为基本形式的企业民主管理制度，实行厂务公开和民主评议企业领导人的工作要有新的突破；推动国有独资和国有控股公司的董事会、监事会中都要有职工代表参加的工作要有新的突破；加快新经济组织和改制企业工会组建步伐，最大限度地把职工组织到工会中来的工作要有新的突破。"一加强"指：以改革的精神加强工会自身建设。

临新的重大历史转折。在新的历史条件下，习近平总书记向全党、全国人民发出实现中华民族伟大复兴中国梦的时代最强音，被赋予划时代的重大意义。在以习近平同志为核心的党中央坚强领导下，我国工人阶级以高度的主人翁使命感、历史责任感和主力军的身份，艰苦奋斗，不懈努力，创造了令世界瞩目的伟大成就。在全面建成小康社会基础上，我国工人阶级乘势而上，积极投身于进行伟大斗争、建设伟大工程、推进伟大事业、实现伟大梦想的新征程，推动党和国家事业取得决定性成就、发生历史性变革。

中国特色社会主义进入新时代，面对新形势下所展现的新特征、社会主要矛盾的新变化、职工队伍的新构成、职工群众的新诉求、劳动关系的新表现、工会工作改革创新的新要求，习近平总书记站在时代高度，高瞻远瞩，以与时俱进的改革和创新眼光，对我国工运理论和实践作了全面系统创造性的科学阐述，创立了习近平总书记关于工人阶级和工会工作的重要论述这一理论体系，丰富和发展了马克思主义工运理论宝库，为我国新时代工运理论的创新发展以及工会工作实践的重大改革，指明了前进方向，提供了重大指导原则。中国工会组织始终坚持以习近平总书记关于工人阶级和工会工作的重要论述为根本遵循，坚持党的领导，并带领工人阶级坚定不移听党话、跟党走，履行工会的政治责任；明确地将为实现中华民族伟大复兴而奋斗作为中国工运的时代主题，带领工人阶级积极投身于推动高质量发展的伟大实践中建功立业。

在世界百年未有之大变局加速演进过程中，工会工作作为党治国理政的经常性、基础性工作，"正处于为党和国家中心工作发挥更大作用的机遇期、更深层次更高水平推进工会改革的攻坚期、推动工运事业和工会工作高质量发展的窗口期"。① 中国工会将以改革创新姿态，推进工会治理现代化，构建和谐劳动关系，"聚焦'维护职工合法权益、竭诚服务职工群众'主责主业，

---

① 《中国工运事业和工会工作"十四五"发展规划》，《工人日报》2021年7月22日。

切实维护好、服务好亿万职工群众的劳动经济权益、民主政治权利和精神文化权益"①，大力推动产业工人队伍建设改革，组织动员职工群众建功立业新发展阶段，积极发展新质生产力，在推动高质量发展中，促进职工实现共同富裕和全面发展。

纵观中国共产党领导下的中国工会运动，其发展的历史轨迹十分清晰地贯穿着一条中国工会始终坚守的政治逻辑：始终不渝地自觉接受党对工会工作的领导，带领职工群众坚定不移地听党话、跟党走，围绕党的中心任务开展工作。在中国特色社会主义建设实践中，中国工会的性质、宗旨与使命逻辑地规定其最根本的工作理念：以职工为中心的工作导向，通过依法维护职工合法权益、竭诚服务职工群众，实现职工体面劳动、舒心工作和全面发展的目标。通过工会自身的全面建设、深入改革和创新，推动工会治理现代化，不断开创中国特色社会主义工会工作新境界。

第二节　中国特色社会主义工会学的研究对象、学科归属和建构原则

一、中国特色社会主义工会学的研究对象

研究对象的确立，是建构一门学科的基本前提，直接关系到学科发展的正确走向，是研究主体首要的目标指向。确立学科的研究对象，需要研究者正确把握对象所涵盖的特殊矛盾并以此为依据进行科学区分。

毛泽东在《矛盾论》中，从哲学的高度对科学对象的确立作了深刻分

---

① 徐留平：《中国工会第十八次全国代表大会闭幕词（二〇二三年十月十二日）》，《工人日报》2023 年 10 月 14 日。

析。他指出："科学研究的区分，就是根据科学对象所具有的特殊的矛盾性。因此，对于某一现象的领域所特有的某一种矛盾的研究，就构成某一门科学的对象。"① 这一科学论断为明确学科研究对象提供了重要指导。每一门学科都有自己特定的研究对象，主要是由其内在的特殊矛盾所决定。这就表明，事物的特殊矛盾是一事物区别于他事物的质的规定性。毛泽东进一步指出："如果不研究矛盾的特殊性，就无从确定一事物不同于他事物的特殊的本质，就无从发现事物运动发展的特殊的原因，或特殊的根据，也就无从辨别事物，无从区分科学研究的领域。"② 毛泽东上述科学论断对于确立中国特色社会主义工会学研究对象，具有重要的方法论意义。

中国特色社会主义工会学是一门揭示中国特色社会主义工会事业和工会工作发展规律的科学。规律就是本质，中国特色社会主义工会学就是研究并揭示中国特色社会主义工会本质内容、本质规定、内在联系和发展趋势的科学。具体而言，中国特色社会主义工会学作为一门学问，就是要深刻揭示中国共产党领导下中国特色社会主义工会运动的规律。它具体涵盖中国特色社会主义语境下，中国共产党对中国工会领导的规律、中国工会服从并服务于党和国家大局的工作规律、中国工会协调劳动关系的规律、中国工会维护和服务职工群众的规律、中国工会自身建设改革和创新的规律等等。③

二、中国特色社会主义工会学的学科归属与基本属性

中国特色社会主义工会学的理论体系是以马克思主义为理论基础，以毛泽东思想、邓小平理论、"三个代表"重要思想、科学发展观、习近平新时代中国特色社会主义思想为指导，以习近平总书记关于工人阶级和工会工作

① 《毛泽东选集》第 1 卷，人民出版社 1991 年版，第 309 页。
② 《毛泽东选集》第 1 卷，人民出版社 1991 年版，第 309 页。
③ 赵健杰：《论中国特色社会主义工会学建构逻辑》，《工会理论研究》2024 年第 1 期。

的重要论述为根本遵循，在广大工会干部实践经验基础上，按照学科化学术要求建构的理论体系。中国特色社会主义工会学的学科属性可以归结为马克思主义中国化时代化学科，这门学科具有交叉学科、应用学科等基本属性。

（一）中国特色社会主义工会学的学科归属

中国特色社会主义工会学以马克思主义中国化时代化作为学科归属，其学科建构以马克思主义及其中国化时代化的理论为指导，其基本立场、基本思想、基本观点和基本方法处处体现出马克思主义中国化时代化的思想光辉。

1. 关于马克思主义中国化时代化

马克思主义作为无产阶级认识和改造世界的强大思想武器，作为无产阶级争取自身自由和全人类解放的科学理论，自创立以来，在指导无产阶级革命实践中不断丰富发展，充分彰显出与时俱进的先进品质。在指导俄国革命实践中，取得十月革命的伟大胜利，建立了世界上第一个社会主义国家，把马克思主义推向列宁主义阶段。在指导中国革命实践中，中国共产党人把马克思主义普遍真理同中国革命具体实践相结合，推翻了压在中国人民头上的三座大山，取得新民主主义革命的彻底胜利，确立并发展了社会主义制度，把马克思主义推向一个新的发展阶段，形成了中国化时代化的马克思主义，即马克思主义中国化时代化。

马克思主义中国化时代化，就是"坚持把马克思主义基本原理同中国具体实际相结合、同中华优秀传统文化相结合，用马克思主义观察时代、把握时代、引领时代，继续发展当代中国马克思主义、21 世纪马克思主义"[1]，并运用马克思主义的基本立场、观点和方法，研究并解决中国革命、建设、改

---

① 习近平：《在庆祝中国共产党成立 100 周年大会上的讲话》，人民出版社 2021 年版，第 13 页。

革和实现中华民族伟大复兴的实际问题，在坚持马克思主义过程中，不断丰富和发展马克思主义，形成具有中国特色、中国风格、中国气派的马克思主义，是适应时代要求的马克思主义创新性理论成果。毛泽东是马克思主义中国化时代化的伟大开拓者，在党的扩大的六届六中全会上，首次提出并科学阐释了"马克思主义中国化"这一重大理论命题。他指出："马克思主义的中国化，使之在其每一表现中带着中国的特性，即是说，按照中国的特点去应用它，成为全党亟待了解并亟须解决的问题。"①回顾中国共产党百年奋斗的辉煌历史可以发现，中国共产党在中国革命、建设、改革、实现中华民族伟大复兴的不同历史阶段，在全党共同奋斗和努力下，成功实现了马克思主义中国化时代化新的伟大飞跃，分别产生了毛泽东思想、中国特色社会主义理论体系和习近平新时代中国特色社会主义思想，这些理论已经成为中国共产党宝贵的精神财富。习近平新时代中国特色社会主义思想作为马克思主义中国化时代化的最新成果，是凝聚全党全国各族人民为实现中华民族伟大复兴而不懈奋斗的思想基础，是推动新时代中国特色社会主义事业发展的理论指导和方向引领。马克思主义中国化时代化的伟大飞跃证明，坚持马克思主义中国化时代化的发展方向，是中国共产党的正确选择，也是历史选择，是以马克思主义真理之矢去射中国革命、建设、改革和实现民族复兴伟大实践之的的科学选择。

2. 中国特色社会主义工会学归属于马克思主义中国化时代化学科

马克思主义工运理论是马克思主义经典作家创立的、指导无产阶级革命斗争的理论武器。这一理论在中国的传播发展，是一个在中国共产党的领导下，同中国工运具体实践相结合并不断中国化时代化的过程。马克思主义深刻改变了中国面貌。中国共产党领导的中国革命、社会主义建设、改革开放

---

① 《建党以来重要文献选编（1921—1949）》第 15 册，中央文献出版社 2011 年版，第 651 页。

和全面建设社会主义现代化国家的伟大实践，也极大地丰富了马克思主义。

毛泽东关于工运的理论和中国特色社会主义工运理论，是马克思主义工运理论同中国工运在不同历史阶段的具体实践相结合的产物，是同马克思主义工运理论一脉相承的，是对马克思主义工运理论的继承、完善、创新与发展，因而是马克思主义工运理论中国化时代化的题中之义。

中国特色社会主义进入新时代，习近平新时代中国特色社会主义思想作为当代中国马克思主义、21世纪马克思主义，实现了马克思主义中国化时代化新的飞跃。习近平总书记在党的二十大报告中指出："实践告诉我们，中国共产党为什么能，中国特色社会主义为什么好，归根到底是马克思主义行，是中国化时代化的马克思主义行。"① 推进马克思主义中国化时代化，是一个追求真理、揭示真理、笃行真理的过程。

作为习近平新时代中国特色社会主义思想的重要组成部分，习近平总书记关于工人阶级和工会工作的重要论述是对马克思主义工运理论的新概括、新发展，是指导新时代工会工作实践的根本遵循，也是建构中国特色社会主义工会学的根本指导思想。这一理论体系涵盖了中国特色社会主义劳动观、构建和谐劳动关系观、中国工人阶级观和新时代工会工作观等四个方面的内容，是马克思主义工运理论中国化时代化的深刻表达。

首先，马克思、恩格斯在创建科学社会主义的理论著述中，提出劳动创造人、劳动创造美、劳动创造一切等科学论断，同时，对资本主义条件下的异化劳动现象进行了深刻分析和批判，揭露了资本家剥削工人的全部秘密，并得出推翻资本主义制度、建立社会主义制度、实现共产主义的科学论断。习近平总书记立足于新时代，在继承马克思主义劳动学说基础上，形成了中国特色社会主义历史条件下的劳动创造理论、劳动幸福理论、劳动教育理

---

① 习近平：《高举中国特色社会主义伟大旗帜　为全面建设社会主义现代化国家而团结奋斗——在中国共产党第二十次全国代表大会上的报告》，人民出版社2022年版，第16页。

论、中国梦与劳动美等创新性理论，从本体论角度定义了"劳模精神""劳动精神"和"工匠精神"等科学内涵，提出"辛勤劳动""诚实劳动"和"创造性劳动"等基本劳动理念，确立了劳动的时代价值，即"劳动最光荣、劳动最崇高、劳动最伟大、劳动最美丽"，确立了以辛勤劳动为荣、以好逸恶劳为耻的劳动伦理观，以及全社会都要遵循的"尊重劳动、尊重知识、尊重人才、尊重创造"的劳动伦理行为准则。[①] 这些重大科学论断是对马克思主义劳动学说的创新性发展，是马克思主义劳动学说中国化时代化的最新理论成果。

其次，习近平总书记关于工人阶级和工会工作的重要论述明确提出社会主义制度下构建和谐劳动关系的必然性、必要性及其实现路径。马克思、恩格斯笔下的资本与劳动的关系，反映在阶级方面，主要体现为工人阶级和资产阶级的阶级对立与斗争。工会是作为资本的对立物出现的，代表工人阶级的利益对抗资产阶级，以争得工人阶级的生存权利。习近平总书记关于工人阶级和工会工作的重要论述立足于中国特色社会主义新时代，提出一系列构建和谐劳动关系的重要论断，深刻揭示了劳动关系的本质属性，指明了构建和谐劳动关系的实现路径。上述重要论断表明：处于不同社会制度下的劳动关系性质具有本质的区别。在中国特色社会主义条件下，工人阶级作为国家领导阶级具有重要的政治地位；在全面建设社会主义现代化国家新征程中，具有主力军的重要地位；在企业生产经营中，具有主体地位。虽然在劳动关系涉及的具体利益方面存在差别，但其长远利益取向是高度一致的，即实现中华民族伟大复兴的中国梦。因此，工会组织作为职工群众利益的表达者和维护者，其维护的维度是双向的，这一状况逻辑地规定了构建和谐劳动关系的必然性、必要性和可能性。这是对马克思主义劳动关系理论的创新与发展，是马克思主义劳动关系理论中国化时代化的最新成果。

---

① 赵健杰：《论中国特色社会主义工会学建构逻辑》，《工会理论研究》2024 年第 1 期。

再次，习近平总书记立足于中国特色社会主义新时代，结合工人阶级所发生的实际变化，继承并发展了毛泽东思想和中国特色社会主义理论体系中的相关思想，开拓了马克思主义工人阶级理论中国化时代化的新境界。在中国特色社会主义新时代这一新的历史条件下，习近平总书记不仅一再强调要深入贯彻党的全心全意依靠工人阶级的根本方针，而且强调："全心全意依靠工人阶级不能只当口号喊、标签贴，而要贯彻到党和国家政策制定、工作推进全过程，落实到企业生产经营各方面。"① 他还提出尽管一些企业和职工遇到了种种困难，但越是困难的时候，越要发挥职工群众的主人翁作用，越要关心职工群众的生产生活和职业发展，把全心全意依靠工人阶级的根本方针落实好等重大科学论断。在我国由制造业大国迈向制造业强国的进程中，针对我国产业工人队伍整体素质亟待提高的现状，习近平总书记高度评价技术工人的重要地位，指出技术工人是支撑中国制造、中国创造的重要基础，对于推动经济高质量发展具有重要作用。2017 年 2 月，习近平总书记主持召开十八届中央全面深化改革领导小组第三十二次会议，审议通过《新时期产业工人队伍建设改革方案》，拉开具有重大战略意义的产业工人建设改革的时代帷幕。在此基础上，2024 年 10 月 12 日，出台了《中共中央、国务院关于深化产业工人队伍建设改革的意见》，将产业工人队伍建设改革不断引向深入。

最后，党的十八大以来，习近平总书记高度重视工会工作，依据新时代向工会工作提出的新问题新要求新挑战，提出一系列创新性重大科学论断。这些论断主要包括：坚持党对工运事业和工会工作的领导，坚持全心全意依靠工人阶级的根本方针，确立牢牢把握为实现中华民族伟大复兴中国梦而奋斗的我国工运时代主题，作出加强对职工群众的思想政治引领的重要论断，强调要努力建设高素质劳动大军，号召要大力弘扬劳模精神、劳动精神、工

---

① 《习近平著作选读》第一卷，人民出版社 2023 年版，第 117 页。

匠精神，提出要切实实现好、维护好、发展好工人阶级和广大劳动群众合法权益，以及要深入推进工会改革创新，等等。

习近平总书记关于工人阶级和工会工作的重要论述，视野宏大、内容丰富、意涵深刻，全面反映了新时代工会工作的客观要求，是马克思主义工运理论中国化时代化的最新成果，是做好新时代工会工作的强大思想武器。以习近平总书记关于工人阶级和工会工作的重要论述作为指导思想，决定了中国特色社会主义工会学归属于马克思主义中国化时代化学科。

（二）中国特色社会主义工会学的基本属性

中国特色社会主义工会学是中国特色社会主义工会理论学科化的基本形式，这门学科在建构和发展中具有以下基本属性。

1. 中国特色社会主义工会学是社会应用学科

首先，工会学理论的形成，是建立于工会工作实践基础上的，在工会工作实践经验基础上通过理论抽象而呈现出来，并以理论形态指导工会工作具体实践，这种指导具有更加直接的意义。因此，中国特色社会主义工会学属于社会应用学科。

所谓社会应用学科是相对于社会基础学科而言的。社会基础学科是以研究人类社会发展基本规律为对象所形成的基本知识体系的学科。从不同的社会视角揭示不同研究对象的规律，形成了哲学、经济学、伦理学、社会学、美学、管理学、历史学等社会基础学科。

社会应用学科是指以研究解决社会生活、生产以及管理中的实际问题为对象，注重实际应用，以指导具体实际为基本特点的、具有实践性特征的学科，诸如职业伦理学、农村社会学、女性社会学、员工心理学等等。工会学不同于哲学、伦理学、美学、经济学、社会学等基础学科，其研究对象是揭示工会运动一般规律，其应用目的是指导工会工作具体实践。从学科培养对象上看，工会学理论教学目的是培养系统掌握工会基本理论知识的人。

2.中国特色社会主义工会学是一门交叉学科

所谓交叉学科是两门及以上不同学科在各自学科部分外延重合而形成的、具有相关学科基本特征的新兴学科的统称，也称为边缘学科。

从政治学、社会学、历史学、经济学和管理学等多种学科视角，研究工会这一社会组织和社会现象，就构成了一门全新学科——工会学，从而对工会组织及其运动发展的认识不再驻足于工会工作经验的层面，而是表现为理论形态，使其具有了一般性的理论品格和普遍的指导意义。

中国特色社会主义工会学作为交叉学科，具有以下基本特点和优势。

工会作为一种社会历史现象，同社会存在广泛联系。新时代工会在同党和国家以及社会关系系统的联系中，确立了自身地位。这是工会学作为交叉学科的实践基础。

工会理论学科化就是从不同关系视角对工会现象进行理论聚焦，形成工会同多学科语境的相互联系，由此赋予工会学交叉学科的基本特征。

工会学以马克思主义工会学说以及马克思主义中国化时代化工运理论为指导，以马克思主义理论作为方法论，在同其他学科的交叉中，可以广泛采用其他学科的研究方法，并将其转化为指导工会学研究的方法论优势。

可以从哲学角度，研究工会学逻辑体系如何构建等方法论问题；可以从政治学视角，研究工会与党和国家的关系、工会参与国家社会治理和企业民主管理、工会自身建设与改革等问题；可以从社会学视角，关注工人阶级及其内在不同群体的状况和利益诉求、研究新就业群体加入工会组织的重要意义等等；还可以从经济学、伦理学、法学、教育学、管理学等学科视角，研究工会工作的具体问题。

此外，工会学的交叉学科属性为建构和发展"工会 +""劳动 +""职工 +"等新兴学科群提供了可能性。

三、中国特色社会主义工会学理论体系的建构原则

中国特色社会主义工会学的理论构建是一项具有重要意义的理论建设工程，是建构新时代中国哲学社会科学自主知识体系的重要组成部分。

建构中国特色社会主义工会学需要遵循以下几个重要原则。

1. 建构中国特色社会主义工会学的指导原则

以中国特色社会主义新时代作为宏大叙事背景，以习近平新时代中国特色社会主义思想为指导，以习近平总书记关于工人阶级和工会工作的重要论述作为根本遵循，突出党对工会的领导所赋予工会的政治责任，强调工会要忠诚于党的事业，加强对职工进行思想政治引领，牢牢把握中国工运的时代主题，依法依章程创造性地开展工作，依法维护职工合法权益，竭诚服务职工群众，推动工会以增强政治性、先进性、群众性为改革目标，突出坚定不移地走中国特色社会主义工会发展道路的正确方向。

2. 中外工会理论的区分原则

中外工会理论因社会制度的根本不同，具有原则区别。一是西方工会本质属性同中国特色社会主义工会基本性质具有本质区别和原则界限，二是西方工会道路同中国特色社会主义工会发展道路具有本质区别。因此，对待国外工会理论既不能全盘肯定，也不能全盘否定，而应采取辩证否定的态度，取其精华、去其糟粕，在合理借鉴中为我所用。

3. 工会学理论创新原则

自党的十八大以来，中国工会工作进入到一个新时代，实践中产生的新范畴及深刻的理论命题亟待纳入到工会学体系之中，进一步丰富和发展中国特色社会主义工会理论体系。诸如：工会要忠诚于党的事业及其对工会工作的政治要求；工会自身改革中要求增强政治性、先进性和群众性及其各自的规定性，以及三者之间的有机联系；中国特色社会主义工会发展道路的内涵和外延及其在新时代的新发展；中国工运时代主题对工会工作的基本要求；

竭诚服务职工群众作为工会的基本职责之一，从范畴的角度所揭示的本质规定；工会维护与服务基本职责之间相互联系、相互作用的逻辑关系；辛勤劳动、诚实劳动和创造性劳动的本质规定及其相互关系；大力弘扬劳模精神、劳动精神、工匠精神的重大意义，以及"三个精神"之间的统一关系；体面劳动、舒心工作、全面发展各自的规定性及三者之间的辩证关系；等等。

第三节　中国特色社会主义工会学的逻辑起点、逻辑落脚点和范畴体系

工会作为建构中国特色社会主义工会学理论体系的核心范畴，既具有工会的一般性规定，也蕴含着中国特色社会主义条件下的新内容，凸显新特征。

按照学科化的建构要求，一门学科的确立，理论上首先寻求并确立其出发点，即学科理论体系的逻辑起点。同样，确立学科的逻辑落脚点也是建构学科体系不可或缺的重要环节。由逻辑起点开始，到逻辑落脚点结束，贯穿于学科理论体系始终的逻辑主线，将逻辑的起点和落脚点紧密联系起来，形成严密的逻辑体系。

一、中国特色社会主义工会学理论体系的逻辑起点

（一）关于建构学科体系逻辑起点的基本规定

关于理论体系建构中的逻辑起点问题，有比较严谨的学术要求。因而，确立中国特色社会主义工会学学科体系逻辑起点不是一蹴而就的，需要满足如下条件。

其一，逻辑起点构建学科理论体系最简单、最基本的范畴，如同商品范

畴是《资本论》理论体系的逻辑起点一样。

其二，逻辑起点以最简单的形式和最本质的规定成为学科体系的起始范畴，它以萌芽形态包容学科体系中所有的思想观点。学科体系所涵盖的全部理论观点，不过是逻辑起点所隐含的丰富内容循着发展线索有规律的逻辑展开。

其三，逻辑起点是贯穿于学科理论体系发展过程始终的最基本范畴。

其四，逻辑起点以范畴的形式居于学科理论体系的首位，其基本特点在于：作为逻辑起点，其本身不依赖于其他任何规定性作为自己的前提和中介，也不以其他任何内容作为自己存在的内在根据。相反，逻辑起点本身就是学科理论体系所涵盖全部内容的基本依据。因此，逻辑起点是"无规定性的单纯的直接性"。[①]

（二）中国特色社会主义工会学的逻辑起点

中国特色社会主义工会学理论体系的逻辑起点一般归结为劳动关系及其矛盾，但是，依据逻辑起点的理论要求，劳动关系作为关系范畴，具有复杂的规定性，并不具备作为逻辑起点的基本条件，只能在劳动关系内在的利益主体之一———职工的本质规定中去探寻和确证。

在以中国式现代化推进强国建设的复兴伟业实践中，工人阶级作为国家领导阶级、中国特色社会主义现代化建设的主力军，发挥着巨大作用。同时，在现实劳动关系中，用人单位同职工群众客观存在的利益差别和形成的利益矛盾，需要及时调整，以实现双方之间达成利益的平衡。工会作为职工合法权益的维护者，其维护指向就是满足职工群众的利益要求，构建和谐的劳动关系。因而，维护与实现职工需要及其利益诉求就成为工会基本职责的基本内涵，职工需要作为基本范畴也由此得以确立。

人的需要作为马克思主义的基本范畴，在马克思主义理论体系中具有

---

① 黑格尔：《小逻辑》，商务印书馆 1982 年版，第 189 页。

重要地位。马克思以政治经济学的经验事实为基础，从现实的具体的人出发，从社会关系的角度、从历史生产过程的角度来理解人的需要。[①]"需要"范畴不仅是马克思主义理论的逻辑起点，而且是马克思主义理论的最终归宿。[②] 由此可以确证，对于建构中国特色社会主义工会学而言，职工需要范畴合乎逻辑地成为这一理论体系的逻辑起点。这表明，整个中国特色社会主义工会学理论体系所观照的不仅仅是劳动关系，还有工会组织如何代表和实现职工的利益、如何满足职工的需要和诉求。

2015 年 3 月印发的《中共中央、国务院关于构建和谐劳动关系的意见》（以下简称《意见》），基于我国劳动关系主体及其利益诉求日趋多元化、劳动关系矛盾进入凸显期和多发期的客观实际，明确地将"建立规范有序、公正合理、互利共赢、和谐稳定的劳动关系"作为价值目标，重点强调职工依法享有的合法权益如何得到有效保障。《意见》提出四项工作原则，第一项原则规定："坚持以人为本。把解决广大职工最关心、最直接、最现实的利益问题，切实维护其根本权益，作为构建和谐劳动关系的根本出发点和落脚点。"[③] 这一原则非常明确地将构建和谐劳动关系作为前提条件，其价值指向则是职工的切身利益及其实现问题。按此逻辑可以确证，在构建和谐劳动关系的语境下，职工需要范畴是建构中国特色社会主义工会学的逻辑起点。

二、中国特色社会主义工会学的逻辑落脚点

中国特色社会主义工会学理论体系的逻辑起点，是构建和谐劳动关系语

---

① 于萍：《重新审视马克思的需要范畴——以资本批判为视角》，《教学与研究》2014 年第 7 期。

② 于萍：《重新审视马克思的需要范畴——以资本批判为视角》，《教学与研究》2014 年第 7 期。

③ 《中共中央　国务院关于构建和谐劳动关系的意见》，《人民日报》2015 年 4 月 9 日。

境下的职工需要范畴。为实现职工需要，工会作为联系党和职工群众的桥梁纽带，代表职工的合法权益，通过维护和服务基本职责的依法履行，不断提升职工的获得感、幸福感和安全感，使职工能够体面劳动、舒心工作，促进职工全面发展和共同富裕目标的实现。因此，可以把中国特色社会主义工会学理论体系的逻辑落脚点概括为职工全面发展和实现共同富裕。这一概括深刻体现了马克思主义关于人的全面发展的基本观点，也深刻体现了"以人民为中心"的党的初心和使命，以及"以职工为本"的工会工作基本原则，实现了马克思主义关于"人的全面发展"基本理论与中国共产党"以人民为中心"发展思想的高度统一，生动体现了中国特色社会主义工会工作合目的性与合规律性的高度统一。①

（一）马克思主义关于人的全面发展的基本观点

人的全面发展，是马克思主义基本原理之一。马克思认为，人的发展是"人以一种全面的方式，就是说，作为一个总体的人，占有自己的全面的本质"。② 马克思的科学论断表明，人类社会发展的最终目的，就是实现人的本质；而人对其本质的全面占有，只有通过劳动实践才能实现；其基本价值取向就是实现人的自由全面发展，即人的本质不断丰富和实现。马克思主义关于人的全面发展的理论为解放劳动和实现人的全面发展提供了一把钥匙，也为确证中国特色社会主义工会学的逻辑落脚点提供了思想指引。

（二）坚持人民至上是习近平新时代中国特色社会主义思想的世界观和方法论

坚持以人民为中心的观点是习近平新时代中国特色社会主义思想的重要

---

① 赵健杰：《论中国特色社会主义工会学建构逻辑》，《工会理论研究》2024 年第 1 期。
② 《马克思恩格斯全集》第 3 卷，人民出版社 2002 年版，第 303 页。

组成部分，也是全面建设社会主义现代化国家、实现中华民族伟大复兴的价值旨归。党的十九大报告指出："党的一切工作必须以最广大人民根本利益为最高标准。我们要坚持把人民群众的小事当作自己的大事，从人民群众关心的事情做起，从让人民群众满意的事情做起，带领人民不断创造美好生活！"① 这一重要论断表明：中国共产党始终把为中国人民谋幸福、为中华民族谋复兴作为自己的初心使命，努力践行为人民服务的根本宗旨，实现好、维护好、发展好最广大人民的根本利益。

党的十九届六中全会把"坚持人民至上"概括为中国共产党百年奋斗的十条宝贵历史经验之一，强调全党要"始终坚持全心全意为人民服务的根本宗旨，坚持党的群众路线，始终牢记江山就是人民、人民就是江山，坚持一切为了人民、一切依靠人民，坚持为人民执政、靠人民执政，坚持发展为了人民、发展依靠人民、发展成果由人民共享，坚定不移走全体人民共同富裕道路"②，要求全党必须永远保持同人民群众的血肉联系，践行以人民为中心的发展思想，不断实现好、维护好、发展好最广大人民的根本利益，团结带领全国各族人民不断为实现美好生活而奋斗。党的二十大将"必须坚持人民至上"概括为习近平新时代中国特色社会主义思想的世界观和方法论，并置于"六个必须坚持"的首位，深刻体现了我们党紧紧依靠人民、全心全意为人民服务的宗旨和使命。

（三）"以职工为中心"是习近平总书记关于工人阶级和工会工作的重要论述的核心价值理念

"以职工为中心"是中国共产党对工会工作的根本要求，是党的"以人

---

① 习近平：《决胜全面建成小康社会　夺取新时代中国特色社会主义伟大胜利——在中国共产党第十九次全国代表大会上的报告》，人民出版社 2017 年版，第 50 页。

② 《中共中央关于党的百年奋斗重大成就和历史经验的决议》，人民出版社 2021 年版，第 66 页。

民为中心"的价值理念在工会工作中的具体表达，是新时代贯彻党的全心全意依靠工人阶级根本方针的重要体现，是我国工会工作的重大实践原则和价值取向，其最终目的是实现职工群众在劳动实践中得到全面发展和共同富裕。因而，建构中国特色社会主义工会学，必须将其归结为这一理论体系的逻辑落脚点。

"以职工为中心"既是党的初心使命的目标指向，是社会主义生产目的的题中之义，也是中国特色社会主义工会工作的目的指向和价值旨归。

首先，习近平总书记阐释的"以人民为中心"的时代命题，确证了实现中华民族伟大复兴中国梦的主体力量，就是包括工人阶级在内的广大人民群众。其次，职工群众在新时代的历史地位和现实身份，同实现中华民族伟大复兴的中国梦形成了必然的逻辑联系。以此为前提，习近平总书记明确地将新时代我国工人运动的时代主题规定为实现中华民族伟大复兴中国梦而奋斗。最后，习近平总书记所强调的职工全面发展及其获得感、幸福感与安全感的实现等科学论断，都是"以人民为中心"原则在工会工作实践中的集中体现。

职工全面发展，是职工自身价值及其实现的最高体现。其主要内涵是指在劳动实践中职工的合法权益依法得到切实有效保障，劳动得到应有的尊重；并在此基础上，以实现获得感、幸福感和安全感作为前提条件，职工的个性及自身价值在劳动实践中得到全面肯定和实现，个人素质及能力在劳动实践中得到全面提升，物质和精神文化层面的利益得到满足，共同富裕目标得到实现；通过劳动实践过程，职工真正占有并实现自己的本质。[①] 其外延主要包括：职工的合理诉求得到全面满足、职工的劳动得到应有尊重、职工的素质和才能得到全面提升、职工的社会地位得到切实提高，等等。

强调职工全面发展，就是突出职工在政治、经济、文化和社会中的主体地位；强调职工全面发展，就是实现职工劳动与发展合目的性、合规律性的统一。

---

① 赵健杰：《论中国特色社会主义工会学建构逻辑》，《工会理论研究》2024 年第 1 期。

（四）让包括职工群众在内的全体人民实现共同富裕是社会主义的本质
要求

实现共同富裕，是社会主义的本质要求，是中国式现代化的重要特征之
一，也是马克思主义的一个基本价值目标。马克思指出，在社会主义制度条
件下，社会生产力将得到迅速发展，生产将以所有人的富裕为目的。

以马克思主义作为指导的中国共产党人，始终坚持把为人民谋幸福作为
自己初心使命的重要内容，把实现共同富裕作为自己的执着追求。毛泽东在
新中国成立初期曾经形象地指出共同富裕的基本内涵，认为这个富是共同的
富，这个强是共同的强，大家都有份。邓小平多次强调共同富裕，认为社会
主义最大的优越性就是共同富裕，这是体现社会主义本质的一个东西。

习近平总书记在庆祝中国共产党成立 100 周年大会上特别强调："必须
团结带领中国人民不断为美好生活而奋斗"，"着力解决发展不平衡不充分问
题和人民群众急难愁盼问题，推动人的全面发展、全体人民共同富裕取得更
为明显的实质性进展"。①

新时代，工会组织在党的领导下，通过切实履行基本职责和各项职能，
让职工群众在劳动和工作实践中得到全面发展、实现共同富裕。这既是工会
工作的基本价值取向，也是中国特色社会主义工会学的逻辑落脚点。

三、中国特色社会主义工会学的范畴体系

（一）范畴的认识论意义

任何理论体系的建构都是根据一定原则和方法建立起来的逻辑范畴的有
机整体，范畴体系的构建是形成理论体系不可或缺的重要组成部分。任何一

---

① 习近平：《在庆祝中国共产党成立 100 周年大会上的讲话》，人民出版社 2021 年版，
第 11、12 页。

门学科理论，都是由这门学科所特有的概念、范畴、基本观点、基本规律构成的理论体系，体系之中内在地分布着相互联系的逻辑之网。而范畴则是逻辑之网上的纽结，是认识事物和现象的工具。因此，由范畴构成的范畴体系是任何一种理论实现学科化必备的基本条件。关于范畴的认识论意义，列宁曾经指出："在人面前是自然现象之网。本能的人，即野蛮人，没有把自己同自然界区分开来。自觉的人则区分开来了，范畴是区分过程中的梯级，即认识世界的过程中的梯级，是帮助我们认识和掌握自然现象之网的网上纽结。"①

（二）范畴的本质规定

所谓范畴，是指能够揭示并反映事物内在本质和普遍联系的基本概念，是人作为思维主体对客观事物及现象本质内容的概括和反映。范畴是主观对客观的理论反映，是对现实的高度概括。各门具体学科都具有属于本学科的基本范畴。同理，中国特色社会主义工会学也具有自己的范畴体系。以职工作为工会学的基本范畴，内在地涵盖或包容了整个工会学体系的一切内容。由职工的规定性出发，进入劳动生产领域，其劳动者的身份必然同资本结成现实的劳动关系。在资强劳弱的一般性逻辑主导下，工人寻求自身利益的保护与实现，工会产生并发挥作用就会成为不可避免的社会历史现象，其理论表现就是工会范畴。② 由职工范畴、劳动关系范畴到工会范畴，这是构建工会学范畴体系的基础。工会范畴所面对的是要代表和维护职工利益，保护职工权利不受来自资本的侵害，这种事实判断规定了工会组织的维权宗旨、维权手段、维权形式、维权内容等。

---

① 《列宁全集》第 55 卷，人民出版社 1990 年版，第 78 页。
② 赵健杰：《论中国特色社会主义工会学建构逻辑》，《工会理论研究》2024 年第 1 期。

（三）中国特色社会主义工会学理论体系中的工会范畴

在中国特色社会主义工会学理论体系中，工会是一个核心范畴。明确工会范畴的各种规定性，对于正确认识、理解和把握中国特色社会主义工会学具有重要意义。

1. 工会范畴的本质规定

工会是代表和维护工人利益的群众组织，工人为保护和实现自身利益而自愿结合起来是工会组织的基本特征。不同社会制度下，对工会的具体规定具有原则区别。资本主义制度下，工会组织代表工人利益同雇主进行谈判，调整劳动关系及其矛盾，以维护和争取工人的各种利益。在资本主义国家，工会组织林立，呈现多元化、碎片化特点。不同的工会组织，其指导思想不同，不具备大规模的组织性，从而分散和削弱了工会的力量。工人阶级也不可能通过工会组织的有力动员，发挥作为一个阶级的整体力量。

社会主义制度下的工会组织同资本主义国家的工会组织有着本质区别。《中华人民共和国工会法》明确规定：中国"工会是中国共产党领导的职工自愿结合的工人阶级群众组织，是中国共产党联系职工群众的桥梁和纽带"。这就以法律形式明确确立了中国工会的基本内涵，特别强调党对工会的领导以及工会所具有的桥梁纽带作用，这是中国工会的本质规定。"中华全国总工会及其各工会组织代表职工的利益，依法维护职工的合法权益"，强调中国工会组织的代表性和维护性。"全国建立统一的中华全国总工会"，强调党领导下的中华全国总工会是中国唯一的工会组织，强调工人阶级与工会组织的团结和统一，决不允许所谓第二工会的出现。

2. 工会是一个历史范畴

所谓历史范畴有两点基本规定：一是作为历史范畴，不是从来就有的，而是在一定历史发展阶段产生的；不是一经产生就会永远存在下去，成为永恒范畴，而是在一定历史条件下必然会消亡的，比如阶级、阶级斗争、资产阶级、无产阶级、封建主义、异化劳动等范畴。二是从历史范畴的视角，要求观察与分析社会事物和现象必须从历史的、发展的角度出发，把研究与考察的对象置于一定社会历史的背景进行研究和思考。

工会是一个历史范畴，表明作为社会历史现象，工会组织不是从来就有的，也不是永恒的存在。工会是人类社会发展到资本主义历史阶段后，工人阶级同资产阶级之间不可调和的阶级矛盾和斗争的产物。马克思在揭露资本贪得无厌的本性时深刻指出："作为资本家，他只是人格化的资本；他的灵魂就是资本的灵魂。而资本只有一种自然倾向，一个唯一的动机；这就是增殖自身，创造剩余价值，用自己的不变部分即生产资料吮吸尽可能多的剩余劳动量。"① 具体体现在劳动关系上，表现为劳动关系中资本的人格化代表——资本家，同劳动的人格化代表——工人的利益矛盾和冲突。就这个意义而言，工会的产生直接根源于资本主义条件下劳动关系中的资本家与工人的利益矛盾。

社会主义制度下，劳动关系中的用人单位和职工群众虽然在根本利益上具有高度的一致性，但在客观上还存在利益差别，尤其在社会主义市场经济条件下，劳动关系内部这两个利益主体之间的利益差别和矛盾不仅不能完全消除，有时甚至还会表现出比较剧烈的利益冲突。这种利益矛盾和冲突表明：劳动关系矛盾具有绝对性特点，亦即这两个利益主体间的利益差别是客观存在的，其各自的利益取向也不可能具有高度的同一性，因为用人单位具有自身的利益取向，尤其是企业的利益取向表现为利润最大化，而劳动者的利益取向则是工资收入及福利最大化。② 这种利益矛盾的存在，是工会客观存在的基本前提和先决条件。只要劳动关系利益矛盾存在，作为职工利益代表者、维护者的工会组织就不会退出历史舞台。但是，有差别的利益取向并不必然地表现为利益主体之间在实现各自利益上的格格不入，在协调劳动关

---

① 《马克思恩格斯全集》第 43 卷，人民出版社 2016 年版，第 237 页。
② 赵健杰：《论中国特色社会主义工会学建构逻辑》，《工会理论研究》2024 年第 1 期。

系利益矛盾的方式方法上具有多种可供选择的实现路径，因而被赋予相对性特点。① 正是这种利益协调的相对性特点，为构建社会主义和谐劳动关系提供了极大的现实可能性。工会作为构建和谐劳动关系的利益协调者，其地位和作用既不可替代，也不可或缺。

明确工会是一个历史范畴的重要理论和现实意义在于：研究工会的起源与发展，必须将其置于当时的社会历史环境和时代背景之中，只有这样，才能通过考察和分析得出客观性结论。同理，构筑中国特色社会主义工会学理论体系，必须将中国工会置于中国特色社会主义建设的历史时期，尤其是中国特色社会主义进入新时代的宏大背景之中，在继承以往工会理论研究成果的基础上，从发展的视角观照中国特色社会主义工会理论与实践所取得的伟大成就，探求贯穿于中国工会运动历史始终的基本规律，并依据其内在的发展逻辑进行科学的理论建构。

3. 工会是一种世界历史现象

资本主义的发展和工业革命向世界的拓展，改变了整个世界格局，使世界相关联系愈加紧密。工会作为资本主义生产方式的伴生物和工业革命的产物，也超越了国界，逐渐发展成为一种世界历史现象。

19 世纪 70 年代，国际性工会组织开始出现。比如红色工会国际（旧称赤色职工国际或赤色工会国际），这是由各国革命工会参加的工会国际联合组织。1921 年 7 月 3 日至 19 日，在莫斯科召开的革命工会第一次代表大会正式宣告成立红色工会国际。1925 年 5 月，第二次全国劳动大会上正式成立了中华全国总工会。大会决定中华全国总工会加入红色工会国际。1938 年 2 月，红色工会国际宣布解散。②

一些西欧国家以产业工会为主体相继成立了国际性的工会联合会。世界

---

① 赵健杰：《论中国特色社会主义工会学建构逻辑》，《工会理论研究》2024 年第 1 期。
② 参见 https://baike.sogou.com/v73980286.htm。

劳工联合会（简称"世界劳联"），其前身是成立于 1920 年 6 月 18 日的国际天主教工会联合会，1968 年 10 月在第十六次代表大会上更名为世界劳工联合会。第二次世界大战结束后，国际性工会组织得到进一步发展。世界工会联合会（简称"世界工联"）于 1945 年 10 月 3 日在法国巴黎正式成立。中国工会是该组织的创始者之一。1949 年 12 月 7 日，国际自由工会联合会(简称"国际自由工联")在英国伦敦成立。2006 年 10 月 31 日，国际自由工联和世界劳联同时宣布解散。次日，国际工会联合会宣告成立，国际自由工联和世界劳联成员并入国际工会联合会。除了上述国际性工会组织，还成立了区域性工会组织，如 1973 年 4 月成立的非洲工会统一组织、1973 年 2 月成立的欧洲工会联合会、1956 年 3 月成立的阿拉伯工人工会国际联合会等等。①

（四）中国特色社会主义工会学的范畴体系

中国特色社会主义工会学范畴体系的建构，以职工作为主要范畴。随着社会发展和时代进步，职工范畴被赋予鲜明特点，其内涵具有更大的丰富性，职工对美好生活有了更加强烈的追求。改革开放以来，劳动关系发生根本变化。和谐劳动关系目标的确立，摒弃了劳资二元对立的绝对化倾向，不仅成为职工的企盼，也成为用人单位的共同愿望。工会作为职工合法权益的代表者和维护者，明确提出在维护全国人民整体利益的同时，更好代表和维护职工的合法权益，表达了工会维护职工的坚定性。同时，工会范畴也被赋予更丰富的内容，其中包括工会性质及其在新时代所展现的鲜明特征，即政治性、先进性和群众性。以此为基点，合乎逻辑地衍生出工会政治责任、工会地位、工会基本职责和职能、中国特色社会主义工会发展道路、工会作用、工会建设、工会改革和创新等一系列相互联系的范畴。在中国特色社会

---

① 参见 https://baike.sogou.com/v73980286.htm。

主义工会学逻辑体系中，工会性质范畴决定其他范畴，工会学其他范畴不过是工会性质范畴的逻辑展开、发展和表达。这些主要范畴便构成中国特色社会主义工会学理论的一级范畴体系。①

中国特色社会主义工会学的二级范畴体系相较于一级范畴体系更加具体化，直接与工会的具体工作相关，诸如工会的职工思想政治工作、民主管理、民主监督、集体协商、劳动竞赛、职工群众技术创新工程、产业工人队伍建设改革、基层工会组织建设等等。工会理论体系正是由这些重要范畴，依据一定的逻辑要求构建起来的。范畴具有与时俱进的特点，并非一经确立就具有绝对不变的性质。工会学理论体系的发展过程，就是工会学基本范畴的成长过程，主要体现在：新的范畴在工会工作实践中不断生发出来，旧有的范畴又会被注入新的内涵，或者被新范畴完全取代。正是这种范畴体系及其相互联系，共同编织了工会学理论体系的逻辑之网。

第四节　中国特色社会主义工会学的
研究范式和研究方法

中国特色社会主义工会学是伴随研究范式变革过程而建构的，研究范式变革在推动中国特色社会主义工会学当代出场方面具有重要意义。

一、研究范式及其变革的重要意义

建构中国特色社会主义工会学，涉及对传统研究方式进行范式转换问题，亦即旧的研究范式向新范式的根本转变。二者之间在研究内容方面虽然

---

① 赵健杰：《论中国特色社会主义工会学建构逻辑》，《工会理论研究》2024 年第 1 期。

存在着一定程度的交集，但并非完全重合或叠加。研究范式转换中，与传统范式理论的绝对化倾向不同的是，在新范式替代旧范式的过程中，这种替代不是前者对后者完全、绝对的否定或抛弃，而是采取扬弃的方式，通过辩证否定实现新旧范式的根本转换。

在有目的地推动新旧研究范式转化过程中，应坚持四个基本原则：第一，以中国特色社会主义工会理论所涉及问题为中心进行探讨。鉴于理论具有的问答逻辑特性，以问题为导向就成为出场理论和在场理论的意义所在，是推动理论与时俱进的强劲动力。第二，一定意义上，理论超越直观和感性经验的抽象性，从根本上要求直面事实对问题作出深刻反思，或者解构曾经存在的老问题，并从新视角进行重构。第三，中国的工会问题具有本土特色。建构中国特色社会主义工会学，要始终明确，它不是西方工会理论的简单平移。研究中国特色社会主义工会问题应秉持中国话语、中国立场、中国视域，并在新时代的中国语境中积极建构中国化的工会学。同时，要明确中国特色社会主义工会学不是对传统工会理论"换汤不换药"的简单复制，而是在承继原有理论基础上的理论创新。为此，需要明确以范式转换推动工会理论创新的重要意义，即：明确范式创新与转换是实现工会理论创新的基本路径之一；明确从学科化视角建构工会学理论体系，需要多种研究范式之间的学术互补；明确建构工会学理论体系的范式选择既注重其相对稳定性，也要注重其与时俱进的品格，坚决摒弃将研究范式僵化、固化、绝对化等观念。第四，要用发展的眼光看待工会理论创新。中国特色社会主义工会学是中国特色社会主义工会工作实践在新时代的理论反映和最新体现，是发展着的工会理论。因此，工会理论研究的最新学术成果应当被纳入工会学理论体系之中，这是推动工会学理论发展的必然逻辑。

二、中国特色社会主义工会学的研究方法

研究方法是研究者对研究对象进行观察、分析并准确表达思想的重要工具，任何一项研究都离不开研究方法，否则，就无法合乎逻辑地得出客观结论。中国特色社会主义工会学属于马克思主义中国化时代化学科范畴，因而，建构中国特色社会主义工会学，其本质要求就是以马克思主义方法论作为主要研究工具，深刻揭示中国特色社会主义工会运动规律。

关于马克思主义方法论的意义，早在 1887 年，恩格斯在《致弗·凯利-威士涅威茨基夫人》一信中就明确指出："我们的理论是发展着的理论，而不是必须背得烂熟并机械地加以重复的教条。"① 恩格斯还认为，马克思的整个世界观不是教义，而是方法。它提供的不是现成的教条，而是进一步研究的出发点和供这种研究使用的方法。中国特色社会主义工会学的理论建构，是以马克思主义方法论作为指导原则，主要包括以下几种研究方法。

（一）矛盾分析法

矛盾分析法是认识事物和现象，揭示其内在联系的根本方法。唯物辩证法认为，矛盾普遍存在于事物和现象及其发展过程中，事物发展过程自始至终地存在着矛盾运动。工会是一定社会经济矛盾的产物，也是一定社会矛盾的产物。工会工作所要协调的诸多关系问题，解决的都是矛盾问题。关系就是矛盾，工会学说、工会理论不过是对客观存在于工会运动的内在矛盾的理论反映。党领导下的工会组织，其工作指向是自觉接受党的领导，履行政治责任，团结带领职工群众坚定不移跟党走，通过积极引领，凝聚和调动职工群众的积极性、主动性和创造性，建功立业新时代。在这一过程中，工会组织要在宏观和微观两个层面，正确协调各种关系，及时处理各种矛盾。宏观

---

① 《马克思恩格斯选集》第 4 卷，人民出版社 1995 年版，第 681 页。

方面，要正确认识工会与党的领导的辩证关系、同国家的辩证关系，明确坚持党的领导是中国工会最大政治优势、坚持社会主义制度是中国工会最大制度优势。要树立正确的大局观念，正确处理"两个维护"和"两个服务"的关系，正确处理工会建设改革与创新的辩证关系。微观方面，工会要正确处理用人单位发展与职工发展的辩证关系、职工群众现实利益与长远利益的辩证关系、维护职工合法权益与竭诚服务职工群众的辩证关系、工会线上工作同线下工作的辩证关系、工会组织发展中"量"与"质"的辩证关系、在构建和谐劳动关系实践中用人单位利益与职工权益之间的关系等等。要建构中国特色社会主义工会学，需要以矛盾的观点作为认识方法，通过观察和分析工会工作中出现的各种现实矛盾，深刻揭示矛盾现象背后的本质，从而使中国特色社会主义工会学建立在马克思主义科学方法论的基础上。

（二）历史与逻辑相统一的方法

逻辑的方法同历史的方法的统一，是逻辑与历史相一致原则在研究和叙述中的具体运用。"历史与逻辑相统一"是一种辩证的思维方法，是一般方法论中的重要方法，也是建构中国特色社会主义工会学的重要研究方法。工会作为历史范畴，有其产生和发展深刻的历史原因，其历史的丰富性、关系的复杂性、过程的曲折性、发展的规律性，既是历史的，也是逻辑的。

所谓历史的方法就是按照历史发展的客观进程，通过历史事实发现并揭示隐含于其中的历史发展规律的方法，是在历史变化发展和联系中对研究对象进行考察的一种方法。其基本规定，就是以研究对象在历史进程中所形成的联系作为依据，并以此规定范畴在理论体系中的逻辑位置。所谓逻辑的方法就是依据理论的逻辑形式，揭示研究对象的深刻本质和发展规律的方法。从辩证逻辑视角来看，"逻辑的东西"不是对"历史的东西"原封不动地完全复制或照抄照搬，而是经过修正的东西。恩格斯在揭示这一辩证关系时指出，"历史从哪里开始，思想进程也应当从哪里开始，而思想进程的进一步发展不过是历史过程在抽象的、理论上前后一贯的形式上的反映；这种反映是经过修正的，然而是按照现实历史过程本身的规律修正的"。①

历史的方法与逻辑的方法具有不可分割的内在联系，两者是相统一的关系。其方法论意义体现在：一方面，运用历史的方法研究历史发展规律，离不开逻辑的方法作指导，否则，这种研究就会成为毫无逻辑的历史史实的堆积；另一方面，运用逻辑的方法必须以历史的客观事实为基础，否则，这种研究必然成为远离事实本身空洞的逻辑推演。

在建构中国特色社会主义工会学过程中，应当贯彻历史与逻辑相统一的方法论原则，建构范畴体系，并按照从简单到复杂、由低级到高级，对范畴体系中的诸多范畴作出合乎逻辑的安排。

（三）从抽象上升到具体的方法

人的认识和思维循着两条相互联系的路径进行：其一，由感性的具体到思维的抽象；其二，由思维的抽象上升到思维的具体。

从抽象上升到具体的方法是辩证思维最基本的方法，也是建构中国特色社会主义工会学应遵循的一般方法论原则。抽象是指人的思维对于事物某一方面的本质规定所作出的反映，没有形成整体的认识，使认识从感性具体上升为简单的抽象，即思维中的抽象。具体指事物各个方面的本质规定在人的思维中得到完整的反映，即思维中的具体。它给予多种规定以综合，构成统一体，具有多样性统一的基本特征。这里的思维具体，不是纯粹主观臆造的产物，而是客观具体以理论形式在思维中的再现。马克思曾经指出，作为思维具体，事实上是思维的、理解的产物，但决不是处于直观和表象之外或凌驾于其上而思维着的、自我产生的概念的产物，而是把直观和表象加工成概念这一过程的产物。

---

① 《马克思恩格斯文集》第 2 卷，人民出版社 2009 年版，第 603 页。

从抽象上升到具体是建构中国特色社会主义工会学的基本研究方法。这一过程是对研究对象各个方面作出抽象规定后，又逐渐向综合方向发展的过程，经历了从简单到复杂、从低级到高级的逻辑发展进程，从而形成贯穿于理论体系始终的逻辑主线。其中，确证工会学的逻辑起点和逻辑落脚点以及建构范畴体系，都需要运用这一研究方法。将职工需求确立为工会学的逻辑起点，因为这是最简单的范畴。劳动关系范畴成为职工需求产生的最直接原因。劳动关系矛盾由其内部两个独立利益主体之间产生的利益差别所导致，进而成为工会产生的直接动因。工会作为核心范畴，由职工需求及其满足所决定，逻辑地规定了工会的性质范畴，即阶级性和群众性，并被赋予新的时代特征，即政治性、先进性和群众性。工会的性质决定工会的地位、基本职责和职能，决定工会作用的发挥和相关关系，决定工会建设和改革，决定中国特色社会主义工会发展道路，决定工会最终的价值目标，就是让职工实现体面劳动、舒心工作，达到全面发展和共同富裕，这也是工会学最终的逻辑落脚点。这一逻辑发展过程，完整系统地反映了中国特色社会主义工会学的理论全貌。

（四）"必须坚持人民至上"的唯物史观及方法论

党的二十大报告明确提出"必须坚持人民至上"的重要观点，作为习近平新时代中国特色社会主义思想的世界观和方法论，是基于"人民群众是历史的创造者"这一唯物史观的基本原理，在新时代的新概括和新发展。"必须坚持人民至上"，就是要坚持"一切依靠人民，一切为了人民"的基本原则。

习近平总书记关于工人阶级和工会工作的重要论述中，提出"以职工为中心"的重大论断，要求工会时刻坚持"以职工为中心"的工作导向。这是做好新时代工会工作的重要理念，也是研究工会学的基本方法，具有重大的方法论意义。

明确"以职工为中心"作为对工会工作的根本要求，就是要始终坚持职工的主体地位，坚持"一切为了职工"的工会工作价值理念，并将其作为研究方法。在这个基础上，深刻揭示中国特色社会主义工会运动的规律，科学把握工会关系系统所蕴含的深层本质，正确认识工会工作的基本理念、基本原则，全面理解工会组织的理论发展、制度创新和实践进步。

（五）系统方法

中国特色社会主义工会理论学科化的直接要求就是实现工会学系统化。学科本身就是一个严密的逻辑体系。黑格尔曾反复强调，哲学若没有体系，就不能成为科学。这表明，学科是建立在理论体系基础上的，学科化是以体系化作为基本前提的。

在工会学构建系统、实现体系化过程中，要解决以下几个基本理论问题。

第一，明确这是基本理论问题，其重要意义不言而喻。俗话说："基础不牢，地动山摇！"同样，工会基本理论缺位，必然造成许多实践问题得不到有效指导、涉及的理论问题得不到明确阐释，这对于工会工作创新是极为不利的。

第二，工会学构建过程，实则是一个理论不断创新的过程，理论上的推陈出新首先体现在范畴体系及其基本原理。新时代，随着工会工作创新的逐步深入，形成许多新的工作方式和实践创新成果，需要在体系建构中给予高度关注。

第三，从系统角度建构工会学的逻辑框架，一定要坚持和贯彻"与时俱进"的原则，将这一理论体系视为开放性的，而非封闭性的。这样，就为今后工会学继续发展留下极大的空间。

此外，建构工会学还需要运用其他具体的研究方法，诸如调查研究法、文献研究法、定性研究法、定量研究法、跨学科研究法等。

第五节 建构中国特色社会主义工会学的重要意义

一、政治意义

中国共产党领导下的中国工会组织，是以阶级性、群众性为其本质属性，具有政治性、先进性和群众性时代特征的工人阶级群众组织，是党的事业的重要组成部分。工会工作是党治国理政的经常性、基础性工作。上述规定要求工会要把理论武装作为重要政治任务，坚持以习近平新时代中国特色社会主义思想为指导，坚持以习近平总书记关于工人阶级和工会工作的重要论述作为做好新时代工会工作的根本遵循，以理论上的清醒保证政治上的坚定，以政治上的坚定积极引领广大职工群众坚定不移听党话、跟党走，更加紧密地团结在以习近平同志为核心的党中央周围，为实现中华民族伟大复兴的中国梦而奋斗。因此，建构中国特色社会主义工会学，对于提高广大工会工作者的思想政治觉悟，深刻领悟"两个确立"的决定性意义，牢固树立"四个意识"、坚定"四个自信"、自觉践行"两个维护"，具有重要意义。

二、理论意义

恩格斯曾经指出："一个民族要想站在科学的最高峰，就一刻也不能没有理论思维。"他还指出："每一个时代的理论思维，包括我们时代的理论思维，都是一种历史的产物，它在不同的时代具有完全不同的形式，同时具有完全不同的内容。"①

---

① 《马克思恩格斯文集》第 9 卷，人民出版社 2009 年版，第 437、436 页。

中国特色社会主义工会学的构建过程，实则是一个理论不断创新的过程。理论上的推陈出新，首先体现在概念体系、基本观点、基本原理的丰富、完善或者更新。要避免老生常谈、"炒冷饭"现象的出现，推动新时代工会理论高质量发展。

1. 理论创新意义

2016 年 5 月 17 日，习近平总书记在哲学社会科学工作座谈会上指出："坚持和发展中国特色社会主义，需要不断在实践和理论上进行探索、用发展着的理论指导发展着的实践。"他坚信："这是一个需要理论而且一定能够产生理论的时代，这是一个需要思想而且一定能够产生思想的时代。我们不能辜负了这个时代。"[①] 当代中国正经历着历史上最为广泛而深刻的社会变革、最为宏大而生动的实践创新，深刻的社会变革和丰富的社会实践为理论创新提供了丰腴的土壤。所以，习近平总书记指出："在解读中国实践、构建中国理论上，我们应该最有发言权"。[②] 推动工会理论高质量发展，同样离不开创新精神。

2. 理论发展意义

中国特色社会主义工会学作为一个科学和开放的体系，其科学性是以系统的开放性作为前提的；而开放性反映了理论的发展性，被赋予与时俱进的理论品格。实践证明，随着历史条件的不断变化和工会运动实践的创新发展，原有工会学理论体系的某些思想观点必然带有某种局限性，客观上要求不断对工会工作新的实践进行及时的理论概括和抽象，增加反映时代特征和实际的理论内容，从而使工会学理论同工会工作实践始终保持高度的一致性，这是工会理论创新逻辑的必然要求。

此外，就工会学科群建设而言，中国特色社会主义工会学理论体系属于

[①]　习近平：《在哲学社会科学工作座谈会上的讲话》，人民出版社 2016 年版，第 2、8 页。

[②]　习近平：《在哲学社会科学工作座谈会上的讲话》，人民出版社 2016 年版，第 24 页。

工会基本理论范畴。它以最新的学术理论成果作为基本内容，因而具有基础性和根本性，是发展"工会＋"学科群之本，对于繁荣工会理论园地具有重大意义。

三、实践意义

没有革命的理论就不会有革命的行动，没有科学的理论指导就不会有革命、建设和改革开放事业的成功。这是经过无数革命历史实践检验和证明了的真理。中国共产党领导下的百年中国工会运动，尤其是改革开放以来我国工会工作者在实践中艰辛探索，不断取得新成就、新进展，积累了丰富的历史经验，亟待进行理论上的概括和总结。建构中国特色社会主义工会学适应了这一要求，并遵循理论与实践的辩证关系，将工会工作的生动实践作为理论之源、学术之本，紧密联系实践，建构具有理论指导意义的、彰显时代特点的中国特色社会主义工会学学科体系、学术体系和话语体系，更好地为工会理论建设和创新服务，为工会理论教学科研服务，为指导工会工作实践服务。

思考题 ————————

1. 建构中国特色社会主义工会学具有哪些重要意义？

2. 如何理解中国特色社会主义工会学的逻辑起点？

3. 中国特色社会主义工会学的学科归属是什么？为什么？

4. 怎样理解中国特色社会主义工会学的研究方法？

参 考 文 献

《马克思恩格斯论工会》，工人出版社 1980 年版。

《列宁斯大林论工会》，工人出版社 1981 年版。

《邓小平论工人阶级与工会》，中国工人出版社 1994 年版。

中共中央党史和文献研究院编：《习近平关于工人阶级和工会工作论述摘编》，中央文献出版社 2023 年版。

刘炳忠：《〈资本论〉方法论研究》，中国人民大学出版社 1991 年版。

李华锋：《英国工党与工会关系研究》，人民出版社 2009 年版。

王建初、熊子云：《当代工人运动》，辽宁人民出版社 1990 年版。

于文霞：《国际工人运动史》，辽宁人民出版社 1987 年版。

徐留平：《中国工会第十八次全国代表大会闭幕词（二〇二三年十月十二日）》，《工人日报》2023 年 10 月 14 日。

李玉赋：《工会基础理论概论》，中国工人出版社 2018 年版。

赵健杰：《反思求真集》，光明日报出版社 2013 年版。

赵健杰：《论中国特色社会主义工会学建构逻辑》，《工会理论研究》2024 年第 1 期。

第一章　中国特色社会主义工会学的理论基础

教学基本要求

1. 认识马克思主义关于工人阶级和工会理论的重要性

2. 了解马克思主义关于工人阶级和工会理论、列宁关于工人阶级和工会理论的主要内容

3. 了解中国共产党关于工人阶级和工会理论的主要内容

4. 认识习近平总书记关于工人阶级和工会工作的重要论述的重大意义

5. 理解并掌握习近平总书记关于工人阶级和工会工作的重要论述的科学内涵与精神实质

中国特色社会主义工会学的理论体系有一个不断发展、不断深化的历史过程。从马克思、恩格斯关于工人阶级和工会的理论，列宁关于工人阶级和工会的理论，到以毛泽东同志为核心的党的第一代中央领导集体关于工人阶级和工会的理论、以邓小平同志为核心的党的第二代中央领导集体关于工人阶级和工会的理论、以江泽民同志为核心的党的第三代中央领导集体关于工人阶级和工会的理论、以胡锦涛同志为总书记的党中央关于工人阶级和工会的理论、习近平总书记关于工人阶级和工会工作的重要论述等，都为中国工

运事业和工会工作提供了重要的理论与实践指导。这些理论成果不仅丰富了中国特色社会主义工会学的理论宝库，也为中国工运事业的发展提供了强大的动力，成为建构中国特色社会主义工会学的理论基础。

第一节　马克思、恩格斯关于工人阶级和工会的理论

马克思主义关于工人阶级和工会的理论作为科学理论，是马克思主义在长期领导无产阶级革命的伟大实践中创立、发展和不断完善的，是马克思主义理论的重要组成部分，也是指导工人阶级运动和工会运动的强大思想武器。

一、马克思、恩格斯关于工人阶级的理论

（一）无产阶级担负着伟大的历史使命

马克思和恩格斯青年时期所处的时代正值欧洲工人运动蓬勃发展。马克思和恩格斯对工人阶级与工人运动倾注了极大的热情及研究精力。他们从波澜壮阔的工人运动中看到了这一不断发展着的阶级有着光明的前景，担负着实现人类解放的历史重任。1845年，恩格斯根据亲身实践和考察，发表了题为《英国工人阶级状况》的研究报告。在该报告中，恩格斯第一次说明了工人阶级不只是一个受苦的阶级，而且由于他们所处的经济地位，必定能够自己解放自己。

1845—1846年，马克思和恩格斯合写了《德意志意识形态》一书，全面阐述了马克思主义世界观，特别是唯物史观，并以此为基点，全面诠释了无产阶级这个与现代工业联系在一起的新兴阶级的历史使命，最终完成了对无产阶级历史使命理论的科学论证。这一理论包括四点：（1）无产阶级是资本

主义大工业的产物。它必须承担社会的一切重负，又被排斥在社会之外，因而"不得不同其他一切阶级发生最激烈的对立；这个阶级构成了全体社会成员中的大多数，从这个阶级中产生出必须实行彻底革命的意识，即共产主义的意识"。①(2) 任何统治阶级总是要利用"社会权力"来维持其"财产状况"，这种社会权力又都在相应的国家形式中获得认可，因此，"一切革命斗争都是针对在此以前实行统治的阶级的"。②(3) 过去的一切革命"始终没有触动活动的性质"③，即始终不过是在私有制基础上的革命，也就是以一种剥削方式代替另一种剥削方式。而共产主义革命则"针对活动迄今具有的性质，消灭劳动"④，即消灭私有制，消灭雇佣劳动和旧的分工，"并消灭任何阶级的统治以及这些阶级本身"。⑤(4) 共产主义革命之所以必需，不仅是因为没有任何其他的办法能推翻统治阶级，而且还因为无产阶级"只有在革命中才能抛掉自己身上的一切陈旧的肮脏东西，才能胜任重建社会的工作"。⑥

(二) 工人运动与社会主义结合起来才有希望

马克思和恩格斯在提出并论证无产阶级历史使命理论的过程中，明确指出工业创造的物质条件和精神条件使无产阶级能够作为独立的阶级登上历史舞台，进而提出工人阶级要摆脱各种不正确思潮的影响、自己组织独立运动的思想。

马克思和恩格斯认为，工人运动发展的趋势，是与科学社会主义相结合，受社会主义理论的指导。只有这样，历史赋予无产阶级的伟大使命才可以实现。他们以欧洲一些国家的工人运动作为研究对象，论证了工人运动与

---

① 《马克思恩格斯文集》第 1 卷，人民出版社 2009 年版，第 542 页。
② 《马克思恩格斯文集》第 1 卷，人民出版社 2009 年版，第 542 页。
③ 《马克思恩格斯文集》第 1 卷，人民出版社 2009 年版，第 542—543 页。
④ 《马克思恩格斯文集》第 1 卷，人民出版社 2009 年版，第 543 页。
⑤ 《马克思恩格斯文集》第 1 卷，人民出版社 2009 年版，第 543 页。
⑥ 《马克思恩格斯文集》第 1 卷，人民出版社 2009 年版，第 543 页。

社会主义结合的重要性和迫切性。比如，恩格斯着重研究了英国工人运动，他指出："经过宪章运动的考验并清除了资产阶级成分的、真正的无产阶级社会主义，现在已经在许多社会主义者和宪章派领袖……那里发展起来"。①所以，这种新社会主义将和宪章主义派结合，也就是与工人运动结合。在实现了这一点以后，工人阶级才可能真正成为英国的统治者，并将有力推动社会的发展。马克思在他起草的具有划时代意义的《国际工人协会成立宣言》中，充分肯定了工人争取 10 小时工作日法案和进行合作运动的重大意义，同时认为夺取政权已成为工人阶级的伟大使命，指出工人们已经具备作为成功因素之一的人数，进而要求各国工人加强联合，号召"全世界无产者，联合起来"。

二、马克思、恩格斯关于工会的理论

马克思主义关于工会的理论不仅为当时的工会运动提供了最重要的思想武器，也为后来各个社会主义国家工会理论体系的形成奠定了理论基础。

（一）关于工会的产生与最初的目的

工会是工人运动的产物。没有工人阶级，不会有工会；没有工人阶级组织的运动，也不会有工会。马克思和恩格斯考察了英国及其他欧洲国家工会产生与发展的过程，提出工会产生的最初目的是为了消除工人之间的竞争和加强团结，以及工会的直接任务是保护工人具体经济利益的理论。

在恩格斯看来，资本主义制度不仅制造了工人阶级和资产阶级的对立，也制造了工人阶级内部的矛盾。然而，工人之间的竞争毕竟是工人阶级根本利益一致基础上的矛盾，可以通过工人之间的联合加以解决，消灭工人之间

---

① 《马克思恩格斯文集》第 1 卷，人民出版社 2009 年版，第 472 页。

的竞争也就成为工人运动的必然要求，于是，为消除工人之间竞争带来的恶果，工人们便联合起来，形成工会。马克思指出："大工业把大批互不相识的人们聚集在一个地方。竞争使他们的利益分裂。但是维护工资这一对付老板的共同利益，使他们在一个共同的思想（反抗、组织同盟）下联合起来。因此，同盟总是具有双重目的：消灭工人之间的竞争，以便同心协力地同资本家竞争。"[1]

如果说工人群众组建工会是为了消除他们之间的竞争，便于以团结的力量对抗资本的力量，那么工会建立以后，它的直接任务就是保护工人的具体经济利益。恩格斯指出，工会就是"公开宣称要保护各个工人使其免遭资产阶级的暴行和歧视"。[2] 也就是说，工会的直接任务是保护工人的具体利益。

1848年，马克思和恩格斯在《共产党宣言》中，运用唯物史观进一步阐述了工人联合的经济意义和政治意义："资产阶级生存和统治的根本条件，是财富在私人手里的积累，是资本的形成和增殖；资本的条件是雇佣劳动。雇佣劳动完全是建立在工人的自相竞争之上的。资产阶级无意中造成而又无力抵抗的工业进步，使工人通过结社而达到的革命联合代替了他们由于竞争而造成的分散状态。于是，随着大工业的发展，资产阶级赖以生产和占有产品的基础本身也就从它的脚下被挖掉了。它首先生产的是它自身的掘墓人。资产阶级的灭亡和无产阶级的胜利是同样不可避免的。"[3]

(二) 关于工会经济斗争与政治斗争的关系

工会的经济斗争是工会最重要的活动之一。经济斗争不仅可以让工人的具体利益得到保护，而且使工会在工人中产生吸引力，组织规模也会变得越来越大。因而，马克思和恩格斯对工会的经济斗争给予了高度评价，并鼓励

---

[1] 《马克思恩格斯文集》第1卷，人民出版社2009年版，第653—654页。
[2] 《马克思恩格斯文集》第1卷，人民出版社2009年版，第451页。
[3] 《马克思恩格斯文集》第2卷，人民出版社2009年版，第43页。

工会开展这一斗争。但工人阶级建立工会组织并不仅仅是为了经济利益，其发展的结果必须进入政治领域。马克思在充分肯定工人为提高工资和限制工作时间而进行经济斗争的必要性和意义的同时，指出"工人阶级也不应夸大这一日常斗争的最终效果"①，单纯的经济斗争"反对的只是结果，而不是产生这种结果的原因；他们延缓下降的趋势，而不改变它的方向；他们服用止痛剂，而不祛除病根"。② 因此，马克思提出："他们应当摒弃'做一天公平的工作，得一天公平的工资！'这种保守的格言，要在自己的旗帜上写上革命的口号：'消灭雇佣劳动制度！'"③ 这样，马克思不仅为工会组织领导的工人运动指出了明确的斗争方向，同时也驳斥了其他保守主义思潮，比如工联主义把工会斗争和工人运动局限在提高工资、改善劳动条件等日常斗争上的主张。

（三）关于工会的作用与历史地位

工会的作用首先在于它把分散的工人群众作为一个阶级组织起来。工会使工人群众渐渐产生了一种凝聚力和向心力。工人们开始感觉到自己是一个整体，是一个阶级，联合在一起就是力量。工会"为迎接即将到来的斗争，把工人阶级的力量组织并联合起来"。④ 其次，工会是组织工人阶级进行反资本斗争的杠杆。只有组织工会，工人阶级才能有现实的力量为改善自己的状况而进行卓有成效的斗争。最后，工会又是无产阶级的学校。工会促进了无产阶级意识的形成与传播。各种工会斗争又使得无产阶级成员受到锻炼，不断壮大成长。

关于工会的历史地位，马克思认为，在工会的斗争实践中，"工会已经

---

① 《马克思恩格斯文集》第 3 卷，人民出版社 2009 年版，第 77 页。
② 《马克思恩格斯文集》第 3 卷，人民出版社 2009 年版，第 77 页。
③ 《马克思恩格斯选集》第 2 卷，人民出版社 1995 年版，第 97 页。
④ 《马克思恩格斯文集》第 3 卷，人民出版社 2009 年版，第 619 页。

不知不觉地变成了工人阶级的组织中心"①，自觉地进行活动，因为"资方和劳方之间的契约永远不可能订得公平合理"②，"不管工会的最初目的如何，现在它们必须学会自觉地作为工人阶级的组织中心、为工人阶级的彻底解放的最大利益而行动"。③ 在这里，马克思把工会的任务和工人阶级的历史使命紧密地联系在一起。即是说，在工人阶级彻底解放的历史使命没有实现之前，工会的任务就没有完成，"工会必须让全世界都相信，它们的奋斗决不是出于狭隘的私利，而是为了使千百万被压迫者获得解放"。④

（四）关于工会与无产阶级政党的关系

恩格斯认为，工人参与政治斗争的必要途径是与工人阶级政党齐心协力。他把工会与工人阶级政党在政治斗争中协同动作，看成是工人运动发展的标志。他在回顾1877年的欧洲工会运动时就指出："德国运动的一大优点，就是工会组织同政治组织携手并肩地工作。"⑤ 第一国际与第二国际前期，工会与工人阶级政党在组织上的界限并不十分明确，这是由当时工人运动的水平决定的。即使在这种情况下，恩格斯也认为，工会组织应当有区别于工人阶级政党的独立活动，因为没有这种区分，就谈不上在这个基础上实现工会与工人阶级政党协同动作。

（五）关于工会的国际联合

马克思和恩格斯在借鉴他人正确观点的基础上，从经济理论方面更深刻、更系统地阐明了工会国际联合的客观基础与重要意义。1845年，《在伦

---

① 《马克思恩格斯全集》第21卷，人民出版社2003年版，第272页。
② 《马克思恩格斯全集》第21卷，人民出版社2003年版，第272页。
③ 《马克思恩格斯全集》第21卷，人民出版社2003年版，第273页。
④ 《马克思恩格斯全集》第21卷，人民出版社2003年版，第273—274页。
⑤ 《马克思恩格斯全集》第25卷，人民出版社2001年版，第164—165页。

敦举行的各族人民庆祝大会》一文中，恩格斯指出，全世界的无产者都有
共同的利益和共同的敌人。《共产党宣言》则把无产阶级国际主义团结的思
想，浓缩于"全世界无产者，联合起来"的伟大号召之中。这一口号，成为
千千万万工人共同的战斗口号。马克思指出，资本作为国际力量在起作用，
所以在与资本斗争时，全世界的工人阶级有必要联合行动。工会国际联合是
工人阶级彻底解放的前提，"国际的一个基本原则——团结。如果我们能够
在一切国家的一切工人中间牢牢地巩固这个富有生气的原则，我们就一定会
达到我们所向往的伟大目标"①，"劳动的解放既不是一个地方的问题，也不
是一个国家的问题，而是涉及存在现代社会的一切国家的社会问题，它的解
决有赖于最先进的国家在实践上和理论上的合作"。②

第二节　列宁关于工人阶级和工会的理论

在长期的革命斗争实践中，列宁继承并丰富发展了马克思与恩格斯关于
工人阶级和工会的理论，其主要内容包括：工人阶级历史作用的理论，工人
阶级进行政治斗争和经济斗争及其相互关系的理论，工会在资产阶级民主革
命中的地位和作用的理论，工会在建立社会主义新制度中的地位和作用的理
论，工会与工人阶级政党和国家相互关系的理论，关于"工会国家化"的理
论，工会是共产主义学校的理论，工会工作适应社会主义建设形势发展变化
的理论，工会维护职能的理论等。

---

① 《马克思恩格斯全集》第18卷，人民出版社1964年版，第180页。
② 《马克思恩格斯文集》第3卷，人民出版社2009年版，第226页。

一、列宁关于工人阶级的理论

列宁遵循马克思主义基本原理，积极投身俄国工人运动斗争实践，依据俄国工人运动正反两个方面的经验，科学地发展了马克思主义关于无产阶级历史作用的理论，以及政治斗争和经济斗争相互关系的理论。

列宁指出，俄国的小生产者、农民都是被压迫和被剥削者，而他们不是劳动群众的代表，因为小生产者在经济上对资产阶级有依赖性，他们的生产分散为成千上万的极小的经济单位，虽然事实上是被剥削者，但"多半还有一点点产业，因而被束缚在他们所应当反对的资产阶级体系上。这就使得那些能够推翻资本主义的社会力量的发展受到阻碍"。[①] 反观无产阶级，却具有劳动者先进代表的特点。首先，他们同先进的生产方式相联系。在大机器生产的资本主义企业中，资本主义已割断了他们与土地及一切生产资料的联系，使他们成为一无所有的雇佣工人。这种地位"使他们成为争取工人阶级解放的唯一战士，因为只有资本主义发展的高级阶段，即大机器工业，才能造成进行这场斗争所必需的物质条件和社会力量"。[②] 其次，集中的大机器工业也使工业无产阶级便于联合、集中，组成统一的阶级队伍。最后，无产阶级所受剥削是残酷和赤裸裸的，这使工人较其他被剥削阶级更容易认清资本主义的本质，从而进行自觉的斗争。工人阶级所具有的这些优点与特点，促使他们与剥削制度进行坚定的、不屈不挠的斗争。因此，工业无产阶级是俄国被压迫阶级中最先进、最有组织性、最有觉悟的阶级，是"俄国全体被剥削劳动群众唯一的和天然的代表"。[③] 由于工业无产阶级具有先进代表的作用，当这个阶级领会了科学社会主义思想、领会了关于俄国工人历史使命的思想，当工人们现时的分散的经济斗争变为自觉的阶级斗争和政治斗争，

---

① 《列宁全集》第 1 卷，人民出版社 1984 年版，第 264 页。

② 《列宁全集》第 1 卷，人民出版社 1984 年版，第 264 页。

③ 《列宁全集》第 1 卷，人民出版社 1984 年版，第 263 页。

"俄国工人就会起来率领一切民主分子去推翻专制制度，并引导俄国无产阶级（和全世界无产阶级并肩地）循着公开政治斗争的大道走向胜利的共产主义革命"。①

　　同其他国家的工人运动一样，俄国工人运动也遇到了如何正确处理经济斗争与政治斗争关系的问题。列宁认为，马克思主义始终主张经济斗争和政治斗争相结合。他指出，无产阶级所进行的政治斗争，离不开经济斗争；相反，它还必须以经济斗争为基础，经济斗争"是把工人组织到革命政党中去的基础，是团结工人和开展工人的阶级斗争来反对整个资本主义制度的基础"。② 对于无产阶级来说，政治斗争必须与经济斗争结合起来。列宁在深入分析俄国社会与政治特征以后认为："一切经济斗争都必然要变成政治斗争"，"要想获得……权利，就必须进行政治斗争"③，而在俄国的"无产阶级没有政治自由或者政治权利受到限制的时候，始终必须把政治斗争提到首位"。④

二、列宁关于工会的理论

　　列宁遵循马克思主义基本原理，并把它与俄国工人运动的具体实践相结合，在积极投身到领导工人运动的过程中，回答了工会与工人阶级政党的关系、工会的职能、社会主义国家工会存在的必要性等重大理论和实践问题，形成了列宁工会思想，并对以后的各社会主义国家都产生过巨大影响。

（一）工会与工人阶级政党以及政府的关系

　　工会必须接受工人阶级政党的领导，是列宁一贯的思想。列宁认为，工

---

① 《列宁全集》第 1 卷，人民出版社 1984 年版，第 264 页。
② 《列宁全集》第 4 卷，人民出版社 2013 年版，第 281 页。
③ 《列宁全集》第 4 卷，人民出版社 2013 年版，第 163、162 页。
④ 《列宁全集》第 4 卷，人民出版社 2013 年版，第 152 页。

人运动不能自发地产生社会主义，因而，它就不可能自觉地从事社会主义革命活动，也不会创造出独立的思想体系，"因为人类没有创造过任何'第三种'思想体系，而且在为阶级矛盾所分裂的社会中，任何时候也不可能有非阶级的或超阶级的思想体系"。① 因此，工人阶级政党必须向工人群众"灌输"社会主义思想和意识，它"所应该实现的任务：把社会主义思想和政治自觉性灌输到无产阶级群众中去"。②

列宁在论证工会必须接受工人阶级政党领导的同时，也提出了一些加强党对工会领导的具体措施：首先，党要帮助工会，与工会建立密切的联系；其次，开展广泛的揭露工作，揭露进入工人团体中政府警察、神父的真面目，使工会等工人团体摆脱政府和资本家代理人的影响，"全面的政治揭露，是培养群众革命积极性的必要条件和基本条件"③；最后，帮助工会办刊物，扩大工会在群众中的影响。

工会接受党的领导，并不等于工会的事情完全由党来操办和代办。列宁认为，党领导工会，并不是工会组织的一切日常工作和活动都由党组织决定，或由党组织亲自去执行，使党陷入繁杂的工会事务之中，而是"逐渐集中掌握真正的政治领导工作"。④ 列宁的论述表达了一个深刻的思想：党组织应该集中力量抓主要工作，即思想政治领导。工会组织可以承担的任务交由工会自己去办理。对于工会在社会主义政治体系中的地位，列宁指出："工会就它在无产阶级专政体系中的地位来说，是站在——如果可以这样说的话——党和国家政权之间的。"⑤ 他解释说："可以说党吸收了无产阶级的先锋队，由这个先锋队来实现无产阶级专政。可是，没有工会这样的基础，

---

① 《列宁全集》第6卷，人民出版社1986年版，第38页。
② 《列宁全集》第4卷，人民出版社1984年版，第335页。
③ 《列宁全集》第6卷，人民出版社1986年版，第67页。
④ 《列宁全集》第9卷，人民出版社1987年版，第288页。
⑤ 《列宁全集》第40卷，人民出版社2017年版，第202页。

就不能实现专政，就不能执行国家职能。"① 这是因为，"工会通过日常的工作说服群众，说服那唯一能够领导我们从资本主义过渡到共产主义去的阶级的群众。这是一方面。另一方面，工会是国家政权的'蓄水池'"。② 列宁在描述工会与国家政权的关系时，还用过诸如"就像一组齿轮""是一个由若干齿轮组成的复杂体系"等表述。这些都表现出列宁对工会组织的充分重视和工会这个群众性组织的重要性。

（二）工会是共产主义大学校

社会主义时期工会的定位与职责是什么呢？列宁认为，工会是共产主义学校。他指出："它是一个教育的组织，是吸引和训练的组织，它是一所学校，是学习管理的学校，是学习主持经济的学校，是共产主义的学校。"③ 工会的职责就是吸引和组织广大的工人群众，学习管理、学习文化，提高管理能力。列宁在其著作中多次强调，工会要与工人群众保持紧密联系，联系群众也就是联系大多数工人以及全体劳动者，这是工会无论做什么工作要取得成绩最重要、最基本的条件。不管是工人阶级政党还是工会组织，最大、最严重的危险之一，就是脱离群众。列宁警告说，如果共产党和群众之间的传动装置——工会建立得不好或工作犯错误，那社会主义建设就必将遭到大灾难。工会的主要工作方法是说服教育，"一方面，工会要善于适应群众，适应群众当时的水平；另一方面，工会又决不应当姑息群众的偏见和落后，而要坚持不懈地提高他们的水平"。④

---

① 《列宁全集》第 40 卷，人民出版社 2017 年版，第 202—203 页。

② 《列宁全集》第 40 卷，人民出版社 2017 年版，第 203 页。

③ 《列宁全集》第 40 卷，人民出版社 1986 年版，第 199 页。

④ 《列宁选集》第 4 卷，人民出版社 2012 年版，第 627 页。

（三）工会的"两个保护"思想

既然工人夺取了政权，建立起工人自己的国家，那为什么还需要工会去保护工人群众的利益？这是苏维埃社会主义政权建立以后，列宁领导的布尔什维克党需要回答的问题。列宁认为："我们的国家是带有官僚主义弊病的工人国家。我们不得不把这个不光彩的——我应当怎么说呢？——帽子，加在它的头上。这就是过渡的实际情况。试问，在实际形成的这样一种国家里，难道工会没有什么可以保护的吗？没有工会，能够保护组织起来的全体无产阶级的物质利益和精神利益吗？"① 按照列宁的分析，由于工人阶级的国家政权尚有官僚主义的弊病，需要通过工会来保护工人群众免受国家政权的侵犯。工会监督官僚主义，保护工人群众免受自己国家政权的侵犯，但工会的作用毕竟与资本主义社会条件下不同了，因此，工会除了这一"保护"外，同时也要"利用这些工人组织来组织工人保护我们的国家"。② 这就是列宁著名的"两个保护"的理论。

第三节　中国共产党关于工人阶级和工会理论的探索与发展

一、以毛泽东同志为核心的党的第一代中央领导集体关于工人阶级和工会的理论

毛泽东关于工人阶级和工会的理论，其中心思想是强调工人阶级是革命和建设的领导阶级，必须全心全意地依靠工人阶级，工会是保护工人利益的

---

① 《列宁全集》第40卷，人民出版社1986年版，第204页。
② 《列宁全集》第40卷，人民出版社1986年版，第205页。

组织。在社会主义条件下，工会工作是围绕生产建设这一中心并为其服务的。

（一）工人阶级是我国革命和建设的领导力量

早在新民主主义革命初期，毛泽东就运用马克思阶级分析的方法，对中国社会各阶级的经济地位及其对于革命的态度进行了分析。毛泽东在《中国社会各阶级的分析》一文中指出，中国现代工业无产阶级约 200 万人，人数虽不多，却是中国新的生产力的代表者，是近代中国最进步的阶级，做了革命运动的领导力量。由于工业无产阶级集中，经济地位低下，所以，他们特别能战斗。都市苦力工人和农村无产阶级在革命中的地位也很重要。工业无产阶级是我们革命的领导力量。在《中国革命和中国共产党》一文中，毛泽东讲到中国革命的动力时强调，中国无产阶级除了具有一般无产阶级的基本优点，即与最先进的经济形式相联系，富于组织性、纪律性，没有私人占有的生产资料以外；还有它的许多特殊的优点，主要是：第一，中国无产阶级身受三种压迫（帝国主义的压迫、资产阶级的压迫、封建势力的压迫），而这些压迫的严重性和残酷性，是世界各民族中少见的；因此，他们在革命斗争中，比任何别的阶级来得坚决和彻底。第二，中国无产阶级开始走上革命的舞台，就在本阶级的革命政党——中国共产党领导之下，成为中国社会最有觉悟的阶级。第三，由于从破产农民出身的成分占多数，中国无产阶级和广大的农民有一种天然的联系，便于他们和农民结成亲密的联盟。中国革命如果没有无产阶级的领导，就必然不能胜利。[1] 毛泽东指出："根本的革命力量是工农，革命的领导阶级是工人阶级。如果离开了这种根本的革命力量，离开了工人阶级的领导，要完成反帝反封建的民主革命是不可能的。"[2]

由于中国的具体国情，为了实现无产阶级的领导权，就必须建立巩固的

----

[1] 参见《毛泽东选集》第 2 卷，人民出版社 1991 年版，第 644—645 页。

[2] 《毛泽东邓小平江泽民论工人阶级和工会工作》，中央文献出版社 2002 年版，第 18 页。

工农联盟和广泛的统一战线。毛泽东指出："在中国社会的各阶级中，农民是工人阶级的坚固的同盟军，城市小资产阶级也是可靠的同盟军，民族资产阶级则是在一定时期中和一定程度上的同盟军，这是现代中国革命的历史所已经证明了的根本规律之一。"① 毛泽东还强调："总结我们的经验，集中到一点，就是工人阶级（经过共产党）领导的以工农联盟为基础的人民民主专政。这个专政必须和国际革命力量团结一致。这就是我们的公式，这就是我们的主要经验，这就是我们的主要纲领。"②

（二）工人阶级是党的阶级基础

随着中国近代工业的发展，中国工人阶级作为先进生产力和生产关系的代表走上历史舞台。中国共产党正是马克思主义和中国工人运动相结合的产物。没有中国工人阶级和工人运动及其同马克思主义的结合，就没有中国共产党的诞生。

毛泽东深刻地阐明了中国共产党与中国工人阶级密不可分的内在的特殊联系和关系。他指出，工人阶级是党的阶级基础。我们党不是任何别的阶级的政党，更不是什么超阶级的党，而是工人阶级的政党。工人阶级是党的社会阶级载体和力量的基本源泉。"中国工人阶级，自第一次世界大战以来，就开始以自觉的姿态，为中国的独立、解放而斗争。产生了它的先锋队——中国共产党，从此以后，使中国的解放斗争进入了新阶段。在北伐战争、土地革命战争和抗日战争三个时期中，中国工人阶级和中国共产党，作了极大的努力和极有价值的贡献。"③

---

① 《毛泽东选集》第 2 卷，人民出版社 1991 年版，第 645 页。
② 《毛泽东选集》第 4 卷，人民出版社 1991 年版，第 1480 页。
③ 《毛泽东邓小平江泽民论工人阶级和工会工作》，中央文献出版社 2002 年版，第 26—27 页。

（三）必须全心全意依靠工人阶级

1949 年 3 月，毛泽东在党的七届二中全会上提出了全心全意依靠工人阶级的根本指导方针。他指出："在城市斗争中，我们依靠谁呢？有些糊涂的同志认为不是依靠工人阶级，而是依靠贫民群众。有些更糊涂的同志认为是依靠资产阶级。我们必须批判这些糊涂思想。我们必须全心全意地依靠工人阶级，团结其他劳动群众，争取知识分子，争取尽可能多的能够同我们合作的民族资产阶级分子及其代表人物站在我们方面，或者使他们保持中立，以便向帝国主义者、国民党、官僚资产阶级作坚决的斗争，一步一步地去战胜这些敌人。"①

毛泽东高度重视维护工人阶级当家作主的政治权利。1959 年 12 月—1960 年 2 月，他在苏联《政治经济学教科书》读书小组会上的谈话中指出："劳动者管理国家、管理军队、管理各种企业、管理文化教育的权利。实际上，这是社会主义制度下劳动者最大的权利，最根本的权利。没有这种权利，劳动者的工作权、休息权、受教育权等等权利，就没有保证。"②

（四）充分发挥劳动模范的骨干、支柱和桥梁作用

毛泽东很早便发现了开展劳动竞赛的积极意义，对褒奖劳动英雄的活动十分重视，并认真总结这些活动的经验，明确劳模的定位和作用，为劳模表彰活动的推广、劳模表彰制度的形成和劳模效应更大的发挥作出了独特贡献。

1941 年，陕甘宁边区开展"五一"生产大竞赛。1942 年，陕甘宁边区农具厂的化铁工赵占魁成为劳动英雄中的明星。毛泽东称赞赵占魁为"中国式的斯达汉诺夫"，并为他题词"钢铁英雄"。1945 年 1 月，毛泽东在陕甘

---

① 《毛泽东选集》第 4 卷，人民出版社 1991 年版，第 1427—1428 页。
② 《毛泽东文集》第 8 卷，人民出版社 1999 年版，第 129 页。

宁边区劳动英雄和模范工作者大会上的讲话中，肯定劳动英雄和模范工作者起了三个作用，即带头作用、骨干作用和桥梁作用。①

1950 年 9 月，全国战斗英雄代表会议和全国工农兵劳动模范代表会议在北京举行。毛泽东代表中共中央在会上致祝词，他指出："你们在消灭敌人的斗争中，在恢复和发展工农业生产的斗争中，克服了很多的艰难困苦，表现了极大的勇敢、智慧和积极性。你们是全中华民族的模范人物，是推动各方面人民事业胜利前进的骨干，是人民政府的可靠支柱和人民政府联系广大群众的桥梁。"②

（五）工会是劳工的团结体，是保护工人利益的堡垒

1921 年 11 月，毛泽东在湖南劳工会刊物《劳工周刊》上发表的《所希望于劳工会的》一文中指出："劳工会是劳工的团结体……劳动组合的目的，不仅在团结劳动者以罢工的手段取得优益的工资和缩短工作时间，尤在养成阶级的自觉，以全阶级的大同团结，谋全阶级的根本利益。这是宗旨所在，希望劳工会诸君特别注意的。"③

1934 年 1 月，第二次全国苏维埃代表大会在江西瑞金开幕。毛泽东在大会上作政府工作报告，充分肯定了苏区工会所取得的成绩。他指出："苏区工人是组织了坚强的阶级工会。这种工会是苏维埃政权的柱石，是保护工人利益的堡垒，同时他又成为广大工人群众学习共产主义的学校。"④

1960 年 3 月 22 日，毛泽东在中共中央批转《鞍山市委关于工业战线上的技术革新和技术革命运动开展情况的报告》的批示中，以苏联经验为借鉴，对我国的社会主义企业管理工作作了科学的总结，强调把工人参加管理、干

---

① 参见《毛泽东选集》第 3 卷，人民出版社 1991 年版，第 1014 页。
② 《毛泽东文集》第 6 卷，人民出版社 1999 年版，第 95 页。
③ 《毛泽东文集》第 1 卷，人民出版社 1993 年版，第 6 页。
④ 《中华全国总工会七十年》，中国工人出版社 1995 年版，第 165 页。

部参加劳动，改革不合理的规章制度，干部、工人、技术人员三结合，作为进行工业管理和企业管理、开展技术革新和技术革命的方针。[①] 后来，这被称为中国工人阶级创造的"鞍钢宪法"。

毛泽东对企业工会如何处理同党委、行政的关系，有过一些原则性的论述，其要点有：（1）在一个企业内，党委、行政、工会的工作必须统一于一个共同的目标之下，就是搞好生产经营，实行党、行政、工会的统一领导，各顾各地把这三方面分裂起来的做法是完全错误的。（2）工会要主动取得党委对工会的领导和支持，这是搞好工会工作的先决条件。（3）工会要主动与行政搞好关系；行政方面也要主动支持工会工作，帮助工会解决实际问题。

（六）工会工作围绕经济建设这一中心并为其服务

毛泽东在《论政策》《关于工业与工运问题的方针》《目前形势和我们的任务》《关于工商业政策》等著作中，对"劳资两利"方针作了深刻的论述。针对抗日战争特别是解放战争时期出现的对待民族资产阶级和上层小资产阶级过左的错误政策，以及片面强调工人眼前福利、提出过高劳动条件的倾向，毛泽东指出："新民主主义国民经济的指导方针，必须紧紧地追随着发展生产、繁荣经济、公私兼顾、劳资两利这个总目标。一切离开这个总目标的方针、政策、办法，都是错误的。"[②]

1949 年 3 月，毛泽东在党的七届二中全会上指出："只有将城市的生产恢复起来和发展起来了，将消费的城市变成生产的城市了，人民政权才能巩固起来。城市中其他的工作，例如党的组织工作，政权机关的工作，工会的工作……都是围绕着生产建设这一个中心工作并为这个中心工作服务的。"[③] 他要求做工会工作的同志主动地与行政搞好关系："党、政、工三方面，共

---

① 参见《建国以来重要文献选编》第 13 册，中央文献出版社 1996 年版，第 109—124 页。
② 《毛泽东选集》第 4 卷，人民出版社 1991 年版，第 1256 页。
③ 《毛泽东选集》第 4 卷，人民出版社 1991 年版，第 1428 页。

同的目的都是为了搞好生产"。①

1951 年 2 月，毛泽东在为中共中央起草的党内通报《中共中央政治局扩大会议决议要点》中指出："4、工厂内，以实现生产计划为中心，实行党、政、工、团的统一领导。5、力争在增加生产的基础上逐步改善工人生活。6、在城市建设计划中，应贯彻为生产、为工人服务的观点。7、全国总工会及各上级工会应着重解决下面的具体问题。8、党委及工会应着重典型经验的创造，迅速推及各处。"②

二、以邓小平同志为核心的党的第二代中央领导集体关于工人阶级和工会的理论

（一）全心全意依靠工人阶级必须成为党的指导思想

党是工人阶级的先锋队，工人阶级是党的阶级基础。全心全意依靠工人阶级，是邓小平的一贯思想。他指出："马克思主义向来认为，归根结底地说来，历史是人民群众创造的。工人阶级必须依靠本阶级的群众力量和全体劳动人民的群众力量，才能实现自己的历史使命——解放自己，同时解放全体劳动人民。"③ 在《在西南局城市工作会议上的报告提纲》中，邓小平深刻阐述了如何依靠工人阶级的问题。他指出，第一，"必须从思想上认识工人阶级的作用，不依靠工人就无法搞好工业生产，就不可能发展到社会主义"。④ 第二，必须把工人的最大多数组织到工会中去，并依靠工会去教育工人，启发其阶级觉悟，发挥其生产积极性。邓小平特别强调："忽视工会工作，就谈不上依靠工人阶级。"⑤

---

① 《毛泽东文集》第 5 卷，人民出版社 1996 年版，第 327 页。
② 《毛泽东文集》第 6 卷，人民出版社 1999 年版，第 145 页。
③ 《邓小平论工人阶级与工会》，中国工人出版社 1994 年版，第 109 页。
④ 《邓小平论工人阶级与工会》，中国工人出版社 1994 年版，第 101 页。
⑤ 《邓小平论工人阶级与工会》，中国工人出版社 1994 年版，第 101 页。

第三，用高度的热忱去关怀工人阶级的各方面，从政治上、文化上、生活和物质福利上去关心他们，不要忽略有利于工人的"小事"。反对在困难时依靠，顺利时就不依靠；需要时依靠，不需要时就不依靠；口头上依靠，思想上并不依靠。第四，邓小平专门强调："依靠工人阶级必须成为党的指导思想，必须贯彻到各部门中去。不能把它看作只是工会和工厂的事情。"①

改革开放以后，邓小平多次强调，科学技术是第一生产力，知识分子是工人阶级的一部分，依靠工人阶级是依靠包括产业工人、知识分子和管理者在内的工人阶级整体。这一论述，为我国实施科教兴国战略和人才强国战略奠定了理论基础。

（二）工人阶级要为实现四个现代化作出优异贡献

把实现社会主义四个现代化的宏伟目标作为工会在新时期基本任务的思想，是邓小平关于工人阶级和工会理论的重要组成部分，是指导工会在新的历史时期开展工作的根本方针。这一思想，集中体现于他在中国工会九大上所作题为《工人阶级要为实现四个现代化作出优异贡献》的致词中。邓小平认为，进行改革，是全国人民的长远利益所在，也是工人阶级的根本利益所在。依据工人阶级的先进性质与特点，确定了工人阶级是现代化建设事业的主力军这一身份地位与作用，并对工人阶级在社会主义现代化建设及改革开放事业中的作为寄予厚望。他指出："工人阶级最重要的特点之一就是同社会化的大生产相联系，因此它的觉悟最高，纪律性最强，能在现时代的经济进步和社会政治进步中起领导作用。"为了社会主义利益，为了四个现代化的利益，"全国工人阶级一定会在这些改革中起大公无私的模范先锋作用"。② 工

---

① 《邓小平论工人阶级与工会》，中国工人出版社1994年版，第101页。

② 《毛泽东邓小平江泽民论工人阶级和工会工作》，中央文献出版社2002年版，第123页。

人阶级要发扬"艰苦奋斗、大公无私、严守纪律、服从调动、爱厂如家"的光荣传统,用最大的努力来掌握现代化的技术知识和现代化的管理知识,努力成为有理想、有道德、有文化、有纪律的一代新人,为实现四个现代化作出优异的贡献。

(三)群众路线是党的根本工作路线

人民群众是我们党的力量源泉和胜利之本。邓小平指出:"党的全部任务就是全心全意地为人民群众服务","党必须密切联系群众和依靠群众,而不能脱离群众,不能站在群众之上"。① 党的工作中的群众路线,具有极深刻的理论意义和实际意义。"由于我们党现在已经是在全国执政的党,脱离群众的危险,比以前大大地增加了,而脱离群众对于人民可能产生的危害,也比以前大大地增加了。因此,目前在全党认真地宣传和贯彻执行群众路线,也就有特别重大的意义。"② 邓小平在《高级干部要带头发扬党的优良传统》一文中强调:"我们搞四个现代化,因为经验不足,会面临多方面的困难……这些问题,归根到底,只有相信群众,依靠群众,充分走群众路线,才能够得到解决。"③

(四)切实维护职工群众的民主权利与合法权益

邓小平早在 1950 年的《在西南局城市工作会议上的报告提纲》中就指出:"所谓管理民主化,必须具体体现在'依靠工人团结职员'之中,尤其是具体体现到工会、工厂管理委员会、职工代表会这三种组织形式中,否则就谈不上什么民主化,就没有民主的内容。"④ 他在《共产党要接受监督》一文中,

---

① 《邓小平文选》第 1 卷,人民出版社 1994 年版,第 217 页。
② 《邓小平文选》第 1 卷,人民出版社 1994 年版,第 221 页。
③ 《邓小平文选》第 2 卷,人民出版社 1994 年版,第 230 页。
④ 《邓小平文选》第 1 卷,人民出版社 1994 年版,第 176—177 页。

论述了扩大群众监督的重要性和必要性，强调既有自上而下的党委领导下的厂长负责制，又有自下而上的党委领导下的群众监督制，要搞职工代表大会，加强它的作用。在中国工会九大上的致词中，邓小平进一步强调，"工会要教育全体会员积极参加企业的管理"，充分行使企业主人的权利，"所有的企业必须毫无例外地实行民主管理"，"企业的重大问题要经过职工代表大会或职工大会讨论"。① 邓小平认为，在维护职工群众具体利益方面，"工会组织有更大量的工作应该做。工会组织要督促和帮助企业行政和地方行政在可能的范围内，努力改善工人的劳动条件、居住条件、饮食条件和卫生条件"等。工会只要认真履行维护职能，能够替职工群众说话办事，"就会在工人群众中享有很高的威信，可以为四个现代化作出重大的贡献"。② 邓小平十分重视工会的参与职能。工会作为职工代表大会或职工大会的工作机构，应当代表职工的利益积极参与管理。工会参与职能发挥的好坏，"影响着工人当家作主的权利行使得怎么样，也影响着企业管理的好坏怎么样"，"一个企业管理得好，不仅是企业党政干部的成绩，也是全企业工人群众的成绩，也是工会工作的成绩"。③

（五）加强中国工人阶级与世界各国工人阶级的团结

邓小平在中国工会九大上的致词中指出："我国工人阶级在建设自己国家的同时，一定要时时刻刻记着全世界无产阶级、被压迫人民和被压迫民族。我们要进一步加强同全世界工人阶级和革命人民的团结，支持他们反帝、反殖、反霸，争取和维护民族独立以及争取社会进步的斗争，为全世界工人阶级的解放和人类的进步事业作出应有的贡献。我国工人阶级也要虚心学习各国工人阶级的斗争经验，学习他们的先进科学技术，来加快实现我国

---

① 《邓小平文选》第 2 卷，人民出版社 1994 年版，第 137 页。
② 《邓小平文选》第 2 卷，人民出版社 1994 年版，第 138 页。
③ 《邓小平文选》第 2 卷，人民出版社 1994 年版，第 137 页。

的四个现代化。"① 中国工会在国际事务中要继续奉行"独立自主、广泛联系"的方针，大力开展交流与合作，积极参加国际劳工组织等多边国际活动，努力增进同各国工人和人民之间的了解与友谊，不断扩大中国工会的国际影响，共同致力于推动形成公正合理的国际工会运动新秩序，为推进世界和平、发展和维护工人权益的进步事业，作出不懈的努力。

（六）加强和改善党对工会工作的领导

邓小平在论述党与群众团体的关系时指出："所谓群众团体的独立性，是在组织意义上讲的，在政治上必须保障其在党的政治领导之下。党对群众团体，应加强其政治领导，不应在组织上去包办。群众团体的工作，应由群众团体自己去讨论和执行。"② 邓小平阐明了工会组织与党的正确关系：工会工作是党的全局工作的一部分。工会要自觉接受党的领导，依照党的全局工作来布置自己的工作。党组织要加强对工会工作的领导，高度重视和充分发挥工会组织的作用，支持工会独立自主地创造性地开展工作。

三、以江泽民同志为核心的党的第三代中央领导集体关于工人阶级和工会的理论

（一）工人阶级的地位、作用和历史使命

江泽民指出："我国工人阶级具有光荣的革命传统。在二十世纪中华民族的发展过程中，工人阶级始终站在时代前列，推动着历史的前进和社会的进步。工人阶级在自己的先锋队中国共产党的领导下，前仆后继，英勇奋斗，为夺取新民主主义革命的胜利建立了伟大的功勋。新中国成立后，工人

---

① 《邓小平文选》第 2 卷，人民出版社 1994 年版，第 138—139 页。

② 《毛泽东邓小平江泽民论工人阶级和工会工作》，中央文献出版社 2002 年版，第 77 页。

阶级坚决响应党的号召，自力更生，奋发图强，为我国社会主义建设作出了巨大的贡献。在新的历史时期，工人阶级在邓小平理论和党的基本路线指引下，积极投身改革，努力开拓进取，在社会主义现代化建设中建立了新的显赫业绩。历史和现实的实践都证明，中国工人阶级不愧为先进社会生产力的代表，不愧为推进中国革命、建设和改革事业的中坚力量，不愧为我们国家的领导阶级。"[1]

在工人阶级与党的关系问题上，江泽民强调："我们党不仅是工人阶级的阶级组织，而且是工人阶级的先锋队。能够把工人阶级组织起来，为实现自己的理想而斗争的，只有自己的先锋队——共产党。工人阶级需要党，党也离不开工人阶级。"[2] 党必须始终坚持工人阶级先锋队性质，在政治上要坚决维护工人阶级的领导阶级地位，支持和领导人民当家作主；在工作中要全心全意地依靠工人阶级、依靠广大群众；在组织上要重视从工人特别是生产第一线产业工人中发展优秀分子入党。同时，要切实加强党在工人阶级群众中的工作，增强他们的主人翁责任感和建设社会主义现代化的历史使命感，引导他们不断提高政治觉悟、克服自身弱点，把工人阶级锻炼成一支真正具有先进阶级理想、社会主义道德、现代文化科学知识和严格纪律的强大阶级队伍。

（二）坚持全心全意依靠工人阶级的基本政治原则不动摇

在1995年庆祝"五一"国际劳动节暨表彰全国劳动模范和先进工作者大会上的讲话中，江泽民指出："工人阶级是我们党的阶级基础，是我们国家的领导阶级。我们党所领导的改革和社会主义现代化建设的全部活动与整

---

[1] 《毛泽东邓小平江泽民论工人阶级和工会工作》，中央文献出版社2002年版，第202—203页。

[2] 《毛泽东邓小平江泽民论工人阶级和工会工作》，中央文献出版社2002年版，第168—169页。

个进程，都必须全心全意地依靠工人阶级，这在任何时候、任何情况下都不能动摇。"①

江泽民强调，全心全意依靠工人阶级就是要在政治上保证、制度上落实、素质上提高、权益上维护。全心全意依靠工人阶级，尤其要重视发挥产业工人的骨干作用。产业工人最有组织性、纪律性，是工人阶级队伍的骨干力量。全心全意依靠工人阶级，理所当然地也包括作为工人阶级一部分的知识分子。知识分子是工人阶级中掌握科学文化知识较多的一部分，是先进生产力的开拓者，在改革开放和现代化建设中有着特殊的作用，在精神文明建设中是一支骨干力量。

（三）保障工人阶级和广大劳动群众的民主权利

江泽民从加强社会主义民主政治建设的高度提出，各级领导机关和领导干部必须懂得，保证工人阶级和广大劳动群众行使管理国家、管理经济与社会事务的权利，是社会主义民主的根本要求。要坚持发挥职工代表大会的作用，建立和完善平等协商、集体合同制度，进一步完善村民自治制度，进一步加强社区的民主建设，通过政务公开、厂务公开、村务公开等多种形式，不断扩大基层民主，确保广大职工和劳动群众依法进行民主选举、民主决策、民主管理、民主监督。凡是企业的重大事情，都要同职工群众商量。越是涉及企业改革、发展和群众切身利益的重大问题，越要通过职工代表大会等形式，认真和充分听取广大职工的意见，真正做到群策群力，共同把企业的经营管理和效益搞上去。要继续坚持和进一步完善以职工代表大会为基本形式的企业民主管理制度，发挥工会和职工代表大会在民主决策、民主管理、民主监督中的积极作用。

---

① 《毛泽东邓小平江泽民论工人阶级和工会工作》，中央文献出版社 2002 年版，第183 页。

（四）保障工人阶级和广大劳动群众的经济、文化权益

2001 年，江泽民在庆祝"五一"国际劳动节全国劳动模范座谈会上发表的重要讲话中指出，保障工人阶级和广大劳动群众的经济、政治、文化权益，是党和国家一切工作的根本基点，也是发挥工人阶级和广大劳动群众积极性、创造性的根本途径。各级领导机关和领导干部都要从坚持党的全心全意为人民服务宗旨、巩固党的执政地位、维护国家长治久安的高度，坚持贯彻全心全意依靠工人阶级的方针，切实加强同广大职工群众的联系，关心他们的疾苦，倾听他们的呼声，实实在在地为他们说话办事；要特别关心那些工作和生活上暂时遇到困难的群众，把他们的事情摆上重要议事日程，重点考虑，重点解决，切实安排好他们的就业和生活；要努力把工人阶级和广大劳动群众的物质文化利益实现好、维护好、发展好，把他们的积极性和创造性引导好、保护好、发挥好。江泽民还指出，我们联系群众，首先就要联系广大工人群众，尊重并维护工人阶级应有的政治、经济利益和社会地位，千方百计为发挥他们的历史主动精神创造条件。要依据《中华人民共和国劳动法》等法律法规，维护职工的物质利益、民主权利和政治地位，坚决树立安全生产第一的思想。

（五）工会肩负着维护职工群众合法权益的基本职责

江泽民强调，工会"肩负着职工群众合法权益的代表者和维护者的神圣职责"。① 他在《正确认识工会的作用》一文中指出：工会"要真正代表工人群众的利益，依法维护工人群众的合法权益。如果工会不能代表工人群众的利益，工人群众还要工会干什么！……如果工会根本不考虑工人群众的利益，就站不住脚，就失去了自身的作用"。② 在 2001 年庆祝"五一"国际劳

---

① 《毛泽东邓小平江泽民论工人阶级和工会工作》，中央文献出版社 2002 年版，第185、206 页。

② 《毛泽东邓小平江泽民论工人阶级和工会工作》，中央文献出版社 2002 年版，第162 页。

动节全国劳动模范座谈会上，他进一步明确指出："工会是党领导的工人阶级群众组织，是党联系职工群众的桥梁和纽带，肩负着维护职工群众合法权益的基本职责。要切实维护职工群众的具体利益，真心诚意地为职工群众服务。"①

（六）探索有中国特色社会主义工会工作的新路子

江泽民强调，工会要以邓小平理论和党的基本路线为指导，积极探索有中国特色社会主义工会工作的新路子，努力开创工会工作的新局面。

江泽民深刻地阐明了加强和改善党对工会工作的领导与工会按照法律及工会章程独立自主活动的辩证关系。他在《正确认识工会的作用》一文中指出："工会应该在各级党组织统一领导下活动。强调工会在党的统一领导下活动，决不意味着把工会变成党委的一个部门，等同于党委宣传部、组织部一样的机构。工会应该是党领导下相对独立的工人阶级的群众性组织。这两个方面都要正确掌握，不可出现偏离。"②

关于正确处理总体利益与具体利益的关系，江泽民指出，工会组织要在维护全国人民总体利益的同时，更好地代表和维护职工群众的具体利益，真心诚意地为职工群众服务，千方百计地为他们办实事、办好事。

四、以胡锦涛同志为总书记的党中央关于工人阶级和工会的理论

（一）坚持全心全意依靠工人阶级的指导方针不动摇

胡锦涛指出："我们要始终坚持全心全意依靠工人阶级的方针。"③2010

---

① 《毛泽东邓小平江泽民论工人阶级和工会工作》，中央文献出版社2002年版，第223页。

② 《毛泽东邓小平江泽民论工人阶级和工会工作》，中央文献出版社2002年版，第161—162页。

③ 胡锦涛：《在二〇〇五年全国劳动模范和先进工作者表彰大会上的讲话》，《人民日报》2005年5月1日。

年，他在全国劳动模范和先进工作者表彰大会上发表的重要讲话中进一步指出："各级党委和政府要始终坚持全心全意依靠工人阶级的根本方针，把广大劳动群众紧紧团结在党和政府周围，充分发挥他们的主力军作用。"①党中央始终强调，在全面推进社会主义现代化建设事业新局面的历史进程中，不论社会主义市场经济如何发展、劳动方式如何变化、改革开放如何深化、国内国际形势如何变化，我们坚持走中国特色社会主义发展道路不会改变，全心全意依靠工人阶级方针不会改变，工人阶级国家主人翁地位不会改变，工人阶级作为改革开放和社会主义现代化建设主力军的作用不能削弱。

（二）关于工人阶级的地位和作用

胡锦涛在 2010 年全国劳动模范和先进工作者表彰大会上指出："在当代中国，工人阶级和广大劳动群众始终是推动我国经济社会发展、维护社会安定团结的根本力量。实现我们确定的宏伟目标，必须高度重视和充分发挥我国工人阶级和广大劳动群众的主力军作用。""我国工人阶级是我国先进生产力和生产关系的代表，是我们党最坚实最可靠的阶级基础，是社会主义中国当之无愧的领导阶级，是全面建设小康社会、坚持和发展中国特色社会主义的主力军。"②在当代中国，工人阶级和广大劳动群众始终是推动我国经济社会发展、维护社会安定团结的根本力量。要实现党中央确定的宏伟目标，必须高度重视并充分发挥我国工人阶级和广大劳动群众的主力军作用。

（三）关于劳模工作

劳动模范是民族的精英、国家的栋梁、社会的中坚、人民的楷模，是党

---

① 胡锦涛：《在 2010 年全国劳动模范和先进工作者表彰大会上的讲话》，《人民日报》2010 年 4 月 28 日。

② 胡锦涛：《在 2010 年全国劳动模范和先进工作者表彰大会上的讲话》，《人民日报》2010 年 4 月 28 日。

和国家的宝贵财富。胡锦涛指出："爱岗敬业、争创一流，艰苦奋斗、勇于创新，淡泊名利、甘于奉献的伟大劳模精神，是中国工人阶级崇高品格的生动体现，是我们时代的宝贵财富，是激励全国各族人民团结奋斗、勇往直前的强大精神力量。"① 他号召要"进一步弘扬劳模精神，为激励全国各族人民团结奋斗凝聚强大精神力量"②，"要在全社会广泛宣传劳动模范和先进工作者的先进事迹、优秀品质、高尚精神，给他们以应有的光荣和地位，推动全社会进一步尊重劳模、关心劳模、学习劳模，使劳模精神不断发扬光大"。③

（四）关于工会的性质和职责

胡锦涛指出："工会组织是党和政府联系职工群众的桥梁和纽带，是国家政权的重要社会支柱，是职工利益的代表者和维护者。新形势下，各级工会组织一定要适应新形势新任务，紧紧围绕党和国家工作大局，全面履行各项职能，扩大工作覆盖面，增强组织凝聚力，诚心诚意为广大职工群众服务，主动维护广大职工包括农民工合法权益，充分发挥组织职工、引导职工、服务职工、维护职工合法权益的重要作用，把党和政府的关怀和温暖送到广大劳动群众心坎上，最广泛最充分地把广大劳动群众的智慧和力量凝聚到落实到改革发展稳定的目标任务上来，不断开创工会工作新局面。"④

---

① 胡锦涛：《在 2010 年全国劳动模范和先进工作者表彰大会上的讲话》，《人民日报》2010 年 4 月 28 日。

② 胡锦涛：《在 2010 年全国劳动模范和先进工作者表彰大会上的讲话》，《人民日报》2010 年 4 月 28 日。

③ 胡锦涛：《在二〇〇五年全国劳动模范和先进工作者表彰大会上的讲话》，《人民日报》2005 年 5 月 1 日。

④ 胡锦涛：《在 2010 年全国劳动模范和先进工作者表彰大会上的讲话》，《人民日报》2010 年 4 月 28 日。

（五）关于工会充分履行维护劳动者合法权益的神圣职责

在劳动者权益方面，胡锦涛明确指出，保障工人阶级和广大劳动群众的经济、政治、文化、社会权益，是我国社会主义制度的根本要求，是党和国家的神圣职责，也是发挥工人阶级和广大劳动群众积极性、主动性、创造性最重要最基础的工作。他强调："让各国广大劳动者实现体面劳动，是以人为本的要求，是时代精神的体现，也是尊重和保障人权的重要内容。"①体面劳动意味着，劳动者在生产性劳动中，他们的权益能够得到保护，有足够的收入，有充分的社会保障，有充足的就业岗位。中国工会应该充分发扬会员人数众多、组织覆盖广泛的优势，在应对国际金融危机、保持经济平稳较快发展中发挥积极作用，努力推动可持续发展并实现体面劳动。实践证明，推动充分就业和体面劳动不仅有利于经济的可持续发展，同时也有利于维护劳动者权益，实现人力资源的可持续发展，从而推动人类社会的可持续发展。

第四节　习近平总书记关于工人阶级和工会工作的重要论述

习近平新时代中国特色社会主义思想从理论和实践的结合上，系统回答了新时代坚持和发展什么样的中国特色社会主义、怎样坚持和发展中国特色社会主义这个重大时代课题，是马克思主义中国化最新成果，是党和人民实践经验与集体智慧的结晶，是中国特色社会主义理论体系的重要组成部分，是全党全国各族人民为实现中华民族伟大复兴而奋斗的行动指南，为新时代工运事业和工会工作创新发展提供了根本遵循，是各级工会组织和广大工会干部的强大思想武器。

---

① 《胡锦涛出席"2008'经济全球化与工会"论坛开幕式并致辞》，《人民日报》2008年1月8日。

一、习近平总书记关于工人阶级和工会工作的重要论述的发展形成

党的十八大以来，习近平总书记从党和国家事业发展全局出发，从巩固党长期执政的阶级基础和群众基础着眼，高度重视并大力推进党的工运事业和工会工作。他亲自谋划、亲自指导、亲自推动，领导召开党的历史上第一次中央党的群团工作会议，同全国总工会新一届领导班子成员集体谈话，主持中共中央政治局会议、中央全面深化改革领导小组会议，审议通过加强和改进党的群团工作的意见、全国总工会改革试点方案和新时期产业工人队伍建设改革方案等，亲临全国总工会机关与劳模代表座谈、给中国劳动关系学院劳模本科班学员回信，多次在重要会议、重要场合围绕工人阶级和工会工作发表重要讲话、作出重要指示，科学回答了工人阶级和工会工作的一系列方向性、根本性、战略性重大问题，构成了系统理论，形成了习近平总书记关于工人阶级和工会工作的重要论述。

这些重要讲话、指示、回信主要包括：2013 年 4 月 28 日，习近平总书记亲临全国总工会机关，与全国劳模代表亲切座谈；2014 年 3 月 4 日，习近平总书记给"郭明义爱心团队"回信；2014 年 4 月 30 日，习近平总书记在乌鲁木齐接见劳动模范和先进工作者、先进人物代表时发表重要讲话；2015 年 4 月 28 日，习近平总书记在庆祝"五一"国际劳动节暨表彰全国劳动模范和先进工作者大会上发表重要讲话；2015 年 7 月 6 日，习近平总书记在中央党的群团工作会议上发表重要讲话；2016 年 4 月 26 日，习近平总书记在知识分子、劳动模范、青年代表座谈会上发表重要讲话；2016 年 5 月 16 日，习近平总书记在中央财经领导小组第十三次会议上发表重要讲话；2017 年 2 月 28 日，习近平总书记在中央财经领导小组第十五次会议上发表重要讲话；2017 年 12 月 12—13 日，习近平总书记在江苏徐州考察时发表重要讲话；2018 年 4 月 30 日，习近平总书记给中国劳动关系学院劳模本科班学员回信；2019 年 9 月，习近平总书记对我国选手在世界技能大赛取得

佳绩作出重要指示；2019 年 9 月 26 日，习近平总书记致信祝贺大庆油田发现 60 周年；2020 年 4 月 30 日，习近平总书记给郑州圆方集团全体职工回信；2020 年 11 月 24 日，习近平总书记在全国劳动模范和先进工作者表彰大会上发表重要讲话；2020 年 12 月 10 日，习近平总书记致信祝贺首届全国职业技能大赛举办；2021 年 4 月，习近平总书记对职业教育工作作出重要指示；2021 年 2 月 26 日，习近平总书记在主持十九届中共中央政治局第二十八次集体学习时发表重要讲话；2021 年 4 月 30 日，习近平总书记向全国广大劳动群众致以节日祝贺和诚挚慰问；2022 年 3 月 1 日，习近平总书记在 2022 年春季学期中共中央党校（国家行政学院）中青年干部培训班开班式上发表重要讲话；2022 年 3 月 6 日，习近平总书记在参加全国政协十三届五次会议农业界、社会福利和社会保障界委员联组会时发表重要讲话；2022 年 4 月 27 日，习近平总书记向首届大国工匠创新交流大会致贺信；2022 年 10 月 16 日，习近平总书记在党的二十大报告中指出：“我国是工人阶级领导的、以工农联盟为基础的人民民主专政的社会主义国家，国家一切权力属于人民”，“深化工会、共青团、妇联等群团组织改革和建设，有效发挥桥梁纽带作用”，“全心全意依靠工人阶级，健全以职工代表大会为基本形式的企事业单位民主管理制度，维护职工合法权益”，“在全社会弘扬劳动精神、奋斗精神、奉献精神、创造精神、勤俭节约精神”① 等；2023 年 4 月 30 日，习近平总书记在“五一”国际劳动节到来之际向全国广大劳动群众致以节日祝贺和诚挚慰问；2023 年 5 月 29 日，习近平总书记在主持二十届中共中央政治局第五次集体学习时发表重要讲话；2023 年 9 月 1 日，习近平总书记给中国航发黎明发动机装配厂“李志强班”职工回信等。2023 年 9 月，中共中央党史和文献研究院编辑的《习近平关于工人阶级和工会工作论述摘编》出版，在全国发行。该书分 8 个专题，共计 240 段论述，摘自习近平总书记 2012

---

① 《习近平著作选读》第一卷，人民出版社 2023 年版，第 30、31、32、37 页。

年 11 月 15 日至 2023 年 7 月 7 日期间的报告、讲话、说明、贺信、回信、指示、批示等 70 多篇重要文献，其中部分论述是第一次公开发表。这些重要论述对于新时代工运事业和工会工作创新发展，团结动员亿万职工为全面建设社会主义现代化国家、全面推进中华民族伟大复兴贡献智慧和力量，具有十分重要的意义。

在此期间，习近平总书记先后三次同全国总工会新一届领导班子成员集体谈话。2013 年 10 月 23 日，中国工会十六大闭幕后，习近平总书记在北京中南海同全国总工会新一届领导班子成员集体谈话，强调工会要坚持正确政治方向，牢牢把握为实现中华民族伟大复兴中国梦而奋斗的我国工运时代主题，做好维护职工群众切身利益工作，在坚持党的群众路线、密切联系职工群众方面作表率。2018 年 10 月 29 日，中国工会十七大闭幕后，习近平总书记同全国总工会新一届领导班子成员集体谈话并发表重要讲话。习近平总书记指出，我国工运事业是党的事业的重要组成部分，工会工作是党治国理政的一项经常性、基础性工作。要坚持党对工会工作的领导，团结动员亿万职工积极建功新时代，加强对职工的思想政治引领，加大对职工群众的维权服务力度，深入推进工会改革创新，勇于担当、锐意进取，积极作为、真抓实干，开创新时代我国工运事业和工会工作新局面。2023 年 10 月 23 日，中国工会十八大闭幕后，习近平总书记同全国总工会新一届领导班子成员集体谈话并发表重要讲话。习近平总书记强调，我国工运事业是在党的领导下发展起来的，工会是党领导的工人阶级群众组织。坚持党对工会的全面领导，任何时候、任何情况下都不能动摇、不能偏离。要坚持全心全意依靠工人阶级的根本方针，充分调动广大职工群众的积极性、主动性、创造性，积极投身全面推进强国建设、民族复兴的伟大事业。

二、习近平总书记关于工人阶级和工会工作的重要论述的科学内涵

（一）坚持党对工运事业和工会工作的领导

习近平总书记指出："我国工运事业是在党的领导下发展起来的，是党的事业的重要组成部分，工会工作是党治国理政的一项经常性、基础性工作。工会要忠诚党的事业，通过扎实有效的工作把坚持党的领导和我国社会主义制度落实到广大职工群众中去。""工会要永远保持自觉接受党的领导这一优良传统。"① 中国特色社会主义制度的最大优势是中国共产党领导，中国共产党是最高政治领导力量，坚持党中央集中统一领导是最高政治原则。工会要坚持党对工运事业和工会工作的领导，永远保持自觉接受党的领导这一优良传统，坚定不移走中国特色社会主义工会发展道路。各级党委要加强和改进对工会的领导，注重发挥工会组织的作用，加大对工会工作的支持保障力度，为工会工作创造更加有利的条件。

（二）坚持全心全意依靠工人阶级的根本方针

习近平总书记在党的二十大报告中指出："全心全意依靠工人阶级，健全以职工代表大会为基本形式的企事业单位民主管理制度，维护职工合法权益。"② 工人阶级是我们党最坚实最可靠的阶级基础，是我国的领导阶级。坚持和发展中国特色社会主义，必须巩固工人阶级的领导阶级地位，充分发挥工人阶级的主力军作用。全心全意依靠工人阶级要贯彻到党和国家政策制定、工作推进全过程，落实到企业生产经营各方面，做到在政治上保证、制度上落实、素质上提高、权益上维护，更好地把广大职工群众紧紧团结在党和政府周围。

---

① 习近平：《论坚持党对一切工作的领导》，中央文献出版社 2019 年版，第 282 页。

② 习近平：《高举中国特色社会主义伟大旗帜 为全面建设社会主义现代化国家而团结奋斗——在中国共产党第二十次全国代表大会上的报告》，人民出版社 2022 年版，第 39 页。

（三）牢牢把握为实现中华民族伟大复兴中国梦而奋斗的时代主题

2012 年 11 月 29 日，习近平总书记在参观《复兴之路》展览时指出："现在，大家都在讨论中国梦，我以为，实现中华民族伟大复兴，就是中华民族近代以来最伟大的梦想。"①党的二十大鲜明确立了以中国式现代化全面推进强国建设、民族复兴伟业的中心任务。党的中心任务就是中国工人运动和工会工作的主题与方向。新征程上，中国工人阶级和工会一定要在以习近平同志为核心的党中央坚强领导下，以党的旗帜为旗帜、以党的意志为意志、以党的使命为使命，坚定理想信念、坚守使命追求，自觉团结奋斗、积极改革创新，以更加豪迈的姿态、勇于担当的精神，为实现全面建成社会主义现代化强国、以中国式现代化全面推进中华民族伟大复兴的宏伟目标而奋勇前进。

（四）加强对职工群众的思想政治引领

习近平总书记强调："引导职工群众听党话、跟党走，巩固党执政的阶级基础和群众基础，是工会组织的政治责任。如何把职工群众团结引导好，没有什么捷径妙招，关键是深入细致做好思想政治工作，这也是工会工作的优良传统。"②加强对职工群众的思想政治引领，体现了工会工作的鲜明特色和突出政治优势。新征程上，要加强对职工群众的思想政治引领，坚持用党的创新理论武装头脑、指导实践、推动工作，引导职工群众听党话、跟党走，以实际行动把亿万职工群众紧紧团结在党的周围，不断夯实党长期执政的阶级基础和群众基础。

（五）努力建设高素质劳动大军

习近平总书记指出："要推进产业工人队伍建设改革，落实产业工人思

---

① 《习近平著作选读》第一卷，人民出版社 2023 年版，第 63 页。
② 中共中央党史和文献研究院编：《习近平关于工人阶级和工会工作论述摘编》，中央文献出版社 2023 年版，第 47 页。

想引领、建功立业、素质提升、地位提高、队伍壮大等改革措施，造就一支有理想守信念、懂技术会创新、敢担当讲奉献的宏大产业工人队伍。"① 实现高质量发展，必须充分发挥工人阶级的主力军作用，建设一支宏大的知识型、技能型、创新型产业工人大军，为以中国式现代化全面推进中华民族伟大复兴提供有力人才支撑。要深化产业工人队伍建设改革，努力建设高素质劳动大军。

（六）大力弘扬劳模精神、劳动精神、工匠精神

习近平总书记强调："劳模精神、劳动精神、工匠精神是以爱国主义为核心的民族精神和以改革创新为核心的时代精神的生动体现，是鼓舞全党全国各族人民风雨无阻、勇敢前进的强大精神动力。"② 要大力弘扬劳模精神、劳动精神、工匠精神，依靠劳动创造扎实推进中国式现代化。要树立劳动最光荣、劳动最崇高、劳动最伟大、劳动最美丽的理念，倡导辛勤劳动、诚实劳动、创造性劳动，尊敬劳动模范，用劳模的干劲、闯劲、钻劲鼓舞更多的人，激励广大劳动群众争做新时代的奋斗者，营造劳动光荣的社会风尚和精益求精的敬业风气。

（七）切实实现好、维护好、发展好工人阶级和广大劳动群众的合法权益

习近平总书记指出："工会要坚持以职工为中心的工作导向，抓住职工群众最关心最直接最现实的利益问题，认真履行维护职工合法权益、竭诚服务职工群众的基本职责。工会要把服务职工、维护职工合法权益的大旗牢牢掌握在手中，把群众观念牢牢根植于心中，练就见微知著、以小见大的真功

---

① 习近平：《在全国劳动模范和先进工作者表彰大会上的讲话》，人民出版社 2020 年版，第 8 页。

② 习近平：《在全国劳动模范和先进工作者表彰大会上的讲话》，人民出版社 2020 年版，第 4 页。

夫，哪里的职工合法权益受到侵害，哪里的工会就要站出来说话。"① 工会要坚决维护职工的合法权益，把竭诚为职工群众服务作为一切工作的出发点和落脚点，努力解决好急难愁盼问题，不断增强广大职工群众的获得感、幸福感、安全感，千方百计调动亿万职工群众的积极性、主动性、创造性，唱响"咱们工人有力量"的时代强音。

（八）深入推进工会改革创新

习近平总书记强调："深入推进工会改革创新。工会改革是全面深化改革的重要组成部分。中央党的群团工作会议以来，全国总工会作为中央群团机关改革试点单位，围绕保持和增强政治性、先进性、群众性，率先改革，历时一年完成了党中央下达的改革任务，为其他群团改革带了好头、趟了路子，为工会工作创新发展提供了强劲动力。"②"要继续深化工会改革和建设，牢固树立大抓基层的鲜明导向，夯实基层基础，激发基层活力，不断增强基层工会的引领力、组织力、服务力。"③ 加强和改进新形势下的工会工作，最重要的是要保持和增强政治性、先进性、群众性。政治性是工会组织的灵魂，先进性是工会工作的重要着力点，群众性是工会组织的根本特点。要在建机制、强功能、增实效上下功夫，创新组织体制、运行机制、活动方式、工作方法，让职工群众真正感受到工会是"职工之家"，工会干部是最可信赖的"娘家人"、贴心人，把工会组织建设得更加充满活力、更加坚强有力。

---

① 中共中央党史和文献研究院编：《习近平关于工人阶级和工会工作论述摘编》，中央文献出版社 2023 年版，第 101 页。

② 中共中央党史和文献研究院编：《习近平关于工人阶级和工会工作论述摘编》，中央文献出版社 2023 年版，第 125 页。

③ 《习近平在同中华全国总工会新一届领导班子成员集体谈话时强调　坚持党对工会的全面领导　组织动员亿万职工积极投身强国建设民族复兴伟业》，《人民日报》2023 年 10 月 24 日。

三、深入学习贯彻习近平总书记关于工人阶级和工会工作的重要论述

全国人大常委会副委员长、全国总工会主席王东明指出，习近平总书记关于工人阶级和工会工作的重要论述，系统阐明了新时代党的工运事业和工会工作的地位作用、工运主题、发展道路、目标任务、根本保证，深刻回答了新时代为什么要全心全意依靠工人阶级、怎样全心全意依靠工人阶级、建设什么样的工会、怎样建设工会等方向性、根本性、战略性重大问题，为新时代新征程党的工运事业和工会工作提供了根本遵循。这一重要论述，是习近平新时代中国特色社会主义思想的重要组成部分，是对马克思主义劳动学说与工运学说的继承和发展，是对中华优秀传统文化的传承和发扬，是对党领导工运事业丰富实践和宝贵经验提炼升华的重大成果，把我们党对工人运动和工会工作的规律性认识提升到一个新高度，为新时代工运事业和工会工作创新发展指明了前进方向、提供了行动指南，具有重大政治意义、深远历史意义、深刻理论意义、鲜明实践意义。[①]

全国总工会党组书记、副主席、书记处第一书记徐留平指出，习近平总书记关于工人阶级和工会工作的重要论述中，坚持党的领导是最高政治原则，居于统摄和管总地位，决定了中国工会的根本性质、前途命运；全心全意依靠工人阶级是根本方针，彰显了党和国家的性质以及工人阶级的地位作用；为实现中华民族伟大复兴中国梦而奋斗是时代主题，锚定了新时代党的工运事业的目标方向；加强对职工群众的思想政治引领是重大政治任务，体现了工会工作的鲜明特色和突出政治优势；建设高素质劳动大军是基础性、战略性工程，明确了工会服务党和国家工作大局的重要着力点；劳模精神、劳动精神、工匠精神是强大精神动力，展现了中国共产党人精神谱系的时

代价值；维护职工合法权益、竭诚服务职工群众是工会的初心所在、使命所系，揭示了工会组织的安身立命之本；深入推进工会改革创新是时代发展强音，指明了工会组织永葆生机活力、当好桥梁纽带的动力所在。①

思考题

1.中国共产党关于工人阶级和工会理论的主要内容是什么？

2.如何理解不同时期工人阶级的地位和作用？

3.如何理解习近平总书记关于工人阶级和工会工作的重要论述的科学内涵？

4.简述如何贯彻习近平总书记关于工人阶级和工会工作的重要论述，扎实推进新时代工会工作改革创新？

参 考 文 献

马克思、恩格斯：《德意志意识形态》，《马克思恩格斯文集》第1卷，人民出版社2009年版。

马克思、恩格斯：《共产党宣言》，《马克思恩格斯文集》第2卷，人民出版社2009年版。

马克思：《国际工人协会成立宣言》，《马克思恩格斯文集》第3卷，人民出版社2009年版。

列宁：《什么是"人民之友"以及他们如何攻击社会民主党人？》，《列宁全集》第1卷，人民出版社1984年版。

---

① 徐留平：《认真学习贯彻习近平总书记关于工人阶级和工会工作的重要论述 在学思践悟中汲取智慧凝聚力量》，《工人日报》2023年9月27日。

列宁：《论工会、目前局势及托洛茨基同志的错误》，《列宁全集》第 40 卷，人民出版社 1986 年版。

毛泽东：《中国革命和中国共产党》，《毛泽东选集》第 2 卷，人民出版社 1991 年版。

毛泽东：《中共中央政治局扩大会议决议要点》，《毛泽东文集》第 6 卷，人民出版社 1999 年版。

邓小平：《工人阶级要为实现四个现代化作出优异贡献》，《邓小平论工人阶级与工会》，中国工人出版社 1994 年版。

《毛泽东邓小平江泽民论工人阶级和工会工作》，中央文献出版社 2002 年版。

胡锦涛：《在二〇〇五年全国劳动模范和先进工作者表彰大会上的讲话》，《人民日报》2005 年 5 月 1 日。

胡锦涛：《在 2010 年全国劳动模范和先进工作者表彰大会上的讲话》，《人民日报》2010 年 4 月 28 日。

习近平：《实现中华民族伟大复兴是中华民族近代以来最伟大的梦想》，《习近平谈治国理政》第 1 卷，外文出版社 2018 年版。

习近平：《在同全国劳动模范代表座谈时的讲话（2013 年 4 月 28 日）》，《人民日报》2013 年 4 月 29 日。

《习近平在中央党的群团工作会议上强调 切实保持和增强政治性先进性群众性 开创新形势下党的群团工作新局面》，《人民日报》2015 年 7 月 8 日。

《习近平在同中华全国总工会新一届领导班子成员集体谈话时强调 坚持党对工会的全面领导 组织动员亿万职工积极投身强国建设民族复兴伟业》，《人民日报》2023 年 10 月 24 日。

习近平：《在全国劳动模范和先进工作者表彰大会上的讲话》，人民出版社 2020 年版。

习近平:《高举中国特色社会主义伟大旗帜 为全面建设社会主义现代化国家而团结奋斗——在中国共产党第二十次全国代表大会上的报告》,人民出版社 2022 年版。

《习近平著作选读》第一卷,人民出版社 2023 年版。

《习近平著作选读》第二卷,人民出版社 2023 年版。

中共中央党史和文献研究院编:《习近平关于工人阶级和工会工作论述摘编》,中央文献出版社 2023 年版。

第二章　中国特色社会主义工会学的实践基础

教学基本要求

1. 了解改革开放以来我国工人阶级发生的重大变化
2. 掌握改革开放以来我国工会工作取得的重大进展
3. 认识我国工会工作取得的实践经验及其重要意义

改革开放以来，在中国共产党领导下，中国工会始终紧跟党的步伐，围绕党和国家发展的时代要求，把工会工作与党领导的伟大事业紧密结合在一起，组织和动员职工群众积极投身到社会主义改革与现代化建设的大潮之中，在维护职工合法权益、竭诚服务职工群众，以及工会理论创新与自身建设改革等方面，做了大量工作，取得丰硕成果，走出了一条独立自主的中国特色社会主义工会发展道路。中国工会几十年的发展实践，为中国特色社会主义工会学理论体系的形成奠定了坚实基础。

以1978年12月召开的党的十一届三中全会为标志，中国社会主义建设和工人运动开始进入新的历史时期。改革开放的伟大实践，为中国工会的发展和工会工作实践提供了广阔空间与巨大动能，工会组织成为改革开放事业的重要推动力量之一，我国工人阶级的主力军作用得到更加充分的发挥。同时，随着改革不断深入发展，中国社会各个层面的利益关系都发生了深刻的变化，工会工作也不断面临新情况、新问题和新挑战，客观上要求中国工会与时俱进，在探索中求创新、在创新中谋发展。

第一节 改革开放以来我国工人阶级队伍
结构性变化及基本状况

按照历史唯物主义观点，古今中外各个国家所进行的改革，都是对社会利益关系进行重大调整，并伴随着一系列社会政策的剧烈变化与社会资源配置结构的重新布局。以社会主义市场经济为取向的中国经济体制改革，使中国社会在40多年间发生了空前的社会转型和体制转轨，大一统的生产资料全民所有制和计划经济模式被打破，非公经济得到快速发展，新就业形态不断涌现，人员社会流动在加快。这些变化都对中国工人阶级造成巨大而深刻的影响，并不断重塑中国工人阶级的形态与结构。而工人阶级队伍结构的状况与特点，正是中国工会研判工作形势、制订工作方针、确定工作内容、推动理论发展的基本客观依据。

一、工人阶级队伍结构发生了巨大变化

改革开放之前的中国工人阶级结构，总体上比较单一，具有同质化特点。一方面，当时对社会阶级结构的划分比较简单，传统意义所说的"两阶级一阶层"（工人阶级、农民阶级和知识分子阶层），工人阶级是其中之一，主要以产业工人为主。另一方面，工人阶级内部划分为干部和工人两种成分，并有一整套的档案身份管理制度进行管理，干部在经济地位和福利待遇等方面要高于普通工人。

改革开放以后，工人阶级队伍结构发生的第一个重大变化就是彻底解决了知识分子的阶级归属问题，壮大了工人阶级队伍。新中国成立之初，知识分子虽然也被看成是工人阶级的组成部分，比如周恩来于1956年1月代表党中央在关于知识分子问题会议上提出，知识分子的绝大多数已经为社会主义服务，已经是工人阶级的一部分；但知识分子被拿出来单独成为"阶层"，说明知识分子在社会认知上还有其特殊性。加上"文化大革命"时期阶级斗争扩大化，知识分子受到更多冲击，其阶级性屡受质疑。直到1978年3月，邓小平在全国科学大会开幕式上发表重要讲话，提出我国知识分子中的绝大多数已经是工人阶级和劳动人民自己的知识分子，因此可以说，已经是工人阶级的一部分。随后，中央出台一系列政策，提升知识分子的地位与待遇，知识受到尊重，知识分子在四个现代化建设中的作用越来越突出和重要，知识分子的"阶级性"问题终于得以解决。

改革开放初期，工人阶级内部大体由四个群体构成，即产业工人群体、技术人员群体、科教人员群体、管理人员群体。每个群体都有明显区别于其他群体的职业特征。产业工人群体以体力劳动为主，直接参加社会物质产品的生产、流通、交换过程，或直接服务于物质产品的生产。技术人员以脑力劳动为主，以智力因素直接参加物质产品的生产、流通、交换过程，他们同产业工人的区别在于体力和脑力（为主）之分。科教人员从事脑力劳动，生产精神产品，包括从事自然科学和社会科学研究的工作者，以及教师、文艺工作者、新闻出版工作者等。管理人员主要指党政机关和企事业单位中，具有一定文化科学知识和专业能力，从事社会的政治、经济、文化组织管理工作的行政人员。他们也是以脑力劳动为主，但劳动内容并不是直接进行物质产品或精神产品的生产，而是负责对生产关系和社会关系的协调与管理，为前两种生产服务。总起来看，在当时生产力不太发达、科学技术运用还不太广泛和普遍的情况下，产业工人群体是工人阶级的主体结构。1988年，他们占到1.7亿职工的四分之三以上。而技术人员群体、科教人员群体、管理人员群体中的大部分，属于知识分子。他们与产业工人一起，成为中国工人阶级的两大基本构成要素。①

　　由 20 世纪 80 年代开始，中国工人阶级出现的另一个重大变化就是农民工大量涌现，迅速壮大了工人阶级队伍规模。从 1978 年起，中国农村开始逐步推广和实行家庭联产承包责任制，农村基本核算单位由生产队、大队变成单个的农户。家庭联产承包责任制取消了人民公社对农村资源和生产经营的控制，而把生产资源的使用权和生产经营权直接赋予了农民，经济民主首先在农村得以实现。农村改革极大地解放了农村生产力，不仅解决了农民的吃饭问题，而且改变了农村的社会组织结构。1983 年 10 月 12 日，中共中央、国务院发出《关于实行政社分开建立乡政府的通知》，要求政社必须相应分开，建立乡政府。乡政府的建设，正式宣告了人民公社制度的终结。随着农村人民公社制度被打破，农村以生产队为单位的生产单位被解散，以家庭为单位的土地承包责任制普遍推行，城乡二元结构的户籍制度逐渐被放宽，社会成员的流动不再受户口身份的全面限制。一些从土地上解放出来的农民开始进入乡镇企业务工，成为与工业大生产相联系，又与土地有关联的新型劳动者群体。这个群体特征鲜明，发展迅猛。党的十四届三中全会取消了对农民进城就业的限制性规定，允许农民进入城镇务工经商，促进了农村剩余劳动力向城市转移，从而开始形成数量庞大的"民工潮"。这种情况引起社会各界高度关注。一些地方为发展经济，开始制定和颁布保护农民工权利的相关政策，以保护农民工权益。2003 年 9 月召开的中国工会十四大首次提出"一大批进城务工人员成为工人阶级的新成员"，并提出"要重点做好非公有制经济单位和进城务工人员的工会组建工作"。2004 年的中央一号文件——《中共中央、国务院关于促进农民增加收入若干政策的意见》再次强调："进

---

　　① 桉苗、崔义：《工人阶级现状与职工代表大会制度研究》，辽宁人民出版社 1990 年版，第 52—56 页。

城就业的农民工已经成为产业工人的重要组织部分"。农民工作为改革开放以后产生的一个新兴的社会群体，虽然在户籍上仍然归属于农民，但他们所从事的工作已经与现代化社会大生产紧密地联系在一起，并随着产业工人队伍建设与改革的发展，不断实现向产业工人的深度转型，具备了工人阶级的本质属性和基本特征，成为新型产业工人。在数量上，农民工队伍规模不断扩大。20 世纪 80 年代末，农民工总数已达到 1.2 亿人，2016 年达到 2.82 亿人。2019 年，农民工总量达到 2.98 亿人，已经成为中国产业工人队伍的主体力量。他们遍布工业生产各个领域，尤其成为我国基础设施建设、一般建筑业和日常服务业的骨干支撑，为国家经济和社会发展、城市生活和城市公共基础设施的改善作出重大贡献。

国家和社会的发展，不仅促进了中国工人阶级队伍规模日益扩大，同时，其人员构成也出现了重大变化。由于我国不断加快推进经济战略性调整，深入推进供给侧结构性改革，大力推动产业结构升级，工人阶级的内部结构变得更加复杂，主要表现为：既有在公有制企业（国有企业、集体企业、国有投资为主体的公司制企业等）工作的职工，又有在民营企业、外商投资企业以及形形色色的股份合作制企业就业的职工；既有在劳动密集型企业工作的职工，又有在资本密集型、高新技术型企业工作的职工；既有城镇户口的职工，又有农村户籍的职工；既有与用人单位签订正式劳动合同的正式工，又有临时工、劳务派遣工、小时工、灵活就业工等多种形态。

不仅如此，工人阶级内部成员在就业结构和职业分布方面也正在发生巨大变化。一方面，在我国农业劳动者不断向工业和服务业转移的同时，职工内部近年来也出现了劳动力从制造业向服务业流动的趋势。全国总工会第九次职工队伍状况调查所得数据显示，我国职工总数达 4.02 亿人，其中，农民工为 2.93 亿人。我国传统制造业就业的工人群体占比呈下降趋势，而在服务行业就业的人数不断上升。第一、第二、第三产业从业人员占比分别从 2012 年的 33.5%、30.4% 和 36.1%，调整为 2021 年的 22.9%、29.1% 和 48%。

以上数据表明，一方面，第一、第二产业的就业人数在减少，而第三产业的就业人数在增加。有学者认为，这种状况往往被视为后工业化社会到来的先兆。[①] 另一方面，随着移动互联网、大数据、云计算等信息技术的广泛运用，新产业新业态新商业模式企业大量出现，非全日制、临时性和弹性工作等灵活就业群体快速发展，网红、网店、网上代购、网约车、网约配送、自媒体、专车司机、快递自由人等自由职业发展异常迅猛，对传统就业形态造成极大的影响和冲击。据有关统计，2018 年，基于互联网技术快速发展的"分享经济""数字经济"的自由职业者等就业人数接近 4000 万人。[②] 截止到 2021 年，以货车司机、网约车司机、快递员、外卖配送员群体为代表的新就业形态劳动者达到 8400 万人，成为职工队伍的重要组成部分。灵活就业者已成为一支新兴力量，他们丰富了职工队伍的内涵与结构，并将对我国未来就业方式产生极大影响。

二、现阶段工人阶级队伍发展中的几个新趋势

作为世界上最大的工人阶级群体，中国工人阶级经历了 40 多年改革开放和社会主义市场经济建设大潮的洗礼，人员构成和结构形态不断演变与重塑，并在发展中呈现出以下几个特点。

（一）中国工人阶级队伍整体素质不断提高

一方面，职工队伍受教育程度进一步提升。中华全国总工会的调查显示，至 2016 年，职工平均受教育年限达到 13.6 年，具高中及以上学历的达

---

① 李培林、尉建文：《新的历史条件下我国工人阶级构成的变化和应对》，《学术月刊》2021 年第 9 期。

② 李培林等：《我国 2008—2019 年间社会阶层结构的变化及其经济社会影响》，《江苏社会科学》2020 年第 4 期。

84.6%，具大学本科及以上学历的占 31.9%，中专（中技）以下学历的职工仅占 40.6%。截止到 2021 年，职工队伍中高中及以上学历的达 85%，大学本科及以上学历的占 35.5%。在职工队伍中，参加技术培训的比例大幅增加，参加过所在单位开展的劳动和技能竞赛活动的职工占比为 34%，参加过单位组织的培训的职工占 77.8%。职工主动学习的意愿增强，95.3%的职工对学习新的技术、知识或能力有浓厚的兴趣。① 这支文化水平相对较高、专业技术能力强、具有努力学习和创新意愿的庞大的职工队伍，是改革开放的坚定支持者，是推动改革开放的主力军，也是维护社会稳定的坚强柱石。对此，党中央也给予了高度评价："实践充分证明，我国工人阶级不愧是中国共产党最坚实最可靠的阶级基础，不愧是我们社会主义国家的领导阶级，不愧是先进生产力和生产关系的代表，不愧是坚持和发展中国特色社会主义的主力军。"②

（二）职工的权利意识不断增强

《史记》有云："天下熙熙，皆为利来；天下攘攘，皆为利往。"这一流传千古的名言，揭示出人们一切活动的动机、过程及其结果的目标指向，都可以归结为对利益的不懈努力和追求。这里所说的权利意识本质上是一种利益意识，是指相关主体对社会环境变化与自身利益关联进行一种自觉的权衡和思考。权利意识对人们选择行为方向以及行为的坚定性有着重大影响。

职工的权利意识在很大程度上受其自身既成的观念和社会存在状况影响。改革开放前，国营企业的工人是工人阶级的主体。在政治上，他们是领导阶级，具有很高的社会地位。他们收入虽不高，但享有各项社会保障和福

---

① 中华全国总工会第九次全国职工队伍状况调查领导小组办公室编：《第九次中国职工状况调查（报告卷）》，中国工人出版社 2023 年版，第 36—38 页。

② 王沪宁：《展示新时代我国工人阶级团结奋斗新风采——在中国工会第十七次全国代表大会上的致词（2018 年 10 月 22 日）》，《人民日报》2018 年 10 月 23 日。

利。平均主义的分配方式，使他们不易产生不公平感和失落感。因此，在改革开放以前，国营企业工人的权利意识事实上处于一种隐性的状态。改革开放以后，工人的权利意识开始不断增强。20 世纪 90 年代以来，随着社会主义市场经济的不断发展，我国职工的诉求和工人的权利意识出现重要变化。中国加入世贸组织，是我国工人权利意识提升的另一个重要契机。"入世"是中国迈向经济市场化和全球化的重要步骤，在经济上融入全球化的语境下，职工开始思考自身的权利到底是什么，以及如何维护好自身的权利，同时也促使政府制定更多保护职工利益的政策。比如从 1999 年开始，体面劳动开始成为经济全球化条件下工人权利保护的目标和主要内容。在融入世界时，中国不仅接受了"体面劳动"的观念和目标，使工人认识到自己有获得人格尊严、体面劳动的权利；而且，政府也通过批准更多的国际劳工公约，将尊重工人权利的价值观作为国家立法的重要价值指导。

总体上看，经过 40 多年的改革开放，职工队伍的内部结构、就业形态、技能素质、权益实现等方面发生了新变化，需求层次不断提升，逐步由温饱层次的需求向安全、社交、尊重和自我实现等更高层次的需求转变，从追求生存权益向追求发展权益转变，从追求物质权益向追求民主权利、精神权益转变，从利益诉求一体化、同质化向差异化、多元化转变。职工的利益意识不断增强，也促进政府不断适应形势变化的新要求，加大职工权益维护方面的立法工作。几十年来，围绕对工人权利的保护，我国不仅对宪法进行了修订，并且制定了大量涉及职工权益的法律法规。值得注意的是，近年来的许多法律法规，都是从保护公民权利和工人权利角度出发的，即权利导向的法律法规，例如劳动法、劳动合同法、就业促进法、妇女权益保障法、未成年人保护法等。这些法律法规为职工行使自己的权利提供了基本保障，从而使权利意识以法律形式成为社会的主流意识形态。由此看来，工人权利意识的增强与工人权益保护方面的法治化建设呈现出正相关关系。

（三）工人阶级内部不同群体之间的收入差距拉大

随着工业化、信息化、城镇化、农业现代化进程的加快，大批乡镇企业职工、进城农民工、非公有制企业职工和新兴产业职工成为工人阶级队伍的重要组成部分，工人阶级内部逐步分化成不同利益群体。不同群体之间的收入差异明显，既表现为不同地区、不同行业、不同所有制、不同工种工人之间的收入差距，也表现为同一地区、同一行业、同一所有制、同一工种工人之间的收入差距。统计数据显示，2011 年，月收入最高的管理人员的平均工资是普通职工的 1.7 倍；2016 年，这个比例上升为 2 倍。从就业行业来看，信息传输、信息技术服务、软件开发、科学研究、金融业等行业的年均工资，高于农林牧渔、住宿和餐饮业等行业。从就业岗位来看，从事专业技术和管理工作的白领群体，收入显著高于从事简单劳动和体力劳动的蓝领职工。2020 年的数据显示，企业内部从事中层及以上管理工作的职工年均工资最高，为平均工资水平的 2.07 倍。[①] 另外，户籍制度和依据户籍人口分配社会福利的传统体制仍然在运行，农民工难以真正融入城市，无法充分获得流入地的公共服务，一线职工、农民工向上流动的机会缺少，等等。

第二节　改革开放以来我国工会维护和服务职工工作实践发展状况

改革开放以来，我国工会在党的领导下，引导广大职工群众积极投身到社会主义现代化建设和中华民族复兴的伟大事业之中，在全面履行维护和服

---

① 资料来自国家统计局：《2020 年规模以上企业分岗位就业人员年平均工资情况》，见 https://www.stats.gov.cn/xxgk/sjfb/zxfb2020/202105/t20210519_1817691.html。

务职工群众的基本职责、工会组织建设、工会工作理论创新和制度创新等方面，做了大量工作，取得巨大成绩。

一、改革开放和社会主义现代化建设新时期

（一）全面恢复工会组织建设

1978 年 10 月 11 日，时隔 21 年之后，中国工会第九次全国代表大会在北京召开。邓小平代表中共中央、国务院在开幕式上作了题为《工人阶级要为实现四个现代化作出优异贡献》的致词。他强调工会的本质属性是维权职能，要求工会组织必须密切联系群众，让工人信得过，能替工人说话、为工人办事，"工会要教育全体会员认识实现四个现代化的伟大意义，努力提高自己的政治、管理、技术、文化水平"，"工人阶级要用最大的努力来掌握现代化的技术知识和现代化的管理知识，为实现四个现代化作出优异的贡献"。[①]1983 年 10 月召开的中国工会十大提出新时期工会工作方针："以四化建设为中心，为职工说话、办事，维护职工的合法权益，加强对职工的思想政治教育和文化技术教育，建设一支有理想、有道德、有文化、守纪律的职工队伍，充分发挥工人阶级在社会主义物质文明和精神文明建设中的主力军作用。"

在党中央的大力支持下，工会的组织建设工作全面恢复。1979 年，全国工会基层组织有 32.9 万个，到 1983 年增加到 44.7 万个。工会会员数量也迅速增长，1983 年，会员达到 7693 万人。[②]

（二）以民主管理作为重点工作，解决源头维护问题

中国工会九大以后，全国总工会和各级工会就把加强企业职工民主管

---

① 《邓小平文选》第 2 卷，人民出版社 1994 年版，第 136 页。
② 王永玺：《中国工会史》，中共党史出版社 1992 年版，第 426 页。

理、推行职工代表大会制度建设作为自己的一项主要工作。按照 1978 年 4 月 20 日中共中央颁布的《关于加快工业发展若干问题的决定(草案)》的要求，全面恢复党委领导下的职工代表大会或职工大会，以及"工人参加管理、干部参加劳动和领导干部、工人、技术人员三结合的制度"。①1981 年 7 月 13 日，全国总工会协同中共中央组织部、国家经委，联合颁布了《国营工业企业职工代表大会暂行条例》，中共中央、国务院转发了这个文件，确定职工代表大会是"企业实行民主管理的基本形式，是职工群众参加决策和管理、监督干部的权力机构"，并赋予其 5 项职权。

在推动基层企业民主管理制度建设的同时，另一项影响深远的制度也在形成。1985 年 8 月，全国总工会党组向中共中央和国务院报送了《关于工会参加党和政府有关会议和工作机构的请示》，建议中共中央、国务院及其有关部委在研究制定有关国家经济和社会发展计划以及重大方针政策时，凡涉及职工切身利益问题，通知全国总工会参加必要的会议和工作；吸收工会参加涉及职工利益的各项重大改革的领导机构；各产业部门和地方也应参照上述原则，吸收地方产业工会、地方工会参与这方面的工作和活动。中共中央和国务院同意了全国总工会的这一请示。全国总工会和许多地方工会、产业工会，积极参与政府和地方、产业关于企业劳动人事、工资分配、养老保险、待业保险及住房制度等改革方案的研究制定，形成了工会与政府或产业部门召开联席（联系）会议的制度。

20 世纪 90 年代早期，以石家庄天同拖拉机集团有限公司为代表的几家国有企业，在组织职工民主管理的过程中创新形式、丰富内容，逐渐形成了让职工享有知情权、提高参与深度和参与有效性的厂务公开制度。时任全国总工会主席尉健行对这一制度给予高度评价，提出厂务公开是职代会的一

---

①　全国总工会政策研究室：《中国企业领导制度的历史文献》，经济管理出版社 1986 年版，第 295 页。

个重要内容，对提高民主管理水平具有重大意义。[1] 在全国总工会推动下，2002 年 6 月 3 日，中共中央办公厅与国务院办公厅联合下发《关于在国有企业、集体企业及其控股企业深入实行厂务公开制度的通知》，要求上述企业普遍建立这一制度。随着厂务公开制度的推行，这个制度也开始走出工厂大门，成为国有事业单位乃至非公企业实行的一项重要制度。这项制度的推行，对促进企业发展、促进和谐劳动关系建设都发挥了重要作用。

同时，全国总工会大力推进三方机制建设。2001 年 8 月，正式建立国家协调劳动关系三方会议制度。2002 年，三方联合下发《关于建立健全劳动关系三方协调机制的指导意见》，充分发挥工会、企业家组织、地方政府在协同推动和谐劳动关系建设中的作用。2002 年底，全国有 30 个省（区、市）建立起省级劳动关系三方协商会议制度。这一制度的推广，对于各级工会准确把握辖区内职工诉求、在源头参与关于职工利益相关政策制定、切实维护好职工合法权益、与政府一起化解劳资双方矛盾、营造良性运营环境、促进地区经济社会和谐稳定、打造新时期产业工人队伍，具有重要且深远的意义。

（三）由四项职能到基本职责的确立

1950 年由中央人民政府颁布的工会法第 9 条规定了工会的职责："教育并组织工人、职员群众，维护人民政府法令，推行人民政府政策，以巩固工人阶级领导的人民政权"，并没有强调维护职工个人利益。明确地将维护职工合法权益作为工会职能之一，是中国工会十一大提出的。

1988 年，中国工会十一大明确了工会在全面深化改革中的方针和任务，即以经济建设为中心，立足改革全局，把发展生产力和维护职工利益结合起来，增强基层工会活力，实现工会的群众化、民主化，团结广大职工为建设

---

[1]　尉健行：《工会的基本职责》，中国工人出版社 2009 年版，第 236 页。

有中国特色社会主义而奋斗。大会报告明确指出了中国工会的主要社会职能，即维护、建设、参与、教育四项职能，这是在中国工会全国代表大会上第一次使用"职能"的说法。四项职能的提出，明确了社会主义初级阶段工会的主要工作职责，使广大工会干部可以准确地把握工会工作的主要内容以及主要目标。

1994 年，《中华人民共和国劳动法》颁布，并于 1995 年 1 月 1 日生效。其基本宗旨是调节劳动关系，维护劳动者权益，将劳动关系的调节纳入法治轨道。全国总工会以此为契机，在 1994 年 12 月召开的全国总工会第十二届二次执委会会议上，提出了工会工作总体思路，即以贯彻与实施劳动法为契机和突破口，带动工会各项工作，推动自身改革和建设，把工会工作提高到一个新水平，在改革发展中更好地发挥工会的作用，抓住平等协商、签订集体合同这一重点，进一步加大对劳动关系的协调力度，突出工会的维护职能。这次会议上，明确提出维护是工会的基本职责，要突出工会的维护职能，通过维护职工的合法权益，保护和调动职工群众的积极性，更好地完成党和政府提出的各项任务。①

由于改革不断向纵深发展，经济与社会形势都在发生巨大变化，2001年 10 月，在全国总工会的大力推动下，九届全国人大常委会第二十四次会议通过了工会法修正案，对 1992 年工会法作了修改，由 6 章 42 条增加到 7章 57 条，修改多达 40 余处。工会法第 6 条明确提出"维护职工合法权益是工会的基本职责"；同时，提出了履行这一职责的两条主要途径，即"工会通过平等协商和集体合同制度，协调劳动关系，维护企业职工劳动权益；工会依照法律规定通过职工代表大会或者其他形式，组织职工参与本单位的民主决策、民主管理和民主监督"。

---

① 参见中国工运研究所编：《新编中国工人运动史》下卷，中国工人出版社 2016 年版，第 568 页。

2021 年 12 月，十三届全国人大常委会第三十二次会议作出修改《中华人民共和国工会法》的决定。新修正的工会法第 6 条，将工会的基本职责由"维护职工合法权益"扩展为"维护职工合法权益、竭诚服务职工群众"。基本职责的扩展体现了工会组织来源于职工、服务于职工的立法用意，为工会组织坚持以职工为中心的工作导向，满足职工多样化需求，不断增强职工群众的获得感、幸福感、安全感，提供了坚强的法律保障。

工会基本职责的提出并落实到立法上，变为国家意志，对工会工作具有重大意义。这是中国工会职能的历史性回归，恢复了工会作为职工群众代表组织应有的属性。它明确了社会主义市场经济条件下工会组织的主业是什么，工会存在的价值在哪里，工会如何体现其群众性、代表性，以及通过什么途径做好本职工作。

（四）针对劳动关系中出现的新问题，不断探索工会维权新路径

进入 21 世纪以后，随着社会主义市场经济快速发展，各种经济成分此消彼长，其中非公经济的发展尤为迅猛，资本的强势地位与劳动者的相对弱势地位进一步凸显，市场经济发展初期所隐藏的各种矛盾充分暴露出来，工会工作也面临一些新挑战。

为应对劳动关系中出现的新问题，2010 年 7 月 26 日，全国总工会第十五届执行委员会第四次全体会议通过《关于进一步加强企业工会工作充分发挥企业工会作用的决定》，提出"两个普遍"，即"加大工会组建工作力度，推动企业普遍建立工会组织"，"依法推进所属职工在 200 人以上的企业工会配备专职主席"；"推动所有企业普遍建立集体协商机制和集体合同制度"。"两个普遍"的提出，找到了解决劳动关系问题的两把钥匙，但如何充实内容，把"两个普遍"做足、做实，切实解决社会主义市场经济时期劳动关系领域不断出现的各种损害职工权益的现象，是工会面临的迫切需要解决的问题。

二、中国特色社会主义新时代

党的十八大以来，在以习近平同志为核心的党中央坚强领导下，全国亿万职工凝心聚力、砥砺前行，为推进中国特色社会主义伟大事业作出了巨大贡献。习近平总书记始终高度关心重视工人阶级和工会工作，围绕工人阶级和工会工作多次发表重要讲话、作出重要指示。这些重要论述体现出高度的系统性、理论的创新性、历史的传承性、鲜明的时代性，为充分发挥工人阶级主力军作用、推进党的工运事业和工会工作指明了方向，是中国工会开展各项实践工作的基本遵循。

2015 年 7 月 6—7 日，党中央在北京召开中央党的群团工作会议，这是党的历史上第一次专门召开群团工作会议。习近平总书记在会上作了重要讲话，明确要求："切实保持和增强党的群团工作的政治性。政治性是群团组织的灵魂，是第一位的。离开了政治性，群团组织就容易产生脱离党的领导的倾向，就会庸俗化，就会成为一般社会组织，甚至会走向邪路。""群团组织要始终把自己置于党的领导之下，在思想上政治上行动上始终同党中央保持高度一致，自觉维护党中央权威，坚决贯彻党的意志和主张，严守政治纪律和政治规矩，经得住各种风浪考验，在大是大非问题面前立场坚定、旗帜鲜明，在关键时刻敢于冲锋陷阵、发声亮剑。"① 按照党中央的要求和布署，工会系统增"三性"（政治性、先进性、群众性）、去"四化"（机关化、行政化、贵族化、娱乐化）改革正式拉开帷幕。

2018 年 10 月召开的中国工会十七大确定了 5 年工会的主要工作任务。其中，深化工会改革创新、不断增强工会工作的动力和活力作为五项任务之一提上议事日程。中国工会十七大报告指出："加强和改进新形势下工会工

---

① 习近平：《论坚持党对一切工作的领导》，中央文献出版社 2019 年版，第 98、98—99 页。

作，最重要的是要保持和增强政治性、先进性、群众性。政治性是工会组织的灵魂，先进性是工会工作的重要着力点，群众性是工会组织的根本特点。"报告要求广大工会干部勤于学习、深刻领会、升华学习效果，"增强政治意识、大局意识、核心意识、看齐意识，坚定对中国特色社会主义的道路自信、理论自信、制度自信、文化自信，坚决维护习近平总书记党中央的核心、全党的核心地位，坚决维护党中央权威和集中统一领导，在政治立场、政治方向、政治原则、政治道路上始终同以习近平同志为核心的党中央保持高度一致，坚定不移听党话、跟党走"，要"引导广大职工始终拥护核心、坚决拥戴领袖，更加紧密地团结在以习近平同志为核心的党中央周围，自觉捍卫中国共产党领导和我国社会主义制度，夯实党执政的阶级基础和群众基础"。①

始于 2015 年的这次工会改革，最终目的是解决工会脱离职工群众问题，更好地担负起时代赋予中国工会的历史使命，虽然改革路上困难重重，不可能一帆风顺，但"江中行舟，不进则退"。只有不断改革与创新，工会工作才能更有生命力，才能焕发新活力，才能更好地担负起党中央赋予中国工会的政治责任，才能更好地履行"维护职工合法权益、竭诚服务职工群众"的基本职责。

第三节　我国工会工作实践创新及经验总结

改革开放以来，中国工会作为世界上最大的工会组织，对于如何做好社会主义市场经济条件下的工会工作，并无现成的成功经验可以借鉴。只有依

---

① 李玉赋主编：《中国工会十七大报告辅导读本》，中国工人出版社 2018 年版，第15—16 页。

靠职工群众、调动职工群众的智慧和积极性，发扬创新精神，把先进的理论与工会工作实践相结合，立足中国国情，才能解决工会工作中出现的各种问题。

一、解决社会主义市场经济条件下工会的角色定位问题

1992 年 10 月召开的中国共产党第十四次全国代表大会，提出"我国经济体制改革的目标是建立社会主义市场经济体制"。1993 年 11 月召开的党的十四届三中全会，通过《中共中央关于建立社会主义市场经济体制若干问题的决定》，具体确定了社会主义市场经济建设的方案，被誉为 20 世纪 90 年代中国进行经济体制改革的总纲领。该决定提出："当前培育市场体系的重点是，发展金融市场、劳动力市场、房地产市场、技术市场和信息市场等。"这就意味着，在社会主义市场经济体系下，劳动者成为"劳动力市场"的主体。这种理论上的突破以及实践中的运用，对当时的工会工作提出了严峻挑战：在有中国特色社会主义市场经济条件下，工会存在的客观基础是什么，其主要职责又是什么。

针对这些问题，时任全国总工会主席尉健行深入基层调查研究，多次前往市场经济发展最快和最有特色的深圳经济特区，了解宝安区和蛇口工业区工会工作的创新经验，提出了工会是社会经济矛盾的产物、主要是劳动关系矛盾的产物等重要论断。他认为，无论国家的社会制度如何，只要存在劳动关系矛盾，就会存在工会。这是工会产生和发展的客观基础，建立社会主义市场经济体制的中国工会也不例外。因此，代表和维护职工群众的合法权益，始终是工会的基本属性。这一定位具有开创性意义，是中国工会履行维护职工合法权益基本职责的理论前提和基础，极大地促进了工会理论研究的创新。

二、走中国特色社会主义工会发展道路

进入 21 世纪，中国内外环境都发生了深刻变化。世界多极化趋势深入发展，经济全球化加速推进，科技革命日新月异，国际竞争也日趋激烈。2001 年 12 月，中国加入世界贸易组织，"要与世界接轨"的声浪此起彼伏。甚至在工会研究领域，"中国工会要同国际工会组织接轨并按国际惯例和运行规则办事"的声音也时有耳闻。①"工会要走什么样的道路，建设什么样的工会"成为中国工会迫切需要回答的时代命题。这既需要简洁而明确的回答，更需要深厚的理论支撑。

2003 年 10 月，中国工会十四大报告中提出，要"积极推进中国工会的理论创新、体制创新和工作创新……使工会工作体现时代性、把握规律性、富于创造性"，而且明确"理论创新是其他一切创新的前提和关键。只有坚持以理论创新为先导，才能不断推进体制创新、工作创新"。要做好这一点，需要工会组织对工人阶级队伍本身发生的巨大变化有深刻的认识，并突破一些关于工人阶级队伍理论的传统观点。

2003 年 12 月，全国总工会十四届三次主席团（扩大）会议上提出"组织起来，切实维权"的工会工作方针。这是对新时期工会地位和作用的科学判断，明确了新世纪新阶段工会工作的基本任务、工作重点和主要途径，是深化对社会主义市场经济条件下工会工作规律认识的又一次飞跃。

2004 年 10 月，时任全国总工会主席王兆国在中华全国总工会、世界工会联合会、非洲工会统一组织、阿拉伯工人工会国际联合会等共同举办的"经济全球化与工会"国际论坛上发表讲话，提出了中国工会发展的基本思路："世界是丰富多采的，不可能有统一的工会模式，各国工会有权根据本

---

① 茆曾耀：《准确把握，避免误区》，《中国工运学院学报》2001 年第 5 期。

国国情和广大工人的意愿，选择本国工会的发展道路"。①2005 年 7 月，全国总工会十四届六次主席团会议通过《关于坚持走中国特色社会主义工会发展道路的决议》，首次以全国总工会文件形式提出"中国特色社会主义工会发展道路"这一重大命题，强调了坚持走中国特色社会主义工会发展道路的必要性和重要性，概括了中国特色社会主义工会发展道路的基本内涵，包括：(1) 坚持以邓小平理论和"三个代表"重要思想为指导；(2) 坚持自觉接受中国共产党对工会的领导；(3) 坚持服从服务于党和国家工作大局；(4) 坚持切实表达和维护职工群众的合法权益；(5) 坚持工人阶级队伍和工会组织的团结统一；(6) 坚持独立自主地开展工会对外交往；(7) 坚持推进工会的理论创新、体制创新和工作创新。

2008 年 10 月，王兆国在中国工会十五大的报告中专门讲到"建设中国特色社会主义工会"问题。他指出，建设中国特色社会主义工会，是中国工会 80 多年特别是改革开放 30 年来发展的必然结论。该报告强调，建设中国特色社会主义工会，一定要立足国情会情，把握时代特点，遵循客观规律，做到"四个必须"：(1) 必须以中国特色社会主义理论体系为指导，深入贯彻落实科学发展观；(2) 必须服从服务于党和国家工作全局；(3) 必须不断扩大覆盖面、增强凝聚力，贯彻"组织起来、切实维权"的工作方针；(4) 必须坚持解放思想、改革创新。解放思想、实事求是、与时俱进是党的思想路线的本质要求，改革创新是推进中国特色社会主义事业的强大动力。

2009 年 5 月，全国总工会、中共中央党校、人民日报社和求是杂志社，在京联合召开坚定不移地走中国特色社会主义工会发展道路理论与实践研讨会。王兆国在研讨会上发表讲话，进一步提出以"八个坚持"为内涵的中国

---

① 中国工运研究所编：《新编中国工人运动史》下卷，中国工人出版社 2016 年版，第 763 页。

特色社会主义工会发展道路，即：（1）坚持自觉接受党的领导；（2）坚持中国工会的社会主义性质；（3）坚持不断发展工人阶级的先进性；（4）坚持构建和谐的劳动关系；（5）坚持维护职工合法权益；（6）坚持完善社会主义劳动法律体系；（7）坚持推动形成公正合理的国际工运新秩序；（8）坚持以改革与创新精神加强工会自身建设。"八个坚持"相互联系、有机结合，共同形成了中国特色社会主义工会发展道路的基本架构。这个架构涵盖并涉及工人阶级基本理论、劳动关系理论、工会维权理论、工会建设理论和职工群众工作理论等诸多方面，构成一个严谨而完整的理论体系。这个理论体系与党中央在新时期关于工人阶级和工会工作的重要观点、论断，以及对工会组织的严格要求相契合，具有重大的理论意义、实践意义和时代意义。①

三、我国工会工作实践的经验总结

习近平总书记在 2020 年 11 月 24 日召开的全国劳动模范和先进工作者表彰大会上指出："工会要总结 95 年来的成绩和经验……努力提高工会工作能力和水平……各级党委要从巩固党执政的阶级基础和群众基础的高度，认真贯彻全心全意依靠工人阶级的方针，加强和改进对工会工作的领导，为工会履行职责、发挥作用不断创造有利条件。"②总结历史经验，有助于深入贯彻落实习近平总书记关于以史为鉴治国理政的重要论述，更好地继承并弘扬中国工人阶级和中国工会的光荣传统，进一步在坚守初心中砥砺信念、在回溯历史中担当使命。

---

① 中国工运研究所编：《新编中国工人运动史》下卷，中国工人出版社 2016 年版，第 721 页。

② 习近平：《在全国劳动模范和先进工作者表彰大会上的讲话》，人民出版社 2020 年版，第 10—11 页。

（一）始终坚持中国共产党的领导

中国工会的发展历程告诉我们，中国工会取得的一切成就，都是在中国工人阶级先锋队——中国共产党领导下实现的。作为中国工人阶级的先锋队，中国共产党自成立那天起，就把建立革命工会和推动工会运动作为首要任务。不管是新民主主义革命时期，还是新中国成立以后，中国工运事业都是在党的领导下发展壮大起来的。党的领导不仅使中国工会始终保持统一与团结，有统一而明确的奋斗目标；而且，在工会工作遇到困难的时候，党中央总是从工作大局出发，统筹谋划，及时为工会工作指明前进的方向。近些年来，中国共产党及人民政府更是不断地把更多资源和手段赋予工会组织，把党政所需、职工所急、工会所能的事更多地交给工会组织去办，不断扩大工会组织的社会影响，为工会事业发展创造良好环境。

始终坚持共产党的领导、坚持走中国特色社会主义工会发展道路，这是一条既不同于传统计划经济条件下的工会发展模式，又不同于西方国家所谓独立工会的发展道路，深刻体现了中国工会同西方国家工会的本质区别。

（二）始终保持工会组织的团结与统一

"咱们工人有力量"，有力量首先在于工人能够组织起来，建立起代表自己利益的工会组织。而工会充分发挥社会作用的关键因素在于保持统一与团结，在于有坚强有力的领导机关。

工会组织的团结与统一，首先体现在全国总工会领导机关始终要忠实地执行党中央制定的路线上；不仅如此，还要求全国总工会领导革命信念坚定，热爱工运事业，关心工人群众的疾苦，勇于担当与作为，不断探索并推动马克思主义与中国工运事业相结合的实践和创新，重视理论和实践的统一，勤于调查研究和总结经验，并且善于协调职工群众不同利益群体之间的要求与矛盾，把实践经验上升到理论高度，不断提高工人运动的整体水平。

中国工会已是世界上最大的工会组织。第九次全国职工队伍状况调查显示，目前全国职工总数为 4.02 亿人左右，工会会员多达 3.1 亿（其中农民工会员 1.4 亿多），基本实现了"哪里有职工群众、哪里就要有工会组织，哪里需要做群众工作、工会工作就跟进到哪里"的工会工作目标。

（三）始终保持以先进理论武装自己，不断进行理论创新

中国工运事业取得巨大成功，离不开马克思主义这一先进的科学理论指导。

马克思主义是科学，不是僵化的教条。中国工会的指导思想——毛泽东思想、邓小平理论、"三个代表"重要思想、科学发展观、习近平新时代中国特色社会主义思想，都是马克思主义中国化时代化的成果，是马克思主义与中国革命具体实践相结合的产物，是中国化时代化的马克思主义。有这些科学的思想和理论体系的指导，中国共产党领导下的中国工人运动才得以茁壮成长，虽经百年之久，依然风华正茂、辉煌长驻。

同时，中国工会一直坚持推动工会理论的研究与创新工作，使工会理论、工会学说不断丰富与发展，始终保持先进水平，保证中国工会的各项工作能够及时跟上时代前进的步伐，更好地满足职工群众的需要。如前所述，工会四项职能说、工会是劳动关系矛盾产物的理论、中国特色社会主义工会发展道路的理论体系等，不仅解决了当时困扰工会工作实际的理论问题，也为工会工作实践指明了方向。中国特色社会主义进入新时代，中国工会理论研究与创新又进入一个新的历史时期。伴随着习近平新时代中国特色社会主义思想在工会系统形成生动实践，中国工会理论与学说的研究必将硕果累累。

（四）始终高举维护职工合法权益的旗帜

中国工会发展的历史，是一部始终把党的纲领作为自己的纲领，把党的奋斗目标作为自己奋斗目标的奋斗史；也是一部把自身的工作与党领导的伟

大事业紧密联系在一起，组织和动员工人群众完成党交付的神圣使命的拼搏史。作为党领导下的工会组织，其服务和维护对象是职工群众，因此，中国工会始终把竭诚为职工群众服务、切实维护职工群众合法权益作为自己的主责主业，这是工会的天职。工会要赢得职工群众的信赖和支持，就必须高举维护职工合法权益的旗帜，着力解决职工群众最关心最直接最现实的利益问题，让职工群众真正感受到工会是"职工之家"，工会干部是最可信赖的"娘家人"、贴心人。

新时代中国特色社会主义对工会履行其基本职责提出了更高要求。时刻把职工群众的冷暖记挂心头，"想会员之所想，急会员之所急，帮会员之所需"，既是中国工会的传统，也是其所始终恪守的工作原则。

（五）始终保持以改革促建设，不断增强基层工会的活力

同其他组织一样，中国工会始终面临着改革与创新问题。工会组织要想保持旺盛的战斗力，就要不断改革、不断与时俱进，在改革中求发展、在改革中求创新，通过改革和创新不断提高服务职工的能力与水平。在新时代中国特色社会主义建设时期，工会组织只有自觉认识和把握工会组织建设改革的规律，工会自身建设才能在正确轨道上不断前进，工会组织才能充满生机与活力。

第四节　我国工会工作面临的问题与主要任务

当前，我国工会工作实践中面临诸多问题与挑战，在肯定工会工作成绩的同时，也应看到工会工作存在一些问题与不足。

一、工会工作存在的问题与不足

当前，中国工会工作存在的问题与不足，主要表现在以下几个方面：（1）工会的体制机制与劳动关系、职工队伍的新变化还不适应，滞后于形势发展的需要；（2）工会工作的载体和手段还不够丰富，与职工需求存在一定差距，运用互联网开展工作的方式方法不够多；（3）一些工会干部的改革意识和担当精神不够强，深入基层、服务职工的作风不够扎实，处理复杂问题的能力还有不足，做职工群众工作的本领有待增强；（4）上级工会对基层指导服务不够到位，工会基层基础薄弱的短板需要进一步补齐；等等。对于这些问题，2023 年 10 月召开的中国工会十八大也作了归纳与概括。这些问题的存在将会使工会组织严重脱离职工群众，而脱离职工群众是工会面临的最大危险，将导致工会的感召力降低，工会作为党联系职工群众的桥梁和纽带作用无法有效发挥。因而，工会组织必须采取切实有力的改革措施，克服工作中的不足，履行好基本职责。

二、工会需要重点关注的几项工作

2021 年 7 月，全国总工会下发的《中国工运事业和工会工作"十四五"发展规划》，从 9 个方面谋划了 5 年的重点工作和努力方向，包括：（1）加强职工思想政治引领，团结引导职工坚定不移听党话、跟党走；（2）深化产业工人队伍建设改革，在推动高质量发展中充分发挥工人阶级的主力军作用；（3）高举维护职工合法权益的旗帜，增强职工群众的获得感、幸福感、安全感；（4）建立健全高标准职工服务体系，不断提升职工的生活品质；（5）构建和谐的劳动关系，推动共建、共治、共享社会治理；（6）加快智慧工会建设，打造工会工作升级版；（7）深化工会和职工对外交流、交往、合作，为推动构建人类命运共同体作贡献；（8）深化工会改革创新，推动新时代工会工作高质量发展；（9）坚持以党的政治建设为统领，提高工会的工作能力和水平。这个规划所确定的重点工作，应成为各级工会切实履行基本职责的"常态化"动作，要在实际工作中认真贯彻执行。

2023 年 10 月召开的中国工会十八大，提出了今后 5 年工会工作的总体要求：坚持以习近平新时代中国特色社会主义思想为指导，全面贯彻党的二十大精神，深入贯彻习近平总书记关于工人阶级和工会工作的重要论述，紧紧围绕党和国家工作大局，忠诚党的事业、竭诚服务职工，改革创新、奋发进取，保持和增强政治性、先进性、群众性，持续提高引领力、组织力、服务力，充分发挥党联系职工群众的桥梁纽带作用，团结引导亿万职工群众坚定不移听党话、跟党走，为全面建设社会主义现代化国家、全面推进中华民族伟大复兴发挥主力军作用。这一要求体现了新时代中国工会工作的主体内容与努力方向，需要各级工会组织认真领会与贯彻落实。在当前工会各项工作当中，有三点尤其需要引起重视，并作出更大努力。这三点内容与五年规划以及中国工会十八大的要求也是一致的。

（一）努力提高竭诚服务职工群众的质量与水平

工会的基本职责是维护职工合法权益、竭诚服务职工群众。工会的服务对象是职工群众，职工群众对工会工作的评价是衡量工会工作最重要的标准。全国总工会及相关理论工作者所作的调查研究表明，工会工作的实际效果还不尽如人意，与职工的要求还有一定的差距。

比如，2017 年的第八次全国职工队伍状况调查问卷涉及了职工对工会民主管理工作的评价。数据显示，有 12.4% 的职工认为"单位领导不太可能真正让职工参与管理"，即使让职工参与管理，也只是做做样子，应付上级的检查。近 20% 的职工认为民主参与没有效果或效果不明显。即使是工会主席，在回答"您感觉工会主席在为职工维权上，说话有没有分量"时，表示"不太有分量"和"没什么分量"的占比为 12.3%。[①] 这说明在基层企事业单位，职工参与民主管理的质量还存在较大问题。作为基层工会委员会的负责人，工会主席的参与活动比一般职工群众更多、参与决策的重要性更高（比如，参与董事会或监事会的活动），如果他们认为参与管理没有什么分量，那一般群众的正面评价只会更低。显然，这样的评价与工会工作目标、职工群众的要求还有较大距离。

又如，有学者对集体合同制度的实际效果进行调查，结果显示，有 14% 的职工认为没有什么作用；还有 29.7% 的职工表示不清楚什么是集体合同以及合同的内容，不清楚的原因在于很多企业的集体合同没经过职工代表大会讨论。在被调查的工会主席中，有 21.9% 的人认为集体合同没什么作用。甚至有工会主席表示，集体合同即使经过集体讨论，因为老板在场，讨论也流于形式，没有多大意义。[②]

这些调查表明，基层企事业单位的职工民主参与工作还存在着严重的形式主义问题，其实际效果与职工群众的要求还有很大差距。而职工代表大会制度、集体合同制度恰恰是工会组织需要下大力气努力解决的重点环节，做好这些环节的工作，就是从源头上维护职工的合法权益。

（二）努力解决工会组织行政化的问题

工会组织行政化是长期困扰中国工会健康发展的一个重大问题。每当中国社会关系发生变化，劳动领域中的矛盾日益尖锐之时，这一问题就会一再被提出。所谓工会行政化，"是指工会在其组织、活动等方面，在相当程度上受到政府或企业行政的控制和制约，在相当意义上是作为政府和企业行

---

① 李玉赋：《第八次中国职工状况调查（报告卷）》，中国工人出版社 2017 年版，第 70 页。

② 洪芳：《我国企业民主管理制度的实施状况、问题和对策》，《山东工会论坛》2019 年第 1 期。

政的附庸而存在的"。① 角色定位上的政府取向化、功能担责方面的全能化、组织人员工作方式的机关化，使得工会组织背离了本来应该具有的本质特性，并滋生出浓厚的官僚主义风气，远离了它应该为之服务的职工群众，而"脱离群众对于工会来说，是一切危险中最大的危险"。②

如上所言，2015 年以来的中国工会增"三性"、去"四化"改革最终要解决的就是工会脱离职工群众问题。这是一个复杂的系统工程，任务艰巨而繁杂，但又是一项必须下决心完成的工作。解决了工会组织行政化问题，才能让其真正体现群众性特征，才更能接地气，在职工群众中更有号召力，也才能更好地完成党的二十大报告提出的工会组织要"有效"发挥桥梁纽带作用的政治任务。

（三）坚决维护劳动领域的政治安全

党的二十大报告中，特别强调要推进国家安全体系和能力现代化，坚决维护国家安全和社会稳定。党的二十大报告指出："国家安全是民族复兴的根基，社会稳定是国家强盛的前提"，而在其中，"要坚持以人民安全为宗旨、以政治安全为根本、以经济安全为基础、以军事科技文化社会安全为保障"。③

中国工会十八大报告也特别提出要加强工会的意识形态工作，强化维护劳动领域政治安全体系和能力建设，加强工会信访问题源头治理、风险预警和应对处置。深化工会的社会组织工作，强化政治引领、示范带动、联系服务，及时有效解决职工群众的切身利益问题。

当前，国际形势异常复杂，各种敌对势力打着"自由""人权""维权"

---

① 中国工运学院工会学系：《向市场过渡中的工会工作》，中国大百科全书出版社 1993 年版，第 5 页。

② 中国工运学院编：《李立三、赖若愚论工会》，档案出版社 1987 年版，第 226 页。

③ 《习近平著作选读》第一卷，人民出版社 2023 年版，第 43 页。

等旗号，想方设法介入中国劳动领域，插手煽动、渗透破坏，通过建立所谓的独立工会、民间工会等，反对中国社会主义制度，分裂中国职工队伍，扰乱中国社会政治和经济稳定发展的大好局面，试图破坏中华民族复兴的伟大事业。对此，《中国工运事业和工会工作"十四五"发展规划》提出，要切实维护劳动领域的政治安全，落实"五个坚决"的要求，即：坚决防止敌对势力借所谓维权插手煽动、渗透破坏，这是维护劳动领域政治安全的前提；坚决防止所谓独立工会、民间工会的出现，这是维护劳动领域政治安全的关键；坚决维护职工队伍和工会组织的团结统一，这是维护劳动领域政治安全的基础；坚决维护企业和社会大局和谐稳定，这是维护劳动领域政治安全的重点；坚决捍卫中国共产党领导和我国社会主义制度，这是维护劳动领域政治安全的根本。

推进工会维护劳动领域安全稳定体系和能力建设，建立健全工会维护劳动领域政治安全长效机制，要求各级工会要在总体国家安全观的观照下，始终保持清醒的认识，勇于担当、主动作为；加强劳动关系发展态势监测和研判，主动推进风险防控化解制度常态化长效化；加强对职工队伍进行思想政治引领，筑牢维护劳动领域政治安全的思想根基；健全工会相关制度机制，为维护劳动领域政治安全赋能增效，为维护企业与社会大局和谐稳定作出应有贡献。

思考题 ———————————————————————

1. 改革开放以来我国工人阶级发生哪些重大变化，对工会工作提出哪些重大要求？

2. 我国工会在依法维护职工合法权益、竭诚服务职工群众方面取得哪些重大进展？

3. 我国工会工作面临哪些问题与挑战？

参 考 文 献

中共中央党史和文献研究院编:《习近平关于工人阶级和工会工作论述摘编》,中央文献出版社 2023 年版。

李玉赋主编:《新编中国工人运动史》(修订版)(上、下卷),中国工人出版社 2020 年版。

李玉赋主编:《中国工会十七大报告辅导读本》,中国工人出版社 2018 年版。

李玉赋:《第八次中国职工状况调查(报告卷)》,中国工人出版社 2017 年版。

刘元文:《工会工作理论与实践》,中国劳动社会保障出版社 2008 年版。

陈骥:《改革中的工会和工会的改革》,中国工人出版社 1999 年版。

第三章　中国特色社会主义工会的性质和地位

教学基本要求

1. 掌握中国特色社会主义工会性质的内涵

2. 理解中国特色社会主义工会的地位

3. 理解工会组织增强"三性"的时代要求

工会性质作为中国特色社会主义工会学的重要范畴，是关于工会本质属性的基本规定，其内涵一般表述为阶级性和群众性，凡是工会组织都具备这两个基本属性。工会性质在不同社会制度和不同社会历史条件下，呈现出不同的特征。在中国特色社会主义建设实践中，中国特色社会主义工会的性质在基于阶级性和群众性基础上，被赋予政治性、先进性和群众性这一新的时代特征。工会性质作为最基本的范畴，对于中国特色社会主义工会学的其他范畴具有决定意义，其他范畴不过是工会性质范畴的逻辑展开。中国特色社会主义工会地位范畴由工会性质所决定，其本质是一个关系范畴。准确理解并把握中国特色社会主义工会性质和地位范畴的理论内涵及其相互关系，对于全面掌握中国特色社会主义工会学基本原理具有重要意义。本章重点探讨工会性质和地位的基本内涵，着力揭示新时代工会性质被赋予的新特征以及工会地位所涵盖的理论与实践问题。

第一节 中国特色社会主义工会性质概述

习近平总书记在中央党的群团工作会议上强调，要切实保持和增强党的群团工作与群团组织的政治性、先进性、群众性，筑牢党同人民血肉联系的纽带。这"三性"，抓住了群团工作的本质属性，确立了群团组织的基本定位，深刻回答了群团事业坚持什么原则、朝着什么目标努力的根本问题。保持和增强"三性"，是党中央对群团组织和群团工作的原则要求。在这一原则要求下，工会如何增强"三性"，始终保持正确方向，是推动新时代工会工作高质量发展的重要保证。

一、工会性质的内涵

工会性质范畴是揭示工会本质属性的基本规定，所要明确的是工会是什么样的组织。2021 年 12 月 24 日，十三届全国人大常委会第三十二次会议修改通过的工会法第 2 条明确规定：中国"工会是中国共产党领导的职工自愿结合的工人阶级群众组织，是中国共产党联系职工群众的桥梁和纽带"。[1]这一法律条款首先规定了中国工会组织的本质属性，即中国工会组织具有鲜明的阶级性和群众性，是这两种属性的高度统一。作为党领导下的群团组织，中国工会组织的性质，既具有一般属性，又具有特殊属性，是一般属性与特殊属性的有机统一。工会组织的阶级性与群众性也具有高度的一致性。

（一）关于工会阶级性的一般性与特殊性的辩证关系

中国工会的一般属性是指凡属工会具有的共同性质，中国工会组织也同

---

[1] 《中华人民共和国工会法》，中国法制出版社 2021 年版，第 1 页。

样具有，比如工会代表和维护工人利益等；其特殊属性是指中国工会组织所独有的性质，如自觉接受中国共产党的领导，在党的领导下依法依章程独立自主地开展工作，这是中国工会组织同世界其他工会组织的原则区别。就接受中国共产党领导的政治视角而言，这是所有党的群团组织都具备的基本属性，诸如工会、共青团、妇联等群团组织，都是在党领导下开展工作。这是党的群团组织共同具有的政治特征，也是工会组织的一般属性。其特殊性则指中国工会组织区别于其他党的群团组织的特殊规定性。比如，工会、共青团、妇联等群团组织，分别代表、表达和维护职工群众、青年、妇女的合法权益。这种区别是由工会、共青团、妇联等群团组织各自的特殊属性决定的，分别对应的是阶级属性、年龄属性、性别属性，由此决定各自的活动领域和工作内容。党的群团组织一般属性与特殊属性之间的关系，归结为一般与特殊、共性与个性的辩证关系。一般性与特殊性相互依存、相互影响，各自以对方作为自身存在的前提。一般性寓于特殊性之中，并通过特殊性得到体现，没有特殊性就没有一般性；特殊性也离不开一般性，因此，不存在脱离一般性的特殊性。

（二）关于工会阶级性与群众性的辩证关系

工会的阶级性和群众性作为基本属性，两者并非彼此孤立，而是相互依存、辩证统一的。工会的阶级性以群众性为基础。工会的群众性则是以阶级性为基本前提的，所体现的是工人阶级的群众性，而非其他阶级的群众性。工会是阶级性与群众性高度统一的组织，这一关系决定了并非任何人都能加入工会组织，必须是工人群众方可加入。具体而言，在工会会员构成方面，工会只吸收职工群众参加，不属于职工群众则不符合加入工会组织的基本条件。

随着社会的发展和时代的变迁，工会的阶级性和群众性也在发生新的变化。从工人阶级结构上看，我国工人阶级已经改变高度同质化的传统结构，增加了许多新的成分，不仅包括产业工人队伍、知识分子和农民工群体，而且还包括其他新涌现的就业群体。为此，依据新修正的工会法第 3 条的规定，更多新业态的劳动者被纳入工会组织发展会员的范围。

二、中国工会性质被赋予新的时代特征

自改革开放以来，尤其是中国特色社会主义进入新时代，基于阶级性和群众性高度统一的中国工会组织，被赋予新的时代特征，即中国工会组织具有政治性、先进性、群众性的时代特征。首先，新修正的工会法中，特别增加了"中国共产党领导"这一原则规定，突出强调了中国工会组织的政治属性。这是中国工会区别于世界上其他一切工会组织最本质的特征之一，也是其先进性的时代彰显。其次，中国工会是"中国共产党联系职工群众的桥梁和纽带"，体现了中国工会组织的先进性特征。最后，"职工自愿结合的工人阶级群众组织"体现了中国工会组织的群众性特征。

（一）工会的政治性

中国工会组织作为党领导下的群团组织，被赋予群团组织的基本特征。其中，政治性是群团组织的灵魂，是第一位的。习近平总书记特别强调，离开了政治性，群团组织就容易产生脱离党的领导的倾向，就会庸俗化，就会成为一般社会组织，甚至会走上邪路。这一重要论断，深刻揭示了包括工会组织在内的党领导的群团组织与一般社会组织的本质区别。

中国工会组织的政治性主要表现在以下三个方面。

第一，从法律规定上看，"工会是中国共产党领导的职工自愿结合的工人阶级群众组织，是中国共产党联系职工群众的桥梁和纽带"。[①] 这是我国

---

①　《中华人民共和国工会法》，中国法制出版社 2021 年版，第 1 页。

新修正的工会法从法律上对中国工会组织的界定。中国共产党是中国工人阶级的先锋队组织，工人阶级是党的阶级基础和群众基础。这就决定了作为工人阶级的利益表达者，工会必须自觉接受党的领导，宣传党的思想，提升对党的忠诚，带领职工群众坚定不移听党话、跟党走，成为党联系职工群众的桥梁和纽带。这是中国工会组织必须履行的政治责任，也是其政治性的鲜明体现和时代要求。

第二，从成员组成看，新修改的工会法第 3 条规定："在中国境内的企业、事业单位、机关、社会组织（以下统称用人单位）中以工资收入为主要生活来源的劳动者，不分民族、种族、性别、职业、宗教信仰、教育程度，都有依法参加和组织工会的权利。任何组织和个人不得阻挠和限制。"[①] 这说明，工会会员必须是工人阶级的一分子，所以，诸如私营企业主、农民等都不能加入工会。工会会员的组成是工会阶级性的基础，这与以年龄作为基本划分界限和以性别作为划分界限的中国共产主义青年团及中华全国妇女联合会不同。

第三，从工作任务看，中国工会组织是根据大多数工人阶级群众的要求而成立和发展的，并接受工人阶级政党的领导，这也体现了工会组织的政治性特征。工人阶级加入工会的动力是为了实现自身的合法权益，且可以获得工会组织提供的帮助和服务，充分体现了中国共产党的初心使命，体现了中国特色社会主义"以人民为中心"的核心价值理念。

（二）工会的先进性

工会要忠诚于党的事业，因为中国工会事业就是党的事业的重要组成部分。这既是工会最大的政治优势，也是工会组织先进性的最鲜明特性。习近平总书记强调指出，工会必须把保持和增强先进性作为重要着力点，引

① 《中华人民共和国工会法》，中国法制出版社 2021 年版，第 1 页。

领工人阶级跟党走,使之成为党最坚实最可靠的阶级基础。先进性是党的群团工作的力量之源。新时代,工会组织的先进性主要体现在以下几个方面。

第一,工会组织的先进性源于中国共产党的领导。中国工人运动发展的历史证明,中国共产党作为中国一切事业的领导核心,在政治上统一领导工会等群团组织是历史发展的必然。工会组织在实践中深刻认识到,党的领导是做好工会工作的根本政治保证;始终坚持自觉接受党的领导作为工会工作的首要原则,是工会组织在国家政治生活中享有重要地位的根本保证。

第二,工会的先进性源于先进的理论指导。长期实践中,中国工会在党的领导下,坚持以马克思主义、毛泽东思想、中国特色社会主义理论体系、习近平新时代中国特色社会主义思想为指导思想,结合中国工运实际,创造性地形成了中国特色社会主义工会发展道路。这是新的历史条件下党的工会理论创新,是工会工作的实践总结,深刻反映了中国工会坚持走中国特色社会主义道路的高度自觉。

第三,工会的先进性源于先进阶级的本质属性和基础。我国工人阶级的产生同社会化大生产相联系,是中国社会的先进阶级。中国工会维护和表达工人阶级的利益,工人阶级决定了工会组织的先进性。随着改革开放和现代化建设的发展,我国工人阶级队伍发生结构性变化,除了传统产业工人以外,知识分子和农民工成为工人阶级的一部分,使工人阶级队伍不断发展壮大。对此,中国工会十六大通过的《中国工会章程》对工会"会员"的内涵和外延作了如下表述:除了传统产业工人外,将分布在各行各业的知识分子、高级管理人员、各新兴产业的劳动者等工人阶级新成员都纳入会员范畴。从而,进一步夯实了工会先进性的阶级基础。

第四,党领导下的中国工会组织服从服务于党的中心工作,被赋予先进职责和神圣使命,主要体现为:工会组织带领职工坚定不移听党话、跟党走,巩固党的阶级基础和群众基础,时刻履行工会的政治责任;工会组织团结动员职工群众,在实现中华民族伟大复兴新征程上,充分发挥主力军作用，建功立业新时代，牢牢把握中国工人运动时代主题；工会组织作为职工利益代表者和表达者，依法维护职工合法权益，竭诚服务职工群众，认真履行维护和服务基本职责，维护好、服务好和发展好职工利益，推动职工体面劳动、舒心工作和全面发展目标的实现；工会组织坚持以增强"三性"、反对"四风"尤其是形式主义和官僚主义为取向的建设改革，认真贯彻落实党的群众路线，密切联系职工群众，使工会干部成为职工群众信得过的"娘家人"、贴心人；坚定不移地走中国特色社会主义工会发展道路，在党的领导下，努力使这条道路越走越宽广；等等。

（三）工会的群众性

工会作为职工自愿结合的群众组织，群众性是工会组织的根本特点。离开了群众性，工会将会成为可有可无的组织。习近平总书记强调，群众路线是党的生命线和根本工作路线，也是工会工作的生命线和根本工作路线。工会组织的群众性特点，要求各级工会要始终坚持"以职工为中心"原则，依法维护职工合法权益，把竭诚为职工群众服务作为工会一切工作的出发点和落脚点。

第一，从法律角度来看，"工会是中国共产党领导的职工自愿结合的工人阶级群众组织，是中国共产党联系职工群众的桥梁和纽带"[1]，组织和参加工会是职工自愿的行为。职工的意愿是组织工会或参加工会的前提条件，入会和退出都是自愿与自由的行为。当然，在实践中，职工群众加入工会的意愿也并非空穴来风，一定取决于工会自身的行动和作为。特别是在不同类型的用人单位中，职工愿意积极地加入工会，往往与工会主动走入群众，主动为职工办实事、做好事、解难事直接相关。所谓工会"有为才有位"不仅是指工会有所作为才能赢得企业的尊重，同样也可以获得职工的理解、认同和支持，加入工会则成为自然而然的结果。这就形成了工会在建立和建设工会

---

① 《中华人民共和国工会法》，中国法制出版社 2021 年版，第 1 页。

组织实践中采用的"自愿"与"说服"的基本工作方式。

第二，会员的广泛性体现了工会的群众性。新修改的工会法第 3 条规定："在中国境内的企业、事业单位、机关、社会组织（以下统称用人单位）中以工资收入为主要生活来源的劳动者，不分民族、种族、性别、职业、宗教信仰、教育程度，都有依法参加和组织工会的权利。任何组织和个人不得阻挠和限制。"[①] 同时，新修改的工会法适应新时代发展要求，对工会所能代表的群体范围作出了延展性的规定："工会适应企业组织形式、职工队伍结构、劳动关系、就业形态等方面的发展变化，依法维护劳动者参加和组织工会的权利。"[②] 这充分说明，工会会员随着劳动群体的不断扩大及新型劳动群体的大量涌现而不断发展壮大。

第三，依法维护职工群众合法权益、竭诚服务职工群众是工会工作鲜明的价值取向。保持和增强群众性，要求工会在维权和服务上更加有为，要积极为党分忧、为民谋利。新修正的工会法第 6 条规定："维护职工合法权益、竭诚服务职工群众是工会的基本职责。工会在维护全国人民总体利益的同时，代表和维护职工的合法权益……工会建立联系广泛、服务职工的工会工作体系，密切联系职工，听取和反映职工的意见和要求，关心职工的生活，帮助职工解决困难，全心全意为职工服务。"[③] 工会工作要坚持眼睛向下、面向基层，形成密切联系职工群众的长效机制，推动解决职工群众需要解决的问题，满足职工利益诉求，不断增强工会组织的吸引力、凝聚力和影响力。

三、工会组织政治性、先进性、群众性的逻辑关系

中国工会从成立之日起，就始终在党的领导下，为实现党的中心任务而

---

① 《中华人民共和国工会法》，中国法制出版社 2021 年版，第 1 页。
② 《中华人民共和国工会法》，中国法制出版社 2021 年版，第 1 页。
③ 《中华人民共和国工会法》，中国法制出版社 2021 年版，第 2 页。

奋勇拼搏。坚持政治性、先进性、群众性的有机统一，是新时代工会建设与改革的基本方向和内在要求。习近平总书记强调，政治性是群团组织的灵魂，是第一位的。先进性是群团工作的力量之源。工会必须把保持和增强先进性作为重要着力点，引领工人阶级跟党走，使之成为党最坚实最可靠的阶级基础。群众性是群团组织的根本特点，失去群众性，政治性与先进性的要求就难以真正落实和体现。

（一）政治性与先进性的关系

工会的政治性与先进性的关系，本质上由中国工会组织的政治属性所决定。中国共产党作为工人阶级的先锋队组织，其政治性与先进性是不言而喻的。工会作为国家最重要的社会政治团体，自觉接受先进政党的领导，并被赋予带领职工听党话、跟党走，巩固党的阶级基础和群众基础的神圣政治责任。这是党对工会组织的政治要求，也是工会先进性的本质体现。工会的政治性与先进性，通过接受党的领导、履行政治责任而得到实现。

（二）政治性与群众性的关系

工会的政治性与群众性的关系，涉及党、工会、职工群众的关系。工会作为党领导的工人阶级群众组织，在发挥党联系职工群众的桥梁和纽带作用的同时，要处理好工人阶级先锋队与工人阶级群众之间的关系。换言之，工会等群团组织的工作具有两重性，既要服务党和国家的工作大局，也要服务职工群众，应正确处理好政治性和群众性的关系。

习近平总书记指出，要切实保持和增强党的群团工作的政治性。政治性是群团组织的灵魂。工会要始终把自己置于党的领导之下，把自己联系的职工群众最广泛最紧密地团结在党的周围。同时，要引导职工群众听党话、跟党走，巩固党执政的阶级基础和群众基础，这是工会组织的政治责任。政治性与群众性的有机结合，要求工会工作要做到"顶天立地"。顶天，就是着眼党和国家工作大局，在大局下思考，在大局下行动；立地，就是立足职责定位，立足所联系的职工群众，寻找工作结合点和着力点，为党和国家工作大局作出应有贡献。

（三）先进性和群众性的关系

先进性与群众性是辩证统一的。坚持先进性，群众性才有正确的方向；保持群众性，先进性才具备广泛的基础。如果片面强调先进性，脱离广大职工群众，工会就成为无源之水；如果片面强调群众性，就会把工会等同于一般的群众组织，就会失去凝聚力和存在的意义。习近平总书记认为，工会是党直接领导的群众组织，承担着组织动员广大职工群众为完成党的中心任务而共同奋斗的重大责任。因此，工会作为重要的社会政治团体，必须把保持和增强先进性作为着力点。

在工会工作中，应把先进性与群众性相结合，注重把先进性贯穿于群众性之中。工会要大力加强职工思想政治工作，深化"中国梦·劳动美"主题教育，不断提高职工群众的思想觉悟和道德水平，自觉践行社会主义核心价值观。工会要教育引导工人阶级为实现中华民族伟大复兴中国梦而奋斗，使广大职工群众真正成为党执政的坚实依靠力量、强大支持力量、深厚社会基础。工会要大力弘扬劳模精神、劳动精神、工匠精神，组织动员广大职工走在时代前列，在改革发展稳定第一线建功立业。

四、工会组织增强"三性"的时代要求

切实保持和增强工会的政治性、先进性、群众性，开创新形势下工会工作新局面。这是习近平总书记提出的中国工会的改革方向，也是习近平总书记对中国特色社会主义工会发展道路理论基本内涵的创新发展。要坚持以习近平总书记关于工人阶级和工会工作的重要论述为指导，将工会的政治

性、先进性和群众性落实到工会工作的每一个步骤中去。

（一）工会组织要始终坚持正确的政治方向

党的十八大以来，习近平总书记多次就工会自觉接受党的领导作出重要指示，强调"工会工作是党的群团工作、群众工作的重要组成部分，是党治国理政的一项经常性、基础性工作"[1]，"工会工作做得好不好、有没有取得明显成效，关键看有没有坚持正确政治方向"。[2]习近平总书记认为，政治性在工会增"三性"中是第一位的，是工会组织的"灵魂"，是做好工会工作的根本政治保证。工会保持和增强政治性，就是要保持工会工作正确的政治方向。他指出："保持和增强党的群团工作的政治性，关键是群团组织必须自觉坚持中国共产党的领导"，"工会工作……坚持正确政治方向，一言以蔽之，就是要坚持中国共产党领导和社会主义制度"。[3]

中国工会作为中国共产党领导的工人阶级群众组织，在坚持党的领导这个根本问题上必须头脑十分清醒。以习近平同志为核心的党中央认为，工会的政治性源于中国工会独特的发展道路："中国特色社会主义群团发展道路，是对党的群团工作长期奋斗历史经验的科学总结。这条道路是中国共产党开展群众工作、推进党的事业的伟大创造，是党领导群众实现共同梦想的历史选择，是群团组织与时俱进、发展壮大的必由之路。"[4]习近平总书记进一步指出，工会的政治性形成于中国特色社会主义的现实政治体制，"我国

① 中华全国总工会编：《深入学习贯彻习近平总书记关于工人阶级和工会工作的重要论述》，中国工人出版社2021年版，第2页。
② 中共中央党史和文献研究院编：《习近平关于工人阶级和工会工作论述摘编》，中央文献出版社2023年版，第4页。
③ 中华全国总工会编：《深入学习贯彻习近平总书记关于工人阶级和工会工作的重要论述》，中国工人出版社2021年版，第93页。
④ 中华全国总工会编：《深入学习贯彻习近平总书记关于工人阶级和工会工作的重要论述》，中国工人出版社2021年版，第88页。

工运事业是在党的领导下发展起来的，是党的事业的重要组成部分，工会工作是党治国理政的一项经常性、基础性工作"。① 习近平总书记认为，工会的政治性要求工会在思想上、政治上、行动上始终同党中央保持高度一致。他指出：工会要永远保持自觉接受党的领导这一优良传统。要坚决贯彻落实党的大政方针和决策部署，自觉服从服务于党和国家工作大局，坚持中国特色社会主义工会发展道路。

习近平总书记在与全国总工会第十七届领导班子成员集体谈话时，对工会的政治性进一步作出"四个要"的明确表述：一是工会"要忠诚党的事业，通过扎实有效的工作把坚持党的领导和我国社会主义制度落实到广大职工群众中去"，二是工会"要认真落实新时代党的建设总要求，增强'四个意识'，坚定'四个自信'，坚决维护党中央权威和集中统一领导，始终在政治立场、政治方向、政治原则、政治道路上同党中央保持高度一致"②，三是工会"要完善学习制度，坚持领导带头，深入开展新时代中国特色社会主义思想的学习培训，在学懂弄通做实上下功夫，增强对党的基本理论、基本路线、基本方略的政治认同、思想认同、情感认同，不断提高运用马克思主义立场、观点、方法分析解决问题的能力和水平"③，四是工会"要深刻领会党中央关于工人阶级和工会工作重要论述的精神实质，结合实际落实到工会工作全过程和各方面"。④

（二）要为实现中华民族伟大复兴的中国梦而奋斗

习近平总书记指出，先进性是党对自己的要求，也是党对工会等群团组

---

① 习近平：《论坚持党对一切工作的领导》，中央文献出版社 2019 年版，第 282 页。

② 中华全国总工会编：《深入学习贯彻习近平总书记关于工人阶级和工会工作的重要论述》，中国工人出版社 2021 年版，第 30 页。

③ 中华全国总工会编：《深入学习贯彻习近平总书记关于工人阶级和工会工作的重要论述》，中国工人出版社 2021 年版，第 113 页。

④ 中共中央党史和文献研究院编：《习近平关于工人阶级和工会工作论述摘编》，中央文献出版社 2023 年版，第 15 页。

织的要求。这主要源于工会等群团组织是党直接领导的群众组织，承担着组织动员广大人民群众为完成党的中心任务而共同奋斗的重大责任。工会等群团组织作为一个整体，作为一个成员众多、有着几千万甚至几亿成员的组织，必须把保持和增强先进性作为重要着力点。习近平总书记认为，工会的先进性要求工会教育引导工人阶级为实现中华民族伟大复兴中国梦而奋斗。

一是工会必须牢牢把握为实现中华民族伟大复兴中国梦而奋斗的时代主题，组织动员广大职工群众走在时代前列，在改革发展稳定第一线建功立业。二是工会要适应新形势新任务，加强和改进职工思想政治工作，多做组织群众、宣传群众、教育群众、引导群众的工作，多做统一思想、凝聚人心、化解矛盾、增进感情、激发动力的工作，以先进引领后进、以文明进步代替蒙昧落后、以真善美抑制假恶丑，使广大职工在理想信念、价值理念、道德观念上紧紧团结在一起。三是工会要坚持以社会主义核心价值观引领职工，深化"中国梦·劳动美"主题教育，打造健康文明、昂扬向上、全员参与的职工文化。四是工会要把网上工作作为联系职工、服务职工的重要平台，增强传播力、引导力、影响力。

（三）切实将群众路线作为工会工作的生命线

习近平总书记非常重视工会的群众性，也非常透彻地了解中国工会群众性的不足。他强调，必须充分肯定工会工作取得的显著成绩，同时必须注重解决存在的问题，特别是要重点解决脱离群众的问题。习近平总书记认为，切实保持和增强工会的群众性，是工会"强三性"不可或缺的。

一方面，认真履行维护职工合法权益、竭诚服务职工群众的基本职责。工会要切实维护好实现好发展好广大职工群众的合法权益。这是新形势下党和政府对工会工作的迫切要求，是广大职工群众对工会组织的热切期待。工会要强化服务意识，提升服务能力，挖掘服务资源，开展各种为职工造福活动，认真履行维护职工合法权益、竭诚服务职工群众的基本职责，把群众观念牢牢根植于心中，哪里的职工合法权益受到侵害，哪里的工会就要站出来说话。要做好城市困难职工解困脱困工作，及时做好因各种原因返贫致困职工的帮扶救助，为广大职工提供具有工会特点的普惠性、常态性、精准性服务。

另一方面，找准服务重心和维权重点，把服务重心放在最广大普通职工身上，把维权重点放在职工群众最关心最直接最现实的利益问题上。要坚持把群众路线作为工会工作的生命线和根本工作路线，把工作重心放在最广大普通职工身上，让职工群众真正感受到工会是"职工之家"，工会干部是最可信赖的"娘家人"。工会维权要讲全面，也要讲重点。重点就是职工群众最关心最直接最现实的利益问题，就是职工群众面临的最困难最操心最忧虑的实际问题，在经济发展基础上不断提高职工群众的生活水平和质量，使他们不断享受到改革发展成果。

第二节　中国特色社会主义工会地位概述

工会地位是中国特色社会主义工会学的重要范畴。中国特色社会主义工会的地位是指在中国特色社会主义制度条件下，工会组织同执政党——中国共产党、社会主义国家政权、其他经济组织、社会团体以及工人阶级群众之间的相互关系及其定位，是工会组织在国家政治、经济、文化生活和社会事务中依法享有权利义务、发挥作用以及产生影响的综合反映。工会的地位及其确立是由工会性质决定的，通过工会发挥作用得到具体体现，由相关法律所确认并保障。

工会的地位作为关系范畴，具体涉及如下主要关系：工会与党的关系、工会与国家的关系、工会与企事业单位行政的关系、工会与党的其他群团组织的关系、工会与职工群众的关系、工会与自身的关系，以及中国工会同外国工会组织之间的关系，等等。工会的地位由工人阶级的地位所决定，通过工会与党和国家的关系以及工会同其他经济和社会组织及本阶级群众的广泛联系得到体现。工会的地位是工会组织发挥作用及其产生相应影响力的重要标志，主要通过工会组织的内在吸引力、凝聚力、战斗力和外在社会形象得到彰显。

一、工会地位的基本特征

1. 工会的地位是具体的、历史的

工会的地位不是抽象的，而是具体的、历史的，其确立由工会的本质属性所决定。工会的地位本质上是关系范畴，这是全面深入理解工会地位的主要认识视角。工会的地位是指在一定社会历史发展阶段，工会组织由其本质属性及其承担的社会历史任务和使命所决定，在社会总体结构及其关系格局中的定位。在中国特色社会主义发展阶段，工会的地位是在党的领导下，通过同国家的政治、经济、文化、法律、社会、企事业发展实践以及职工群众利益诉求及其满足的相互作用得以实现。工会的地位内在地涵盖了工会组织作用的发挥以及对各种社会事务所产生的重要影响，也内在地涵盖了工会干部主体能动性的发挥、对工会内在凝聚力和外在形象的重要影响。

在新民主主义革命时期，我国工人运动的目标是为实现民族独立、人民解放而奋斗。在社会主义革命和建设时期，我国工人运动为建立和巩固人民当家作主的新政权、建立起独立的比较完整的工业体系和国民经济体系而奋斗。在改革开放和社会主义现代化建设新时期，我国工人运动为坚持和发展中国特色社会主义而奋斗。党的十八大以来，习近平总书记多次强调，实现中华民族伟大复兴是中华民族近代以来最伟大的梦想。根据党的二十大报告的精神，从现在起，工会工作要围绕党的中心任务，为全面建成社会主义现代化强国、实现第二个百年奋斗目标而奋斗，以中国式现代化全面推进中华民族伟大复兴，凝聚职工力量，彰显工会作为。纵观百年党领导下的工会发展史，不同历史时期，工会围绕党的中心工作，被赋予不同的历史使命，承担不同的历史任务。就这一点而言，工会的地位是具体的、历史的。

2.工会的地位是客观的

工会的地位是客观的。无论过去、现在还是未来，工会在一定社会制度下的定位，都是由其本质属性决定的，并受一定客观条件的影响，而非主观任意的择定。列宁在论述无产阶级专政体系时强调指出："工会就它在无产阶级专政体系中的地位来说，是站在——如果可以这样说的话——党和国家政权之间的。"① 这就是说，工会作为"纽带""齿轮"和"传动装置"，既同党相互衔接和联系，又同国家政权相互衔接和联系。这就表明，这种关系具有客观必然性。

3.工会的地位是通过自下而上的民主方式确立的

工会作为工人阶级的群众组织，其天职就是通过自下而上的方式，联系、代表、组织、教育和团结动员职工群众。1920年12月，列宁把关于工会争论的各方观点及其实质，归结为"真正的分歧……在如何掌握群众的问题上，在对待群众、联系群众的问题上"。② 工会运动的历史实践一再表明，工会站到自下而上的地位，就能够在自己的一切工作中实现群众化和民主化；否则，不管有多么美好的愿望，以及多么想深入到群众中去，也难免出现形式主义和官僚主义倾向。

二、中国特色社会主义工会的地位

中国工人阶级是我国先进生产力和生产关系的代表，是我们党最坚实最

---

① 《列宁选集》第4卷，人民出版社2012年版，第368页。

② 《列宁选集》第4卷，人民出版社2012年版，第372页。

可靠的阶级基础，在百年奋斗的伟大实践中，为革命、建设、改革和中华民族伟大复兴新时代作出了彪炳史册的杰出贡献，是当之无愧的领导阶级。中国工会是中国共产党领导工人运动发展的必然产物，是党的工运事业的实践者和推动者。随着全面深化改革的逐步推进，社会结构深刻变动，利益格局深刻调整，思想观念深刻变化，经济关系、劳动关系将更加复杂多变。工会组织在党和国家工作大局中的作用越来越突出，影响越来越广泛，其地位也越来越凸显。

（一）政治地位

中国工会作为工人阶级的群众组织，其地位首先是由中国工人阶级的社会政治地位决定的。社会主义社会，由于人民民主专政国家政权的建立，工人阶级的先锋队组织——中国共产党成为执政党，工人阶级成为国家的领导阶级、执政阶级。工会也成为国家领导阶级、执政阶级的群众组织，成为巩固国家政权的重要社会支柱，其政治地位主要体现在以下几个方面。

1.工会组织是党联系职工群众的桥梁和纽带

工会组织首先是政治组织。它作为党领导下的重要政治团体，担负着引领职工群众听党话、跟党走的政治责任。我国工人阶级的领导地位，是通过该阶级先锋队组织——中国共产党的领导来实现的。党是由少数先进分子组成的，党的正确领导不能离开自己的阶级基础，而工会正是这种阶级基础最为广泛的组织形式。党只有全心全意依靠工人阶级才能确立和巩固自己的领导地位，这就要依靠工会加强同工人阶级的紧密联系，依靠工会把广大工人阶级群众团结在党的周围，为实现党的中心任务和宏伟目标而努力奋斗。

2.工会是国家政权的重要社会支柱

工会是国家政权最亲密和不可缺少的合作者。在社会主义国家，巩固人民民主专政的国家政权，全面推进社会主义建设，必须依靠包括广大职工群众在内的人民群众支持，必须坚持贯彻落实党的全心全意依靠工人阶级的根本指导方针，而工会正是提供这种群众基础的重要组织形式。离开职工群众的关心、参与和监督，我国的人民民主专政就不能得到巩固和加强，也无法保持安定团结的政治局面。因此，社会主义的国家政权离不开工会组织所发挥的强大支柱作用。

3. 工会是职工群众合法权益的代表

工会是中国共产党领导的、职工群众自愿结合的、自下而上建立起来的工人阶级群众组织。工会的性质决定了工会具有职工群众合法权益代表者的资格。同时，我国有关法律，如工会法、劳动法等都明确规定了工会的这种代表性。宏观层面，工会在政府面前代表广大职工的合法权益和要求。微观层面，工会在基层用人单位行政面前代表本单位职工的具体利益和要求。政府和用人单位行政需要经常听取来自广大职工群众的意见、愿望与要求，不断提高决策的科学化和民主化水平。工会作为职工利益的代表者、维护者，参与国家和社会治理，参与用人单位民主管理，有利于社会主义民主政治建设，有利于促进国家长治久安和健康稳定发展。

（二）经济地位

工会的经济地位是指工会在经济关系和经济建设中的角色定位。工会通过组织和动员广大职工群众积极投身国家经济建设，开展丰富多彩的经济技术创新活动，调动并激发广大职工的劳动积极性、主动性和创造性。因而，在社会主义市场经济条件下，工会的经济地位主要体现在组织职工开展各种劳动竞赛活动、推动经济高质量发展，以及协调劳动关系矛盾、构建和谐劳动关系等方面。

1. 工会具有鲜明的经济属性

在社会主义市场经济条件下，工会的大量活动主要是在社会经济领域，并对社会经济发展和企业生产经营产生直接影响。新修改的工会法第7条规定，工会动员和组织职工积极参加经济建设，努力完成生产任务和工作任务。工会在经济建设中,通过开展"中国梦·劳动美"等主题活动,鼓励和推动广大职工群众建功新时代,彰显工人阶级是推动社会生产力和社会全面进步的根本力量与先进本色。工会组织要充分发挥动员和组织功能,通过产业工人队伍建设改革,全面提升其整体素质和技能,造就一支有理想守信念、懂技术会创新、敢担当讲奉献的宏大产业工人队伍。工会要牢牢把握工人运动时代主题,围绕推动高质量发展,聚焦不同时期国家重大战略、重大工程、重大项目、重点产业,组织职工广泛深入持久开展各种形式的劳动和技能竞赛,把竞赛打造成为职工创新创造的重要平台,不断提高竞赛的创新含量。在新形势下,以人工智能、量子信息、移动通信、物联网、区块链为代表的新一代信息技术加速突破应用,融合机器人、数字化、新材料的先进制造技术正在加速推进制造业向智能化、服务化、绿色化转型,科技创新的广度显著加大、深度显著加深、速度显著加快、精度显著加强,新质生产力显现出蓬勃发展的活力。工人阶级作为新质生产力的主体,蕴藏着巨大的创新活力和创造潜能,要求工会组织要引导职工立足岗位开展创新,不断攻坚克难,建功立业新时代。

工会的经济作用还体现在维护和实现工人阶级的劳动权益方面。新修改的工会法第 6 条规定,工会通过平等协商和集体合同制度等,推动健全劳动关系协调机制,维护职工劳动权益,构建和谐劳动关系。第 26 条规定,工会有权对企业、事业单位、社会组织侵犯职工合法权益的问题进行调查,有关单位应当予以协助。第 31 条规定,工会协助用人单位办好职工集体福利事业,做好工资、劳动安全卫生和社会保险工作。由此可见,工会组织通过集体协商、民主管理、沟通协调等多样化的方式来提升职工群众的经济利益水平,实现与企业的共建共享,实现职工群众的获得感、幸福感和安全感。

2.工会在调整劳动关系利益矛盾中的身份定位

自改革开放以来,伴随经济体制改革的不断深化,我国劳动关系发生了一系列深刻变化,由过去利益一体化的劳动关系,逐步转变为劳动关系契约化、市场化和企业化。劳动关系的变化要求必须明确工会在经济关系尤其是劳动关系中的身份、地位和职责，即代表职工群众利益调整劳动关系的维护者，这是其他任何组织所不能替代的。

社会主义市场经济条件下，工会是劳动关系中劳动者一方的利益代表者和表达者，担负着依法维护劳动者合法权益的神圣职责。

劳动关系作为生产关系的重要组成部分，是最基本、最重要的社会关系。劳动关系是否和谐，事关广大职工和企业的切身利益，事关经济发展与社会和谐。当前，随着新一轮科技革命和产业变革不断深入，数字经济、共享经济等新业态蓬勃兴起，企业的组织形式、管理模式、生产经营方式及用工方式等都发生了深刻变化。劳动关系在保持总体和谐稳定的基础上，其确立和运行面临许多新情况新问题。在新的历史条件下，构建中国特色社会主义和谐劳动关系，是加强和创新社会治理、保障和改善民生的迫切需要，是经济持续健康发展的重要保证，也是增强党的执政基础、巩固党的执政地位的必然要求。

党的十九大报告强调指出，要完善政府、工会、企业共同参与的协商协调机制，构建和谐劳动关系。工会要适应劳动关系变化新趋势，立足共建共治共享社会治理的新格局，把推动构建中国特色社会主义和谐劳动关系作为工作主线，贯彻落实中共中央、国务院印发的《关于构建和谐劳动关系的意见》，积极代表职工参与劳动关系协调，及时化解劳动关系领域的矛盾和纠纷，构建企业与职工命运共同体，在完善社会治理体制与提高社会治理水平中发挥工会组织应有的作用。

法治是工会参与协调劳动关系、维护职工合法权益的可靠保障。党的二十大明确提出，健全劳动法律法规，完善劳动者权益保障制度，加强灵活就业和新就业形态劳动者权益保障。对工会组织而言，维护职工合法权益必须加强协调劳动关系，这是工会必须突出的工作主线。习近平总书记多次强调，要推动发展和谐劳动关系，代表职工群众主动参与立法和政策制定，从制度上源头上保障职工群众利益、实现和发展职工群众利益。

（三）法律地位

工会的法律地位是指工会组织与国家政权的关系在法律上的体现。《中华人民共和国工会法》的立法宗旨之一，就是确立工会的法律地位，即以法律的形式保障工会在国家政治、经济和社会生活中的地位。《中华人民共和国工会法》是工会法律地位的重要依据，它不仅使工会的法律地位得到确定，而且使工会所应享有的权利得到法律的保证。

1. 工会法律地位的内容

工会法律地位的内容包括：第一，以宪法为依据、以其他法律形式为主体所规定的一系列关于工会活动的基本准则，比如有关工会的性质、地位、权利和义务等规定。第二，由全国总工会起草、经国家最高权力机关制定的工会法，是工会的基本法律，也是工会法律地位的主要体现。第三，其他一些与工会密切相关的法律、法令、条例，例如工会劳动保护监督条例、职工养老保险条例、妇女劳动保护条例等。这些法律和条例的制定，使工会维护职工利益有了法律依据和法律保证。执行好这些法律、法令、条例，可以使工会的法律地位得以具体实现。

2. 工会法律地位的表现

工会法突出坚持党的领导的政治原则，以法律形式确立了工会组织的政治性、先进性和群众性。

一方面，工会具有代表并组织职工群众参与国家和社会事务管理、参与企业民主管理的权利，这是社会主义国家工会最主要的权利之一。我国宪法虽然没有就工会参与社会管理作出专项规定，但宪法第 2 条明确指出，人民依照法律规定，通过各种途径和形式，管理国家事务，管理经济和文化事业，管理社会事务。这里的人民涵盖了工人阶级。

另一方面，工会具有代表和维护职工群众利益的权利。我国在 1950 年制定的工会法规定，工会有保护工人、职员群众利益，监督行政方面或资方切实执行政府法令所规定之劳动保护、劳动保险、工资支付标准、工厂卫生与技术安全规则及其他有关之条例、指令等，并进行改善工人、职员群众的物质生活与文化生活的各种设施之责任。2001 年修改的工会法，在法律上进一步将中国工会的基本职责确定为维护职工合法权益。2010 年 7 月，全国总工会十五届四次执委会会议提出依法推动"两个普遍"，即依法推动企业普遍建立工会组织、普遍开展工资集体协商，明确了工会组建及维护职工合法权益的工作思路。2021 年新修改的工会法第 2 条明确规定，中华全国总工会及其各工会组织代表职工的利益，依法维护职工的合法权益。

3. 工会组织具有法人资格

工会法对工会是否具有法人资格作出明确的法律规定：中华全国总工会、地方总工会、产业工会具有社会团体法人资格。基层工会组织具备民法典规定的法人条件的，依法取得社会团体法人资格。工会作为法人，能够独立地享有民事权利、承担民事义务。

此外，我国工会具有统一的组织体系，即中华全国总工会，这是我国唯一的、合法的工会组织。工会作为工人阶级的群众组织，具有完整的组织架构、制度体系和工作方式，在宪法和法律的范围内依据《中国工会章程》独立自主地开展活动。

三、发挥工会组织作用对工会干部的基本要求

工会的地位是同工会组织发挥作用紧密相连的，并通过其影响力得到彰显，正如列宁在全俄工会第二次代表大会上的报告中指出的那样："工会作为无产阶级在阶段范围内最广泛的组织，实际上正是现在，尤其是在无产阶级通过政治革命取得了政权之后，应该发挥特别巨大的作用，应该在政治上占据最核心的位置，应该在某种意义上成为主要的政治机关，因为使无产阶

级取得了政权的政治革命已经把政治上的一切旧概念、旧范畴推翻了，颠倒过来了。"① 新时代，充分发挥工会的作用，提高工会组织的影响力，向工会干部提出一系列重大要求。

（一）工会干部要以习近平新时代中国特色社会主义思想武装头脑

工会干部要自觉坚持以习近平新时代中国特色社会主义思想的世界观、方法论指导工会工作实践，切实把党的创新理论贯彻落实到工会工作各方面全过程，推动工会工作高质量发展。

习近平总书记关于工人阶级和工会工作的重要论述是习近平新时代中国特色社会主义思想的重要组成部分，是马克思主义劳动学说和工会学说的传承与升华，对于新时代我国工运理论创新和实践发展具有重大的指导作用。

习近平总书记关于工人阶级和工会工作的重要论述，深刻阐明了工会的性质、地位、职责与职能、作用、目标任务以及实践要求，科学回答了我国工人阶级和工会工作具有方向性、根本性、战略性的重大问题，规定了做好新时代工会工作的一系列重大原则，是推进新时代党的工运事业和工会工作创新发展的根本遵循。因此，工会干部要深入学习贯彻习近平总书记关于工人阶级和工会工作的重要论述，把握其中的核心要义，做到学思用贯通、知信行统一。

（二）着力培养忠诚干净担当的高素质专业化工会干部队伍

加强忠诚干净担当的高素质专业化工会干部队伍建设，是新时代推动工会工作高质量发展的主体条件之一。工会干部素质和能力的高低，直接影响工会工作的成效。因而，做好新时代工会工作，一定意义上取决于工会干部队伍自身建设。他们是新时代工会创新发展的主体力量，是做好新时代工会工作的重要人才基础和组织保证。

---

① 《列宁全集》第 35 卷，人民出版社 2017 年版，第 432 页。

1.建设忠诚干净担当的高素质专业化工会干部队伍的基本内涵

首先，增强工会干部队伍的政治素质。工会干部要坚持以习近平新时代中国特色社会主义思想为指导，坚持党的领导，深刻领悟"两个确立"的决定性意义，坚定不移地同以习近平同志为核心的党中央保持高度一致，增强"四个意识"、坚定"四个自信"、坚决做到"两个维护"，提高接受党的领导的自觉性，忠实履行工会的政治责任，带领职工坚定不移地听党话、跟党走，巩固党的阶级基础和群众基础。工会干部要深刻把握工会组织是群团组织，但首先是政治组织的基本定位，保持和增强政治性、先进性、群众性，坚持走中国特色社会主义工会发展道路，不断提升政治判断力、政治领悟力、政治执行力。

其次，以建设学习型工会组织为目标，通过开展学习培训，不断提高工会干部队伍的政治素质、理论素质、职业道德水平和科学文化素质。习近平总书记曾经指出，学习就必须求真学问，求真理、悟道理、明事理。他要求工会干部学习理论和业务知识，必须树立良好学风，做到学思结合、多思多想、追求真理、学深悟透，既要知其然，更要知其所以然。在当今互联网时代，工会干部不能满足于在网上摄取碎片化信息、快餐化知识，要系统学习、整体提高。在加强工会干部队伍建设过程中，要高扬知行合一精神，正确处理理论与实践的辩证关系，努力造就素质高、能力强的工会干部队伍。

最后，提高工会干部的专业能力。没有专业化，就没有科学化。工会干部要加快知识更新、加强实践锻炼，使专业素养和工作能力跟上时代节拍，努力成为做好工会工作的行家里手。当前，工会工作对象不断变化、工作范围不断拓宽，工作内容不断增多、工作任务不断加重，对广大工会干部的专业能力素质提出了新的要求。在提升工会干部专业能力方面，要围绕加强职工思想政治引领、团结动员职工建功新时代、加大维权服务力度、构建和谐劳动关系、推进工会治理、深化工会建设改革等方面，组织开展务实管用的专业培训，进一步丰富专业知识、提升专业能力、锤炼专业作风、培育专业精神，提高履职尽责的能力。同时，加强政治理论、党性修养教育培训，深化工会干部教育培训改革。

2.建设忠诚干净担当的高素质专业化工会干部队伍的组织建设要求

要适应工会工作领域不断拓展、工作对象不断变化的需要，进一步加强工会干部队伍专业化建设。一方面，坚持分级负责的原则，进一步建立完善工会干部学习制度、教育培训制度和责任落实制度，重点抓好新任工会主席、非公企业工会干部、乡镇（街道、工业园区）和村居（社区）工会干部以及社会化工会工作者的培训。另一方面，建立健全各级工会主席考核、评价、激励机制和权益保护制度，探索建立企业工会干部岗位补贴制度，提高其工作积极性。坚持正确选人用人导向，把政治考察作为工会干部选拔任用的重点，建立以德为先、任人唯贤、人事相宜的选拔任用体系。选优配强各级工会领导班子，强化政治把关，注重专业能力。拓宽工会干部来源渠道，健全完善工会领导班子专兼挂工作制度，充分发挥挂职兼职干部的作用。积极培养工会年轻干部，为深化工会系统创新发展提供人才储备。

（三）工会干部发挥主体能动性的意义与要求

工会地位的提高与工会干部主体能动性的发挥是相辅相成、相互促进的。工会系统中传播着一个重要理念，即"有为才有位"，"为"是指工会干部的实际作为，"位"是指工会组织的实际地位和影响力。这一理念昭示一个重要道理：工会之"位"，取决于工会之"为"，要求工会干部在工作实践中依法履职、依法作为，充分发挥主体能动性，敢于担当，善于作为，乐于奉献。

1.工会干部要敢于担当

面对新形势新任务，工会干部要突出维护职能，做到哪里的职工群众合法权益受到侵害，哪里的工会干部就要敢于站出来依法维权，不断加大参与调整劳动关系和维护职工合法权益的工作力度，实现好、维护好、发展好广大职工的利益。这是广大职工对工会的期盼，也是法律赋予工会的责任。工会干部要依照工会法、劳动法、劳动合同法等相关法律法规，切实做到依法维护职工的合法权益。通过完善平等协商、集体合同制度，抓好集体合同的签订，督促合同条款的有效落实等，让职工体会到工会确实是自己的组织；通过完善职代会、厂务公开等民主管理工作制度，使职工参与企业民主管理、民主监督的权利得到充分落实。

2. 工会干部要善于作为

善于作为是对工会干部的基本要求，其基本前提是工会干部必须遵循工会工作客观规律，充分发挥其工作积极性和创造性，最大限度满足职工群众的需要和利益诉求。

在实际工作中，职工的合法权益涵盖民主政治权利、经济利益、精神文化权利等。实现好、维护好职工的合法权益，工会干部应不断提高善于维权能力。

其一，善于学习。工会干部要以习近平新时代中国特色社会主义思想武装头脑，加强对工会法、劳动法、劳动合同法等法律法规的学习，熟悉法律、掌握政策，学会依法办事，做到心中有数。其二，善于沟通。在制定文件、政策以及落实涉及职工权益的有关工作中，应抓住民主协商这个关键。在企业与职工双方出现矛盾冲突时，工会干部要主动向党委请示汇报，积极与职能部门协商，有效推进维权工作的落实。其三，把握重点。突出重点就是常说的"牵牛鼻子"、抓关键点，做到既要重视全面工作，也要高度关注重点工作。其四，努力打造联系广泛、服务职工的工会工作体系，竭诚为职工群众服务。

3. 工会干部要乐于奉献

密切联系职工群众是工会工作的生命线，要求工会干部要直面职工群众，全心全意做好服务职工群众的工作。首先，倾心于工运事业。工会干部要有爱岗敬业之心，把成为职工群众最可信赖的"娘家人"和"贴心人"作为价值取向，努力提高服务水平，履行好岗位职责，自觉为工运事业作贡献。其次，倾情于职工群众。工会干部应把职工满意不满意、答应不答应作为一切工作的出发点和落脚点，对职工满怀深情厚爱，倾注一片真情，急职工之所难，帮职工之所需，解职工之所困，积极主动为职工提供高质量服务。最后，倾力于做好每一件实事。工会干部应不断解放思想、转变观念，破除"工会无所作为""工会工作多做少做一个样"等思想观念，努力做好每一件实事，不断提升工会工作的吸引力、凝聚力和战斗力。

思考题

1. 如何理解工会的政治性、群众性、先进性的关系？

2. 如何理解工会组织增强"三性"的时代要求？

3. 如何理解工会地位的确立依据？

4. 如何理解中国特色社会主义工会的地位？

参 考 文 献

《中华人民共和国工会法》，中国法制出版社 2021 年版。

中华全国总工会编：《深入学习贯彻习近平总书记关于工人阶级和工会工作的重要论述》，中国工人出版社 2021 年版。

冯同庆：《工会学——当代中国工会理论》，中国劳动社会保障出版社 2010 年版。

张举：《工会工作全书》，中国言实出版社 2015 年版。

陈刚：《团结动员亿万职工奋进新征程建功新时代》，《红旗文稿》2022 年第 10 期。

李玉赋：《深入学习贯彻党的十九届五中全会精神　推动新时代工运事业和工会工作创新发展》，《机关党建研究》2020 年第 12 期。

赵健杰：《工会地位研究的方法论思考》，《中国工运学院学报》1992 年第 6 期。

许晓军等：《对中国工会性质特征与核心职能的学术辨析——基于国家体制框架内工会社会行为的视角》，《人文杂志》2011 年第 5 期。

第四章　中国特色社会主义工会的
基本职责与职能

教学基本要求

1.明确工会基本职责的内涵和意义

2.明确工会依法维护职工合法权益与竭诚服务职工群众之间的辩证关系

3.了解工会的四项职能及其各自规定性

工会的基本职责与职能是工会的基本理论问题，也是中国特色社会主义工会学的重要范畴。工会的基本职责与职能由工会本质属性所决定，是深刻体现新时代工会组织价值、实现工会工作目标的重要责任和基本功能。通过对工会职责与职能范畴的考察，可以进一步揭示工会组织的性质及其运行规律。维护职工合法权益、竭诚服务职工群众是工会的基本职责，认真履行这一基本职责，必须充分发挥工会组织协调劳动关系的作用，健全劳动关系协调机制，构建和谐的劳动关系。维护、建设、参与和教育是工会的四项职能。工会职能是工会实践活动的基本方面和主要内容，是工会基本职责在实践中的具体体现。中国特色社会主义进入新时代，工会工作面临各种新问题。只有通过全面履行工会的基本职责和各项职能，才能全面发挥工会的作

用，使广大职工群众能够实现体面劳动、舒心工作和全面发展。本章重点对
工会基本职责与职能的内涵及其相互关系进行阐释。

第一节　中国工会职能与职责概述

工会职能是工会通过自身职责的确定和履行所发挥的社会功能，即工会
基本职责与其社会功能的有机统一。工会职能涵盖工会社会实践活动的基本
方向和内容，工会的基本职责决定工会的社会职能，工会职能是工会基本职
责在实践中的逻辑展开。

一、工会职能的内涵

"职能"从词义上指的是职责与功能，是人、事物、组织应有的作用和
功能。工会作为一种社会组织，其职能即工会通过自身职责的确定和履行所
发挥的社会功能，是工会基本职责与社会功能的有机统一。通俗地说，工会
的职能就是工会应该干什么、能够干什么。

（一）工会职能决定于工会的性质并体现工会的性质

工会的性质决定了工会的基本职责，工会职能取决于工会的性质和基本
职责。什么性质的组织，才能够做什么样的事情，发挥什么样的功能、作
用。各种社会组织的不同性质是进行社会分工的基本依据。

工会职能由工会性质所决定，是指工会职能必须适应、符合工会性质。
中国工会是中国共产党领导下的职工自愿结合的工人阶级群众组织，是党联
系职工群众的桥梁和纽带，是国家政权的重要支柱，是会员和职工利益的代
表。这就决定了中国工会的职能要体现中国工会的性质，要符合中国工会的

阶级性和群众性的本质规定，要体现新时代赋予工会组织政治性、先进性和群众性的时代特征。

（二）工会职能规范工会的社会实践活动

工会职能是对工会实践活动的规范化要求。工会的性质只有通过其职能的履行，才能在社会实践活动中得到体现。工会职能的科学确定，及其在社会实践活动中的充分履行，可以有效避免工会这一社会组织主体行为的自发性、盲目性和随意性，从而使工会的整个社会实践活动具有更加明确的目标。因此，工会职能的科学确立和履行被赋予合目的性意义。

（三）工会职能反映工会工作实践的客观内容

中国工会工作实践活动的指向是广大职工群众，因而，所涉及的具体内容既是客观的，又是纷繁复杂的。工会的职能并不是指这些具体实践活动和工作内容的现象本身，而是依据工会的性质对这些工作实践作出的理论抽象。通过理论上的高度概括，既可以使工会工作者能够明确并自觉把握住工会工作实践的主导方面，又可以使工会工作实践的具体内容服从于其主要目的。所以，工会组织的任何具体业务工作和实践活动，都必须围绕其社会职能能动地展开。

二、工会职能的基本特征

工会的四项职能基本涵盖了工会组织维护和服务职工群众的主要方面及主要过程，并呈现出以下基本特征。

（一）工会职能具有客观规定性

主要体现在，确定工会职能的基本依据来自职工群众的客观需求；工会职能在实践中的履行，也必须尊重客观实际的要求。首先，工会职能的确立不是主观臆测的结果，而是以工会工作的实际要求以及与此联系的内部与外部的客观条件作为前提。其次，工会工作实践的内容和手段是客观的。再次，工会履行职能所产生的实际效果及其社会影响是客观的。最后，对于工会在实践中履行其职能的工作效果进行评价也是客观的。

（二）工会职能具有内在的逻辑性

工会的四项职能作为一个整体，具有内在的逻辑联系，呈现出体系化特征。首先，维护职能居于四项职能首位，意味着凡是涉及职工群众合法权益及其保障的问题，都属于工会维护职能范畴。其次，工会的建设职能着眼于社会主义现代化建设事业，是实现中国工运时代主题的内在要求，所体现的是对全国人民整体利益的维护，内在地涵盖了对职工群众具体利益的维护，是"两个维护"的有机统一。再次，由于民主管理作为全过程人民民主管理的重要环节，工会参与职能的本质，是组织和动员职工群众积极参与国家事务的治理，以及企事业单位和机关的民主管理，体现的是源头参与并实现源头维护。最后，工会履行教育职能，充分发挥工会作为大学校的作用，其目的就是建设一支有理想、有道德、有文化、有纪律的"四有"职工队伍。当前，加强产业工人队伍建设改革作为具有战略意义的新时代命题，赋予工会组织以新的神圣使命。工会组织要通过教育职能的履行，打造"有理想守信念、懂技术会创新、敢担当讲奉献"的宏大产业工人队伍。由此可见，工会教育职能所着眼的是对职工利益的长远维护。由以上四项职能的相互联系可知，工会的维护职能是贯穿于其他各项职能始终的基本逻辑主线，工会的各项职能都同维护职工合法权益密切相关。

三、确立工会职能的基本依据

确定工会职能的依据来自两个方面：其一为法律依据，从法律层面为工会履职提供根据。其二是历史依据。工会职能的形成、演进、确定是与一定社会历史背景紧密关联的，具有鲜明的历史和时代特点。

（一）法律依据

我国工会法是工会组织确定其基本职责和职能最重要的法律依据，并为工会履行基本职责和职能提供了法律保障。2021 年新修改的工会法第 2 条规定："工会是中国共产党领导的职工自愿结合的工人阶级群众组织，是中国共产党联系职工群众的桥梁和纽带。中华全国总工会及其各工会组织代表职工的利益，依法维护职工的合法权益。"

第 5 条规定："工会组织和教育职工依照宪法和法律的规定行使民主权利，发挥国家主人翁的作用，通过各种途径和形式，参与管理国家事务、管理经济和文化事业、管理社会事务；协助人民政府开展工作，维护工人阶级领导的、以工农联盟为基础的人民民主专政的社会主义国家政权。"该条是对工会参与职能的规定。

第 6 条规定："维护职工合法权益、竭诚服务职工群众是工会的基本职责。工会在维护全国人民总体利益的同时，代表和维护职工的合法权益。工会通过平等协商和集体合同制度等，推动健全劳动关系协调机制，维护职工劳动权益，构建和谐劳动关系。工会依照法律规定通过职工代表大会或者其他形式，组织职工参与本单位的民主选举、民主协商、民主决策、民主管理和民主监督。工会建立联系广泛、服务职工的工会工作体系，密切联系职工，听取和反映职工的意见和要求，关心职工的生活，帮助职工解决困难，全心全意为职工服务。"该条是对工会维护、服务基本职责，以及维护职能、参与职能的法律规定。

第 7 条规定："工会动员和组织职工积极参加经济建设，努力完成生产任务和工作任务。教育职工不断提高思想道德、技术业务和科学文化素质，建设有理想、有道德、有文化、有纪律的职工队伍。"该条是对工会建设职能、教育职能的明确规定。

工会法对工会职能的定位可以概括为：维护职能——工会在维护全国人民总体利益的同时，代表和维护职工群众的合法权益；建设职能——工会发动和组织职工努力完成生产任务和工作任务；参与职能——工会参与国家事务，管理经济和文化事业，管理社会事务；教育职能——工会在不断提高职工思想道德水平、技术业务能力和科学文化素质等方面，发挥大学校作用。

此外，劳动法、劳动合同法、社会保障法、就业促进法、劳动争议调解仲裁法等都从不同的方面明确工会具有相应的职能，并为其履行相应职能提供了法律保障。

（二）历史依据

工会的职能是在一定的社会历史条件下确定并不断完善的。中国共产党历经革命、建设、改革和中国特色社会主义新时代四个不同历史时期。中国工会的发展也同样经历了相应的不同历史时期，其地位、职能都发生了重大变化。在新民主主义革命时期，我们党的中心任务是推翻三座大山、解放全中国。当时，党领导的工会组织，其职能主要是围绕完成党的中心任务来确定，通过革命和斗争手段维护工人阶级利益。新中国成立后，我们党成为执政党，工人阶级成为国家领导阶级，工会的地位发生了根本转变，其建设职能、教育职能、参与职能突显出来。改革开放以来，在建设社会主义市场经济过程中，社会经济关系和劳动关系发生了深刻变化，要求工会加大参与协调劳动关系和社会利益关系的力度，全面履行各项社会职能，突出维护职能，以保护、调动、发挥职工群众的积极性、主动性和创造性，团结广大职工积极投身改革与建设，为深化改革、促进发展、维护稳定发挥重要作用。

党的十八大以来，中国特色社会主义进入新时代，我国正处于实现中华民族伟大复兴的关键时期。艰巨繁重的建设任务、农民工和新就业群体的发展、劳动关系的深刻变化，给工会工作带来许多前所未有的新情况新问题，向工会组织提出新的更高要求；工会维护职工群众合法权益、推动构建社会主义和谐社会的任务更加繁重；世界百年未有之大变局所带来的广泛而深刻的影响，也使得维护职工队伍与工会组织的团结统一、巩固党的阶级基础和群众基础的责任更加重大。这些都要求在确定和履行工会职能时，要有对经济关系和劳动关系发展规律、工人阶级队伍发展规律、工人运动和工会工作发展规律的深刻认识。

四、中国工会的四项职能

（一）维护职能

工会的维护职能，即工会依法维护职工群众合法权益的职能。工会这一职能位于四项职能之首，既是职工群众对工会的迫切愿望和要求，也是党赋予工会的神圣责任。习近平总书记指出："工会在维护全国人民总体利益的同时，要更好维护职工群众具体利益。"① 工会应密切关注就业、工资、工时、安全生产、劳动保护、社会保障、职工福利、职业教育和劳动争议处理等直接涉及职工切身利益的问题，倾听职工群众呼声，关心职工群众疾苦，尽心尽力地为职工说话、办事。工会在维护职工合法权益和参与协调利益关系中，必须从有利于社会稳定和生产力发展出发，依据法律和有关政策开展工作。工会被赋予维护职能，是因为工会的性质决定了工会是一个为工人阶级群众说话、办事，维护工人阶级群众在社会经济、政治、文化和社会等方

---

① 中共中央党史和文献研究院编：《习近平关于工人阶级和工会工作论述摘编》，中央文献出版社 2023 年版，第 92—93 页。

面享有具体权益的社会组织。而工人阶级群众之所以成立或自愿参加工会，其初衷就在于通过工会这种有组织的社会力量，实现自身合法权益的维护。

在社会主义市场经济条件下，工会组织作为党和国家联系职工的桥梁纽带，是职工群众合法利益的代表者和维护者。这是因为，由于官僚主义和腐败现象一定程度的存在，以及社会利益主体多元化及其影响，尤其是劳动关系矛盾的客观存在，职工群众合法权益受到侵害是不可避免的，工会代表和维护职工合法权益同样也是不可避免的。

在社会主义时期，工会履行维护职能的特点是"两种保护"，即列宁所指出的："利用这些工人组织来保护工人免受自己国家的侵犯，同时也利用这些工人组织来组织工人保护我们的国家。"[1] 这就表明，工会作为工人阶级群众自愿结合的组织，必须担负并履行维护职工群众合法利益不受侵犯的职责；工会作为社会主义国家中领导阶级的群众组织，必须承担起维护自己国家的利益不受侵犯的职责，发挥巩固国家政权的重要社会支柱作用。理论上可以概括为：维护全国人民的总体利益和维护职工群众的合法利益的统一。这"两个维护"是相互依存、相互联系的，是维护职工眼前利益与长远利益的统一，是维护职工的民主政治权利、经济利益和精神文化权益的统一。

工会在社会主义时期履行维护职能的基本手段不具有阶级对抗的性质，而是属于调节人民内部矛盾的范畴。工会的法定基本职责决定其必须依法对维护职工群众的合法权益进行调节，通过调节实现维护职能。工会应当善于运用相关法律武器，在国家法律范围内充分履行维护职能，在维护全国人民整体利益的同时，更好地维护职工群众的合法利益。

（二）建设职能

工会的建设职能，即工会吸引、动员和组织职工群众参加建设与改革，

---

[1] 《列宁选集》第 4 卷，人民出版社 2012 年版，第 373 页。

努力完成经济和社会发展任务的职能。社会主义制度的确立，使工人阶级的历史任务发生了重大变化，即由夺取政权前的革命逻辑和斗争逻辑，转变为发展社会生产力的建设逻辑。发展经济，推进改革，提高效益，增强企业活力，成为工人阶级的光荣责任，也是实现职工切身利益和长远利益的基本条件。这就使建设职能成为工会在社会主义时期的一项崭新职能，正如列宁所指出的："由于无产阶级把国家政权掌握到自己手里，工会的整个活动也发生了极大变化。工会成了新社会的主要建设者"①，"一切工人组织（首先是工会）都有责任关心如何搞好工业以便能迅速而充分地满足农民的需要，而且产业工人工资的提高和生活的改善都应直接取决于这方面所获得的成绩的大小"。② 党的十八大以来，中国特色社会主义进入新时代，我国社会主要矛盾发生根本转变，由过去的人民日益增长的物质文化需要同落后的社会生产之间的矛盾，转变为人民对美好生活的需要同不平衡不充分发展之间的矛盾。这个主要矛盾，贯穿于我国社会主义初级阶段的整个过程和社会生活的各个方面，决定了我们国家的根本任务仍然是集中力量发展社会生产力。解决这个矛盾的根本出路在于继续全面深化改革，继续繁荣和发展社会主义市场经济，继续大力发展社会生产力。在新发展阶段，工会作为工人阶级的最广泛群众组织，必须从工人阶级群众的长远利益和现实利益出发，牢牢把握我国工运时代主题，组织、团结、动员职工群众，积极推动我国经济高质量发展，这是新时代工会组织义不容辞的神圣使命。

工会履行的建设职能与国家管理机关和企事业单位的建设职能不同，具有自身特点。主要表现在工会履行建设职能不仅仅局限于生产这一领域，还包括交换、分配、消费等各个领域，即使在生产领域内，工会也不是代替行政组织和企业的经营管理者直接组织经济活动和指挥生产、从事经营，而主

---

① 《列宁全集》第 42 卷，人民出版社 2017 年版，第 371 页。

② 《列宁全集》第 35 卷，人民出版社 2017 年版，第 439 页。

要是依靠动员吸引的方式来推动职工群众参加经济建设。工会的群众性生产活动，如劳动竞赛、技术协作、技术革新、合理化建议等，以及工会自身的经济事业，绝不是单纯从事经济生产活动，而是着眼于调动职工群众的生产积极性，进而完善社会主义生产关系。在社会主义市场经济条件下，随着经济体制和企业改革的深化，工会通过协调生产关系来调动生产者的积极性以推动经济建设的职能突出出来，并逐渐成为工会吸引职工群众参加建设和改革的主要手段。

（三）参与职能

工会的参与职能，即工会代表并组织职工参与国家和社会事务的管理，参与企事业单位和机关的民主管理。参与职能具有两个层次的主要内容：一是各级工会要成为职工群众有组织地参政议政的民主渠道，二是基层工会要做好以职工代表大会为基本形式的职工民主管理日常工作机构的工作。

工会具有参与职能是因为，从国家的政治生活来看，社会主义政治制度的民主性质客观要求工会代表职工群众参与管理。工会作为职工群众合法权益的代表者，是把党和国家与广大职工群众紧密联结在一起的桥梁纽带。通过工会的民主参与，可以建立起反映职工群众利益、愿望、意志和要求的民主渠道。从国家的经济生活来看，社会主义国家的基本性质决定了经济活动领域的民主性质，正如列宁所说的："工会 = 共产党领导的国家政权在其一切经济工作中的合作者。"① 一方面，工会的参与及合作，可以使国家的经济活动体现广大职工群众的利益和要求，得到他们的理解和支持，保障国民经济任务的科学制定和顺利完成。另一方面，社会化生产要求经营管理人员的指挥决策必须建立在经济民主的科学基础之上，这就需要工会组织广大职工群众实行民主管理。从国家的社会生活来看，人民群众社会生活的自治性

---

① 《列宁全集》第 42 卷，人民出版社 2017 年版，第 537 页。

将会逐渐增加。毛泽东也曾指出，不要什么事情都由政府包下来，"可以由社会团体想办法，可以由群众直接想办法，他们是能够想出很多好的办法来的"。① 工会代表和组织职工群众参与社会事务管理是义不容辞的职责。

中国工会履行参与职能有多种形式和渠道，主要有：参与立法和政策的制定；工会与政府及其有关部门召开联席（联系）会议；参加协调劳动关系的三方会议；发挥工会界代表和委员在各级人大、政协中的作用；加强基层职工民主管理，完善基层协调劳动关系机制；畅通信息渠道；等等。

此外，工会履行参与职能的一个重要途径是通过民主监督来实现职工群众的民主权利。工会代表职工群众对政府有关部门和基层企事业单位的监督，不仅是为了使管理和决策不背离工人阶级群众的利益、愿望与要求，而且有利于国家的政治、经济和社会生活正常运行并健康发展。工会之所以负有代表和组织职工群众对国家机关工作人员进行民主监督的责任，一是可以避免各种管理和决策失误带来的社会危害，使管理和决策在民主的基础上更为科学化、合理化；二是有利于消除官僚主义和社会腐败现象，特别是通过实现自下而上的群众性监督和制约，能够不断完善社会监督体系，可以使广大职工群众及时了解各种社会问题的事实真相，达到某种形式的社会沟通，构建和谐的社会环境。

（四）教育职能

工会的教育职能，即工会帮助职工提高思想道德水平、技术业务能力和科学文化素质，成为职工群众在实践中学习共产主义的大学校职能。工会具有教育职能的原因，在于工人阶级肩负的伟大历史使命与工人阶级群众基本素质之间的矛盾。只有通过教育，工人阶级群众才能得到全面发展，以适应工人阶级的历史使命及其要求。工会履行教育职能具有自身的特点。工会不

---

① 《毛泽东文集》第7卷，人民出版社1999年版，第228页。

是国家教育机构，不是以正规化的学校教育为主体，而是寓思想政治教育和文化技术教育于工会的各项活动之中，目的在于培养职工不断提高思想道德素质和科学文化素质，成为"有理想、有道德、有文化、有纪律"的社会主义劳动者。

工会的教育职能包括两个方面的内容：其一，思想政治教育；其二，科学文化技术教育。在思想政治教育方面，工会要在职工中着力抓好爱国主义、集体主义、社会主义民主与法制以及独立自主、艰苦奋斗的教育，开展社会主义荣辱观教育，增强民族自尊心，坚定走社会主义道路的信心；并且，经常开展工人阶级优良传统教育和职业责任、职业道德、职业纪律、职业技能的"四职"教育，把基础教育、形势任务教育和日常思想工作有机结合起来。在科学文化技术教育方面，工会要积极参与职工教育的管理，积极参与职工教育规划的制定和职工教育改革工作，维护职工受教育的权利。同时，工会履行教育职能还要求工会的各级各类职工学校，以岗位培训和职业教育为重点，推进职工教育的改革。诸如积极开展群众性读书自学和"创建学习型组织，争做知识型职工"活动，鼓励和引导职工走自学成才、岗位成才之路。

工会履行教育职能的主要途径是建立学习型组织，实现职工群众的自我教育。工会推动职工群众自我教育具有双重含义：其一，是指职工群众在工会的组织引导下互帮互学、共同提高。工会作为工人阶级的群众组织，联系着本阶级内先进、中间和后进的各部分群众。工会根据广大职工群众的觉悟水平和接受能力，在开展各项群众性活动时，通过典型示范、榜样引路、谈心互助等形式，用集体主义的力量帮助每一个职工健康成长。其二，是指工会开展教育活动，通过倡导和鼓励群众性的读书自学等活动，启发他们在各项社会实践中积极改造主观世界。

五、工会基本职责的内涵

（一）工会基本职责的内涵

一般意义上，职责是指职务上应尽的责任，即必须承担的工作范围、工作任务和工作责任。具体来说，就是指任职者为履行一定的组织职能或完成工作使命，所负责的范围和承担的一系列工作任务，以及完成工作任务所需承担的相应责任。

对于一个组织来说，组织的职责即组织应尽的责任，是占据某一社会位置的社会组织必须承担的相应的责任。工会组织的职责即工会应承担的责任，是工会组织作为工人阶级群众组织应当和必须担负的责任。

工会的基本职责，主要指的是工会的根本职责和首要职责，是工会履行各项社会职能的基础工作和首要任务。

工会"职责"一词，最早见于 1995 年江泽民代表党中央在庆祝"五一"国际劳动节暨表彰全国劳动模范和先进工作者大会上的讲话。这次讲话第一次明确提出工会的"神圣职责"。江泽民指出："中国工会在党的领导下，为我国革命、建设和改革事业做出了重大贡献，肩负着职工群众合法权益的代表者和维护者的神圣职责，成为党密切联系职工群众的桥梁和纽带。"[①]2001年修改的工会法中，以法律的形式明确了工会的"基本职责"是维护职工合法权益。2021 年新修改的工会法中，将工会的基本职责表述为"维护职工合法权益、竭诚服务职工群众"。

（二）工会基本职责的特征

工会基本职责作为工会的根本职责和首要职责，具有三个方面的特征。

---

① 《毛泽东邓小平江泽民论工人阶级和工会工作》，中央文献出版社 2002 年版，第184—185 页。

1. 工会基本职责的内生性特征

所谓内生性特征，指的是工会的基本职责不是来自外在力量的压力和要求，而是工会会员与职工群众内在需求和要求的直接反映。工会会员和职工群众是工会组织的主体，工会的基本职责要体现工会主体性的特征。也就是说，它的实践活动要满足主体的需求、期待，符合并实现主体的利益和价值追求。尽管在现代社会中，工会被外界力量赋予了各种各样的功能和工作任务，但这些功能和任务是外在赋予的，最能体现其主体性特征、反映其本质特点的，还是内生的基本职责。离开其基本职责，哪怕其他的工作任务完成得再好，也都远离了工会组织内在的特质。"维护职工合法权益、竭诚服务职工群众"是中国工会的基本职责，就在于它是对于工会组织主体——职工群众的内在性需求的直接反映。

2. 工会基本职责的原生性特征

工会基本职责的原生性特征，指的是工会基本职责是工会组织原初性的职责，其他的职能是由此派生的。工会是职工群众自愿结合的工人阶级的群众组织，全心全意为工人阶级服务、为工人阶级谋利益，历来是工会运动的宗旨。工会最初的实践活动，是以组织为武器，努力减轻资本家对工人的剥削，争取增加工资、减少工作时间，为工人的经济利益斗争。工人加入工会就是为了获得保护和相应的服务。工会建立后，它的直接任务就是保护工人的具体的经济利益。工会履行其原生性的职责是工会得以存在的基础，其后来的各项职能和工作内容也都是由此派生出来的。

经过长期的斗争实践，在工人阶级政党的引导下，工人群众才意识到"专门为了增加工资、减少工作时间的运动，使他们置身于摆脱不掉的恶性循环，意识到祸根不是工资低，而是雇佣劳动制度本身"。[1] 这时，真正代表工人阶级的工会，就自觉地动员自己有组织的力量，为最终消灭剥削制度

---

[1] 《马克思恩格斯全集》第 25 卷，人民出版社 2001 年版，第 501 页。

而斗争。正由于"工会运动不能脱离把劳动从资本的压迫下解放出来的基本任务"①，谋求工人阶级的保护、发展和彻底解放的基本社会实践活动，成为工会实践活动的本质内容，也是工会运动的发展方向。

工人阶级在掌握政权、建立国家后，由其基本职责派生而来的各种职能增多。但是，工会基本职责基础性、原生性的特征并没有消失，工会参与社会管理、投身国家建设、教育广大职工的实践活动要以履行其基本职责为前提。刘少奇在《国营工厂内部的矛盾和工会工作的基本任务》一文中明确地阐述："普通的特别是政治上落后的工人，他们来加入工会，并积极参加工会中的各种工作，出发点和目的是什么呢？他们既不是要来建立共产党与工人群众之间的桥梁，也不是来参加共产主义的学校和建立人民政权的社会支柱，他们通常的出发点和目的很简单，就是要使工会成为保护他们日常切身利益的组织。他们是为了保护自己的利益和一般劳动者的利益而团结起来、组织起来的。如果工会不能实现他们这个目的，如果工会脱离了保护工人利益这个基本任务，那末，他们就会脱离工会，甚至还会另找办法来保护他们的利益，工会就会脱离工人群众。"②

这段论述鲜明地指出，即使在工人阶级掌握政权的社会主义国家，工会的基本职责仍然具有原生性的特征，其他各项职能和工作内容都由此派生出来，并以此为基础。

3.工会基本职责的根本性特征

所谓根本性的特征，指的是履行工会的基本职责是所有工会实践活动的根本指向、最终方向。伴随着社会发展，工会实践活动的内容日益丰富；在不同时期、不同历史阶段，工会实践活动的侧重点也不相同。在革命时期、社会主义建设时期、改革开放时期和新时代，工人运动的主要任务、内容、

---

① 《列宁全集》第35卷，人民出版社2017年版，第423—424页。
② 《刘少奇论工人运动》，中央文献出版社1988年版，第407页。

时代主题都会发生变化，但无论是什么样的实践活动，行动的根本指向仍然是履行工会的基本职责。只有有效履行工会的基本职责，才能保证工会工作的根本方向不会错，保证工会的性质不会发生变化。

六、工会基本职责与职能的关系

（一）履行工会基本职责是履行其他职能的基础和前提

工会基本职责是指由工会性质及其承担的使命赋予工会组织的主要责任。工会的基本职责相对于工会各项职能而言，更具有基础性、主导性和原则性，是履行工会各项职能的重要前提。刘少奇曾指出，"只有这样坚持不懈地周密地关心和保护工人群众一切正当的不容侵犯的利益，才能把最广大的工人包括政治上落后的工人都团结在工会之内和自己的周围，并取得工人们对工会对自己信仰。只有……取得了工人群众的日益高涨的信仰……工会才能成为共产党先锋队与工人群众之间联系的桥梁，才能吸引广大的工人群众来热情地参加国家政权的与经济的建设，使工会成为人民政权的主要的社会支柱之一"。①

新时代，维护职工合法权益、竭诚服务职工群众作为工会组织的基本职责，涵盖了工会各项职能的具体内容和实践要求。工会只有履行好自己承担的基本职责，才能彰显其代表性，真正成为"职工之家"，更加具有吸引力、凝聚力和战斗力。

（二）工会基本职责贯穿于工会履行各项职能工作的始终

工会的各项职能，其工作内容、方式方法、工作路径虽各不相同，但都可以归结为工会基本职责；检验工会履行各项职能的工作成效，其最终指向也是

---

① 《刘少奇论工人运动》，中央文献出版社 1988 年版，第 408 页。

工会基本职责。可以说，工会基本职责贯穿于工会履行各项职能工作的始终。诸如：工会依法维护职工合法权益、构建和谐劳动关系，工会组织动员职工群众参加社会主义现代化建设事业，为实现中华民族伟大复兴而奋斗，工会代表并组织职工参与国家和社会事务的管理，以及企事业单位和机关的民主管理，工会充分发挥大学校作用，帮助职工提高思想道德水平、科学文化素质和技术业务能力，都是以维护职工合法权益、竭诚服务职工群众为目标指向。

（三）工会基本职责与职能相辅相成、互相促进

有效履行工会的基本职责，离不开工会其他各项职能的全面履行，它们是相互依存、互相促进的。工会履行建设职能，促进社会生产力的大发展和社会财富的增长，为工会维护职工群众合法权益、竭诚服务职工提供了坚实的物质基础。工会履行参与职能，通过工会参与国家和社会事务的管理以及企事业单位和机关的民主管理，可以使维护职工群众具体利益的要求通过民主渠道，体现于国家的政策、法律和各项决策之中，贯彻到基层单位的具体活动之中。工会履行教育职能，使得职工群众具备了较高的思想政治素质、科学文化素质和职业技术能力，有助于他们更好地发挥积极性、主动性和创造性，并在这一过程中得到全面发展。

第二节　工会职责与职能的发展及沿革

中国工会的职责与职能是由中国工会的性质、地位决定的，与中国工会的产生、目标和任务紧密相连。中国工会基本职责、职能的变化和发展，是因应于不同历史时期党对工会工作要求的变化、职工队伍的变化、工会目标任务的变化，其形成和发展历程是中国工会在不同历史时期工作重心变化的集中反映。

一、新民主主义革命时期

中国共产党创建时期，在党的早期组织领导下，1920 年 11 月于上海成立我国第一个革命工会组织——上海机器工会。陈独秀指导草拟的《上海机器工会简章》中就明确指出工会的宗旨："谋本会会员之利益，除本会会员之痛苦"。在中国共产党成立后，1921 年 8 月成立了中国劳动组合书记部，成为当时领导工人运动的公开机构，在其宣言上也强调用"组织力""谋改良他们的地位"。1925 年 5 月，第二次全国劳动大会宣布成立中华全国总工会，通过了《中华全国总工会章程》。该章程总纲的第一条就开宗明义地宣告"本会以团结全国工人，图谋工人福利为宗旨"，并规定了中华全国总工会的八项基本职责，其中一项明确"保障工人利益，设法解决救济及职业介绍等事项"。

1948 年 8 月，第六次全国劳动大会召开，恢复了中华全国总工会，通过了《中华全国总工会章程》。这个章程明确规定："本会宗旨为团结全国职工，保护职工利益，争取中国工人阶级的解放，联合全世界工人为保卫世界和平与民主而奋斗"。[①]

二、社会主义革命和建设时期

新中国成立后，工人阶级的地位发生了根本性变化。1950 年，《中华人民共和国工会法》颁布实施，规定工会有保护工人、职员群众利益，监督行政条例执行情况，改善工人、职员群众物质生活与文化生活的各种设施的责任。

[①] 　中华全国总工会组织部：《中国工会章程简史》，中国工人出版社 2017 年版，第184 页。

1953 年，中国工会七大修改通过了新中国成立后的首部工会章程，提出工会任务之一就是经常关心工人群众的生活状况和劳动条件，并应在发展的基础上，逐步地改善工人群众的物质生活和文化生活。

1978 年 10 月，中国工会九大通过的工会章程规定，工会在新时期的基本方针之一，就是在发展生产的基础上逐步改善职工群众的物质文化生活。

三、改革开放和社会主义现代化建设新时期

1983 年 10 月，中国工会十大通过的工会章程明确，新时期工会工作方针是以四化建设为中心，为职工说话、办事，维护职工的合法权益。这是在工会章程中首次提出工会要维护职工的合法权益。1988 年全国总工会制定的《工会改革的基本设想》和中国工会十一大通过的工会章程，正式提出工会维护、建设、参与、教育的四项社会职能，并把维护职能列在首位，改变了计划经济时期工会强调以生产为中心，生产、生活、教育三位一体的工作方针。

1989 年 12 月 21 日，中共中央印发《关于加强和改善党对工会、共青团、妇联工作领导的通知》，这是新中国成立以来第一个对于加强和改善党对工会等群众组织的领导作出规定的中央文件。《通知》对工会的维权等工作作出全面规范，要求各级党委支持工会等群众组织在维护全国人民总体利益的同时，更好地维护自己所代表的群众的具体利益。1992 年修改后的工会法第 6 条规定，工会在维护全国人民总体利益的同时，维护职工群众的合法权益。

1994 年 7 月颁布的《中华人民共和国劳动法》第 1 章第 7 条规定，工会代表和维护劳动者的合法权益，依法独立自主地开展活动。

1994 年 12 月召开的全国总工会十二届二次执委会会议通过的《全国总工会关于贯彻实施〈劳动法〉的决定》提出，以贯彻实施《劳动法》为契机

和突破口，带动工会各项工作，推动自身建设和改革，努力把工会工作提高到一个新水平，在改革、发展、稳定中更好地发挥作用。这一提法被概括为"工会工作总体思路"，其基本精神就是全面履行各项社会职能，进一步突出维护职能。

2003年9月，中国工会十四大强调把维护职能贯穿于推动改革、促进发展、积极参与、大力帮扶的全过程，明确了工会维权工作在服务党和国家工作大局中的作用。2004年12月，全国总工会十四届二次执委会会议提出"组织起来、切实维权"的工会工作方针，明确了维权工作在工会工作全局中的地位，揭示了社会主义市场经济条件下工会工作的特点和规律。2006年12月，全国总工会十四届十一次主席团（扩大）会议提出牢固树立和落实"以职工为本，主动依法科学维权"的工会维权观，深化了对中国特色社会主义工会维权工作的认识；提出"促进企业发展、维护职工权益"的企业工会工作原则，成为企业工会维权工作的基本遵循。2010年7月，全国总工会十五届四次执委会会议提出依法推动"两个普遍"（依法推动企业普遍建立工会组织、普遍开展工资集体协商）的重点工作，明确了加强工会组建、维护职工权益的有效手段，等等。工会的维权实践在广度和深度上都得到显著发展。

四、中国特色社会主义新时代

社会主要矛盾的变化推动中国工会基本职责丰富发展。党的十九大报告指出，我国社会主要矛盾已经转化为人民日益增长的美好生活需要和不平衡不充分的发展之间的矛盾。同过去相比，人民生活水平总体上有了很大提高，但职工群众在工作、生活、学习等方面还面临不少困难。对职工群众的各方面需求，政府包办不了，市场不能完全满足，这就是工会组织发挥作用的切入点。

经过 40 多年的改革开放，党和国家事业取得历史性成就、发生历史性变革，职工队伍的内部结构、就业形态、技能素质、权益实现等方面出现新变化，需求层次不断提升，逐步由温饱层次的需求，向安全、社交、尊重和自我实现等更高层次的需求转变，产生了超越传统物质领域的新需要，从追求生存权益向追求发展权益转变，从追求物质权益向追求民主权利、精神权益转变，从利益诉求一体化、同质化向差异化、多元化转变。这是中国特色社会主义进入新时代后发展的必然走势，是经济发展和社会进步的重要标志。

2018 年召开的中国工会十七大通过的《中国工会章程》，明确了中国工会以忠诚党的事业、竭诚服务职工为己任，中国工会的基本职责增添了"竭诚服务职工群众"的内容。中国工会十七大闭幕后，习近平总书记在同全国总工会新一届领导班子成员集体谈话时强调，工会要认真履行维护职工合法权益、竭诚服务职工群众的基本职责。这充分体现了以习近平同志为核心的党中央对工会组织和工会工作的新要求，也体现了长期以来工会在维权服务方面理论创新、实践创新、制度创新的成果。2021 年 12 月 24 日，新修改的工会法从法律上明确我国工会的基本职责为：维护职工合法权益、竭诚服务职工群众。

第三节　工会履行基本职责和职能的内在要求

保障职工群众的经济、政治、文化、社会权益，是我国社会主义制度的根本要求，是党和国家的神圣职责，也是工会基本职责的重要组成部分。工会要赢得职工群众的信赖和支持，增强其代表性和吸引力，就必须认真履行基本职责和各项职能，切实做好维护职工群众切身利益的工作，促进社会的公平正义，让改革发展的成果更多更公平地惠及广大职工群众。

一、认真履行工会基本职责

（一）坚持中国特色社会主义工会维权观

在中国工会维护职工合法权益的实践中，形成了中国特色社会主义工会维权观，解决了维护什么、怎样维护等重大问题，为工会工作指明了正确方向。2006 年 12 月召开的全国总工会十四届十一次主席团（扩大）会议上，首次阐述了中国特色社会主义工会维权观的基本内容，明确提出工会要"以职工为本，主动维权、依法维权、科学维权"。中国特色社会主义工会维权观的提出，适应了新形势下我国工会协调劳动关系矛盾、维护职工群众切身利益与合法权益的客观要求，集中体现了党对工会维权工作的总体要求，是从宏观上对中国特色社会主义工会维权实践的高度概括与总结。它全面系统地回答了在新的社会历史条件下各级工会组织为什么维权和怎样维权等一系列重大理论与实践问题，为深入推进工会维权机制建设指明了方向。

1.中国特色社会主义工会维权观的本质规定

（1）中国特色社会主义工会维权观的核心：以职工为本

中国特色社会主义工会维权观的核心是以职工为本。这就从根本上回答了为谁维权、为什么维权的问题。以职工为本，就是要坚持工人阶级始终是推动我国先进生产力发展和社会全面进步的根本力量，是社会主义现代化建设及和谐社会建设的主力军；就是要以实现职工的全面发展为目标，不断满足广大职工日益增长的对美好生活的需要，切实保障职工群众的政治、经济、文化和社会权益；就是要依靠职工群众共建和谐社会并共享发展成果；就是要把维护职工群众的利益贯穿于工会一切工作的始终。

（2）中国特色社会主义工会维权观的本质要求：主动维权、依法维权、科学维权

主动维权，就是要增强责任意识，有超前的预见和积极的作为，主动了解职工群众的实际困难和问题，反映诉求、化解矛盾，改变事后介入的被动

维护，努力做到提前参与和主动维护。

依法维权，就是要增强法治观念，善于运用法律手段和途径，通过理性合法的途径和方式，依法规范维权行为，更好地适应社会经济关系和劳动关系的深刻变化，参与涉及职工利益的法律法规和政策措施的研究制定，建立并完善维护职工合法权益的有效机制和制度。

科学维权，就是要依据国情和时代特点，掌握工会维权的规律性，用科学理论来指导，用科学态度来协调，用科学方法来推进，更好地做到推进改革开放、促进企业发展和实现职工利益相统一，使工会维权工作沿着正确的方向不断前进。

2. 中国特色社会主义工会维权观的内在逻辑

维权观作为一个逻辑体系，其构成部分之间具有内在联系和本质要求。主动维权、依法维权、科学维权三者是从三个不同方面对工会维权工作提出的本质要求，三者之间相互联系、相辅相成、不可分割，统一于工会维权工作的全过程。正确把握中国特色社会主义工会维权观的内在结构与辩证关系①，是做好新时代工会维权工作的重要基础。

中国特色社会主义工会维权观是一个具有内在联系的有机系统。其中，"以职工为本"是这一维权观的核心理念，是工会全部工作的出发点和落脚点。它具体体现了工会"两个维护"的基本要求，体现了竭诚为职工群众服务的维权宗旨，和谐发展、互利共赢的维权理念，统筹兼顾、突出重点的维权方法，以及党政主导、工会运作的维权格局等内容。上述理念、原则都是从"以职工为本"这一最高理念中派生出来的，是为"以职工为本"这个理念服务的。另外，要坚持"以职工为本"，实现职工群众的切身利益，还必须依赖于有效的维权手段和方式，即主动维权、依法维权和科学维权。

---

① 赵健杰：《工会维权观：内在结构及其辩证关系研究》，《中国劳动关系学院学报》2008 年第 1 期。

全面、准确地认识工会维权观，必须正确理解工会的基本维权方式，即主动维权、依法维权和科学维权各自的本质规定及三者之间的辩证关系。主动维权、依法维权、科学维权既相互区别，又密切联系。任何孤立、片面、静止地看待这三种维权方式都是错误的。

（1）主动维权与依法维权的辩证关系

主动维权与依法维权是一种辩证关系，既相互区别，又相互联系、相互影响。首先，主动维权离不开依法维权作为保证。工会进行主动维权，仅靠积极性和维权热情是不够的，还需要以相关的法律法规作为维权的有效手段才能实现。在工会维权实践中，主动维权是需要依法维权提供保证的。离开依法维权，所谓主动维权就将成为一句空话。因此，依法维权对于主动维权的实现具有重大意义。其次，依法维权也离不开主动维权。这里包含两个方面的含义：一方面，在工会的日常维权实践中，要做到依法维权，工会就必须发挥自己的积极性和主观能动性，并以高度的责任感投入到维权工作之中，努力把劳动关系的矛盾化解在萌芽状态。如果在维权中采取消极应付的态度，被动地对待所面临的复杂局面，就不可能充分依据相关的法律法规有效地维护职工的合法权益。另一方面，依法维权不仅仅只局限于工会运用现有的法律法规进行日常具体的维权活动，还应当包括工会组织对于国家有关立法、修改法律工作的积极主动参与，这种参与最能够体现工会的主动维权精神。

（2）科学维权与依法维权的辩证关系

工会在调整劳动关系矛盾的实践中，所采取的主要方式就是依法维权。工会实行依法维权所依据的是劳动法、工会法、劳动合同法等若干部法律法规及各种劳动标准。依法维权本身就含有科学维权的成分和因素，或者说，工会依法维权就是科学维权的题中之义。这是因为，依法维权不仅是工会维权的必然选择，而且作为一种基本的维权方式，依法维权符合工会维权的客观规律。工会能不能实行科学维权，很大程度上取决于能否依法维权。依据法律进行维权是我国工会当前所能够采取的最主要、最有效的维权手段，其他维权方式不过是依法维权的必要补充。但是，在依法维权实践中，能不能真正依据法律，达到切实维权的目的，也是检验工会维权是否具有科学性的重要途径和尺度。所以，从宏观的意义上讲，科学维权的实现要依靠法律手段，依法维权所能够体现的科学性也就内在地包含于科学维权之中了。

在主动维权、依法维权、科学维权的相互关系中，它们的共同特征主要体现在以下三点：其一，这三种维权方式都可以归结为三种维权意识，是维权实践活动在维权者意识层面的反映。一旦形成维权意识，反过来又会对工会的具体维权行动产生重要影响，甚至起支配作用。其二，这三种维权方式因其切合工会维权实际，因而又是工会在具体维权过程中必须坚持的基本原则。其三，这三种维权方式又可以成为具体的维权方法，直接运用于维权实践之中。

三者的主要区别在于：主动维权体现的是工会维权的能动性和主动进取精神，是决定维权实效性的前提条件和思想基础；依法维权强调维权的法治化，是工会协调劳动关系、更好地代表与维护职工权益的主要手段和方法，在工会维权系统中居于核心地位；科学维权则强调维权的规律性，要求工会在维权过程中尊重事实、尊重规律，并按照客观规律进行维权，真正使工会维权工作实现机制化。三者之间的区别只具有相对的意义，不具有绝对的意义。实际上，主动维权、依法维权、科学维权常常是交融在一起的，共同对维权结果发生作用和影响。

在践行中国特色社会主义工会维权观过程中，工会组织要把握维权原则、维权重要理念、维权方法和维权格局。

（1）维权原则：坚持"两个维护"相统一

坚持中国特色社会主义工会维权观，要求工会必须坚持"两个维护"相统一的原则，即在维护全国人民总体利益的同时，更好地代表和维护职工群众的具体利益。实践中，要求工会既要旗帜鲜明地支持改革，教育引导职工理解和投身改革，正确处理个人利益与集体利益、局部利益与整体利益、眼前利益与长远利益的关系，最大限度地保护、调动、发挥职工群众的积极性创造性；又要旗帜鲜明地维护职工合法权益，促进职工群众的具体利益不断得到实现和保障，确保职工群众共享经济社会发展成果。

（2）维权重要理念：和谐发展、互利共赢

和谐发展、互利共赢的维权理念，是具有社会主义新型劳动关系本质特征的新型维权理念。它倡导和谐理念，培育和谐精神，畅通职工利益诉求渠道，通过协商、调解等举措，运用经济、法律、行政等手段，解决劳动关系领域的矛盾和问题。

我国社会主义市场经济条件下劳动关系产生的矛盾，从本质上属于人民内部矛盾，是非对抗性的。劳动关系双方虽然在具体利益上存在差别和矛盾，但二者在根本利益上却是一致的，双方是紧密相连的利益共同体。我国劳动关系矛盾的这一性质和特点，客观上决定了在处理劳动关系矛盾时，要从实际国情出发，总结和汲取发达市场经济国家的经验教训，选择和确定既适合当今世界潮流，又符合我国国情及政治、经济制度和工会实际的协调劳动关系新模式。和谐发展、互利共赢正是这样一种理念和模式。具体到企业工会工作中，一方面要积极促进企业发展，引导广大职工履行自己的义务，爱岗敬业，勤奋工作，加强学习，提高素质，促进企业的健康持续发展。另一方面，要加大协调劳动关系的力度，开展创建劳动关系和谐企业活动，维护好职工的劳动经济权益、民主政治权利和精神文化利益。

（3）维权方法：统筹兼顾、突出重点

为适应我国职工队伍在具体利益需求上出现的多层次、多样化特征，在维权方式上，既要注重统筹兼顾，也要突出重点。我国的职工队伍与过去相比，在构成上发生了重大变化。一是队伍规模宏大，结构复杂；二是收入差距有所拉大；三是农民工达 2.93 亿人，已经成为我国产业工人队伍的主体力量；四是伴随着新技术、新产业、新业态、新模式的发展，直接促进了新就业群体的形成和成长。第九次全国职工队伍状况调查显示，新就业形态劳动者已达 8400 万人。这些变化导致职工队伍在利益诉求上出现利益需求多层次、多样化等特征。因此，维权工作必须统筹兼顾、突出重点，既突出维护困难职工、下岗失业人员和农民工等群体的合法权益，又注意维护其他职工群体的合法利益；既突出维护职工的劳动经济权益，又要重视维护职工的民主政治权利、精神文化需求以及社会权利；既突出为职工群众解决实际困难和问题，搞好具体维护，又注意发挥我国的政治优势，搞好源头参与、宏观维护，建立健全维权工作的长效机制；既突出做好国内职工群众的维权工作，又注意在国际工运舞台上高举和平、发展、合作的旗帜，维护国家利益和职工权益。

（4）维权格局：党政主导、工会运作

自觉接受党的领导，是工会维权工作始终沿着正确方向发展的根本保证；坚持在党的领导下独立自主、创造性地开展工作，是维护职工具体利益的必然要求。工会组织的维权工作是党和政府主导的维护群众权益工作的重要组成部分。要把坚持党政的主导性与发挥工会的主动性统一起来，加强与社会各方面的沟通、联系及配合，努力形成党委领导、政府支持、社会配合、工会运作、职工参与的维权格局，确保维权工作取得实实在在的成效。

（二）坚持加强联系广泛、服务职工的工会工作体系建设

习近平总书记明确提出："要把竭诚为职工群众服务作为工会一切工作的出发点和落脚点，全心全意为广大职工群众服务，认真倾听职工群众呼声，维护好广大职工群众包括农民工合法权益，扎扎实实为职工群众做好事、办实事、解难事，不断促进社会主义和谐劳动关系。"[①] 工会基本职责的拓展，是贯彻落实习近平总书记关于工人阶级和工会工作的重要论述的生动

实践，适应了新时代职工群众的新需求，为中国工会基本职责注入了更加丰富的时代内涵，体现了与时俱进的鲜明特质。

1. 习近平总书记关于工人阶级和工会工作的重要论述为中国工会如何竭诚服务职工群众提供了根本遵循

习近平总书记始终关心工人阶级和工会工作，对工会做好维护服务工作多次作出重要指示，提出明确要求。2013 年 10 月 23 日，习近平总书记在同全国总工会新一届领导班子成员集体谈话时强调，工会必须做好维护职工群众切身利益工作，促进社会公平正义。2014 年 9 月 8 日，习近平总书记就加强基层工会建设作出"三个着力"的重要批示，其中之一就是强调着力强化服务意识、提高维权能力。2015 年 4 月 28 日，习近平总书记在庆祝"五一"国际劳动节暨表彰全国劳动模范和先进工作者大会上发表重要讲话，强调工会要坚决履行维护职工合法权益的基本职责，把竭诚为职工群众服务作为工会一切工作的出发点和落脚点。2015 年 7 月 6 日，习近平总书记在中央党的群团工作会议上指出，群团组织要强化服务意识，提升服务能力，挖掘服务资源，坚持从群众需要出发开展工作，更多地把注意力放在困难群众身上，努力为群众排忧解难，成为群众信得过、靠得住、离不开的知心人、贴心人。2018 年 10 月 29 日，习近平总书记在同全国总工会新一届领导班子成员集体谈话时强调，工会要认真履行维护职工合法权益、竭诚服务职工群众的基本职责。切实实现好、维护好、发展好劳动者合法权益，坚持从群众多样化需求出发开展工作，打通服务群众的新途径，使服务更直接、更深入、更贴近工人阶级和广大劳动群众。中国工会确定维护职工合法权益、竭诚服务职工群众的基本职责，符合习近平总书记关于工人阶级和工会工作的重要论述的基本精神，贯彻了我们党坚持以人民为中心的发展思想，体现了工会组织的政治性、先进性、群众性。

2. 社会主要矛盾变化推动中国工会竭诚服务职工基本职责的确立与完善

中国特色社会主义进入新时代，这是我国发展新的历史方位。新时代，我国社会主要矛盾已经转化为人民日益增长的美好生活需要和不平衡不充分的发展之间的矛盾。适应这一新变化，不断满足职工群众的美好生活需要，成为新时代工会的奋斗目标。习近平总书记关于工人阶级和工会工作的重要论述的实践要求，其中一个重要方面，就是工会立足社会主要矛盾新变化，在不断满足职工群众美好生活需要中担当作为。随着我国社会经济成分、组织形式、就业方式、利益关系和分配方式日益多样，在职工队伍规模不断壮大、结构深刻变化、素质逐步提升、权益得到实现的同时，职工群众在收入分配、利益诉求、价值取向、思想观念等方面也日益多样化、差异化。工会组织要始终坚持以职工为中心的工作导向，深化对职工队伍发展变化特点与规律的认识，研究解决职工群众多样化需求，协调不同职工群体之间的利益关系，更好促进职工体面劳动、舒心工作、全面发展。中国工会基本职责的丰富发展正是对这一新变化的有力呼应。《中国工会章程》明确了中国工会以忠诚党的事业、竭诚服务职工为己任，增加了"健全联系广泛、服务职工的工作体系，增强团结教育、维护权益、服务职工的功能""坚持服务职工群众的工作生命线"等内容，使中国工会基本职责的内涵更加丰富。

（三）正确认识和处理维护职责与服务职责的辩证关系

"人心向背"是一个政党、一个组织兴衰存亡的决定性因素。党的十八大以来，以习近平同志为核心的党中央从巩固党执政的阶级基础和群众基础的政治高度，把保持党同人民群众的血肉联系，作为全党重大而紧迫的政治任务。维护职工合法权益是由工会的性质和特点决定的，竭诚服务职工是工会一切工作的出发点和落脚点。工会的维护职责和服务职责是内在统一、相辅相成的有机整体，通过履行维护和服务基本职责，将工会组织同职工群众紧密联系起来。

具体而言，工会的维护与服务基本职责具有以下辩证关系。

1.维护与服务基本职责内在统一于增强党的执政的阶级基础和群众基础

工会是党联系职工群众的桥梁和纽带,维权和服务本质上都是在做群众工作。《中共中央关于加强党的政治建设的意见》明确指出,工会、共青团、妇联等群团组织要更好承担起引导群众听党话、跟党走的政治任务,把自己联系的群众最广泛最紧密地团结在党的周围。群众工作始终是我们党的政治优势和优良传统,也是工会组织的优势所在。当前,职工群众的利益诉求呈现多元化,引导他们听党话、跟党走不仅要靠加强思想政治引领,也要以强化利益保障为基础。当职工群众利益受到侵犯和遇到困难需要帮助时,工会组织的维护与服务是雪中送炭。这样才能更好起到聚民心、暖人心、筑同心的作用,使工会组织成为党执政的坚实依靠力量、强大支持力量、深厚社会基础。

2.维护与服务基本职责内在统一于提高职工群众的获得感幸福感安全感

马克思主义认为,人的自由全面发展是社会主义所追求的终极价值理想。维权和服务的侧重点虽然不同,但都以职工群众的发展为目标,以职工群众的利益实现和需求满足为对象,都体现了以人民为中心的发展思想和以职工为本的鲜明导向。工会组织在促进职工群众权益发展过程中,一方面排除职工群众权益发展的障碍,在职工群众合法权益受到侵犯时,站出来代表职工群众说话;另一方面,增加职工群众的发展收益,在职工群众生产生活遇到困难时,积极推动解决。因而,维护和服务是内在统一的,都需要始终把职工群众放在心上,只有这样,职工群众才能共享改革发展成果。

维权是由工会性质所决定的基本职责,服务则是贯穿于工会工作始终的基本职责,两者相互依存、相互促进、相互作用。确立维护职工合法权益作为工会基本职责的初衷,广义上也包含了服务职工群众的基本内容。1992年,全国总工会根据党中央的指示精神,组织各级工会在元旦和春节期间开展全国范围的"进万家门、知万家情、解万家难、暖万家心"的送温暖活动,1994年拓展为送温暖工程。从本质上讲,工会的送温暖工程等服务工作,也是工会维权工作的重要体现。中国工会十七大把竭诚服务职工群众作为工会基本职责的重要组成部分，是对工会履行基本职责提出的更高要求，凸显了新时代工会服务工作的重要性、紧迫性，旨在实现更高层次的维护。切实履行维护和服务的基本职责，首先就要正确处理二者辩证统一的关系，树立维护与服务相统一的理念和认识，在做好维护工作基础上强化服务工作，通过服务工作更好地促进维护工作，其目的都是为了不断满足职工群众的美好生活需要。

3.维护与服务基本职责内在统一于增强工会组织的吸引力凝聚力战斗力

履行好基本职责，直接关系到工会在职工群众中的影响力、吸引力和号召力。一方面，工会是社会经济矛盾特别是劳动关系矛盾的产物，是劳动者为维护自身利益需要而建立的群众组织。在社会主义制度下，尽管全体人民的总体利益是一致的，但各种具体利益的差异和矛盾是普遍存在的，职工权益受到侵犯的情况时有发生，广大职工需要工会来代表和维护自己的利益。1922 年，党的二大指出："工会是为什么成立的？工会就是保护工人切身的利益和为工人的利益奋斗的机关"。[①] 工会要赢得职工群众的信赖和支持，必须做好维护职工群众切身利益工作，促进社会公平正义。另一方面，对工会组织而言，不能为职工群众服务，不能帮助职工群众排忧解难，工会就得不到职工群众的信任。工会组织只有千方百计地做好服务群众的工作，才能成为职工群众信得过、靠得住、离不开的知心人、贴心人。因此，维护和服务是职工群众对工会组织的期待，也是工会组织存在和发展的根本意义。

二、工会履行各项职能的整体性原则

中国工会的维护、建设、参与、教育等各项职能是密切联系的有机整

---

① 《建党以来重要文献选编（1921—1949）》第 1 册，中央文献出版社 2011 年版，第 150—151 页。

体。中国工会履行职能的整体性原则表现在各项职能的相互关系上。

1. 工会履行维护职能是其全面履行职能的前提

工会的维护职能是工会从产生到发展的原生职能。工会的建设、参与、教育等职能，都是以维护职工群众的利益为前提而得以确立和履行的。在工会实践活动中，只有充分履行维护职能，才能使工会具有吸引力和号召力，引领职工群众参加建设和改革；才能使工会真正代表职工群众去参与国家和社会事务的管理，参与企事业单位的民主管理；才能使工会的教育活动具有说服力和感染力。

2. 工会履行建设职能是其全面履行职能的重要基础

工会在社会主义建设事业中发挥作用，为其履行其他各项职能打下了坚实基础。正是社会生产力的大发展和社会财富的增长，为工会维护职工群众的合法权益及其他利益要求提供了强大的物质基础，为工会参与管理提供了广阔的舞台，为工会教育活动提供了丰富的物质手段。

3. 工会履行参与职能是其全面履行职能的重要途径

工会代表职工参与管理，体现了广大职工群众当家作主的权利。通过工会参与国家和社会事务的管理以及企事业单位的民主管理，可以使维护职工群众具体利益的要求通过民主渠道，体现于国家的政策、法律和各项决策之中，贯彻到基层单位的具体活动之中；也可以使广大职工群众在社会主义经济建设中增强主人翁责任感，并从制度上保障职工群众接受教育和培训的权利。

4. 工会履行教育职能是其全面履行职能的重要保证

职工群众只有具备了较高的思想政治素质和文化技术水平，才有助于更好地发挥积极性、主动性和创造性，更好地维护自身权益，也能使工会在履行各项职能时取得更好的效果。通过教育提高职工群众的基本素质，能够使工会履行维护职能更为有力、履行建设职能更为有效、履行参与职能更有群众基础。职工队伍素质的提高，是工会社会实践活动整体水平和实际能力全面提升的基本保证。

思考题

1. 中国工会的基本职责、职能的内涵是什么？工会基本职责与职能的关系是什么？

2. 为什么将竭诚服务职工作为工会的基本职责？维权职责与服务职责的关系是什么？

参 考 文 献

《马克思恩格斯论工会》，工人出版社 1980 年版。

《毛泽东邓小平江泽民论工人阶级和工会工作》，中央文献出版社 2002 年版。

中共中央党史和文献研究院编：《习近平关于工人阶级和工会工作论述摘编》，中央文献出版社 2023 年版。

《刘少奇论工人运动》，中央文献出版社 1988 年版。

吕嘉民：《列宁工会学说史》，辽宁人民出版社 1987 年版。

全国总工会课题组：《深入学习贯彻习近平总书记关于工人阶级和工会工作的重要论述》，中国工人出版社 2021 年版。

中华全国总工会组织部：《中国工会章程简史》（第二版），中国工人出版社 2017 年版。

第五章　中国特色社会主义工会发展道路

教学基本要求

1. 了解中国特色社会主义工会发展道路形成的历史过程

2. 认识坚持中国特色社会主义工会发展道路的重大意义

3. 理解新时代中国特色社会主义工会发展道路的科学内涵及精神实质

4. 理解坚持和不断拓展新时代中国特色社会主义工会发展道路的实践要求

中国特色社会主义工会发展道路是中国特色社会主义道路的重要组成部分，是对中国工会 90 多年、新中国成立 70 多年，特别是改革开放 40 多年来工会工作理论成果与实践经验的高度概括和科学总结，也是马克思主义工运理论同中国具体实际相结合的最新创新成果。这条道路自 2005 年 7 月由中华全国总工会第十四届执行委员会主席团第六次全体（扩大）会议正式提出以来，理论上不断丰富、实践上不断创新，对指引新世纪以来的工会工作发展产生了巨大影响。工会理论和实践都证明：中国特色社会主义工会发展道路，是中国工运事业蓬勃发展的必由之路、成功之路、胜利之路。坚持中国特色社会主义工会发展道路，对于各级工会组织和广大工会干部增强为党的工运事业不懈奋斗的责任感与使命感，团结引导职工群众为实现全面建设社会主义现代化国家和全面推进中华民族伟大复兴的中国梦而奋斗至关重要。

第一节　中国特色社会主义工会发展道路形成的历史过程

一、中国特色社会主义工会发展道路形成的历史逻辑

江河万里总有源，树高千尺也有根。中国特色社会主义工会发展道路具有深厚的实践基础和历史根基，是工会在各个历史时期理论、方针、政策和工作经验的集中概括。新民主主义革命时期，在党的领导下，我国早期工人领袖和工会组织把马克思列宁主义与中国工人运动实际相结合，带领广大工人开展了波澜壮阔的革命运动，为实现中华民族和中国人民的独立解放事业、建立新中国而浴血奋战；进入社会主义革命和建设时期，在党的领导下，中国工会围绕人民民主专政条件下工会的性质、地位、职能和作用等问题进行探讨，取得了积极成果，奠定了中国特色社会主义工会发展道路的形成基础；改革开放和社会主义现代化建设新时期，在探索开辟中国特色社会主义道路的大背景下，各级工会认真贯彻落实党中央关于工人阶级和工会工作的重要指示精神，紧跟党的理论创新步伐，解放思想、实事求是、与时俱进，全面认识社会主义初级阶段的基本国情，准确把握中国工人阶级和工会组织的地位作用，深入研究社会主义市场经济条件下工会工作的特点和规律，在理论与实践结合上取得丰硕成果，最终确立了中国特色社会主义工会发展道路。

中国特色社会主义工会发展道路是在党的领导下，中国工会经过长期实践探索，在改革开放新时期特别是在 21 世纪新阶段逐步形成的。邓小平发

表南方谈话和党的十四大召开后，中国改革开放进入建立社会主义市场经济体制新阶段。由计划经济向市场经济转变是中国社会的一场深刻变革，要求工会工作适应由这场变革带来的新问题、新挑战。1993 年，中国工会十二大发出了积极探索有中国特色社会主义工会工作新路子、努力开创工会工作新局面的号召。2003 年 1 月，时任全国总工会主席王兆国在辽宁、黑龙江走访慰问困难企业职工、工会干部及部分劳模代表时指出："要在深入总结经验的基础上，坚持与时俱进、开拓创新，进一步探索建设中国特色社会主义工会工作的新路子，在全面建设小康社会中充分发挥工会的积极作用。"①同年 9 月，中国工会十四大召开，明确了全面建设小康社会这个当代中国工运的主题，并提出始终把科学理论作为工会工作的行动指南等八条主要经验。2004 年 7 月，王兆国在全国总工会十四届四次主席团（扩大）会议上的讲话中强调，做好新形势下的工会工作，要把工会几十年的优良传统和宝贵经验继承下来、发展下去，但也不能简单地沿袭传统计划经济条件下的模式，更不能照搬西方资本主义的模式，必须在总结实践经验基础上，不断探索有中国特色社会主义工会工作新路子。

2005 年 3 月，在全国总工会机关保持共产党员先进性教育活动报告会上，王兆国首次提出了坚持走中国特色社会主义工会发展道路的命题。4 月，在庆祝中华全国总工会成立 80 周年大会上，王兆国提出工会组织要坚定不移地走适应时代要求、符合中国国情、体现工会工作规律的中国特色社会主义工会发展道路，并首次将其阐述为七个方面的基本内容。7 月，全国总工会十四届六次主席团（扩大）会议审议通过了《关于坚持走中国特色社会主义工会发展道路的决议》，将其基本内涵概括为指导思想、政治保证、根本任务、职能作用、组织体制、对外交往、内在动力等七个方面。2008 年 10

---

① 中国工运研究所编：《新编中国工人运动史》下卷，中国工人出版社 2016 年版，第716 页。

月，中国工会十五大具体阐述了坚持走中国特色社会主义工会发展道路问题。2009 年 5 月，王兆国在全国总工会、中共中央党校、人民日报社、求是杂志社联合召开的坚定不移地走中国特色社会主义工会发展道路理论与实践研讨会上，深刻阐释了工会发展道路八个方面的基本内涵。2012 年 1 月召开的全国总工会十五届六次执委会会议，进一步明确了中国特色社会主义工会发展道路"八个坚持"的科学内涵，要求各级工会组织和广大工会干部务必深入学习、广泛宣传、自觉遵循这条道路，并在推进中国特色社会主义伟大事业的实践中不断丰富和发展这条道路。作为理论形态和实践形态的统一体，中国特色社会主义工会发展道路的形成与发展进一步深化了对工会运动普遍规律的认识和把握，对于改革开放和社会主义市场经济条件下开创工会工作新境界具有重大意义。

二、中国特色社会主义工会发展道路形成的理论逻辑

中国特色社会主义工会发展道路是中国特色社会主义道路的重要组成部分，是在推进中国特色社会主义伟大事业中孕育和发展起来的。中国特色社会主义道路，是实现中国式现代化的必由之路，是创造人民美好生活的必由之路。全面建设和发展中国特色社会主义，反映在实践领域，必然延伸出不同方面、不同层面的具体道路。中国特色社会主义工会发展道路就是中国特色社会主义道路在工运领域的具体展现。在推进中国特色社会主义伟大事业进程中，中国工会紧紧围绕中心、服务大局，全面依法履行职责，组织引导广大职工以经济建设为中心，解放和发展社会生产力，支持和参与改革开放，推动社会主义制度自我完善和发展，正确处理改革发展稳定的关系，促进了职工队伍团结以及社会和谐稳定，充分发挥了自己的作用。中国工会在党的领导下，始终做到顺应历史发展、紧跟时代潮流、展现自身价值、真正有所作为，形成了既不同于传统计划经济条件下的工会工作模式，又不同于

西方工业化国家工会模式的中国特色社会主义工会发展道路。总之，中国特色社会主义伟大事业为中国特色社会主义工会发展道路的形成提供了先决条件，而中国特色社会主义工会发展道路的确立，推动了党的工运理论和工运事业不断发展，进一步丰富了中国特色社会主义道路的内涵。

中国特色社会主义工会发展道路是在中国共产党的工运理论指导和引领下发展起来的。我们党历来高度重视依靠工人阶级，高度重视加强工会工作。改革开放以来，针对新的历史条件下要不要依靠工人阶级、如何依靠工人阶级，建设什么样的工会、怎样建设工会，工会发挥什么作用、怎样发挥作用等重大时代课题，党中央作出了一系列重要指示，提出了大量新思想、新观点、新论断，深刻阐释了新时期工人阶级的地位、作用、使命，深刻阐释了新世纪新阶段工人运动的主题，深刻阐释了新形势下中国工会的目标、任务等，从指导思想上对这些重大时代课题给予了科学回答，为新时期工人阶级和工会工作指明了前进方向，为改革开放事业中的工会发展道路奠定了最为牢固的思想基础。

针对要不要依靠工人阶级、如何依靠工人阶级的问题，邓小平作出"知识分子是工人阶级一部分"[1]"我国工人阶级不愧是久经考验的立场坚定的革命领导阶级"[2]"工人阶级要用最大的努力来掌握现代化的技术知识和现代化的管理知识，为实现四个现代化作出优异的贡献"[3]"各企业事业单位普遍成立职工代表大会或职工代表会议"[4]等一系列重要论述。江泽民进一步强调："工人阶级是我们党的阶级基础，是我们国家的领导阶级。我们党所领导的改革和社会主义现代化建设的全部活动与整个进程，都必须全心全意地依靠

---

[1]　《邓小平文选》第 3 卷，人民出版社 1993 年版，第 275 页。

[2]　《毛泽东邓小平江泽民论工人阶级和工会工作》，中央文献出版社 2002 年版，第 122 页。

[3]　《毛泽东邓小平江泽民论工人阶级和工会工作》，中央文献出版社 2002 年版，第 124 页。

[4]　《邓小平文选》第 2 卷，人民出版社 1994 年版，第 340 页。

工人阶级，这在任何时候、任何情况下都不能动摇。"① 党的十六大以后，胡锦涛再次重申必须坚持全心全意依靠工人阶级的根本指导方针，提出"包括知识分子在内的我国工人阶级，始终是推动我国先进生产力发展和社会全面进步的根本力量"，要求"工人阶级成为继续解放思想、锐意改革创新的时代先锋，成为推动科学发展、促进社会和谐的行动楷模"②，并明确提出农民工是工人阶级新成员，进一步拓展了工人阶级的外延。

针对建设什么样的工会、怎样建设工会，工会发挥什么作用、怎样发挥作用等重大问题，邓小平提出："工会组织都必须密切联系群众，使广大工人都感到工会确实是工人自己的组织，是工人信得过的、能替工人说话和办事的组织，是不会对工人说瞎话、拿工人的会费做官当老爷、替少数人谋私利的组织。工会要为工人的民主权利奋斗，反对形形色色的官僚主义，它本身就必须是民主的模范。"③ 在此基础上，江泽民再次明确："工会是党领导的工人阶级的群众组织，肩负着职工群众合法权益的代表者和维护者的神圣职责。"④ 特别是在中国工会十二大期间，他首次提出"要积极探索有中国特色社会主义工会工作的新路子"⑤ 的重大命题。1989 年 12 月，中共中央发出《关于加强和改善党对工会、共青团、妇联工作领导的通知》，对新时期中国工会的性质、地位、作用和任务作了深刻而明确的阐述，就加强和改善党对工青妇工作的领导作出一系列规定。进入新世纪新阶段后，胡锦涛从中国工

---

① 《毛泽东邓小平江泽民论工人阶级和工会工作》，中央文献出版社 2002 年版，第 183 页。

② 胡锦涛：《在同全国总工会新一届领导班子成员和中国工会十五大部分代表座谈时的讲话》，《工人日报》2008 年 10 月 22 日。

③ 《毛泽东邓小平江泽民论工人阶级和工会工作》，中央文献出版社 2002 年版，第 125—126 页。

④ 《毛泽东邓小平江泽民论工人阶级和工会工作》，中央文献出版社 2002 年版，第 205 页。

⑤ 《毛泽东邓小平江泽民论工人阶级和工会工作》，中央文献出版社 2002 年版，第 180 页。

运的主题、工会组织建设、工会维权等多个方面对工会工作作出一系列指示，明确"工会组织是党和政府联系职工群众的桥梁和纽带，是国家政权的重要社会支柱，是职工利益的代表者和维护者"[①]，提出"做好新时期的工会工作，必须坚持用马克思列宁主义、毛泽东思想、邓小平理论和'三个代表'重要思想指导，必须自觉接受党对工会工作的领导，必须把工会工作放到全党全国工作大局中去思考、去把握、去部署，必须把竭诚为职工群众服务作为工会一切工作的出发点和落脚点，必须把提高职工群众整体素质作为工会组织长期的战略任务，必须以改革的精神推进工会的自身建设，积极探索新形势下工会工作的新路子"。[②]

党中央关于工人阶级和工会工作的一系列重要指示，是党的工运理论创新的重大成果，指明了改革开放、社会主义市场经济条件下中国工会的前进方向，极大地鼓舞了各级工会组织和广大工会干部实践探索与理论创新的热情，不断坚定各级工会组织和广大工会干部立足国情会情、走自己的路的自觉自信。从"工会工作新路子"的延续和拓展，到中国特色社会主义工会发展道路的正式提出，是马克思主义工运理论中国化的创新表达，是中国化马克思主义工会学说不断丰富发展的表征，深刻体现了中国共产党在坚持和发展中国特色社会主义制度的基础上，对中国工会建设和发展规律的深刻思考与科学把握。

三、中国特色社会主义工会发展道路形成的现实逻辑

中国特色社会主义工会发展道路管不管用、有没有成效，实践是最好

---

① 胡锦涛：《在 2010 年全国劳动模范和先进工作者表彰大会上的讲话》，人民出版社 2010 年版，第 11 页。

② 胡锦涛：《在与工青妇三家负责同志座谈时的讲话》，载中国工运研究所编：《新编中国工人运动史》下卷，中国工人出版社 2016 年版，第 713 页。

的试金石。改革开放 40 多年来，中国工运事业和工会工作取得了巨大成就，是这条道路得以立得住、行得远的重要实践基础。

中国特色社会主义工会发展道路是在国内外形势发生深刻变化条件下，中国工会主动应对各种问题和挑战所开创的必然之路。随着经济全球化和改革开放的不断深入，中国经济体制深刻变革，劳动关系深刻变动，职工队伍深刻变化，出现了大量新情况新问题，给新形势下的工会工作带来各种挑战。沿袭传统计划经济体制的工会工作模式没有出路，照搬西方资本主义国家工会模式更是行不通。正是在这种历史条件和时代背景下，中国工会解放思想、实事求是、守正创新，全面认识社会主义初级阶段的基本国情，准确把握中国工人阶级和工会组织的地位作用，适应社会主义市场经济的发展要求，坚持走自己的路，在理论和实践上取得丰硕成果，以创新姿态走出了一条既不同于传统计划经济条件下的工会工作模式，又不同于西方工业化国家工会模式的中国特色社会主义工会发展道路。

中国特色社会主义工会发展道路是实践探索的结果、集体智慧的结晶、共同奋斗的成果，但从形成到发展，不是一蹴而就的，而是经历了一个从实践上升到理论，再由理论回到实践，经过实践检验并指导实践的过程，其中每一环节都体现出强烈的问题意识和创新精神。比如 20 世纪 80 年代，工会坚决拥护把党和国家工作重心转移到经济建设上来的战略决策，团结广大职工支持改革开放、参与改革开放，建设"四有"职工队伍，开展建设"职工之家"活动，明确并履行维护、建设、参与、教育这四项社会职能。又如 20 世纪 90 年代，面对市场化进程加快、国有企业改革力度加大给职工和工会带来的影响，工会坚持服务党和国家工作全局，适应建立社会主义市场经济体制的要求，提出了突出维护职能的工会工作总体思路，强调一手抓协调劳动关系机制建设、一手抓为职工群众办实事，切实履行维权这一基本职责。

进入新世纪，特别是在党的十六大和中国工会十四大召开后，各级工会紧紧围绕全面建设小康社会、坚持和发展中国特色社会主义这一宏大目标，紧密结合职工队伍和劳动关系的新变化新要求，从理论和实践两个方面，对"走什么样的工会发展道路、建设什么样的工会"这一关系中国工运事业前途命运的重大时代课题，进行深刻反思、大胆创新。在理论上，全国总工会在 2004 年以开展"组织起来、切实维权"大调研为契机，深入研究社会主义市场经济条件下工会工作的理论与实践，在突出工会维护职能基础上，又鲜明地提出了把维护职能贯穿于推动改革、促进发展、积极参与、大力帮扶全过程的思路；在实践上，各级工会按照党中央要求，围绕中心、服务大局，创造了许多成功做法和新鲜经验。比如，浙江义乌工会社会化维权，山西阳泉"双措并举、二次覆盖"推进工会组建，浙江传化集团构建和谐劳动关系，北京市工会推进服务职工体系建设，上海市工会推行企业经营者政治安排与履行社会责任挂钩，以及在 2008 年国际金融危机期间，积极开展"共同约定行动"。这些经验特色鲜明、成效突出，为中国特色社会主义工会发展道路的形成和发展奠定了重要的实践基础。

党的十八大和中国工会十六大以来，中国工人阶级和工会主动服从服务于党和国家工作大局，积极投身经济、政治、文化、社会和生态文明建设，在坚持和拓展中国特色社会主义工会发展道路上迈出了新步伐。坚定不移深化供给侧结构性改革，积极参与化解重大风险隐患，促进经济社会持续健康发展；聚焦"十三五""十四五"规划各项目标任务，服务于"一带一路"建设等，在推进供给侧结构性改革、振兴实体经济、建设制造强国、建设创新型国家进程中，充分发挥工人阶级的主力军作用；在促进经济社会高质量发展、脱贫攻坚、抗击新冠疫情和各种自然灾害、应对各种风险挑战中勇担重任、拼搏实干，为推动党和国家事业取得历史性成就、发生历史性变革作出了重要贡献；面对职工队伍发生的重要变化，工会维护和服务职工取得重要成效；集体协商制度协调劳动关系的作用日益增强，成为促进企业发展、维护职工权益的有效机制，特别是新冠疫情中在稳就业方面发挥了积极作用，并成为新就业形态劳动者表达诉求的重要渠道；解决职工急难愁盼问题，相继形成送温暖、金秋助学、农民工平安返乡等工会品牌，构建起困难职工帮扶体系和常态化梯度帮扶长效机制；产业工人队伍建设改革取得重要阶段性成果，到 2021 年底，全国技能劳动者的总量超过 2 亿人，高技能人才超过 6000 万人，其中高级工 4700 万人、技师 1000 万人、高级技师 300 万人；新就业形态劳动者建会入会实现突破，加强顶层设计，紧盯头部企业，创新建会入会新形式，2021 年全国新发展新就业形态劳动者会员超过 350 万人；推动完善职工权益相关法律法规，从源头上维护农民工、劳务派遣工、新就业形态劳动者权益，并持续广泛开展法律援助工作，履行基本职责，构建和谐劳动关系。

总之，面对新形势、新问题和新挑战，沿袭传统计划经济体制的工会工作模式没有出路，照搬西方资本主义国家工会模式更是行不通。中国工会必须牢牢把握住社会主义初级阶段的基本国情，适应社会主义市场经济的发展要求，坚持走自己的路，探索一条适应自身特点的发展道路。工会工作取得的历史性成就，充分证明了中国特色社会主义工会发展道路是指引中国工运事业和工会工作蓬勃发展的必由之路、成功之路、胜利之路。

第二节　坚持中国特色社会主义工会发展道路的重大意义

方向决定前途，道路决定命运。道路问题是关系党的事业兴衰成败的第一位问题，道路就是党的生命。毛泽东指出："革命党是群众的向导，在革命中未有革命党领错了路而革命不失败的。"① 习近平总书记强调，中国特色社会主义工会发展道路是中国特色社会主义道路的重要组成部分，深刻反映

---

① 《毛泽东选集》第 1 卷，人民出版社 1991 年版，第 3 页。

了中国工会的性质和特点，符合我国国情和历史发展趋势。要始终坚持这条道路，不断拓展这条道路，做到自觉接受党的领导、团结服务职工、依法依章程开展工作相统一，努力使这条道路越走越宽广。

一、坚持和发展中国特色社会主义的必然要求

中国特色社会主义是改革开放以来党的全部理论和实践的主题，是党和人民历尽千辛万苦、付出巨大代价取得的根本成就。中国特色社会主义，是科学社会主义理论逻辑和中国社会发展历史逻辑的辩证统一，是根植于中国大地、反映中国人民意愿、适应中国和时代发展进步要求的科学社会主义，是以中国式现代化全面推进建设社会主义现代化国家、创造人民美好生活、实现中华民族伟大复兴的必由之路、成功之路、胜利之路。

新时代新征程，我国改革发展稳定任务之重、矛盾风险挑战之多、治国理政考验之大都是前所未有的。当前和今后一个时期，我国发展仍然处于战略机遇期，但机遇和挑战都有新的发展变化，不稳定性、不确定性较大。从外部环境看，当今世界百年未有之大变局加速演进，国际环境错综复杂，世界经济陷入低迷期，全球产业链、供应链面临重塑，不稳定性、不确定性明显增加。新冠疫情影响广泛深远，逆全球化、单边主义、保护主义思潮暗流涌动，国际贸易和投资低迷，多边贸易体制发展面临瓶颈。地缘政治因素凸显，政治安全冲突和动荡、难民危机、气候变化、恐怖主义等地区热点和全球性挑战，对世界经济的影响不容忽视。从内部环境看，我国已进入高质量发展阶段，社会主要矛盾已经转化为人民日益增长的美好生活需要和不平衡不充分的发展之间的矛盾，人民对美好生活的要求不断提高。面对高质量发展的新要求和人民生活需要的新变化，我国发展面临着不少困难和挑战。

中国共产党要在新的历史方位上实现新时代的历史使命，最根本的就是要高举中国特色社会主义伟大旗帜，坚持中国特色社会主义道路，立足基本

国情，以经济建设为中心，坚持四项基本原则，坚持改革开放，解放和发展生产力，建设社会主义市场经济、社会主义民主政治、社会主义先进文化、社会主义和谐社会、社会主义生态文明，促进人的全面发展，逐步实现全体人民共同富裕，全面建成富强、民主、文明、和谐、美丽的社会主义现代化强国，全面推进实现中华民族伟大复兴。对于工会组织而言，就是要坚持中国特色社会主义工会发展道路。

中国特色社会主义工会发展道路与中国特色社会主义道路的方向、目标一致。从两者之间的关系看，中国特色社会主义道路是由诸多具体道路构成的。全面建设和发展中国特色社会主义，反映在工作实践领域，必然延伸出不同方面、不同层面的具体道路。中国特色社会主义工会发展道路就是中国特色社会主义道路在工会领域的具体体现。对于工会组织而言，只有坚定不移地走中国特色社会主义工会发展道路，不断深入实践中国特色社会主义工会发展道路，才能坚持正确方向，发挥政治优势、组织优势、道路优势、群众优势、资源优势，极大地激发职工群众的积极性、主动性、创造性，立足新发展阶段、贯彻新发展理念、构建新发展格局，为全面建设社会主义现代化国家、实现中华民族伟大复兴的中国梦贡献智慧和力量。

马克思主义工会学说中国化的理论成果——中国特色社会主义工会发展道路，是世界工会运动史和理论史的独特创造。坚定不移走中国特色社会主义工会发展道路，就是坚持和发展中国特色社会主义，就是在当代中国工人运动中高举马克思主义的伟大旗帜，就是坚持和发展 21 世纪的马克思主义。

二、增强党的阶级基础、扩大党的群众基础的必然要求

坚持走中国特色社会主义工会发展道路，是由我国工人阶级的地位、工会组织的性质、工会工作在大局中的作用决定的。工人阶级是我国的领导阶级，是中国共产党最坚实、最可靠的阶级基础，是坚持和发展中国特色社会

主义的中坚力量。中国工会是党领导的工人阶级群众组织，是具有鲜明政治性和重大社会影响力的重要政治团体，是党联系职工群众的桥梁和纽带，肩负着职工群众合法权益代表者和维护者的神圣职责，在推进中国特色社会主义事业中起着不可替代的作用。只有认真实践中国特色社会主义工会发展道路，才能使各级工会组织和广大工会干部深刻理解工会的根基在职工群众、血脉在职工群众、力量在职工群众，始终牢记党的宗旨方针，树立马克思主义群众观点，坚持党的群众路线，坚定不移地推动党的全心全意依靠工人阶级根本方针的贯彻落实，把竭诚为职工群众服务作为一切工作的出发点和落脚点，实现好、维护好、发展好广大职工根本利益，不断密切党同职工群众的血肉联系。

充分发挥工人阶级的主力军作用、不断发展工人阶级的先进性，是坚持中国特色社会主义工会发展道路的内在要求。在革命、建设、改革等各个历史时期，工人阶级在自己的先锋队——中国共产党的带领下，坚定地走在时代发展的前列，历史性地担负起领导阶级的使命，成为党和国家事业发展的坚强脊梁。然而，随着我国经济社会深刻变革，企业组织形式、产业结构、就业形态等呈现新的特点。我国职工队伍状况发生深刻变化，在内部结构、收入分配、利益诉求、价值取向、思想观念等方面呈现日益多样化、差异化的新特征。职工群众的美好生活需要日益广泛、迭代提升，正在从满足基本生活需要向提升生活品质转变，从满足物质性需求向体面劳动、实现自我价值等社会性、精神性需求转变。受新冠疫情等因素影响，局部地区、特殊时点、特定行业、部分人群存在劳动关系矛盾潜在风险，特别是新就业群体、农民工、城市困难职工等群体利益的实现还有不少难点、痛点和堵点，一些职工思想不稳定，以及劳动关系矛盾向社会领域、政治领域扩散的风险不断加大，给劳动领域政治安全带来重大挑战。

新形势下，如何维护劳动领域政治安全、如何保持党同包括工人阶级在内的广大人民群众的血肉联系，是摆在我们党面前的重大课题，也是工会组织面临的重大任务。只有坚持中国特色社会主义工会发展道路，才能更好地发挥党联系职工群众的桥梁纽带作用、国家政权的社会支柱作用、职工合法权益的表达者维护者作用，通过扎实有效的工作，实现好、维护好、发展好广大职工的根本利益，最大限度地把广大职工紧密地团结在党的周围，战胜前进道路上的各种风险和挑战，不断增强党的阶级基础、扩大党的群众基础、巩固党的长期执政地位。

三、成为国家治理体系和治理能力现代化重要力量的必然要求

中国工会是推进国家治理体系和治理能力现代化的重要力量。我国工运事业是党的事业的重要组成部分，工会工作是党治国理政的一项经常性、基础性工作。因此，必须把工会组织建设得更加充满活力、更加坚强有力，使之成为推进国家治理体系和治理能力现代化的重要力量。

马克思主义政党一直把党领导的群众组织作为夺取和巩固政权的重要力量。党的十八届三中全会提出坚持和发展中国特色社会主义、推进国家治理体系和治理能力现代化的总目标。党的十九届四中全会深刻阐述了工会等群团组织在参与国家治理中的角色、地位和作用，对工会工作提出新要求、赋予新使命：一是始终坚持自觉接受党的领导，在坚持和完善党的领导制度体系中牢牢把握正确政治方向；二是团结动员广大职工积极建功新时代，在坚持和完善社会主义基本经济制度中充分发挥工人阶级的主力军作用；三是加强对职工的思想政治引领，在坚持和完善繁荣发展社会主义先进文化的制度中团结引导广大职工坚定不移听党话、跟党走；四是推动落实职工的民主政治权利，在坚持和完善人民当家作主制度体系中巩固工人阶级的领导阶级地位；五是认真履行工会基本职责，在坚持和完善统筹城乡民生保障制度中切实保证广大职工更多更公平共享经济社会发展成果；六是积极发挥工会组织的独特作用，在坚持和完善共建共治共享的社会治理制度中坚决维护职工队

伍和社会大局稳定。

党的二十大报告指出："拓宽基层各类群体有序参与基层治理渠道，保障人民依法管理基层公共事务和公益事业。"[①] 中国工会组织具有自身的政治优势、组织优势、制度优势、群众优势、资源优势，在激发职工活力、整合社会力量等方面具备重要潜能和优势，是国家治理体系建设的重要力量。因而，工会要在党的领导下，真正成为社会组织网络的组成部分、社会治理的重要主体、社会公共服务的重要提供者，拥有强大的社会引领、社会动员、社会协调、社会服务能力。

各级工会只有坚定不移地走中国特色社会主义工会发展道路，找准工会参与推进国家治理体系和治理能力现代化的结合点及切入点，围绕保持和增强政治性、先进性、群众性这条主线，充分履行维护职工合法权益、竭诚服务职工群众的基本职责，扎实推进产业工人队伍建设改革并深化工会改革创新，健全联系广泛、服务职工的工会工作体系，才能在坚持和完善中国特色社会主义制度、推进国家治理体系和治理能力现代化中充分发挥作用。

四、提高工会建设科学化水平、开创党的工运事业繁荣发展新局面的必然要求

当前，世界百年未有之大变局加速演进，世界之变、时代之变、历史之变的特征更加明显。我国发展面临新的战略机遇、新的战略任务、新的战略阶段、新的战略要求、新的战略环境，需要解决的矛盾和问题、需要应对的风险和挑战比以往更加错综复杂。工会工作同样面临许多新情况新问题新挑战，迫切需要工会以改革创新精神不断加强自身建设。比如，随着经济社会

---

① 《中国共产党第二十次全国代表大会文件汇编》，人民出版社 2022 年版，第 32 页。

快速发展、社会主要矛盾发生变化，我国职工队伍结构深刻调整，在利益诉求、价值取向、思想观念上呈现多元多样多变的新特征，给新时代职工思想政治工作带来新的挑战。特别是互联网的开放性，增加了西方敌对势力在意识形态领域渗透、侵蚀的风险。如何发挥互联网的优势、应对网络风险和挑战、加强职工网上思想政治引领，成为做好职工思想政治工作的重要课题。又如，新发展阶段产业结构转型升级，工会的工作对象更加多元。特别是在第三产业中，以货车司机、网约车司机、快递员、外卖配送员等为代表的新就业形态劳动者群体大量涌现，成为我国职工队伍的新生力量。这对工会整合不同层次职工需求、协调职工队伍内部不同利益群体关系、保障平台网络劳动者合法权益，提出了新的课题。工会工作所面临的新问题，必须通过不断深入的探索和思考，在工作创新中寻求解决问题的路径；工会工作所面临的挑战，也必须依靠工作创新来寻找答案，并在创新实践过程中，为工会组织的自身发展开辟道路。

只有认真学习宣传贯彻中国特色社会主义工会发展道路，才能使各级工会组织和广大工会干部进一步提高加强自身建设的自觉性与主动性，准确把握经济关系、劳动关系、职工队伍的新变化，积极探索社会主义市场经济条件下工会工作的特点和规律，从世情国情会情出发，求真务实、开拓创新，在思想上不断有新解放、理论上不断有新发展、措施上不断有新改进、实践上不断有新创造，始终与时代发展同步伐、与改革开放共命运、与党和职工群众心连心，努力使工会工作更加适应时代发展的新要求，不断增强工会组织的创造力、凝聚力和战斗力，推动我国工运事业和工会工作蓬勃发展，组织动员亿万职工在推进强国建设、民族复兴的新征程上创造新辉煌、铸就新伟业。

第三节　新时代中国特色社会主义工会发展道路的丰富与完善

一、新时代中国特色社会主义工会发展道路的科学内涵及精神实质

党的十八大以来，伴随中国特色社会主义进入新时代，中国特色社会主义工会发展道路的理论内涵也在实践中得到丰富和发展。在习近平新时代中国特色社会主义思想指引下、在深入学习贯彻习近平总书记关于工人阶级和工会工作的重要论述过程中，工人阶级和工会砥砺奋进，同全国各族人民一道把中国特色社会主义推向新时代。全新的历史方位要求中国工会必须有新作为新担当，必须继续毫不动摇地坚持中国特色社会主义工会发展道路，同时，坚持以理论和实践的不断创新来持续拓展这条道路，指引新时代中国特色社会主义工会事业沿着正确轨道继续破浪前行，为全面建设社会主义现代化国家、全面推进中华民族的伟大复兴作出重要贡献。

（一）准确把握新时代中国特色社会主义工会发展道路的基本内涵

新时代中国特色社会主义工会发展道路的内涵十分丰富，主要包括八个方面，可简要概括为"八个坚持"。

一是坚持党对工会的全面领导。中国共产党领导是中国特色社会主义最本质的特征，是中国特色社会主义制度的最大优势，是中国工会始终坚持的根本政治原则，也是中国工会区别于西方工会的显著标志。坚持党的领导必须全面地、有效地贯彻落实到工会工作全过程和各方面，必须坚持以习近平新时代中国特色社会主义思想为指导，深入学习贯彻习近平总书记关于工人阶级和工会工作的重要论述，加强工会内部党的建设，坚定拥护"两个确立"，牢记"国之大者"，增强"四个意识"、坚定"四个自信"、坚决做到"两个维护"。贯彻落实党的基本理论、基本路线、基本方略，服从服务于党和

国家工作大局，推动党中央的决策部署在工会系统落实落地。强化职工思想政治引领，坚持对党负责和对职工群众负责相统一，把坚持党的领导与独立自主创造性开展工作结合起来。坚决维护工人阶级团结和工会组织统一，坚持"五个坚决"，绝不允许出现"独立工会""第二工会"，始终做密切党和政府与职工群众联系的桥梁纽带。

二是坚持中国工会的社会主义性质。中国特色社会主义是改革开放以来党的全部理论和实践的主题，是党和人民历尽千辛万苦、付出巨大代价取得的根本性成就，是实现中华民族伟大复兴中国梦的必由之路。坚持和发展中国特色社会主义，是中国工人阶级的历史使命。必须坚持中国特色社会主义道路、理论、制度、文化，保持并增强工会组织和工会工作的政治性、先进性、群众性。提高政治判断力、政治领悟力、政治执行力，认清中国工会与西方工会的本质区别，保持清醒头脑和正确方向。在支持改革开放、推动高质量发展、推进国家治理体系和治理能力现代化、维护职工合法权益、发展全过程人民民主、促进社会公平正义、实现共同富裕等方面发挥积极作用，坚持并不断发展社会主义性质，始终做社会主义国家政权的重要社会支柱。

三是坚持发展工人阶级先进性。我国工人阶级是先进生产力和生产关系的代表，是推进强国建设、民族复兴伟大事业的主力军。必须推动党的全心全意依靠工人阶级根本方针的贯彻落实，倡导勤奋劳动、诚实劳动、创造性劳动，弘扬工人阶级的伟大品格和劳模精神、劳动精神、工匠精神，夯实实现中国式现代化的技术技能基础，在全社会形成依靠主力军、建设主力军、发展主力军的浓厚氛围。深化产业工人队伍建设改革，充分发挥工会的"大学校"作用，全面提高职工队伍的思想道德素质、科学文化素质和技术技能素质，打造政治强、作风硬、视野宽、勇创新、业务精的新时代职工队伍。保护好、调动好、发挥好职工群众的积极性主动性创造性，组织动员亿万职工自觉投身全面建设社会主义现代化国家伟大实践，在以中国式现代化推进中华民族伟大复兴的征程中建功立业。

　　四是坚持构建和谐劳动关系。工会是发展和谐劳动关系的重要推动力量，承担着重要的社会责任，也是参与社会治理、推动社会建设的切入点和着力点。必须正确认识我国劳动关系的性质和特点，推动形成规范有序、公正合理、互利共赢、和谐稳定的和谐劳动关系，把劳动关系的建立、运行、监督、调处都纳入法治轨道。坚持党政主导的和谐劳动关系构建格局，主动站在协调劳动关系第一线，坚持依照法律通过协商、协调、沟通的办法化解劳动关系矛盾。充分发挥政府与工会联席（联系）会议制度、协调劳动关系三方机制等的作用，加强劳动合同制度、集体合同制度和职代会制度建设，深化创新厂务公开民主管理工作，促进企业与职工协商共事、机制共建、效益共创、利益共享，推动和发展中国特色和谐劳动关系。

　　五是坚持维护职工群众合法权益。坚持以人民为中心的发展思想。维护职工合法权益、竭诚服务职工是工会的基本职责，代表并维护职工群众利益、竭诚为职工群众服务是工会一切工作的出发点和落脚点。要着眼职工群众对美好生活的向往，落实以职工为中心的工作导向，构建联系广泛、服务职工的工会工作体系，真正做到哪里有职工，哪里就有工会组织，哪里就有工会的服务，不断增强职工群众的获得感、幸福感、安全感。切实维护职工群众的经济、政治、文化、社会权益，在发展全过程人民民主中保障职工的民主政治权利，使广大职工共享改革发展成果。牢固树立"以职工为本，主动依法科学维权"的工会维权观，坚持"促进企业发展、维护职工权益"的企业工会工作原则。推动党政主导的维护职工群众权益机制建设，促进利益协调机制、诉求表达机制、矛盾调处机制、权益保障机制的建立和完善，把维护全国人民总体利益与维护职工群众具体利益结合起来，把维权工作贯穿于推动改革、促进发展、积极参与、大力帮扶的全过程，始终做职工合法权益的代表者和维护者。

　　六是坚持完善社会主义劳动法律法规体系。法治是党治国理政的基本方式，也是开展工会工作、实现职工利益的有力保障。我国的劳动法律法规是中国特色社会主义法律体系的重要组成部分，工会法、劳动法、劳动合同法等一系列劳动法律法规为履行工会各项职能、实现职工全面发展提供了法治保障。必须立足国情和工会工作实践，代表和组织职工加强立法参与，积极推动劳动法律法规的制定实施，从制度上、源头上维护职工各项权益，保障职工的当家作主权利。主动加大工会的劳动法律监督力度，积极配合人大、政府、政协加强劳动法律执法检查、监察和视察工作，推动实现有法必依、执法必严、违法必究。大力开展法治宣传教育和法律服务，使职工群众和工会干部增强法治观念，坚定法治信仰，尊法学法、守法用法，依法维护自身权益，依法表达利益诉求。要努力提高工会工作法治化水平，以工会法和《中国工会章程》为遵循，依法建会、依法管会、依法履职、依法维权，不断加强工会工作的制度机制建设，使工会工作更加依法合规、规范有序。

七是坚持推动全球劳工治理体系改革。工会对外工作是工会整体工作的重要组成部分，是国家民间外交的重要方面。必须高举和平、发展、合作、工人权益的旗帜，遵循独立自主、互相尊重、求同存异、加强合作、增进友谊的方针，在弘扬和平、发展、公平、正义、民主、自由的全人类共同价值过程中，加强同国际、地区和各国工会的交往、交流与合作，切实维护我国国家利益和职工权益，服从服务于国家总体外交和工会整体工作，坚持学习不照搬、借鉴不接轨，讲好中国故事、中国工人阶级故事、中国工会故事，增强各国工会对中国特色社会主义工会发展道路的认同，不断增强中国工会的影响力、话语权，为国际工运贡献中国智慧、中国方案、中国力量，为"一带一路"倡议、全球发展倡议、全球安全倡议、全球文明倡议、推动构建人类命运共同体作贡献，始终做推动全球劳工治理体系改革的积极力量。

八是坚持以改革创新精神全面加强自身建设。深化工会改革和全面加强自身建设，是工会工作创新发展的强大动力。必须把握保持和增强政治性、先进性、群众性这条主线，以增强团结教育、维护权益、服务职工功能为重点，以自我革命精神推进工会系统党的建设，落实新时代全面从严治党要求，推动工会系统党的建设高质量发展，加强工会思想建设、组织建设、作风建设、制度建设和反腐倡廉建设，充分激发工会组织特别是基层工会的生机活力，提高工会服务社会和谐、服务职工群众的能力本领。结合实际，创新工会的组织体制、运行机制和活动方式，建设学习型、服务型、创新型工会，使工会工作更好地体现时代性、把握规律性、富于创造性，始终做广大职工信赖的"职工之家"。

这八个方面涵盖了中国工会的历史使命、本质特征、政治保证、理论指导、基本职责、自身建设、目标方向、发展动力等，各个方面相互联系、有机结合，形成具有内在逻辑的统一整体，共同构建了新时代中国特色社会主义工会发展道路的理论和实践内涵。这条道路的核心是坚持党对工会的全面领导，体现的是工会的政治属性，离开了这一点，中国工会就会迷失方向，也难以在党和国家工作大局中真正发挥作用；根本是坚持中国工会的社会主义性质，体现的是工会的制度属性，离开了这一点，中国工会就失去了信仰、理想信念和追求，也不可能真正承担起工人阶级群众组织的历史使命；关键是坚持维护职工群众合法权益，体现的是工会的社会属性，离开了这一点，中国工会就会失去自己存在的基础，也难以得到职工群众的认可。

（二）正确理解新时代中国特色社会主义工会发展道路的精神实质

新时代中国特色社会主义工会发展道路的核心、根本和关键，深刻反映了中国工会的性质和特点，深刻反映了中国工会坚持中国特色社会主义道路、中国特色社会主义理论体系、中国特色社会主义制度、中国特色社会主义文化的高度自觉和自信。其精神实质就在于，回答了新的时代条件下，中国工会举什么旗、走什么路，中国工会是什么、干什么，建设什么样的工会、怎样建设工会，工会发挥什么样的作用、怎样发挥作用等一系列根本性重大课题。

　　党的十八大以来，党中央高度评价中国特色社会主义工会发展道路，并对坚持和拓展这条道路提出明确要求。2013 年 10 月 23 日，习近平总书记在同全国总工会第十六届领导班子成员集体谈话时强调，坚持党的领导，就要坚持中国特色社会主义工会发展道路，保持战略定力，增强坚持和拓展这条道路的责任心与使命感，不为任何风险所惧、不为任何干扰所惑，勇于实践、勇于创新，努力使这条越走越宽广。2015 年 4 月 28 日，在庆祝"五一"国际劳动节暨表彰全国劳动模范和先进工作者大会上，习近平总书记又提出，希望各级工会组织和工会干部坚定不移走中国特色社会主义工会发展道路，坚守工会工作的主战场，狠抓工会工作的中心任务，模范履行工会组织的政治责任，更好发挥工会组织的作用。2015 年 7 月 6 日，习近平总书记在中央党的群团工作会议上指出，做好党的群团工作，必须毫不动摇坚持中国特色社会主义群团发展道路，全面把握"六个坚持"的基本要求和"三统一"的基本特征。"六个坚持"的基本要求，就是坚持党对群团工作的统一领导，坚持发挥桥梁和纽带作用，坚持围绕中心、服务大局，坚持服务群众的工作生命线，坚持与时俱进、改革创新，坚持依法依章程独立自主开展工作。"三统一"的基本特征，就是各群团自觉接受党的领导、团结服务所联系的群众、依法依章程开展工作相统一。2017 年 8 月 22 日，习近平总书记作出重要指示，指出群团工作是党的一项十分重要的工作，群团改革是全面深化改革的重要任务。2018 年 10 月 29 日，习近平总书记同全国总工会第十七届领导班子成员集体谈话并发表重要讲话强调，我国工运事业是党的事业的重要组成部分，工会工作是党治国理政的一项经常性、基础性工作。2022 年 10 月 16 日，习近平总书记在党的二十大报告中指出："深化工会、共青团、妇联等群团组织改革和建设，有效发挥桥梁纽带作用"，"全心全意依靠工人阶级，健全以职工代表大会为基本形式的企事业单位民主管理制度，维护职工合法权益"。①2023 年 10 月 23 日，习近平总书记在同全国总工会新一届领导班子成员集体谈话时强调，我国工运事业是在党的领导下发展起来的，工会是党领导的工人阶级群众组织。坚持党对工会的全面领导，任何时候、任何情况下都不能动摇、不能偏离。要坚持全心全意依靠工人阶级的根本方针，充分调动广大职工群众的积极性、主动性、创造性，积极投身全面推进强国建设、民族复兴的伟大事业。这些重要论述和要求，从不同侧面，集中反映了新时代中国特色社会主义工会发展道路的精神实质，为坚持和拓展中国特色社会主义工会发展道路，提供了科学依据和强大思想武器。

二、新时代中国特色社会主义工会发展道路的拓展与创新

坚持和拓展新时代中国特色社会主义工会发展道路，必须继续把这篇大文章写下去。中国特色社会主义工会发展道路不是封闭的，而是开放的；不是停滞的，而是发展的。中国特色工会发展道路作为一个系统，其开放性特质决定了所蕴含的思想和理论观点还将伴随着工会工作实践的创新而不断地得到丰富与发展。

新时代新征程，工运事业和工会工作的新起点，对坚持和拓展新时代中国特色社会主义工会发展道路提出了新课题新要求新使命。中国工会作为党联系职工群众的桥梁和纽带、国家政权的重要社会支柱，始终与党和国家发展所处的历史方位紧密联系。当前，世界之变、时代之变、历史之变正以前所未有的方式展开，人类社会面临前所未有的挑战。世界百年未有之大变局加速演进，新一轮科技革命和产业变革深入发展，国际力量对比深刻调整。同时，世纪疫情影响深远，逆全球化思潮抬头，单边主义、保护主义明

---

① 习近平：《高举中国特色社会主义伟大旗帜　为全面建设社会主义现代化国家而团结奋斗——在中国共产党第二十次全国代表大会上的报告》，人民出版社 2022 年版，第 38、39 页。

显上升，世界经济复苏乏力，局部冲突和动荡频发，全球性问题加剧，世界进入新的动荡变革期。我国改革发展稳定面临不少深层次矛盾，躲不开、绕不过，来自美国等外部的打压遏制随时可能升级。我国发展进入战略机遇和风险挑战并存、不确定难预料因素增多的时期。中国特色社会主义进入新时代，我国社会主要矛盾已经转化为人民日益增长的美好生活需要和不平衡不充分的发展之间的矛盾。随着中国从富起来到强起来的转变，人民群众对美好生活的渴望更加强烈，不仅对物质文化生活提出了更高要求，而且在民主、法治、公平、正义、安全、环境等方面的要求日益增长。"十四五"时期，我国进入新发展阶段，工运事业和工会工作也站在了新的历史起点上。在发展主题上，更加强调高质量发展；在发展目标上，更加注重共同富裕；在发展要求上，更加注重统筹发展和安全；在发展动力上，更加注重全面深化改革；在发展战略上，更加注重为全球治理贡献中国智慧、中国方案。进入新发展阶段，中国工会正处在为党和国家中心工作发挥更大作用的机遇期，处在更深层次、更高水平推进工会改革的攻坚期，处在推动工运事业和工会工作高质量发展的窗口期。工会工作的对象、领域、任务、方式、环境等随之发生许多新的变化，面临新的机遇和挑战，坚持和拓展新时代中国特色社会主义工会发展道路是使这条道路"越走越宽广"的必然要求与应有之义。

在"两个结合"中坚持和拓展新时代中国特色社会主义工会发展道路。习近平总书记在党的二十大报告中指出，坚持和发展马克思主义，必须同中国具体实际相结合、同中华优秀传统文化相结合。习近平总书记关于"两个结合"的重要论述，深刻揭示了马克思主义在中国创新发展的现实路径和内在规律，为新时代新征程不断推进党的理论创新、开辟马克思主义中国化时代化新境界指明了方向，也为新时代中国工运事业创新发展以及坚持和拓展中国特色社会主义工会发展道路提供了根本遵循。一方面，要坚持一切从实际出发，推动马克思主义工运理论同新时代新征程中国国情、会情具体实际深度结合。要紧紧聚焦全面建设社会主义现代化国家这个中心任务，牢牢把握为全面推进实现中华民族伟大复兴的中国梦而奋斗的我国工人运动时代主题，不断深化对工运事业和工会工作规律性的认识，加大对宏观国内外经济形势和趋势、国内外工运动态、劳动关系和职工队伍热点难点问题的研究力度，不断深化对经济关系和劳动关系发展规律、工人阶级队伍发展规律、工人运动和工会工作发展规律的认识，及时总结基层工会和不同类别职工创造的新鲜经验，不断增强走中国特色社会主义工会发展道路的本领能力。另一方面，要推动马克思主义工运理论同中华优秀传统文化相结合。"如果没有中华五千年文明，哪里有什么中国特色？如果不是中国特色，哪有我们今天这么成功的中国特色社会主义道路？"[1] 中华优秀传统文化源远流长、博大精深，是中华文明的智慧结晶。比如，"民为邦本""天下为公"的政治资源、"革故鼎新""为政以德"的精神追求、"天人合一""道法自然"的和谐共生、"自强不息""厚德载物"的道义传统、"讲信修睦""亲仁善邻"的宽宏胸襟等，同科学社会主义价值观主张具有高度契合性。坚持和拓展中国特色社会主义工会发展道路，必须把中华优秀传统文化的精华与职工群众的共同价值观念融通起来。例如，完善劳动关系协商协调机制、坚持构建和谐劳动关系，就要对中华优秀传统文化中"和合"的思想吸收和借鉴；维护职工的合法权益、竭诚服务职工群众，就要同传统的"民为邦本"思想相互融通；推进工会的改革创新，就要同中华优秀传统文化蕴含的"革故鼎新"相融相通。

坚持和拓展新时代中国特色社会主义工会发展道路，要注重学懂弄通习近平新时代中国特色社会主义思想，首先要把握好这一思想的世界观和方法论，坚持好、运用好贯穿其中的立场观点方法。要坚持人民至上、坚持自信自立、坚持守正创新、坚持问题导向、坚持系统观念、坚持胸怀天下，在中国特色社会主义工会发展道路实践中继续坚持马克思主义中国化时代化的立场观点方法。

---

① 《习近平谈治国理政》第 4 卷，外文出版社 2022 年版，第 315 页。

坚持和拓展新时代中国特色社会主义工会发展道路，必须正确认识和妥善处理涉及工会整体工作的几个重大关系。一是处理好坚持党的领导与工会依法依章程独立自主开展工作的关系，始终把工会置于党的领导之下，深刻领悟"两个确立"的决定性意义，增强"四个意识"、坚定"四个自信"、做到"两个维护"，在思想上政治上行动上始终同以习近平同志为核心的党中央保持高度一致，把贯彻党的路线方针政策与职工群众的意愿诉求结合起来，立足自身优势和特点，积极主动、创造性地开展工作，通过自身努力把党的意志和主张落实到广大职工群众中去。二是处理好争取政府支持与主动发挥作用的关系，支持政府依法行政，通过政府与工会联席（联系）会议等充分表达和反映职工的意愿及要求，承接政府转移的公共服务职能，最大限度地保障职工群众的合法权益；团结动员广大职工主动响应政府号召，建设和巩固社会主义国家政权。三是处理好服务职工与依靠职工的关系，坚持以职工为中心的工作导向，认真履行维护职工合法权益、竭诚服务职工群众的基本职责，推动解决职工群众最关心最直接最现实的利益问题、最困难最忧虑最急迫的实际问题；开展工作和活动要以职工群众为中心，让职工群众当主角，着重解决从群众中来、到群众中去的问题。四是处理好促进企业发展与维护职工权益的关系，教育引导职工做企业的主人，充分发挥主人翁作用，为共同把企业办好贡献智慧和力量；强调把全心全意依靠工人阶级根本方针落实到生产经营各方面各环节，重大决策听取职工意见，涉及职工切身利益的重大问题经职代会审议，鼓励职工代表有序参与公司治理，关心职工群众生产生活和职业发展，打造利益共同体、事业共同体、命运共同体。五是处理好借鉴国外有益经验与坚持中国工会特色的关系，以开放的姿态、宽广的胸怀加强对外交流，讲好中国故事、中国工会故事、中国职工故事，坚持学习不照搬、借鉴不接轨，做到以我为主、为我所用。

时代是思想之母，实践是理论之源；实践没有止境，理论创新也没有止境。必须在探索中发展，在实践中完善，在创新中提高。要着眼于马克思主义工运理论的应用，坚持在实践中创新、在实践中检验、在实践中发展。要紧紧围绕全面建设社会主义现代化国家的重大决策部署，围绕我国工人运动时代主题，组织动员职工群众积极投入实现中华民族伟大复兴的新征程，团结带领广大职工不断开创中国特色社会主义更为广阔的发展前景。要注重发挥科学理论的引领作用，着眼于工会工作实践的理论思考，坚持理论联系实际，不断探索规律。要坚持以全面贯彻习近平新时代中国特色社会主义思想为指导，深入学习贯彻习近平总书记关于工人阶级和工会工作的重要论述，不断深化对新时代新征程工运事业和工会工作规律性的认识，加大对推进中国式现代化、实现高质量发展、共同富裕背景下有效发挥工会的桥梁和纽带作用、深化工会改革和建设、劳动关系和职工队伍热点难点问题的研究力度，不断深化对经济关系和劳动关系发展规律、工人阶级队伍发展规律、工人运动和工会工作发展规律的认识，及时总结基层和职工创造的新鲜经验，不断提出做好新形势下职工群众工作的新思想、新观点、新对策。要坚持解放思想、与时俱进、守正创新，发扬改革创新精神，始终走在时代前列。要顺应新时代新征程要求、适应社会变化，善于创造科学有效的工作方法，让职工群众真正感受到工会是"职工之家"、工会干部是最可信赖的"娘家人"。要始终保持蓬勃向上的朝气、开拓进取的锐气、不畏艰险的勇气，发扬斗争精神、增强斗争本领，把改革创新精神贯彻到工会工作各个方面，不断深化对中国特色社会主义工会发展道路的认识。

各级工会组织和广大工会干部作为中国特色社会主义工会发展道路的实践主体，要全面贯彻习近平新时代中国特色社会主义思想，深刻把握"两个结合"的深刻内涵，牢牢掌握"六个坚持"这一思想的世界观和方法论，深刻理解坚持和拓展这条道路的历史必然性与现实必要性，把工会自觉接受党的领导、团结服务所联系群众、依法依章程开展工作高度统一起来，在强国建设、民族复兴伟业中充分发挥工会组织联系职工群众的桥梁和纽带作用，团结动员亿万职工激扬团结奋斗力量，在新的时代条件下，不为任何风险所惧，不为任何干扰所惑，真正做到"千磨万击还坚劲，任尔东西南北风"，努力使这条道路越走越宽广，不断深化对新时代新征程工运事业和工会工作规律性的认识，不断开辟新时代中国特色社会主义工会发展道路的新境界。

思考题 ————————————————————

1. 如何理解中国特色社会主义工会发展道路形成的历史过程？

2. 如何认识坚持中国特色社会主义工会发展道路的重大意义？

3. 如何理解新时代中国特色社会主义工会发展道路的科学内涵及精神实质？

4. 联系实际谈谈如何坚持和不断拓展新时代中国特色社会主义工会发展道路？

参 考 文 献

《毛泽东选集》第 1 卷，人民出版社 1991 年版。

《邓小平文选》第 2 卷，人民出版社 1994 年版。

《邓小平文选》第 3 卷，人民出版社 1993 年版。

《习近平谈治国理政》第 4 卷，外文出版社 2022 年版。

《中国共产党第二十次全国代表大会文件汇编》，人民出版社 2022 年版。

《毛泽东邓小平江泽民论工人阶级和工会工作》，中央文献出版社 2002 年版。

中共中央党史和文献研究院编：《习近平关于工人阶级和工会工作论述摘编》，中央文献出版社 2023 年版。

全国总工会课题组：《深入学习贯彻习近平总书记关于工人阶级和工会工作的重要论述》，中国工人出版社 2021 年版。

中华全国总工会：《中国工运事业和工会工作"十四五"发展规划》，中国工人出版社 2021 年版。

中国工运研究所编：《新编中国工人运动史》下卷，中国工人出版社 2016 年版。

第六章　中国特色社会主义工会的作用

　　教学基本要求

　　1.掌握中国特色社会主义工会的政治作用

　　2.掌握中国特色社会主义工会的经济作用

　　3.掌握中国特色社会主义工会的社会作用

　　4.掌握中国特色社会主义工会在协调劳动关系上的作用

　　5.理解中国特色社会主义工会在文化建设中的作用

　　6.理解中国特色社会主义工会在生态文明建设中的作用

　　中国特色社会主义工会的作用包括六个方面，即政治作用、经济作用、社会作用、协调劳动关系作用，以及工会在文化建设、生态文明建设中的作用。工会是党联系职工群众的桥梁和纽带，是共产主义大学校，在巩固国家政权过程中发挥重要的社会支柱作用；在推动社会主义现代化强国建设实践中，工会通过组织职工积极参与经济建设、采用多种形式提高职工劳动技能、积极推动产业工人队伍建设改革等，凸显出经济作用；增强政治性、先进性、群众性是我国工会的改革方向，工会在构建和谐社会、参与管理社会事务等方面发挥重要作用；劳动关系是人们在劳动中结成的全面利益关系，工会组织在构建和谐劳动关系中发挥重要作用；工会在动员职工群众弘扬中华优秀传统文化、建设社会主义文化强国中发挥重要作用；工会在动员广大职工参与环境治理、共建生态文明中的作用也日益重要。

第一节　工会的政治作用

工会组织首先是政治组织，其作用的发挥具有重要的政治意义。

《中华人民共和国工会法》第 4 条第 1 款规定："工会必须遵守和维护宪法，以宪法为根本的活动准则，以经济建设为中心，坚持社会主义道路，坚持人民民主专政，坚持中国共产党的领导，坚持马克思列宁主义、毛泽东思想、邓小平理论、'三个代表'重要思想、科学发展观、习近平新时代中国特色社会主义思想，坚持改革开放，保持和增强政治性、先进性、群众性，依照工会章程独立自主地开展工作。"[1] 工会工作是党治国理政的一项经常性、基础性工作。工会是党联系职工群众的桥梁和纽带，是共产主义大学校，在巩固国家政权过程中发挥重要的社会支柱作用。

一、党治国理政的一项经常性、基础性工作

习近平总书记强调，工会工作是党的群团工作、群众工作的重要组成部分，是党治国理政的一项经常性、基础性工作，要坚持中国共产党领导和社会主义制度。习近平总书记关于工会工作的这些重要论述，把党对工运事业和工会工作的规律性认识提升到了新高度，是指导新时代工运事业和工会工

---

① 《全国人民代表大会常务委员会关于修改〈中华人民共和国工会法〉的决定》，《中华人民共和国全国人民代表大会常务委员会公报》2022 年 1 月 15 日，第 138 页。

作的纲领性文献，也是工会组织和工会工作必须长期坚持的指导思想。

第一，我国始终坚持党对工会工作的领导。中国共产党的领导是贯穿于中国工人运动始终的一条主线，并赋予中国工人运动鲜明的时代特征。从马克思主义基本原理看，工会是通过政治斗争成长和巩固起来的，取得党委对工会的领导和支持是做好工会工作的先决条件。从中国共产党的历史成就看，中国特色社会主义最本质的特征是中国共产党领导，中国特色社会主义制度的最大优势是中国共产党领导。党的十八大以来，习近平总书记多次就工会自觉接受党的领导作出重要指示、提出明确要求，突出"党的领导"，牢牢把握新时代工会工作的根本原则。新修改的《中华人民共和国工会法》一个鲜明特点就是突出坚持党的领导，强调要"保持和增强政治性、先进性、群众性"。把工会坚持党的领导写入工会法，是切实加强党对工会工作的领导，保持和增强工会组织政治性、先进性、群众性的有力保障。

第二，工会是党组织动员广大人民群众为完成党的中心任务而奋斗的重要法宝。中国共产党始终高度重视群团工作，加强群团组织建设，发挥群团组织的特殊优势，团结带领广大人民群众共同为完成党在各个时期的历史任务而奋斗。中国工会接受中国共产党的领导，是历史的选择，也是中国工会的优良传统和政治优势。人民是国家的主人、改革的主体，做好改革发展稳定各项工作，必须依靠人民群众支持和拥护，必须加强和改进党的群团工作，必须充分发挥群团组织的作用，调动人民群众的积极性、主动性、创造性。工会通过扎实有效的工作，把坚持党的领导和我国社会主义制度实实在在落实到广大职工群众中去，在推进和完成党的中心任务过程中发挥着重要作用。

第三，工会组织始终忠诚党的事业。自觉接受党的领导是中国工会不可动摇的政治原则，也是中国工运事业和工会工作从胜利走向胜利的根本保证。作为党领导和开展中国工人运动的产物，中国工会从诞生之日起，就将自己的事业与党的事业紧紧联系在一起。工会组织把广大职工群众紧密团结在党周围，把实现党在不同时期的目标作为历史使命，团结动员广大职工坚定不移跟党走，不断增强党的执政基础、巩固党的执政地位，为党和人民事业发展作出了重大贡献。党的十八大以来，党和国家事业取得历史性成就、发生历史性变革，对工会工作提出了新要求。新时代的宏伟蓝图是全党和全国各族人民的共同任务，更是工人阶级的历史使命。各级工会充分发挥工人阶级的主力军作用，不断开创新时代工运事业和工会工作新局面，为实现中华民族伟大复兴的中国梦作出贡献。

二、发挥党联系职工群众的桥梁和纽带作用

习近平总书记在党的二十大报告中指出："深化工会、共青团、妇联等群团组织改革和建设，有效发挥桥梁纽带作用。"① 中国工会是党领导的工人阶级的群众组织、组织、动员和团结广大职工群众，投身和服务于党的中心工作，实现党的奋斗目标。党同工会的关系，本质上是工人阶级先锋队组织同本阶级群众之间的关系。

第一，通过职工思想引领发挥桥梁纽带作用。引导职工群众听党话、跟党走，巩固党执政的阶级基础和群众基础，是工会组织的政治责任。工会履行政治责任，就是牢牢把握工会组织自身的政治属性和工作定位，牢牢把握工人运动的时代主题和工会工作的正确方向，始终把自己置于党的领导之下，自觉服从服务于工作大局。中国工会始终在思想上、政治上、行动上与党中央保持高度一致，紧跟党的步伐，加强职工思想政治引领，组织引导广大职工坚定不移听党话、跟党走，工会的性质和定位决定了工会组织必须把提升凝聚力摆在重要位置。工会发挥联系群众的特点和优势，把党的理论、路线、方针和政策深入浅出地讲清楚，使工会组织成为职工群众

---

① 《习近平著作选读》第一卷，人民出版社 2023 年版，第 31 页。

的心灵纽带。

第二，通过维护职工合法权益发挥桥梁纽带作用。工会工作始终注重凝聚职工的力量促进企业发展，着力解决好职工群众最忧虑最急迫的实际问题，赢得职工群众的信赖和支持。1978 年 10 月，邓小平在中国工会九大上的致词中讲道："工会组织都必须密切联系群众，使广大工人都感到工会确实是工人自己的组织，是工人信得过的、能替工人说话和办事的组织，是不会对工人说瞎话、拿工人的会费做官当老爷、替少数人谋私利的组织。"① 进入新时代，工会通过积极帮助职工群众依法表达利益诉求，使改革发展成果更多更公平地惠及职工群众，维护职工权益，让职工群众在共建共享发展中有更多获得感。各级工会组织坚持以职工为中心的工作导向，抓住职工群众最关心最直接最现实的利益问题，认真履行维权和服务职责。工会组织通过强化服务意识、提升服务能力、挖掘服务资源，坚持从职工群众需要出发开展工作，不断增进对职工群众的真挚感情。

第三，在贯彻党的群众路线过程中发挥桥梁纽带作用。群众路线是党的生命线，更是工会工作的生命线和根本工作路线。2015 年 4 月 28 日，习近平总书记在庆祝"五一"国际劳动节暨表彰全国劳动模范和先进工作者大会上指出："要坚持把群众路线作为工会工作的生命线和根本工作路线，把工作重心放在最广大普通职工身上，着力强化服务意识、提高维权能力，改进工作作风，破除衙门作风，坚决克服机关化、脱离职工群众现象，让职工群众真正感受到工会是'职工之家'，工会干部是最可信赖的'娘家人'。"② 工会组织在工作中密切联系职工群众，切实增强服务意识、维权意识，让职工群众从内心认可工会是"职工之家"。各级工会组织认真贯彻落实党中央关于工会改革的战略部署，积极构建联系广泛、服务职工的工会工作体系，

---

① 《邓小平文选》第 2 卷，人民出版社 1994 年版，第 138 页。

② 习近平：《在庆祝"五一"国际劳动节暨表彰全国劳动模范和先进工作者大会上的讲话》，人民出版社 2015 年版，第 13 页。

不断完善联系职工群众的制度机制，深入基层一线，加强调查研究，坚持眼睛向下、面向基层，注重把力量和资源向基层倾斜投放，把广大职工凝聚在党的周围。

三、发挥共产主义大学校作用

"工会是共产主义学校"的理论是列宁工会学说的精华。准确把握这一理论，需要从工会的性质、地位、作用、任务、工作方式方法，以及工会与党、政、群各方面的关系来理解，借以正确指导我国新时期的工会工作。[①]工会始终充分发挥群众组织的优势，使广大职工在理想信念、价值理念、道德观念、实际行动上紧紧团结在党的周围，巩固和扩大党的阶级基础、群众基础。

第一，不断加强工会干部的思想道德修养和职业能力培养，提高工会服务职工的能力。工会致力于高素质专业化的工会干部队伍建设。工会干部坚定理想信念，坚持深入到基层职工中去，做好调查研究，了解职工所需，倾听职工呼声，在工作中坚持实事求是原则，把工作重心放在最广大普通职工身上，自觉运用改革创新精神推动提高工会工作群众化、民主化、法制化、科学化水平，使工会工作充满活力，让工会成为职工群众信得过、靠得住、离不开的"娘家"。

第二，实施职工素质建设工程，加快培养高素质劳动者队伍。工会坚持以培育和践行社会主义核心价值观引领职工，紧密联系工会实际，多种形式开展主题教育实践活动，加强广大职工队伍的思想道德素质建设，强化敬业奉献精神，激发劳动创造力量，充分展现新时代职工的良好精神风貌。大力

---

① 刘辛华：《学习"工会是共产主义学校"的理论　认真贯彻〈通知〉精神》，《中国工运学院学报》1990 年第 6 期。

倡导爱岗敬业、诚实守信、敬老爱幼的良好道德观，深入推进职业道德、社会公德、家庭美德和个人品德建设，引导职工提高道德意识，实践道德规范，推动社会主义核心价值观宣传教育入脑入心，提高职工的集体荣誉感和责任感。

第三，加强职工队伍科学文化素质建设，活跃职工精神文化生活。各级工会大力推进职工书屋建设，完成重点企事业单位职工书屋配套建设，对职工队伍知识化起到重要作用。各地基层工会组织通过开展读书节活动、读书征文活动、读书演讲活动等，营造"全民阅读"氛围，丰富职工精神文化生活，也为职工提供便捷的更新知识、获取信息、提高素质的平台和成长条件。此外，工会组织还根据当地经济社会发展需要和职工需求，以"中国梦·劳动美"为主题，围绕不同时期的中心任务，充分利用文化阵地，贴近企业和职工，采取多种多样的活动形式，开创性地组织集竞技性、知识性、服务性和娱乐性于一体，深受职工喜爱的文体系列活动。

四、巩固国家政权的重要社会支柱作用

《中国工会章程》明确规定，中国工会是国家政权的重要社会支柱。充分发挥国家政权重要社会支柱作用，维护工人阶级领导的、以工农联盟为基础的人民民主专政的社会主义国家政权，是历史和时代赋予工会的职责，也是工会推动社会主义和谐社会建设的着力点。在我国社会主义制度下，工会和政府都是国家政权体系中的重要组成部分，两者的根本利益和奋斗目标是一致的，工会与政府之间的关系是相互合作、相互支持、协商共事、密切配合。政府通过工会的支持，实现对经济社会的有效管理、实现改革与发展的目标；工会通过政府的支持，更好地代表和维护职工群众的合法权益。

工会组织首要的政治任务是坚定不移地接受党的领导，坚定不移地服从服务于党和国家工作大局，坚定不移地维护工人阶级的团结和工会组织的统

一。围绕大局是工会准确定位的关键。在实践中，工会紧紧把握时代的脉搏，依据形势的发展变化，坚持与时俱进，不断研究新情况、解决新问题，正确认识和把握工会工作的客观规律。基层工会在创造实践中，不断积累经验，深化对中国特色社会主义工会发展规律的认识。

长期以来，中国工会紧紧围绕党在不同历史时期的中心任务，积极开展工作，为建立和巩固社会主义国家政权作出了积极贡献。当前，工会组织发挥国家政权重要社会支柱作用更具重要性和紧迫性。工会作为劳动者一方利益的代表，是构建和谐社会的一个重要环节，它的一系列特征使之在发挥国家政权重要社会支柱作用中有着不同于其他社会团体的独特优势。作为国家政权体系中的重要组成部分，工会有权参与国家和社会事务的管理，是劳动关系中职工利益的代表者。工会维护了职工的合法权益，就是维护了党与群众的血肉联系，就是维护了稳定的大局，维护了执政党的执政地位和执政基础。

第二节　工会在经济建设中的作用

工会属于经济基础的范畴，是社会经济矛盾的产物。随着我国社会主义市场经济体制的建立和完善，工会在经济建设中的地位、作用更加突出。工会组织职工积极参与经济建设，利用多种形式提高职工劳动技能，积极推动产业工人队伍建设改革，推动经济高质量发展。

一、组织职工积极参与经济建设

工会通过举办劳动和技能竞赛等活动，培养技能型创新型人才，搭建工会服务企业、服务发展的新平台；通过支持并开展劳模和工匠人才创新工作室建设，搭建技术交流、创新创效的平台，不断发展壮大知识型技能型创新型劳动者大军。

（一）劳动和技能竞赛

劳动竞赛是指社会主义国家为充分发挥劳动者的主动性、积极性和首创精神，以普遍提高劳动生产率和工作效率为目的的群众性竞赛活动。其狭义的概念是指生产竞赛；广义的概念是职工经济技术活动的统称，包括生产竞赛、合理化建议、技术革新、技术攻关、技术协作、发明创造、岗位练兵、技术比赛等活动。职业技能竞赛是依据国家职业技能标准，结合生产和经营工作实际开展的，以突出操作技能和解决实际问题能力为重点的、有组织的群众性竞赛活动。新时期的劳动和技能竞赛有助于提升企业竞争力和技术创新力，提高产业工人素质，构建和谐劳动关系。①

当前，劳动和技能竞赛在我国规模以上企业中普遍开展，在中小企业中稳步推进。职工创新成果纷纷涌现，成果转化率不断提高。职工的技能素质、创新能力显著提升，技术工人队伍不断壮大，更多大国工匠脱颖而出。劳动和技能竞赛组织领导体制也在不断完善，竞赛绩效评估、考核管理和表彰奖励等机制进一步健全，在企业中形成党政重视支持、工会积极组织、职工广泛参与、社会广泛认可的竞赛格局。

（二）职工（劳模）创新工作室

职工（劳模）创新工作室是企业搭建的技术交流、创新创效平台，由企业中品质优秀、有技术技能专长的职工（劳模）牵头，企业职工参与，围绕企业中心任务和重点难点问题，充分发挥职工（劳模）业务专长和技术优势，通过开展业务培训、课题研究、项目攻关等，推广先进创新理念和创新工作

---

① 李玉赋：《新的使命和担当》，中国工人出版社 2017 年版，第 112—113 页。

方法，激发广大职工的创新热情，形成精益求精、自主创新的氛围，带动职工共同成长，在企业生产经营中发挥着重要作用。

一是技术攻关的作用。工作室的团队成员围绕生产相关课题开展攻关工作、科学研究，普及推广先进技术和创新工作方法，关注企业的产业技术升级需求，实现创新突破，促进企业的技术发展。二是技能传承的作用。工作室是培养企业技能型人才的重要平台，是培养职工学习能力、创新能力、创优能力的实践基地。企业从政策和资金上给予支持。工作室的优秀职工（劳模）毫无保留地将多年的经验积累、技能技术、操作技巧等传授给职工，影响带动广大职工积极参与工作室的相关课题和研究，不断提升技术技能水平，为企业培养高素质劳动者。三是引领示范的作用。工作室在创新实践、传帮带的过程中，不仅使职业技能传承并创新，还有利于充分发挥优秀职工和劳模的榜样带头作用，将劳动精神、劳模精神、工匠精神潜移默化地影响到工作室的每一位职工，在总结推广和不断提升中，使他们的劳动技能、创新方法、管理经验在企业产生更广泛的影响，形成"学先进、争劳模、比贡献"的良好气氛，切实提高人才培养质量。四是成果转化的作用。工作室也是企业创新成果的孵化器。充分发挥工作室在成果转化中的重要作用，缩短从创新成果到现实应用的过渡期，能够加速实现创新成果的应用，为企业创造更大的经济效益。

二、利用多种形式提高职工劳动技能

2006 年，财政部、全国总工会、国家发展和改革委员会等 11 个部委联合下发《关于企业职工教育经费提取与使用管理的意见》，明确规定要切实保证企业职工教育培训经费足额提取及合理使用，即"一般企业按照职工工资总额的 1.5% 足额提取教育培训经费，从业人员技术要求高、培训任务重、经济效益较好的企业，可按 2.5% 提取，列入成本开支"。此外，《中华人民共和国就业促进法》《企业财务通则》《企业会计准则》以及《中华人民共和国企业所得税法实施条例》等，也对职工教育经费的提取和使用方式作出明确规定。相关文件和政策明确，要保证职工教育培训经费专项用于职工，特别是用于一线职工的教育和培训。职工教育培训经费必须专款专用，面向全体职工开展教育培训，特别是加强各类高技能人才的培养。①

（一）传统技能培训

《关于企业职工教育经费提取与使用管理的意见》规定，企业职工教育经费基本列支范围为：（1）上岗和转岗培训；（2）各类岗位适应性培训；（3）岗位培训、职业技术等级培训、高技能人才培训；（4）专业技术人员继续教育；（5）特种作业人员培训；（6）企业组织的职工外送培训的经费支出；（7）职工参加的职业技能鉴定、职业资格认证等经费支出；（8）购置教学设备与设施；（9）职工岗位自学成才奖励费用；（10）职工教育培训管理费用；（11）有关职工教育的其他开支。为保障企业职工的学习权利并提高他们的基本技能，职工教育培训经费的60%以上应当用于企业一线职工的教育和培训。在当前经济转型的关键时期，职工教育培训经费的重点是投向技能型人才特别是高技能人才的培养，以及在岗人员的技术培训和继续学习。

加强培训、提升技术技能等级，是推动产业工人职业发展和全面发展的主要方式。一是完善职工技术技能培训工作的相关制度，强化"以考促学、以比促学、以用促学"的工作机制；二是制定科学有效的培训规划，分层次、分类别、多渠道、重实效地开展职工培训和人才培养工作；三是构建多元化、系统化的培训体系；四是确保经费投入，使各年度职工教育经费用于生产一线培训的经费达到或超过60%的规定比例。企业以组织技术论坛或研讨会等形式，为优秀技能人才搭建沟通交流平台；组建优秀技能人才工作服务队，深入各生产单位解决技术难题或推广先进操作方法；有计

---

① 胡玉玲：《我国职工教育经费的使用规定与现实意义》，《工会博览》2017年第25期。

划地选派优秀技能人才赴先进企业和知名院校，进行脱产学习、参观考察和技术交流。

（二）互联网培训模式

互联网时代，在线学习平台具有便捷、迅速、不受空间和时间限制等优势，可以整合各类网络课件资源，为员工构建远程教育培训网络，创新员工在线学习培训模式。企业通过培训网络，可以有效克服传统培训授课方式的不足，使培训内容更加贴近实际、培训形式更加灵活多样，有利于互学互促、互帮互助，提升整体培训效果。一些企业工会充分发挥在线学习平台的优势，线上线下培训相结合，使培训形式更加灵活，丰富了培训内容，提升了培训效果。此外，还根据企业人才梯队建设需求，整合优化各类培训资源，细化企业中高级管理人员培训、安管人员培训、班组长培训、业务技能培训、非煤安全培训、特种作业人员培训、拓展训练、员工学历提升培训等功能，逐步完善多层次的员工培训体系。

互联网培训已经成为职工碎片化、系统化学习的主渠道。依托在线学习平台的现代信息技术优势，整合现有网络教育培训资源，建立完善的企业大学网络学习平台，形成科学的网络教学工作管理机制，为职工提供多样化的在线学习服务。

（三）校企合作模式

企业联合科研院所，以实验室为依托，集合企业管理者、技术人员、普通工人，以及科研院所的专家、学者和学生等组成研发团队，共同开展关于某项技术技能的研发和应用，实现企业关键技术的突破，同时也为企业培养技术技能人才。企业可以从大学、科研院所聘请教授、专家和学生进行合作研究。工作站由企业高层管理者牵头，由工程师、技术人员参与，在校期间进入工作站实习实训的学生毕业之后可以留在企业工作。校企合作模式在为企业培养技术技能人才方面发挥了显著作用。

三、积极推动产业工人队伍建设改革

产业工人是工人阶级的主体力量，是创造社会财富的中坚力量，是实施创新驱动发展战略、加快建设制造强国的骨干力量。

2017 年 4 月 14 日，中共中央、国务院印发《新时期产业工人队伍建设改革方案》。2024 年 10 月 12 日，中共中央、国务院又印发《关于深化产业工人队伍建设改革的意见》，为推进新时期产业工人队伍建设改革提供了基本遵循和行动指南。对产业工人队伍建设改革进行专门谋划和部署，这在我们党和国家历史上尚属首次，充分体现了以习近平同志为核心的党中央对包括产业工人在内的工人阶级的高度重视和亲切关怀，也体现了党中央始终坚持以人民为中心的发展思想和全心全意依靠工人阶级的根本方针，对于进一步巩固党的执政基础、实施制造强国战略具有重大而深远的意义。《关于深化产业工人队伍建设改革的意见》的主要目标是：通过深化产业工人队伍建设改革，思想政治引领更加扎实，产业工人听党话跟党走的信念更加坚定，干事创业的激情动力更加高涨，主人翁地位更加显著，成就感获得感幸福感进一步增强；劳动光荣、技能宝贵、创造伟大的社会氛围更加浓厚；产业工人综合素质明显提升，大国工匠、高技能人才不断涌现，知识型技能型创新型产业工人队伍不断壮大。推进产业工人队伍建设改革，是全面深化改革的重要内容，也是工会法赋予工会组织的法定职责。工会在推动产业工人队伍建设方面发挥出重要作用。习近平总书记在党的二十大报告中明确指出："全心全意依靠工人阶级，健全以职工代表大会为基本形式的企事业单位民主管理制度，维护职工合法权益。"[①]

---

① 《习近平著作选读》第一卷，人民出版社 2023 年版，第 32 页。

一是进一步提高产业工人的思想政治素养。工会组织主动适应新形势新任务，不断加强和改进职工思想政治工作，把广大职工紧紧凝聚在党的周围。2012年11月29日，中共中央办公厅、国务院办公厅印发由全国总工会牵头制定的《关于加强和改进新时代产业工人队伍思想政治工作的意见》，大力开展主题宣传教育，坚持用新时代党的创新理论武装职工、用正确舆论引导职工、用先进文化培育职工、用高尚精神塑造职工、用优秀作品鼓舞职工、用真诚服务赢得职工、不断壮大主流思想文化的"根据地"、扩大争取人心的"同心圆"，产业工人的思想政治素质得到显著提升。中共中央、国务院印发的《关于深化产业工人队伍建设改革的意见》要求：加强产业工人队伍党建工作。持续解决国有企业党员空白班组问题。加强在产业工人中发展党员，注重把生产经营骨干培养成党员。

二是适应新型工业化发展需求，完善产业工人技能形成体系，着力提升产业工人队伍的技术技能素质。素质是立身之基，技能是立业之本。2018年，全国总工会深度参与制定中共中央办公厅、国务院办公厅印发的《关于提高技术工人待遇的意见》以及《国务院关于推行终身职业技能培训制度的意见》等重要文件，大力推动构建产业工人技能形成体系。深化劳模和工匠人才创新工作室创建活动，为高技能人才发挥作用搭建平台。设立职工创新补助资金，加大对一线技术工人创新的支持力度，组织推荐一线职工参评国家科学技术进步奖、全国创新争先奖、中国专利奖等国家级技术工人表彰奖项。举办全国职工职业技能大赛，赛训结合，提升职工技能。

三是产业工人的地位和待遇进一步提高。产业工人的地位如何，是决定这支队伍能不能发挥重要作用的关键，也是社会关注的焦点。各级工会着眼于从政治安排、制度保障上落实全心全意依靠工人阶级的根本方针，积极推动增加产业工人在各级党的代表大会代表和委员会委员、人民代表大会代表、政协委员、群团组织代表大会代表和委员会委员中的比例，实行产业工人在群团组织挂职和兼职，提高产业工人的政治地位。2018年，中共中央办公厅、国务院办公厅印发《关于提高技术工人待遇的意见》，明确提出要进一步完善企业工资分配制度、建立技术工人工资正常增长机制、探索技术工人长效激励机制等。在提高产业工人经济收入基础上，工会要加强产业工人服务保障。

四是工会要围绕重大战略、重大工程、重大项目、重点产业，广泛开展多种形式的劳动和技能竞赛，常做常新。大力弘扬劳模精神、劳动精神、工匠精神，加强劳模工匠创新工作室等平台建设，激发产业工人创新创造活力。

第三节　工会的社会作用

增强政治性、先进性、群众性是我国工会的改革方向。为切实增强工会工作的动力活力和工会组织的凝聚力，工会要在建机制、强功能、增实效上不断突破，在构建和谐社会、参与管理社会事务及弘扬社会正气等方面发挥社会作用。

一、促进和谐社会的协调稳定

工会工作在提高工会干部素质的同时，坚持和发扬工会工作的传统，充分展示中国工会的优势，不断创新工作的方法、途径和形式，为构建和谐社会作出贡献。

首先，工会立足本职履行维权职责。维护职工合法权益是工会的基本职责。工会维权的内容包括：职工的政治权利、经济权利、参与企业管理的民主权利、各种劳动权利、精神文化娱乐权利、身体健康及心理健康权利等等。工会组织的这种维权行动，将劳资纠纷控制在法律秩序的范围内，有助于保障社会秩序的稳定与和谐。

其次，发挥工会的社会参与功能。中国工会具有良好的社会参与功能和资源。各地方工会的管理者充分运用其在各级党组织、地方人大或政协等机构兼任的领导职务，及时反映职工的呼声，协助各级党组织、人大、政协和政府相关部门，制定出更加符合职工需求和社会发展的政策方针。工会立足于履行群团组织的社会责任，对企事业单位执行法律法规的情况进行广泛的监督。

最后，组织职工参与企事业单位的民主管理。党中央提出，推进民主政治建设、构建和谐社会的一个重要指标就是实现民主政治。党的十六大以来，我国以村为单位的村务公开和以企事业组织为单位的厂务公开越来越得到社会认同。党的二十大指出，积极发展基层民主。基层民主是全过程人民民主的重要体现。企事业单位的民主管理是基层民主的重要组成部分。在构建社会主义和谐社会的伟大事业中，工会积极组织职工参与企事业单位的民主管理，通过职工大会或职工代表大会等民主管理制度，保障职工参与企事业单位管理的民主权利得到有效行使，对于推动全过程人民民主具有重大意义。在这一过程中，工会引导并提高职工的民主意识和社会责任感，完善和发展协商民主，不仅深刻体现了全心全意依靠工人阶级的根本方针，也将对全社会起到应有的示范作用。

二、组织职工参与管理社会事务

工会在组织和代表职工参与社会管理及公共事务、维护社会稳定、促进社会和谐等方面，发挥了重要作用。

一是在深化民主管理中参与社会治理。健康宽松的民主氛围是构建和谐劳动关系的必要条件。工会坚持和完善以职代会为基本形式的企事业单位民主管理制度，落实职工群众的知情权、参与权、表达权和监督权，大力推行厂务公开制度，把厂务公开贯穿于生产经营的全过程，拓展厂务公开的广度和深度，建立职工代表议事会制度，为职工代表搭建各抒己见的议事平台。

二是在维护职工合法权益中参与社会治理。维护职工的合法权益是工会的基本职责，是构建和谐劳动关系、参与社会治理的关键。工会积极参与涉及职工就业、劳动、收入、社保、住房、医疗、安全、教育等利益问题法律法规和政策措施制定，积极参与公共服务改革和创新；加强法律法规宣传普及，进一步强化企业"依法用工、规范用工、效益用工"的责任意识；完善集体合同制度，把建立和完善集体合同制度作为协调劳动关系、参与社会治理的重点；加强劳动争议调处，引导职工通过理性合法渠道正确表达利益诉求，积极协助党政解决劳动关系中出现的新问题。

三是在竭诚服务职工中创新管理。当前，我国在加强帮困救助工作机构建设方面逐步完善组织网络，构建党政领导、工会运作、部门参加、全员参与的工作格局；大力实施"送温暖"工程，建立困难职工动态档案，建立患大病职工、职工遗孀户和低收入家庭信息库，加强公开、公示和动态管理，让广大职工感受工会的关心和爱护，增强职工的归属感；完善互助机制，建立帮困救助基金，积极建立职工自愿，行政、工会、职工三方共同参与的职工互助机制；建立并完善工会法律援助与服务机制，向困难职工提供有效的帮助，维护职工队伍和社会稳定。

四是在加强组织建设中参与社会治理。最大限度地把广大职工组织到工会中来，紧密团结在党的周围，是工会参与社会治理的前提和基础。在组织体系上，形成适应不同企业规模、不同经济发展水平的工会组织形式。对规模企业，切实加强企业内部工会组织建设，发挥职工代表大会等基本制度的作用。对中小企业，大力建设适应集体劳动行为的行业性、区域性工会组织，把中小企业工会难以履行的代表维护职能提升到行业区域工会组织中，积极探索建设职业化工会干部队伍。

第四节　工会协调劳动关系的作用

劳动关系是人们在劳动中结成的利益关系。经济社会发展的不同阶段，劳动关系的确立方式和运行机制都有很大不同。进入新时代，我国劳动关系在进一步完善的同时，也面临一些挑战和困难。工会组织作为建设和谐社会的重要社会力量，在工资集体协商、构建和谐劳动关系、切实防范化解劳动领域风险隐患过程中发挥重要作用。

一、劳动关系的本质

劳动关系既是一种生产关系，也是一种社会关系。广义的劳动关系是指人们在社会劳动过程中发生的一切社会关系，狭义的劳动关系是指劳动者在运用劳动能力实现劳动过程中与生产资料所有者发生的社会经济关系。

劳动是形成劳动关系的基础和前提，劳动关系是人们在劳动中结成的生产关系。我国社会主义初级阶段以生产资料公有制为主体、各种所有制并存为基本特征，依法经营的个体经济和私营经济等非公经济是社会主义市场经济的重要组成部分，它们同样接受社会主义法律的调整和制约。在社会主义社会里，劳动者是国家的主人，资本增值的目的必须服从于人民共同富裕这一目标；所以，社会主义条件下的劳动，本质是劳动者凭借自己的劳动能力，借助生产资料所有者提供的劳动场所和劳动工具，为全社会创造财富，并同时满足自己的需求。它的本质属性显然是社会主义的，其主体地位也是不容置疑的。由于生产资料所有制呈多种表现方式，劳动关系的表现形式也是多样化的，但无论劳动关系以何种方式表现，其最终目的都是满足人民的生活需要。劳动关系问题本质上是社会问题。

二、我国劳动关系的历史嬗变

（一）计划经济体制下的劳动关系

改革开放之前，与我国计划经济运行体制相适应，企业劳动关系行政化色彩强烈。

从劳动关系的构建方式来说，企业生产经营目标都是基于行政性指令，没有自主权；因此，生产要素也是按照计划配置，劳动力作为生产要素用多用少都由行政安排，城镇人口达到劳动年龄就由当地政府按计划进行分配，劳动力与企业形成非常稳固的劳动关系。

从劳动关系的规范方式来说，规范企业劳动关系的责任由地方政府来承担，政府负责制定企业的劳动用工制度，企业与职工之间的劳动关系纳入劳动管理制度，企业用工数量是由政府确定的，职工的工作调动也必须经由劳动行政管理部门统一计划实施，企业无权辞退职工，职工也不能擅自做主离开企业。

从劳动者的身份、地位来看，计划经济体制下，劳动者凸显其国家职工身份，在工资分配、社会保障和社会福利等方面都具有显著的身份优势。劳动关系服务于社会经济发展的整体目标，政府在法律、行政法规和相关政策等方面固化劳动者的国家职工身份，企业几乎没有人事和分配上的决定权。

（二）改革开放初期的劳动关系

1978 年，我国由计划经济向市场经济过渡，党的工作重点转移到社会主义现代化建设上来，我国进入改革开放时期。

1986 年，陆续制定了《中华人民共和国外资企业法》《国营企业实行劳动合同制暂行规定》《国营企业招用工人暂行规定》和《国营企业职工待业保险暂行规定》等，这一系列法律法规为我国劳动关系实现根本性改变创造了条件。其中，在《国营企业实行劳动合同制暂行规定》明确要求，在企业新招的职工中全面推行劳动合同制；合同期满后，企业可以根据需要决定延续或终止劳动合同。由于劳动合同制改革首先是在新招收的工人中试行的，而原有的工人和统一分配工作的大中专毕业生及退伍军人仍实行固定工制度，这两种用工制度并存了一段时间。为了消除两种用工制度并存产生的新矛盾，把劳动合同制改革引向深入，1992年，劳动部发出了《关于扩大试行全员劳动合同制的通知》，又开始在全国范围内的全员劳动合同制试点工作。经过几年的努力，全员劳动合同制已基本在全国范围内建立起来。企业开始在形式上建立起了合同约束的劳资关系，尽管并未从根本上实现法治和契约管理的目标，但已经为劳资双方建立对等的权利、实施法治化和契约化管理创造了条件，劳资主体向进一步的独立主体身份迈进。

可见，改革开放以来，劳动关系发生显著变化。变化的根本在于劳动关系伴随市场经济体制的逐步确立，实现向契约化的真正复归。

（三）社会主义现代化建设时期的劳动关系

1984年10月，党的十二届三中全会通过了《中共中央关于经济体制改革的决定》，第一次提出社会主义经济是以公有制为基础的有计划的商品经济。1993年11月，党的十四届三中全会又制定了《中共中央关于建立社会主义市场经济体制若干问题的决定》，指出社会主义市场经济体制是同社会主义基本制度结合在一起的。随着经济体制从计划经济、有计划的商品经济过渡到社会主义市场经济，劳动关系也进一步向市场化过渡。党的十四大提出，要进一步转换国有企业经营机制，建立适应市场经济要求，产权清晰、权责明确、政企分开、管理科学的现代企业制度。劳动关系劳资双方尤其是资方，有了更具体的载体——企业法人，这为劳动关系真正实现法治化、契约化和规范化打下了根本基础。

1994年，我国颁布了《中华人民共和国劳动法》。这是新中国成立以来第一部保护劳动者合法权益的专门法律规范，明确了劳动关系和各个主体的法律地位，在国家法律层面保证了企业自主用工、个人自主择业的权利，使劳动力市场建设和劳动关系管理开始走向法治化的轨道。1997 年，中国共产党第十五次全国代表大会报告指出：公有制实现形式可以而且应当多样化，承认非公有制经济是我国社会主义市场经济的重要组成部分，允许和鼓励资本、技术等生产要素参与收益分配。

（四）新世纪以来的劳动关系

进入 21 世纪，我国市场经济进入快速发展阶段，在劳动关系领域也呈现出一些新的变化。一是双向选择确立劳动关系。企业在用人和分配等方面的自主权逐步扩大，成为劳动关系的一方主体。劳动者成为能够支配自身劳动力的独立主体，与用人单位通过双向选择确立劳动关系。二是劳动关系格局复杂化。以公有制为主体、多种经济成分并存的新的市场格局形成，与此同时，劳动关系也呈现出复杂化和多样化特点，并有动态变化趋势。三是以契约化方式建立劳动关系。随着劳动制度改革逐步深化，企业通过劳动合同制度来替代固定工制度，劳动关系逐步由行政隶属关系转向契约关系。四是形成市场化的劳动关系运行机制。劳动就业逐渐从过去的统包统配转向就业市场化，劳动关系的变更与终止转向市场调节方式，劳动关系主体的权利和义务按照市场规则决定，市场机制发挥出对劳动力资源的调节作用。五是形成新型劳动关系。企业与劳动者之间逐渐形成主体明晰、利益多元的新型劳动关系。企业产权所有者、经营者和劳动者在根本利益一致的前提下，出现局部矛盾，劳动争议复杂多样。

三、新时代劳动关系的新变化及其挑战

我国不同时期都一定程度存在劳动关系不和谐等一些现实问题。工会在不断满足职工群众美好生活需要中担当作为，在推动构建中国特色社会主义

和谐劳动关系中履职尽责，在构建联系广泛、服务职工的工会工作体系中开拓创新。进入新时代，伴随着经济社会的快速发展，我国劳动关系进一步完善，为实现共享发展和共同富裕提供了有利条件，但也面临一些挑战。习近平总书记强调，我们必须把群团组织建设得更加充满活力、更加坚强有力，使之成为推进国家治理体系和治理能力现代化的重要力量。

（一）新时代劳动关系的新变化

2011年8月15日至16日，全国构建和谐劳动关系先进表彰暨经验交流会在北京举行，习近平出席会议并讲话。他指出，劳动关系是生产关系的重要组成部分，是最基本、最重要的社会关系之一。构建和谐劳动关系，是建设社会主义和谐社会的重要基础，是增强党的执政基础、巩固党的执政地位的必然要求，是坚持中国特色社会主义道路、贯彻中国特色社会主义理论体系、完善中国特色社会主义制度的重要组成部分，其经济、政治、社会意义十分重大而深远。

2012年，党的十八大提出推动实现更高质量就业，开始在党的全国代表大会报告中注重就业数量与就业质量并举。劳动关系治理的一个焦点是，健全劳动标准体系和劳动关系协调机制，加强劳动保障监察和争议调解仲裁，构建和谐劳动关系。劳动关系治理不仅服务于高质量就业，而且深化了构建和谐劳动关系内涵，注重健全劳动标准体系。2015年，中共中央、国务院下发《关于构建和谐劳动关系的意见》，强调探索构建中国特色和谐劳动关系之路，不照搬工业化市场经济国家模式，维护政治和社会稳定，为新时代我国劳动关系治理提供了新的指引。2017年，党的十九大指出，中国特色社会主义进入新时代，我国社会主要矛盾已经转化为人民日益增长的美好生活需要和不平衡不充分的发展之间的矛盾。党的十九大同时指出，要提高就业质量和人民收入水平。该时期劳动关系治理的主要任务是，完善政府、工会、企业共同参与的协商协调机制，构建和谐劳动关系，劳动者实现体面劳动、全面发展。

新时代，我国职工队伍总体规模不断发展壮大，职工的队伍结构、就业形式、利益诉求等方面也出现一些新的变化。比如，职工在权益维护方式上，逐渐从被动维权向主动维权转变；在权益维护内容上，从追求物质权益、生存权益、当下权益，开始逐渐向民主权益、个人发展权益，以及长远利益方面转变，不同职工群体的利益诉求还表现为差异化、多元化和复杂化特点。职工诉求是其主体客观需求的主观表达，是职工利益取向的目的性显现。这种普遍存在于职工自身利益诉求及其争取实现利益目的的自我矛盾运动，就构成了一种内在推动力。①

（二）新时代劳动关系面临的挑战

新时代劳动关系的新变化对构建和谐劳动关系提出诸多挑战，劳动关系一定程度上依然存在"强资本、弱劳动"的局面，劳动者权益保护仍然存在一些短板和不足。尽管新业态、新模式不断出现，但劳动参与率却呈现持续下降态势，劳动力的流动性明显提高，企业用工需求无法得到稳定满足。总体上来说，新技术引领的新经济、新业态促使企业的生产组织面临深刻调整，大量灵活的、非全日制的、临时性的劳动关系代替了稳定的、全日制的、固定性的传统劳动关系，大量灵活就业人员的劳动保障问题成为劳动关系领域非常重要的热点问题。和谐稳定的劳动关系是社会发展的基础。社会财富的生产需要各类生产要素的有效合作。作为劳动关系的重要主体，劳动与资本之间能否构建和谐稳定的合作关系，不仅影响主体之间的合作效率，还将影响到经济发展和社会稳定。

2015 年 3 月发布的《中共中央、国务院关于构建和谐劳动关系的意见》明

---

① 赵健杰：《职工诉求与实现：构建新时代服务职工工会工作体系的价值旨归》，《中国劳动关系学院学报》2022 年第 3 期。

确提出，坚持"以人为本、依法构建、共建共享、改革创新"的工作原则，即工会要着力解决广大职工最关心、最直接、最现实的利益问题，切实维护其根本权益；要把劳动关系的建立、运行、监督、调处的全过程纳入法治化轨道，健全劳动保障法律法规，增强企业依法用工意识，提高职工依法维权能力；要统筹处理好促进企业发展和维护职工合法权益的关系，调动劳动关系主体双方的积极性、主动性和创造性，推动企业和职工协商共事、机制共建、效益共创、利益共享；从我国基本经济制度出发，统筹考虑不同所有制经济的特点，不断探究和把握社会主义市场经济条件下劳动关系运行的规律性，积极稳妥推进具有中国特色的劳动关系工作理论、体制、制度、机制和方法创新。

四、工会组织在构建和谐劳动关系中的作用

党和国家历来高度重视构建和谐劳动关系。党的十八大明确提出构建和谐劳动关系。努力构建中国特色社会主义和谐劳动关系，是加强和创新社会管理、保障和改善民生的重要内容，是建设社会主义和谐社会的重要基础，是经济持续健康发展的重要保证，是增强党的执政基础、巩固党的执政地位的必然要求。当前，我国正处于经济社会转型时期，劳动关系的主体及其利益诉求越来越多元化，劳动关系矛盾多发，劳动争议案件居高不下，有的地方拖欠农民工工资等损害职工利益的现象仍较突出，集体停工和群体性事件时有发生，构建和谐劳动关系的任务艰巨繁重。[1] 工会要"贯彻总体国家安全观，坚持维权维稳相统一，建立健全落实'五个坚决'要求长效机制，一手抓防范化解，一手抓引领构建，坚决维护职工队伍和社会大局和谐稳定"[2]，在

---

①　《高举维护职工权益旗帜——摘自〈新时代新使命新作为〉》，《工会博览》2018 年第 18 期。

②　王东明：《以习近平新时代中国特色社会主义思想为指导　组织动员亿万职工为强国建设民族复兴团结奋斗》，《工人日报》2023 年 10 月 14 日。

构建和谐劳动关系中积极作为。其主要作用的发挥体现在如下几个方面。

一是以职工为本，切实维护职工合法权益。工会解决广大职工切身利益问题，这是构建和谐劳动关系的根本出发点和落脚点。工会作为党联系职工群众的桥梁纽带、国家政权的重要社会支柱、职工利益的代表者维护者，在构建和谐劳动关系中要明确职责定位，正确处理改革发展稳定关系，切实履行基本职责，旗帜鲜明地维护职工合法权益。

二是完善企业与职工的协调沟通制度。社会主义制度下的企业利益和职工利益在根本上是一致的。工会需要统筹处理好企业发展和职工权益实现的关系，一方面引导企业经营者积极履行社会责任，关心爱护职工；另一方面，教育职工做企业发展的主人，积极为企业发展贡献力量。同时，积极倡导协商协调沟通，促进合作共建共赢，凝聚共识，使企业和职工成为利益共同体、事业共同体。

三是运用法治思维和法治方式协调劳动关系。劳动关系只有在法治的框架内运行，才能稳定和谐。工会要不断加大源头参与力度，推动健全劳动法律法规体系，加强群众性法律监督，促进劳动法律法规的贯彻落实，把劳动关系的运行、监督、调处等环节都纳入法治化轨道，依法保障职工基本权益，有效解决矛盾纠纷。此外，切实开展劳动法律法规宣传教育，引导劳动关系双方遵守相关法律法规，依法办事、依法维权。

四是完善基层工会建设，强化构建和谐劳动关系基础。工会在构建和谐劳动关系中发挥作用，其工作重点在基层。工会着力扩大覆盖面、增强代表性，着力强化服务意识、提高维权能力，激发基层工会活力，发挥基层工会作用，致力于在基层有所作为、体现价值。通过加强对基层工会工作的指导服务，提高工会干部参与协调劳动关系的能力。

五是以改革创新精神推动构建和谐劳动关系。工会坚持问题导向，加强对构建中国特色社会主义和谐劳动关系理论与实践的研究，积极推进协调劳动关系工作制度、机制和方法创新。加强对经济发展新常态下劳动关系热点、难点问题的研究，有针对性地提出对策建议。深入推进和谐劳动关系创建活动，积极推动构建和谐劳动关系综合试验区（市）建设，努力探索创造更多切实可行的经验和做法。①

第五节　工会在文化建设中的作用

文化是国家和民族的灵魂，文化进步是社会进步的重要内容。党的十八大将文化建设作为中国特色社会主义事业"五位一体"总体布局的重要构成，给予高度重视。我国工会贯彻落实党中央决策部署，动员带领职工群众弘扬中华优秀传统文化，挖掘红色工运文化，发展社会主义先进文化，丰富职工群众的精神文化生活，在建设社会主义文化强国中发挥着不可或缺的重要作用。

一、党中央高度重视文化建设

党中央高度重视文化建设。2006年，党的十六届六中全会审议通过的《中共中央关于构建社会主义和谐社会若干重大问题的决定》指出，建设和谐文化，是构建社会主义和谐社会的重要任务。社会主义核心价值体系是建设和谐文化的根本。这是党中央首次提出社会主义核心价值体系，并明确这一体系的基本内容包括马克思主义指导思想、中国特色社会主义共同理想、以爱国主义为核心的民族精神和以改革创新为核心的时代精神以及社会主义荣辱观。2011年，党的十七届六中全会通过的《中共中央关于深化文化体制改革、

---

① 李玉赋：《紧紧围绕"四个全面"战略布局在构建和谐劳动关系中充分发挥工会组织作用》，《中国工运》2015年第6期。

推动社会主义文化大发展大繁荣若干重大问题的决定》第一次明确提出，社会主义核心价值体系是社会主义先进文化的精髓。党的十八大以来，党中央提出包括文化建设在内的"五位一体"总体布局，并将文化自信与道路自信、理论自信、制度自信并列为中国特色社会主义"四个自信"，推动建设社会主义文化强国。党的十九大报告指出，文化兴，国运兴；文化强，民族强；坚定文化自信是文化建设的主基调。党的第十九届四中全会提出，要坚持和完善繁荣发展社会主义先进文化的制度，巩固全体人民团结奋斗的共同思想基础。党的二十大报告提出，从现在起，中国共产党的中心任务就是团结带领全国各族人民全面建成社会主义现代化强国、实现第二个百年奋斗目标，以中国式现代化全面推进中华民族伟大复兴；中国式现代化是物质文明和精神文明相协调的现代化；全面建设社会主义现代化国家，必须坚持中国特色社会主义文化发展道路，增强文化自信，围绕举旗帜、聚民心、育新人、兴文化、展形象建设社会主义文化强国，发展面向现代化、面向世界、面向未来的，民族的科学的大众的社会主义文化，激发全民族文化创新创造活力，增强实现中华民族伟大复兴的精神力量。

二、工会在文化建设中的作用

工会法第 5 条规定，工会通过各种途径和形式，参与管理国家事务、管理经济和文化事业、管理社会事务。这为工会参与文化建设提供了法律保障，指明了方向。工会通过多种渠道和形式，参与文化建设，巩固职工团结奋斗的共同思想基础，实现对职工的思想政治引领，坚定职工的文化自信，凝聚建设社会主义现代化强国的精神力量。

（一）弘扬红色工运文化，坚定职工的理想信念和文化自信

党的红色文化包含了民族情怀、家国理想、道德情结和革命精神等道德

价值①，是党的重要文化精神财富。在党的百年奋斗历程中，工会始终是党实现各个时期目标的重要力量，工运文化成为党的红色文化的重要组成部分。在深入学习党史、庆祝中国共产党成立100周年的进程中，我国大批百年红色工运资源得以发掘和修缮，这为工会讲好红色工运故事、传承和弘扬红色文化奠定了基础。中国工会十八大报告指出，工会加强红色工运资源的挖掘保护和管理运用，命名了一批全国职工爱国主义教育基地。各地工会依托红色工运资源，开展"工"字系列的职工文化建设品牌活动，大力传承和弘扬红色文化，向职工宣传党的路线、方针和政策以及国家的法律法规等，提升职工的思想政治觉悟。这些活动，有助于在职工中强化社会主义意识形态，强固职工坚持党的领导的理想信念和精神支柱，统一职工的思想认识，在职工群体中营造健康向上的文化氛围，增强职工的使命感、责任感，引导职工认同中国特色社会主义的共同理想，筑牢职工的理想信念，坚定职工的文化自信。

(二) 弘扬劳模精神、劳动精神、工匠精神，凝聚建设社会主义现代化强国的精神力量

劳模精神、劳动精神、工匠精神是中华民族优秀品德在劳动领域的集中体现。党的二十大报告提出，要在全社会弘扬劳动精神、奋斗精神、奉献精神、创造精神、勤俭节约精神。工会重视弘扬劳模精神、劳动精神、工匠精神。中国工会十八大报告指出，工会广泛开展"中国梦·劳动美"主题宣传教育，每年发布全国"最美职工"；举办大国工匠创新交流大会、大国工匠论坛，选树宣传大国工匠年度人物，建设工匠学院、劳模和工匠人才创新工作室。工会通过开展劳动模范和先进工作者选树工作、建设劳模工匠等模范人物展示馆、打造体现优秀职工文化的文艺作品等活动，弘扬劳模精神、劳

---

① 刘建荣：《红色文化的道德价值》，《湖南社会科学》2022年第3期。

动精神和工匠精神，在社会中营造尊重知识、尊重劳动、尊重人才、尊重创造的氛围，动员职工爱岗敬业，激发职工的劳动热情和创新能力，凝聚职工群众建设社会主义现代化强国的精神力量。

（三）面向职工提供文化服务，推动职工文化建设与发展

党的十九大报告指出："中国特色社会主义进入新时代，我国社会主要矛盾已经转化为人民日益增长的美好生活需要和不平衡不充分的发展之间的矛盾。"① 职工的美好生活需要既包括物质层面，也包括精神文化层面。公共文化服务的供给仅靠政府财政资源，难以满足职工多样化需求。公共文化服务建设需要社会力量参与，形成政府"权威型供给"、市场"商业型供给"以及第三部门"志愿型供给"等相结合的多元化公共文化服务供给模式。② 工会关注职工的精神文化需求。全国总工会先后出台《关于加强新时代职工文化建设的指导意见》《关于工会联系引导社会组织为职工提供专业化服务的指导意见》《中国工运事业和工会工作"十四五"发展规划》等政策文件，推动职工文化建设。实践中，各级工会通过工人文化宫、文工团、职工文艺队、职工书屋、职工服务综合体等文化服务阵地和载体，发挥作为社会团体的群众性优势，参与公共文化服务的供给。中国工会十八大报告指出，工会加强职工文化阵地建设，开展丰富多彩、喜闻乐见的职工文体活动，打造健康文明、昂扬向上、全员参与的职工文化，不断满足广大职工的精神文化需求。工会作用的有效发挥，在政府和市场之外，提升了公共文化服务的供给水平，满足了职工的精神文化需求，使先进文化惠及职工，提高了职工的文化生活品质，"推动习近平新时代中国特色社会主义思想走到职工身边、走进职工心里，进一步增强道路自信、理论自信、制度自信、文

---

① 《习近平著作选读》第二卷，人民出版社 2023 年版，第 9 页。
② 周晓丽、毛寿龙：《论我国公共文化服务及其模式选择》，《江苏社会科学》2008 年第 1 期。

化自信，增强对中国共产党领导和中国特色社会主义制度的政治认同、思想认同、情感认同，增强为实现党的二十大确定的目标任务团结奋斗的信心和决心"。①

（四）弘扬志愿服务精神，提升职工的思想道德水平

党的二十大报告指出，中国式现代化要实现物质文明和精神文明的协调发展，物质富足、精神富有是社会主义现代化的根本要求。我国要在推动经济发展、改善人民物质生活的同时，促进人的全面发展。工会法第 7 条指出，工会肩负教育职能，不断提高职工的思想道德、技术业务和科学文化素质，建设有理想、有道德、有文化、有纪律的职工队伍。各级工会积极参与新时代文明实践，组建劳模工匠宣讲团、职工志愿服务队等志愿服务组织，引导职工参与志愿服务，深入企业开展理论政策、美德健康、文明实践宣讲，慰问环卫工人、快递员等一线职工，开展读书分享、心理健康咨询、环境卫生整治、交通秩序管理、文明劝导、文艺表演、法律援助等志愿服务活动，践行新时代文明实践，传播志愿服务文化，提高职工的文明意识，提升全社会的文明程度。习近平总书记在给"郭明义爱心团队"的回信中指出："我国工人阶级应该为全社会学雷锋、树新风作出榜样，让学习雷锋精神在祖国大地蔚然成风。"② 工会引导职工开展志愿服务活动，有助于提升职工的思想道德水平，在全社会弘扬"奉献、友爱、互助、进步"的志愿精神，促进新时代的精神文明建设，助力中国式现代化发展进程。

---

① 王东明：《在全国总工会十七届七次执委会议上的讲话》，2023 年 2 月 13 日，见 https://www.acftu.org/wjzl/ldjh/wdm/202302/t20230224_825296.html?7OkeOa4k=qAcPkarCXxNFRp7sD8TuPTI2LF5Ct_aPUb9jQp_zTCQqqx6GyR5DqAqqEq。

② 《习近平书信选集》第一卷，中央文献出版社 2022 年版，第 31 页。

第六节　工会在生态文明建设中的作用

生态文明是实现人与自然和谐共生的内在要求，生态文明建设是我国"五位一体"总体布局和"四个全面"战略布局的重要内容。①党的十九大报告提出要"构建政府为主导、企业为主体、社会组织和公众共同参与的环境治理体系"。②党的二十大报告中明确指出，人与自然和谐共生是中国式现代化的重要特征和本质要求。2020年，中共中央办公厅、国务院办公厅印发的《关于构建现代环境治理体系的指导意见》明确提出，要"发挥各类社会团体作用"，尤其是"工会、共青团、妇联等群团组织要积极动员广大职工、青年、妇女参与环境治理"。③工会在生态文明建设中的作用日益重要。

一、党中央高度重视生态文明建设

进入21世纪以来，我国的环境污染、资源短缺等生态环境问题突出，既威胁人民的生命健康，又影响经济的可持续发展。面对突出的生态问题，党中央逐渐将生态文明建设提上重要议事日程。2013年4月2日，习近平总书记在参加首都义务植树活动时强调，要为建设美丽中国创造更好生态条件④；2013年5月24日，习近平总书记在主持十八届中共中央政治局第六次集体学习时强调，要努力走向社会主义生态文明新时代。⑤2013年，党的

---

① 参见《习近平关于社会主义生态文明建设论述摘编》，中央文献出版社2017年版，第14页。

② 《习近平著作选读》第二卷，人民出版社2023年版，第42页。

③ 《十九大以来重要文献选编》中册，中央文献出版社2021年版，第425页。

④ 参见习近平：《论坚持人与自然和谐共生》，中央文献出版社2022年版，第25页。

⑤ 参见习近平：《论坚持人与自然和谐共生》，中央文献出版社2022年版，第29页。

十八届三中全会提出，要"紧紧围绕建设美丽中国深化生态文明体制改革"。2015 年 9 月，中共中央、国务院颁布《生态文明体制改革总体方案》，对生态文明体制改革进行顶层设计。此后，环境保护法、大气污染防治法、水污染防治法、环境影响评价法、环境保护税法、核安全法以及《环境监察办法》《环境监测管理办法》等 100 多部法律法规得以制定、修订，为生态文明建设提供了扎实的制度保障。

习近平总书记对生态文明建设作出了许多重要论述。他强调，"生态文明建设是关系中华民族永续发展的根本大计"，"人与自然是生命共同体"，"生态环境是关系党的使命宗旨的重大政治问题，也是关系民生的重大社会问题"。① 生态文明建设关乎中国梦的实现。习近平总书记指出："走向生态文明新时代，建设美丽中国，是实现中华民族伟大复兴的中国梦的重要内容。"②

生态文明建设需要开展全民行动。习近平总书记强调："生态文明建设同每个人息息相关，每个人都应该做践行者、推动者。"③ 党的二十大报告对深入推进生态文明建设进行全面部署，提出要推进美丽中国建设，坚持山水林田湖草沙一体化保护和系统治理，统筹产业结构调整、污染治理、生态保护、应对气候变化，协同推进降碳、减污、扩绿、增长，推进生态优先、节约集约、绿色低碳发展。这为工会参与生态文明建设指明了方向。

二、工会在生态文明建设中的作用

生态文明建设关系职工生活。生态环境的恶化，势必影响职工生活质量

---

① 习近平：《论坚持人与自然和谐共生》，中央文献出版社 2022 年版，第 1、249、8 页。

② 习近平：《论坚持人与自然和谐共生》，中央文献出版社 2022 年版，第 22 页。

③ 《习近平关于社会主义生态文明建设论述摘编》，中央文献出版社 2017 年版，第 122 页。

的改善和生活水平的提高。①《中国工会章程》提出，工会要"努力促进经济、政治、文化、社会和生态文明建设"。生态文明建设中，工会扮演宣传者、推动者、践行者和监督者的重要角色，推动美丽中国建设，保障职工的长远利益。

（一）教育引导职工，保障产业结构调整的顺利实施

我国传统的产业结构中存在高能耗、高污染等问题。生态文明建设，客观上要求进行产业结构调整，加快发展方式绿色转型，发展绿色低碳产业。政府调整产业结构，往往需要关闭或搬迁高耗能、高污染企业。这在一定程度上会影响职工的工作岗位，触及职工利益，造成职工的负面情绪和抵触心理，影响社会和谐。在政府实施产业结构调整、推动发展方式向绿色转型过程中，工会一方面对职工进行思想引导，促使职工支持国家政策，减少抵触心理。另一方面，工会代表职工，向政府表达职工诉求，促使政府完善职工安置政策，保障职工利益。工会作用的有效发挥，有助于政府产业结构调整战略的顺利实施。

（二）开展劳动和技能竞赛等活动，助力节能降碳

工会重视节能减排，通过劳动和技能竞赛、重点行业节能减排达标竞赛等活动，参与生态文明建设②：一是将节能减排纳入劳动和技能竞赛的顶层设计。全国总工会在制定劳动和技能竞赛规划时，都对节能减排进行重点部署，对工会围绕建设美丽中国和可持续发展战略组织群众性生态文明建设活动提出明确要求。二是围绕生态环境保护、绿色发展，开展全国引领

---

① 《中日工会要共同关注生态环境》，《工友》2002 年第 11 期。
② 《全国总工会：充分发挥工会组织作用　引导动员广大职工为节能降碳做贡献》，2022 年 6 月 13 日，见 https://www.ndrc.gov.cn/xwdt/gdzt/2022qgjnxcz/bmjncx/202206/t20220613_1327166.html。

性劳动和技能竞赛。"十三五"期间，工会围绕重点水利工程建设、防汛抗旱水资源优化调度和推进荒漠化、水土流失综合治理等开展重大工程竞赛，围绕各流域水污染防治、湿地保护和恢复、地质灾害防治等开展达标竞赛。"十四五"期间，工会致力于推进黄河流域生态保护和高质量发展、建设美丽中国绿色增效、金沙江清洁能源走廊建设、大小兴安岭生态保护与转型发展等涉及落实国家生态环境保护战略规划的全国引领性劳动和技能竞赛。三是聚焦电力、煤炭、钢铁、有色、建材、石化、化工、印染、造纸等高耗能、高排放行业，开展以"三比一降"（比创新、比技能、比管理，降能耗和排放）为主要内容的重点行业节能减排达标竞赛活动，促进重点行业实现节能减排目标，带动各行业节能降耗工作的开展。

（三）实施职工技术创新和技能提升行动，提高职工节能降耗技能

各级工会围绕清洁生产、传统制造业绿色改造、发展循环经济等，开展岗位练兵、技术培训、技术比武、技术交流、"五小"（小革新、小发明、小改造、小设计、小建议）创新等节能降碳科技创新和技能提升活动。工会组织引导职工针对能源消耗和环境污染的突出问题，结合企业实际，开发和推广节能减排新技术、新工艺、新材料、新设备，促进职工掌握节能减排技术，提升节能降耗水平。工会设立职工创新补助资金，支持技术工人开展技术创新。这些活动在提升职工职业技能素质的同时，有助于促进技术创新，助推我国的生态文明建设。

（四）设立职工节能减排义务监督员，监督企业落实环保责任

党的二十大报告提出，要积极稳妥推进碳达峰、碳中和，立足我国能源资源禀赋，坚持先立后破，有计划分步骤实施碳达峰行动，深入推进能源革命，加强煤炭清洁高效利用，加快规划建设新型能源体系，积极参与应对气候变化全球治理。这些政策的落实需要强化多元主体的监督。《中国工会章程》

第 28 条规定，工会基层委员会的基本任务包括"监督有关法律、法规的贯彻执行"。在生态文明建设中，工会联合发展改革委、生态环境局等政府部门发布政策，在企业中设立职工节能减排义务监督员，参与企业与节能减排有关的重大决策，督促企业完善节能减排管理制度，监督企业遵守法律法规、履行节能环保义务，为企业强化节能减排管理提出意见和建议；工会为职工节能减排义务监督员提供必要培训，提升其履职能力。职工节能减排义务监督员作用的有效发挥，推动生态文明建设中的多中心治理，提升了生态文明建设实效。

（五）开展宣传教育活动，增强全社会的生态文明意识

工会结合自身的群众性优势，利用职工书屋、工会报纸杂志、网站、微博、微信、客户端等媒体和企业内部报刊、广播，以及宣传栏、橱窗、活动室等载体，通过发放节能减排手册、倡议书、招贴画，举行知识竞赛、演讲比赛、征文评选等多种活动形式，开展职工节能减排形势教育、知识教育，宣传节能减排法律法规，倡导低碳节约生活。① 与此同时，工会组织职工志愿服务队，开展绿色生态文明志愿服务，在社区中进行环保宣传教育和环保公益活动，帮助民众掌握环保知识、熟悉环保政策。工会在企业和社区中的宣传教育活动，有助于增强全社会的生态文明理念，提升节约意识、环保意识、生态意识，为生态文明建设奠定良好的思想基础。

思考题

1. 为什么说工会工作是党治国理政的一项经常性、基础性工作？

2. 工会通过哪些形式提高职工的劳动技能？

---

① 《全国总工会：充分发挥工会组织作用　引导动员广大职工为节能降碳做贡献》，2022 年 6 月 13 日，见 https://www.ndrc.gov.cn/xwdt/gdzt/2022qgjnxcz/bmjncx/202206/t20220613_1327166.html。

3. 工会组织在构建和谐劳动关系中的作用是什么?

4. 什么是劳模精神、劳动精神、工匠精神? 工会如何在职工中培育这三种精神、弘扬社会正气?

5. 中国特色社会主义工会在文化建设中发挥了哪些作用?

6. 中国特色社会主义工会在生态文明建设中发挥了哪些作用?

参 考 文 献

习近平:《携手共建生态良好的地球美好家园》,《人民日报》2013年7月21日。

习近平:《决胜全面建成小康社会　夺取新时代中国特色社会主义伟大胜利——在中国共产党第十九次全国代表大会上的报告》,人民出版社2017年版。

习近平:《推动我国生态文明建设迈上新台阶》,《求是》2019年第3期。

《习近平谈治国理政》第4卷,外文出版社2022年版。

《习近平关于社会主义生态文明建设论述摘编》,中央文献出版社2017年版。

李玉赋主编:《中国工会十七大报告辅导读本》,中国工人出版社2018年版。

李玉赋主编:《工会劳动和经济工作概论》,中国工人出版社2018年版。

刘建荣:《红色文化的道德价值》,《湖南社会科学》2022年第3期。

刘向兵:《用劳模精神、劳动精神、工匠精神凝聚新征程奋斗力量》,《红旗文稿》2021年第1期。

刘向兵主编：《中国工会·劳动关系研究·2019》，光明日报出版社2021年版。

陶志勇编著：《中国工会理论创新四十年：1978—2018》，中国工人出版社2018年版。

王鑫：《论工会组织在构建和谐企业中的作用》，《山西财经大学学报》2012年第4期。

赵健杰：《加强企业工会建设　发挥企业工会作用——访中华全国总工会基层组织建设部副部长杨洪林》，《中国劳动关系学院学报》2011年第5期。

周晓丽、毛寿龙：《论我国公共文化服务及其模式选择》，《江苏社会科学》2008年第1期。

《中日工会要共同关注生态环境》，《工友》2002年第11期。

中国工运研究所编：《中国工会读本》（修订版），中国工人出版社2014年版。

中华全国总工会：《工会基础理论概论》，中国工人出版社2013年版。

《中华人民共和国工会法》，中国民主法制出版社2022年版。

第七章 中国特色社会主义工会的关系

教学基本要求

1. 认识中国特色社会主义工会的关系
2. 理解工会与中国共产党的关系
3. 认识工会组织与政府的关系
4. 掌握工会组织与用人单位的关系、与职工群众的关系
5. 理解工会自身的内在关系

第一节 中国特色社会主义工会的关系概述

工会的性质决定了工会在社会主义国家政治体制中的地位。在对工会组织进行全面考察时，需要将其置于更大的社会环境之中，从不同视角和层面透视工会组织在整个社会结构中的现实关系，以便对工会组织及其社会地位作出比较全面的理解。

曾有学者提出工会理论环境论，强调要将工会放到经济体制、政治体

制及文化格局中去全面考察，而不局限于工会工作本身，应看到工会组织同外界的广泛联系。工会理论环境论强调，工会组织与社会环境相互作用、相互制约、相互影响。工会作为主体不仅受制于客体，而是通过积极发挥自身的能动性，对社会环境产生重要影响，其能动性同时也受社会环境和条件制约。[1] 工会理论环境论为研究工会主体与客体社会环境的辩证关系提供了理论根据，有利于深化对工会地位及工会运动规律的认识。

在中国特色社会主义工会的关系系统中，主要涉及工会组织同党的关系、工会组织同政府的关系、工会组织同企事业单位的关系、工会组织同职工群众的关系，以及工会自身的关系。研究工会组织的关系系统是工会学的重要组成部分。首先，工会与党的关系是具有决定意义的重大关系。历史经验表明，工会在领导工人阶级开展持续斗争的过程中，必须接受共产党的领导，并在党的领导下，工会通过自己的活动，组织动员工人阶级实现党的奋斗目标。在社会主义条件下，工会作为党联系工人群众的桥梁和纽带，必须自觉地接受党的领导。在党的统一领导下，工会通过独立自主地开展工作，充分发挥其社会作用，从而确立自己的社会地位。其次，工会组织的存在发展是以民主政治为制度条件和背景的，政府与工会组织的合作和相互支持是工会组织发展的基本社会环境。再次，工会与各类型用人单位之间存在着平等合作、相互支持的密切关系。最后，工会组织同职工群众的关系，是通过工会履行政治责任和维护、服务基本职责实现的。此外，工会自身的关系关涉工会组织自身建设改革，是推动工会工作高质量发展的内在动力。

---

[1] 孙中范等:《向社会主义市场经济转变时期的工会理论纲要与述评》，人民出版社1997年版，第184页。

第二节　工会组织与党的关系

中国共产党是以马克思列宁主义为指导建立起来的无产阶级政党，是中国工人阶级、中国人民和中华民族的先锋队，是中国特色社会主义事业的领导核心。中国工会作为党领导的工人阶级的群众组织，在党的领导下开展工作。党的十八大以来，习近平总书记多次就工会自觉接受党的领导作出重要指示、提出明确要求，强调"工会工作做得好不好、有没有取得明显成效，关键看有没有坚持正确政治方向。坚持正确政治方向，一言以蔽之，就是要坚持中国共产党领导和社会主义制度"。① 自觉接受党的领导是工会组织最大的政治优势和光荣的历史传统，党的领导是工会发展的根本政治保证，因此，工会组织无论在什么条件下，都必须坚定不移坚持党的领导。

一、工会组织与党的关系的历史渊源

在中国共产党成立后，工人运动与政党政治进一步相结合，开启了互相作用的历史演进过程。中国共产党第一次全国代表大会于 1921 年 7 月在上海召开，大会通过了中国共产党第一个纲领和第一个决议。根据党是工人阶级政党的性质和党的力量集中于城市的实际情况，大会决定：党在成立后的一个时期，要集中力量组织工人阶级和开展工人运动。大会通过的《中国共产党第一个决议》明确规定："本党的基本任务是成立产业工会。"② 可以说，组织起来是工人阶级在当时条件下最有力的武器。通过成立工会来组织工人，成为党领导工人阶级投身革命斗争的迫切要求。关于中国共产党与中国

---

① 全国总工会课题组编：《深入学习贯彻习近平总书记关于工人阶级和工会工作的重要论述》，中国工人出版社 2021 年版，第 2 页。

② 参见《中共中央关于工人运动文件选编》（上），档案出版社 1985 年版，第 1 页。

工会的关系，党的一大通过的《中国共产党第一个决议》明确指出，工会必须在党的领导之下，以防止工会成为其他党派的玩物。① 党的二大《关于"工会运动与共产党"的议决案》详细阐明了共产党与工会的关系，即共产党是所有阶级觉悟的无产阶级分子的组合，是无产阶级的先锋军，是有一定的党纲的无产阶级政党；工会是所有工人的组合，工人们在工会里接受教育，与共产党向同一目的进行，是较缓的全阶级的组合。该决议还提出：如战争一样，军队中有一个先锋，所有这大量的军队都跟着这个先锋前进；共产党也可说是一个人的头脑，全体工人便是人的身体，所以，共产党无论在哪种劳动运动中，他都要是"先锋"和"头脑"。② 可以说，充分阐明了党领导工会的根本性原则。

对于党和工会的关系，在党的三大、五大关于职工运动的决议中也进行了阐明。 二七惨案发生后的全国工运形势处于低潮。1923 年 6 月召开的党的三大通过的《劳动运动议决案》提出："中国目下劳动运动方取守势，党的活动须多于工会活动。"③ 在 1925 年召开的党的四大通过的《对于职工运动之议决案》，明确阐述了工人运动在民族运动中的作用，指出"必须工人阶级有强固的、群众的、独立的阶级组织，他在民族运动中才能成为独立的政治势力；然后民族运动中的领导地位，方才能有保障"。④1927 年四一二反革命政变后召开的党的五大通过《职工运动议决案》，在"党与工会的关系"的论述中指出："党与工会，在过去仍未能有正确的关系，不是使工会成了党的附属的机关，即是工会完全脱离了党的指导。其实工会的斗争应当完全在党的指导之下，同时不能使工会失了他独立的性质。"⑤ 其中，确定了工会

---

① 参见《中共中央关于工人运动文件选编》（上），档案出版社 1985 年版，第 1 页。
② 参见《中共中央关于工人运动文件选编》（上），档案出版社 1985 年版，第 14 页。
③ 《中共中央关于工人运动文件选编》（上），档案出版社 1985 年版，第 24 页。
④ 《中共中央关于工人运动文件选编》（上），档案出版社 1985 年版，第 47 页。
⑤ 《中共中央关于工人运动文件选编》（上），档案出版社 1985 年版，第 181 页。

作为工人阶级的组织在明确自身分工的情况下，应完全服从党的领导这一核心思想。

二、党的领导是工会发展的根本保证

2020 年 11 月，习近平总书记在全国劳动模范和先进工作者表彰大会上的讲话中强调："我国工运事业是在党的领导下发展起来的，我国工会是中国共产党领导的工人阶级群众组织，是党联系职工群众的桥梁和纽带，是社会主义国家政权的重要社会支柱。"对于工会工作的开展，他强调："工会要总结 95 年来的成绩和经验，坚持和完善自觉接受党的领导制度、发挥工人阶级主力军作用制度、强化职工思想政治引领制度、劳动关系协调机制等，健全联系广泛、服务职工的工会工作体系，努力提高工会工作能力和水平，坚决维护中国共产党领导和我国社会主义制度，坚决维护职工队伍和工会组织的团结统一，坚决维护社会大局稳定。"①

追根溯源，党领导工会、工会应在党的领导下开展工作的基本原则在建党之初即确立起来，这是由工会本身的性质决定的。工会作为工人的组织，需要接受无产阶级先锋队中国共产党的领导。党领导工会的具体方式起初是通过在工厂等场所建立党支部，以此来指导工会组织的工作，之后发展为通过党团制度来领导工会的具体工作。对党团制度的研究显示，党可以通过非党组织中的党团传达党的指示；而非党组织中的党团，既可向群众宣传党的政策，同时还能及时把群众的意见和想法反馈到党内；党团制度到后来演变为党组制度。② 可以说，工会通过党组制度来全面接受党的领导。《中国工会章程》明确规定："中国工会是中国共产党领导的职工自愿结合的工人阶

---

① 习近平：《在全国劳动模范和先进工作者表彰大会上的讲话》，人民出版社 2020 年版，第 10、10—11 页。

② 马学军：《中国劳动组合书记部的渊源与演变再考察》，《学术交流》2016 年第 2 期。

级的群众组织"。这从工会的性质上明确了工会必须接受党的领导。

具体来说，党对工会工作的指导方针是随着党的中心任务的调整而变化的。在建党初期，党的根本政治任务是实行社会革命。这时，在党的力量有限的情况下，确定在党成立后的一个时期，要集中力量组织工人阶级和开展工人运动。之后，工人运动成了民族解放运动中的重要组成部分。抗日战争和解放战争时期，在国民党统治区，根据党的中心任务的调整，党的工会工作指导原则被概括为"隐蔽精干、长期埋伏、积蓄力量、以待时机"。在解放区，"发展生产、繁荣经济、公私兼顾、劳资两利"是新民主主义国民经济发展的总目标，工会工作也依此展开。新中国成立后，在社会主义建设时期，为了完成国家工业化和逐步过渡到社会主义社会的任务，党对工会工作的指导方针发展为努力发挥工人群众的积极性和创造性发展生产。改革开放后，工会工作紧随着党的中心任务的发展而开展。党要求工会认真贯彻党的基本路线，紧紧围绕党的中心任务开展工作，并要求工会工作者必须把工会工作放到全党全国工作大局中去思考、把握和安排，推动工会逐渐形成了"围绕中心、服务大局"的工作局面，在党的领导下走出了中国特色社会主义工会发展道路。

习近平总书记始终高度重视工人阶级和工会工作。2013年4月，他在同全国劳动模范代表座谈时发表重要讲话，强调中国特色社会主义工会发展道路是中国特色社会主义道路的重要组成部分，深刻反映了中国工会的性质和特点，是工会组织和工会工作始终沿着正确方向前进的重要保证；同时强调要始终坚持这条道路，不断拓展这条道路，努力使这条道路越走越宽。他还指出，"党对工会寄予厚望，职工群众对工会充满期待"，工会"要顺应时代要求、适应社会变化，善于创造科学有效的工作方法，让职工群众真正感受到工会是'职工之家'，工会干部是最可信赖的'娘家人'。要把竭诚为职工群众服务作为工会一切工作的出发点和落脚点，全心全意为广大职工群众服务，认真倾听职工群众呼声，维护好广大职工群众包括农民工合法权益，扎扎实实为职工群众做好事、办实事、解难事，不断促进社会主义和谐劳动关系"。①2023 年 10 月，习近平总书记在同中华全国总工会新一届领导班子成员集体谈话时强调："坚持党的领导必须全面地、有效地贯彻落实到工会工作全过程和各方面。要坚定维护党中央权威和集中统一领导，始终在思想上政治上行动上同党中央保持高度一致。"②

可以说，中国工会的发展史就是一部中国共产党领导中国工会运动的历史。党的领导是贯穿于中国工会运动始终的一条主线，并赋予了中国工会运动以鲜明的时代特征。工会组织坚持接受党的领导，这是我国工会组织在长期的革命斗争实践中、在社会主义革命和建设的实践中所形成的光荣传统与历史经验的结晶，也是中国工会所具有的极大的政治优势。

三、工会组织是党联系群众的桥梁和纽带

党的十九大报告指出："增强群众工作本领，创新群众工作体制机制和方式方法，推动工会、共青团、妇联等群团组织增强政治性、先进性、群众性，发挥联系群众的桥梁纽带作用，组织动员广大人民群众坚定不移跟党走。"③党的二十大报告强调："深化工会、共青团、妇联等群团组织改革和建设，有效发挥桥梁纽带作用。"④可以说，联系职工群众是党对工会的明确要求，群众性是工会作为群团组织的根本特点。

从历史发展脉络上看，工会组织作为党联系群众的桥梁和纽带具有悠久

---

① 《习近平著作选读》第一卷，人民出版社 2023 年版，第 119、119—120 页。

② 《习近平在同中华全国总工会新一届领导班子成员集体谈话时强调　坚持党对工会的全面领导　组织动员亿万职工积极投身强国建设民族复兴伟业》，《人民日报》2023 年10 月 24 日。

③ 习近平：《决胜全面建成小康社会　夺取新时代中国特色社会主义伟大胜利——在中国共产党第十九次全国代表大会上的报告》，人民出版社 2017 年版，第 69 页。

④ 《习近平著作选读》第一卷，人民出版社 2023 年版，第 31 页。

的传统。1956 年，党的八大召开。刘少奇在政治报告中提到："我国最广大的群众已经组织起来。各种群众组织是我们党联系群众的必要的纽带"，"除开前面已经说过的农民所组织的合作社以外，最重要的群众组织就是工会组织、青年团组织和妇女组织"，我国工会组织"在国家建设中发挥了重大的作用"。[1] 这可以说奠定了新中国工会工作的工作方针。1978 年，邓小平在中国工会九大上发表重要讲话，他指出："工会组织都必须密切联系群众，使广大工人都感到工会确实是工人自己的组织，是工人信得过的、能替工人说话和办事的组织，是不会对工人说瞎话、拿工人的会费做官当老爷、替少数人谋私利的组织。"[2]1982 年，党的十二大报告明确指出："必须大大加强党在工会中的工作，使工会成为联结党和工人群众的强大纽带"，同时提出"必须认真实行职工代表大会制度，使它和工会都能在思想教育、企业管理和工人生活的改善中发挥重要作用"。[3] 在之后的历次党的全国代表大会报告中，均围绕工会联系群众的桥梁和纽带职能进行了阐述。可以说，发挥联系群众的桥梁和纽带作用是党对工会工作的明确要求与指示。

第三节　工会组织与政府的关系

我国工会组织和政府之间保持着密切合作。一方面，工会组织通过各种形式参与国家事务管理、协助政府开展工作，包括配合政府及其有关部门研究制定涉及职工切身利益的政策措施、受政府委托进行劳动模范的评选和管理等。另一方面，工会工作受到政府各方面的支持。

---

[1] 《刘少奇选集》下卷，人民出版社 1985 年版，第 273 页。

[2] 《毛泽东邓小平江泽民论工人阶级和工会工作》，中央文献出版社 2002 年版，第125—126 页。

[3] 《十二大以来重要文献选编》上册，人民出版社 1986 年版，第 53、53—54 页。

对政府一般有广义和狭义两种理解：广义的政府泛指各类国家权力机构，即立法、行政和司法机构的总称。狭义的政府是指国家机构中掌握行政权力、履行行政职能的行政机构。在我国相关理论和实践中，狭义的政府仅指中央政府、地方政府以及各级行政机关；而广义的政府包括党的领导机构，以及中央和地方的全部立法、行政、司法等机关。① 在政府与工会的基本理论中，采取广义的政府的范畴，即包括行政、立法与司法。

国家和政府通过制定法律来组织并调整各类社会关系。工会领域的法制建设也一直受到重视，在建党初期、苏区时期、新中国成立初期和改革开放时期分别进行了工会法制建设，通过法律保障工会组织的地位和工会工作的开展。对于工会与政府的关系，工会法第5条明确规定："工会组织和教育职工依照宪法和法律的规定行使民主权利，发挥国家主人翁的作用，通过各种途径和形式，参与管理国家事务、管理经济和文化事业、管理社会事务；协助人民政府开展工作，维护工人阶级领导的、以工农联盟为基础的人民民主专政的社会主义国家政权。"其中阐明了工会对公共事务参与管理的职能和协助人民政府建设国家政权的职能。同时，政府也从各个方面对工会给予支持和帮助，包括政策、场所、经费、权益维护等多方面的支持。

一、工会组织参与国家事务管理，协助政府开展工作

（一）工会配合政府及其有关部门研究制定涉及职工切身利益的政策措施

政府为调整劳动关系相关的社会关系，不仅要通过立法和行政制定法律法规；而且为维持经济的发展和社会秩序，要对雇用问题、工资分配、劳动争议等劳动问题进行政策性引导，也就是制定各类政策。工会组织的基本职能是维护工人阶级的利益、竭诚服务职工。同政府相比，工会组织的职能与

---

① 杨光斌：《中国政府与政治导论》，中国人民大学出版社2003年版，第122、191页。

利益目标非常具体。工会法第 6 条提出："维护职工合法权益、竭诚服务职工群众是工会的基本职责。"工会组织有责任配合政府，进行有关职工权益的政策法规的制定和修改。

对于工会参与政府相关政策制定的具体方式，在工会法中也有规定。工会法第 34 条指出，国家机关在组织起草或者修改直接涉及职工切身利益的法律、法规、规章时，应当听取工会意见。县级以上各级人民政府制定国民经济和社会发展计划，对涉及职工利益的重大问题，应当听取同级工会的意见。县级以上各级人民政府及其有关部门研究制定劳动就业、工资、劳动安全卫生、社会保险等涉及职工切身利益的政策措施时，应当吸收同级工会参加研究，听取工会意见。并且，工会法规定，工会可以向政府反映职工群众的意见和要求；政府可以召开会议或者采取适当方式，向同级工会通报政府的重要工作部署和与工会工作有关的行政措施，研究解决工会反映的职工群众的意见和要求。

参与立法过程是工会组织影响法律和政策发展的重要形式。具体的社会利益关系一旦以法的形式确定，就获得了权威性、强制性、合理性与普遍性；因此，借助立法形式保障职工群众的相关权益，是工会履行其维护职能的重要手段，是切切实实的"源头维护"。[①]

另外，《中国工会章程》指出："中国工会维护工人阶级领导的、以工农联盟为基础的人民民主专政的社会主义国家政权，协助人民政府开展工作，依法发挥民主参与和社会监督作用"，明确了工会同政府之间的民主参与和社会监督的关系。

（二）工会受政府委托，进行劳动模范的评选和管理

党和国家历来高度重视评选表彰劳动模范，先后召开十余次表彰大会，

---

① 刘元文：《工会工作理论与实践》，中国劳动社会保障出版社 2008 年版，第 76 页。

表彰全国劳动模范和先进工作者超 3 万人次。我国工会法第 33 条规定:"根据政府委托,工会与有关部门共同做好劳动模范和先进生产(工作)者的评选、表彰、培养和管理工作。"2020 年,评选出全国劳动模范 1689 名、全国先进工作者 804 名。关于评选劳模工作,工会一直在进行积极探索。2020 年,全国总工会负责此项工作的有关领导指出,劳模评选主要有以下三条标准:一是具有很强的政治性和先进性,人选都经过各级党委和有关部门认定,基本上具有省部级表彰奖励的荣誉基础,并且近 5 年来特别是党的十九大以来创造了突出业绩;二是具有广泛的代表性和群众性,人选基本涵盖各个领域和行业,尤其是来自基层一线的比例较高;三是选树了一批抗疫先进典型。在劳模评选工作中,以公开、公正、公平为原则,"爱岗敬业、争创一流,艰苦奋斗、勇于创新,淡泊名利、甘于奉献"的劳模精神,是劳模职业能力与职业品质的生动表达。

二、政府对工会组织的支持

(一)政府提供各项条件,保障工会开展工作

工会开展各项维权活动,离不开物质条件的支持。在工会法中,对工会的场所和经费等方面都规定了政府的保障性作用。工会法第 46 条提出:"各级人民政府和用人单位应当为工会办公和开展活动,提供必要的设施和活动场所等物质条件。"另外,工会法第 43 条关于工会经费来源的条款规定,工会的经费主要来源于以下几个方面:(1)工会会员缴纳的会费;(2)建立工会组织的企业、事业单位、机关按每月全部职工工资总额的 2% 向工会拨缴的经费;(3)工会所属的企业、事业单位上缴的收入;(4)人民政府的补助;(5)其他收入。其中,政府的补助是法律明确规定的工会经费来源之一,政府在经费上承担着对工会组织的支持性责任。

（二）工会有权将企事业单位侵犯职工权益的行为提请政府处理

在工会工作中，对于遇到的各类侵权事宜，可以提请政府处理。

其一，对于企业、事业单位违反劳动法律法规规定，有克扣职工工资、不提供劳动安全卫生条件、随意延长劳动时间、侵犯女职工和未成年工特殊权益等侵犯职工劳动权益情形的，工会应当代表职工与企业、事业单位交涉，要求企业、事业单位采取措施予以改正；企业、事业单位应当予以研究处理，并向工会作出答复；企业、事业单位拒不改正的，工会可以请求当地人民政府依法作出处理。

其二，工会自身权益受到侵害，同样可以提请人民政府协调处理。工会法第 50 条规定："工会对违反本法规定侵犯其合法权益的，有权提请人民政府或者有关部门予以处理，或者向人民法院提起诉讼。"工会法第 51 条规定，阻挠职工依法参加和组织工会或者阻挠上级工会帮助、指导职工筹建工会的，由劳动行政部门责令其改正；拒不改正的，由劳动行政部门提请县级以上人民政府处理；以暴力、威胁等手段阻挠造成严重后果，构成犯罪的，依法追究刑事责任。工会法第 54 条还规定，妨碍工会组织职工通过职工代表大会和其他形式依法行使民主权利，非法撤销、合并工会组织，妨碍工会参加职工因工伤亡事故以及其他侵犯职工合法权益问题的调查处理的，无正当理由拒绝进行平等协商的，这些情形由县级以上人民政府责令改正、依法处理。这就为工会依法履行职责提供了坚实的制度保障。

三、三方协商机制中，工会组织与政府的合作关系

我国工会法和劳动合同法都提出，各级人民政府劳动行政部门应当会同同级工会和企业方面代表，建立劳动关系三方协商机制，共同研究解决劳动关系方面的重大问题。三方协商是指由政府、雇主、劳动者三方代表，根据一定的议事规则或程序，通过特定的形式开展协商谈判而形成的共同参与决

定、相互影响、相互促进、相互制衡的一种制度。在三方协商机制中，工会的身份和职能主要是：（1）维护职工群众的合法权益，包括维护职工的经济利益、劳动权利、民主权利等。（2）协调劳动关系。工会协调劳动关系是工会维护职工合法权益的主要方式和途径。在协调劳动关系过程中，工会是职工一方的代表。工会要考虑国家和企业的利益，但其活动的出发点应当是职工的利益。（3）工会代表职工参与民主管理，表现为参与企业的民主管理、参与行业与地方的民主管理、参与国家的民主管理等不同层次。[①]

另外，在集体劳动争议的调处中，也主要适用三方调处机制，《集体合同规定》第50条指出："劳动保障行政部门应当组织同级工会和企业组织等三方面的人员，共同协调处理集体协商争议。"具体而言，《集体合同规定》第51条指出："集体协商争议处理实行属地管辖，具体管辖范围由省级劳动保障行政部门规定。中央管辖的企业以及跨省、自治区、直辖市用人单位因集体协商发生的争议，由劳动保障部指定的省级劳动保障行政部门组织同级工会和企业组织等三方面的人员协调处理，必要时，劳动保障部也可以组织有关方面协调处理。"

第四节　工会组织与用人单位的关系

用人单位中的工会与单位行政方是平等的对话关系，具有平等的法律地位；同时，用人单位需要提供相应条件支持工会开展工作，工会与用人单位共同建设和谐劳动关系。我国有关工会同用人单位的互动与关系的规定，在工会法、劳动合同法、公司法等法律、法规、规章中均有体现。历次工会法都对工会与企事业单位行政的关系作了规定。2021年修改后的工会法第

---

① 刘元文：《工会工作理论与实践》，中国劳动社会保障出版社2008年版，第63页。

39 条规定：企业、事业单位、社会组织研究经营管理和发展的重大问题，应当听取工会的意见；召开会议讨论有关工资、福利、劳动安全卫生、工作时间、休息休假、女职工保护和社会保险等涉及职工切身利益的问题，必须有工会代表参加。企业、事业单位、社会组织应当支持工会依法开展工作，工会应当支持企业、事业单位、社会组织依法行使经营管理权。可以说，明确阐明了工会对用人单位工作的建议权和知情权，以及用人单位对工会的支持义务。

一、企业工会与企业行政具有平等的法律地位

在我国，工会与企业等用人单位之间的关系是一种平等合作、相互支持的关系。2006 年发布的《企业工会工作条例》第 8 章"工会与企业党组织、行政和上级工会"，对工会与行政的关系作出一系列规定。该条例第 52 条规定："企业工会与企业行政具有平等的法律地位，相互尊重、相互支持、平等合作，共谋企业发展。企业工会与企业可以通过联席会、民主议事会、民主协商会、劳资恳谈会等形式，建立协商沟通制度。"

工会与企业、事业行政是共同建立在企事业单位内相互独立的利益主体和法律关系主体，双方各自依法成立、互不隶属。工会是职工自愿结合的群众组织，任务主要是履行工会的各项基本职能；而企业、事业行政则是要完成一定的经营任务和工作任务。工会所代表的是职工群众的具体利益，单位行政代表的则是整个企业或事业单位的利益。从民事关系来看，我国大部分工会基层组织具有社会团体法人资格，而企业、事业一般都具有企业法人或事业法人的资格。就法律关系而言，工会和用人单位是互相独立并互相对应的法律关系主体，两者在法律地位上是平等的。尽管工会与单位行政在性质、职能和任务上有所不同，但它们在促进企业生产发展、提高职工生活水平方面的目标是一致的，它们的根本利益也是一致的，只是以不同的角度和

方式开展工作，因而，两者需要相互支持、密切配合、平等合作。①

二、用人单位支持工会开展工作

根据我国法律规定，企业、事业单位应当支持工会依法开展工作，为工会的工作提供支持和各方面保障。工会是劳动关系主体——职工群众合法权益的代表者和维护者。企业、事业单位应当尊重工会的职权，支持、配合工会开展工作，应当为工会提供活动场所、工会干部待遇、经费、时间等方面的支持。对此，工会法也作了明确规定。

关于工会的活动场所，工会法第 46 条规定："各级人民政府和用人单位应当为工会办公和开展活动，提供必要的设施和活动场所等物质条件。"关于工会的经费来源，工会法要求，建立工会组织的企业、事业单位、机关按每月全部职工工资总额的 2%向工会拨缴经费。

关于工会工作人员的保障和待遇，工会法第 18 条规定："工会主席、副主席任期未满时，不得随意调动其工作。因工作需要调动时，应当征得本级工会委员会和上一级工会的同意。罢免工会主席、副主席必须召开会员大会或者会员代表大会讨论，非经会员大会全体会员或者会员代表大会全体代表过半数通过，不得罢免。"工会法第 19 条规定："基层工会专职主席、副主席或者委员自任职之日起，其劳动合同期限自动延长，延长期限相当于其任职期间；非专职主席、副主席或者委员自任职之日起，其尚未履行的劳动合同期限短于任期的，劳动合同期限自动延长至任期期满。但是，任职期间个人严重过失或者达到法定退休年龄的除外。"工会法第 42 条规定："用人单位工会委员会的专职工作人员的工资、奖励、补贴，由所在单位支付。社会保险和其他福利待遇等，享受本单位职工同等待遇。"同时，工会开展工

---

① 刘元文：《工会工作理论与实践》，中国劳动社会保障出版社 2008 年版，第 55 页。

作占用生产或工作时间时，应事先征得单位同意。工会法第 41 条规定："基层工会委员会召开会议或者组织职工活动，应当在生产或者工作时间以外进行，需要占用生产或者工作时间的，应当事先征得企业、事业单位、社会组织的同意。基层工会的非专职委员占用生产或者工作时间参加会议或者从事工会工作，每月不超过三个工作日，其工资照发，其他待遇不受影响。"

另外，公司法也明确规定，公司职工依照工会法组织工会，开展工会活动，维护职工合法权益。公司应当为本公司工会提供必要的活动条件。

三、工会与用人单位在构建和谐劳动关系中的协作

（一）工会与用人单位合作构建和谐劳动关系

和谐劳动关系的建立需要用人单位与工会组织的合作，具体来说，协调合作机制主要有以下几个方面。

第一，规章制度制定和修改。劳动合同法第 4 条规定："用人单位在制定、修改或者决定有关劳动报酬、工作时间、休息休假、劳动安全卫生、保险福利、职工培训、劳动纪律以及劳动定额管理等直接涉及劳动者切身利益的规章制度或者重大事项时，应当经职工代表大会或者全体职工讨论，提出方案和意见，与工会或者职工代表平等协商确定。""在规章制度和重大事项决定实施过程中，工会或者职工认为不适当的，有权向用人单位提出，通过协商予以修改完善。"从该规定可以看出，规章制度的合理合法需要依靠员工参与的民主程序。也就是说，在规章制度制定的过程中，用人单位应该通过职代会等形式与工会或职工代表讨论，允许工会或职工代表对不合理的规章提出修改建议，在讨论中加深并统一双方对规章的理解，从而使劳资双方知悉每种规范对具体行为的约束程度。

第二，平等协商和签订集体合同。根据我国工会法的有关规定，工会通过平等协商和集体合同制度，协调劳动关系，维护企业职工劳动权益。具体

而言，工会代表职工与企业以及实行企业化管理的事业单位进行平等协商，签订集体合同。劳动合同法第 6 条规定："工会应当帮助、指导劳动者与用人单位依法订立和履行劳动合同，并与用人单位建立集体协商机制，维护劳动者的合法权益。"可以看出，与用人单位签订集体合同是工会的重要工作。对于平等协商和签订集体合同工作，具体的内容可以涉及劳动报酬、工作时间、休息休假、劳动安全卫生、保险福利等事项，集体合同由工会代表企业职工一方与用人单位订立。另外，工会与用人单位可以订立劳动安全卫生、女职工权益保护、工资调整机制等专项集体合同。集体合同制度是社会主义市场经济条件下用以规范劳动关系的一项重要劳动制度，是社会主义市场经济条件下劳动关系的基本调整机制，也是维护职工合法权益的重要途径和有效手段。近年来，集体合同工作制度化、规范化、法制化建设效果显著。各地工会在强化协商意识、规范协商程序、提高协商水平等方面分别进行了有效的探索，促进了集体合同的签订和履行。

第三，签订和解除劳动合同。劳动合同制度是协调劳动关系的重要法律制度，是协调劳动关系的基础和前提。建立健全并切实有效地推行劳动合同制度，是维护职工合法权益、协调劳动关系的重要途径。工会法第 21 条规定："工会帮助、指导职工与企业、实行企业化管理的事业单位、社会组织签订劳动合同。"可以说，在劳动合同签订方面，工会对用人单位有着帮助和指导责任。另外，在劳动合同解除时，遇到经济性裁员的情况，根据劳动合同法第 41 条，用人单位需要提前 30 日向工会或者全体职工说明情况。听取工会或者职工的意见后，裁减人员方案经向劳动行政部门报告，可以裁减人员。这时，用人单位向工会或全体职工的说明是重要的程序，如果用人单位没有遵守，则会产生违法解除劳动合同的法律后果。而且，劳动合同法第 43 条规定："用人单位单方解除劳动合同，应当事先将理由通知工会。用人单位违反法律、行政法规规定或者劳动合同约定的，工会有权要求用人单位纠正。用人单位应当研究工会的意见，并将处理结果书面通知工会。"根据这条规定，对于用人单位单方解除劳动合同的行为，不管具体事由如何，都要履行通知工会的程序。

第四，劳动法律监督。根据我国的劳动法律规定，劳动行政部门在劳动关系中拥有行政执法职能，代表国家对包括企业在内的用人单位遵守劳动法律法规的情况进行监督检查，并对违法行为予以处理、处罚。而工会是法定的民主监督和社会监督组织，有权对用人单位遵守和执行劳动法律法规的情况实施监督。工会采取监督手段，可以就企业在劳动关系方面存在的影响企业和谐的违法违规行为，提请企业行政予以纠正，在必要情况下可以申请政府出面予以纠正。劳动合同法第78条规定："工会依法维护劳动者的合法权益，对用人单位履行劳动合同、集体合同的情况进行监督。用人单位违反劳动法律、法规和劳动合同、集体合同的，工会有权提出意见或者要求纠正；劳动者申请仲裁、提起诉讼的，工会依法给予支持和帮助。"总之，工会与企业、事业行政在相互配合、支持、尊重的前提下，还需要发挥监督职能。工会监督企业执行劳动法律法规的情况，从而促进企业生产发展，促进经济和社会进步。

第五，劳动争议处理。劳动争议处理制度是解决劳动关系矛盾的重要手段之一，也是调整劳动关系的有效机制。在劳动争议处理制度中，关于用人单位和工会的关系，工会法第23条明确赋予了工会代表职工利益，对侵害职工合法权益的行为与用人单位进行交涉的权利。劳动争议调解仲裁法第4条规定："发生劳动争议，劳动者可以与用人单位协商，也可以请工会或者第三方共同与用人单位协商，达成和解协议。"因此，劳动争议发生后，职工有权委托工会代表其利益，与用人单位进行协商和交涉。工会法第29条规定："工会参加企业的劳动争议调解工作。"此外，根据劳动争议调解仲裁法的规定，企业劳动争议调解委员会由职工代表和企业代表组成，职工代表由工会成员担任或者由全体职工推举产生，企业代表由企业负责人指定；企业劳动争议调解委员会主任由工会成员或者双方推举的人员担任。根据上述规定，做好企业劳动争议的调解工作是企业工会的一项重要工作。企业劳动争议调解中，工会代表在参加调解工作时，既要代表和维护职工的合法权益，又要在以事实为依据、以法律为准绳的原则下，独立自主地发挥作用、进行调解；同时，还应协助企业做好预防劳动争议工作。另外，在集体争议调处中，工会同样有着重要的职责。劳动合同法第56条规定："用人单位违反集体合同，侵犯职工劳动权益的，工会可以依法要求用人单位承担责任；因履行集体合同发生争议，经协商解决不成的，工会可以依法申请仲裁、提起诉讼。"

（二）工会参与用人单位民主管理

依照我国工会方面的法律规定，工会依法通过职工代表大会或者其他形式，组织职工参与本单位的民主管理；用人单位违反职工代表大会制度和其他民主管理制度的，工会有权要求纠正，保障职工依法行使民主管理的权利；并且指出了不同所有制用人单位的基层工会对民主管理的参与方式。具体而言，工会法第36条规定："国有企业职工代表大会是企业实行民主管理的基本形式，是职工行使民主管理权力的机构，依照法律规定行使职权。国有企业的工会委员会是职工代表大会的工作机构，负责职工代表大会的日常工作，检查、督促职工代表大会决议的执行。"第37条规定："集体企业的工会委员会，应当支持和组织职工参加民主管理和民主监督，维护职工选举和罢免管理人员、决定经营管理的重大问题的权力。"同时，公司法规定，公司依照宪法和有关法律的规定，通过职工代表大会或者其他形式，实行民主管理；公司研究决定改制以及经营方面的重大问题、制定重要的规章制度时，应当听取公司工会的意见，并通过职工代表大会或者其他形式听取职工的意见和建议。

职工代表大会是职工行使民主管理权力的机构。2012年2月颁布的《企业民主管理规定》第3条明确规定：职工代表大会（或职工大会）是职工行使民主管理权力的机构，是企业民主管理的基本形式。职工代表大会是企业实行民主管理的基本制度，是职工参与企业管理的基本形式。职工代表大会由全体职工选举的职工代表组成，它以职工广泛参与为特征；他们代表全体职工行使民主管理权力，表达全体职工意志，体现大多数职工利益，以少数服从多数为原则。以职工代表大会为基本形式的职工民主管理制度的运行是以工会为依托展开的，职工代表大会的具体议题可以由工会征求职工意见后提出，也可以由经营者提出，工会与企业协商确定。议题确定后，由工会牵头，企业方面参与，共同做好会议筹备工作。职工代表大会闭会期间三分之一以上职工代表联名要求召开职工代表大会的，工会应当及时摸清事由。职工代表所提意见、要求基本合理，工会应积极与企业沟通，召开职工代表大会。

在职工代表大会召开之前，工会应指导、帮助职工代表提高提案质量；并且，工会应当对上届职工代表大会提案和落实情况进行汇总，并做好向职工代表大会报告的准备，已被采纳并在实施中产生效益的提案，可以建议企业给予相应的奖励；工会还应准备职工代表大会闭会期间企业实施和组织日常民主管理、民主监督情况的报告。此外，职工代表大会审议的报告、制度和方案，在起草、制定过程中应当充分吸取工会和职工的意见。

另外，工会应当组织好职工代表的选举，保证职工代表具有代表性与合法性。职工代表大会主持人由工会提名，可以是工会主席，也可以是企业行政方人员。规模较大的企业可以成立大会主席团，由主席团成员主持大会。职工代表大会正式会议应包括：听取企业行政负责人关于企业经营管理的工作报告，以及有关人员对提交职工代表大会审议的有关规章制度、重大事项的说明；听取工会关于开展日常民主管理工作情况的报告；讨论行政、工会工作报告和有关制度、方案，提出修改意见和建议等。工会通过职工代表大会制度行使民主管理的权利。

第五节　工会与职工群众的关系

工会组织是中国共产党领导的职工自愿结合的工人阶级群众组织，是党联系职工群众的桥梁和纽带。依法维护职工合法权益、竭诚服务职工群众是工会工作的基础。2013 年 4 月 28 日，习近平总书记在同全国劳动模范代表座谈时强调，"要把竭诚为职工群众服务作为工会一切工作的出发点和落脚点"。① 同年 10 月 23 日，他在同全国总工会新一届领导班子成员集体谈话时又指出："保障职工群众经济、政治、文化、社会权益是我国社会主义制度的根本要求，是党和国家的神圣职责，也是发挥广大职工群众积极性、主动性、创造性最重要最基础的工作。"② 这分别从职工群众对工会的期盼和社会主义制度应有之义的维度，对工会的宗旨进行了阐明。③ 我国工会是工人阶级的组织，是代表广大职工、服务于广大职工的群众性组织。我国工会法第 2 条规定："工会是中国共产党领导的职工自愿结合的工人阶级群众组织，是中国共产党联系职工群众的桥梁和纽带。"也就是说，工会是工人阶级的组织，而且是一个由职工自愿结合起来的工人阶级的群众组织。与工人阶级的其他组织相比，工会最突出的特点就在于它和职工群众的关系，在于它的群众性。工会被称为党联系职工群众的桥梁和纽带，其与职工群众的关系主要体现在三个方面：（1）覆盖了广泛的职工群体。（2）职工自愿组织和参加工会，职工的意愿是加入工会的前提条件，除此之外没有别的附加条件；职工群众有参加或退出工会的自由。（3）工会主要是根据大多数职工的意见和

---

① 《习近平著作选读》第一卷，人民出版社 2023 年版，第 119 页。

② 《习近平关于尊重和保障人权论述摘编》，中央文献出版社 2021 年版，第 87 页。

③ 钟雪生等：《新时代中国工运事业和工会工作的行动指南与根本遵循——深刻把握习近平关于工人阶级与工会工作重要论述的核心要义》，《科学社会主义》2019 年第 6 期。

要求开展工作，职工的利益和要求是工会工作的出发点。① 工会联系职工群众的特点，决定了这个组织对全部职工群众敞开大门。中国境内的企业、事业单位、机关中，以工资收入作为主要生活来源的体力劳动者和脑力劳动者，不分民族、种族、性别、职业、宗教信仰、教育程度，都有依法参加和组织工会的权利。这体现了工会群众基础的广泛性。近年来，在新的经济形势下，工会在吸纳快递员、送餐员、卡车司机等灵活就业群体入会方面创新了工作方法，进一步扩大了群众基础，落实了党对工会提出的广泛代表群众的要求。

工会具有维护职工合法权益的职责。工会在党的领导下，通过政府联席会议、人大议案、政协提案等制度建设，广泛参与到与职工利益密切相关的各类工作中，发挥工会的职工利益表达职能，配合协调利益关系，推动解决职工最关心最直接最现实的利益问题，让职工群众共享经济社会发展成果。同时，工会引导职工群众正确看待改革发展过程中利益关系和利益格局的调整，理性合法表达利益诉求，自觉维护社会和谐稳定。②

密切工会与职工群众关系的重要途径之一，就是加强"职工之家"建设。2011 年 3 月，习近平总书记作出重要批示，对不断健全送温暖机制，推进工会帮扶工作实现常态化、长效化提出了明确要求。③ 实践表明，建设职工之家活动，是推进工会工作特别是工会基层建设的重要载体，是加强工会工作的基本形式，是贯彻落实党的路线方针政策、在改革建设中充分发挥工会作用的重要手段，也是调动和保护职工群众积极性、创造性的有效方法。

---

① 刘元文：《工会工作理论与实践》，中国劳动社会保障出版社 2008 年版，第 36 页。

② 王玉普：《做好新形势下职工群众工作 在加强和创新社会管理中充分发挥工会组织的重要作用》，《纪念中国共产党成立 90 周年党建研讨会论文选编》上册，2011 年出版。

③ 中国工运研究所编：《新编中国工人运动史》下卷，中国工人出版社 2016 年版，第 704—705 页。

第六节 工会自身关系系统

中国工会实行产业和地方相结合的组织领导原则。同一企业、事业单位、机关和其他社会组织中的会员，组织在一个工会基层组织中；同一行业或者性质相近的几个行业，根据需要建立全国的或者地方的产业工会组织。少数行政管理体制实行垂直管理的产业，其产业工会实行产业工会和地方工会双重领导，以产业工会领导为主。除此以外，其他产业工会均实行以地方工会领导为主，同时接受上级产业工会领导。

一、产业工会和地方工会相结合的组织原则

根据我国工会法的规定，县级以上地方建立地方各级总工会；同一行业或者性质相近的几个行业，可以根据需要建立全国的或者地方的产业工会；全国建立统一的中华全国总工会。工会的组织原则是产业和地方相结合。也就是说，中国工会一方面是按照产业原则组织起来和开展活动的，另一方面又是按照地方原则组织起来和开展活动的。具体来说，省、自治区、直辖市，设区的市和自治州，县（旗）、自治县、不设区的市建立地方总工会，地方总工会是当地地方工会组织和产业工会地方组织的领导机关；全国建立统一的中华全国总工会，中华全国总工会是各级地方总工会和各产业工会的领导机关。

历史上，工会的基本形态最初是全国工会、产业工会与工厂委员会这几个层次。其中，产业工会是我们党最早提出要建立的工会形态，党的一大决议明确提出组建产业工会。党的二大在产业工会的基础上提出了工厂委员会的组织形式。具体而言，工厂委员会是基层工会组织的雏形，产业工会是产业层面的具有社会影响力的工会形态，全国性的工会则是在产业工会基础上

统揽全国工会工作和工人运动的组织。①

对于全国性的工会组织，这里需要说明的是，中华全国总工会成立于1925 年 5 月，其成立时间比党的成立时间晚了 4 年。在这之前，党领导工人运动的总机关为中国劳动组合书记部。党的一大之后，1921 年 8 月，中共中央在上海建立中国劳动组合书记部。该机构在党的领导下，以自上而下派特派员的方式开展工人运动、建立工会组织。中国劳动组合书记部的性质较复杂，从名字上可以看出其独特的混合性质："劳动组合"是来自日语名词的翻译，含有工会联合的意思；"书记部"是来自俄语的名称，类似党内设的工作机构。可以说这一时期，劳动组合书记部兼有中华全国总工会和中央职工运动委员会的特征。② 这种混合性质的机构设置，进一步突出了党对于早期工会工作最直接的领导。1925 年 5 月，第二次全国劳动大会在广东召开，会上宣布成立中华全国总工会并颁布《中华全国总工会总章程》。③ 自此，中华全国总工会成为中国共产党领导的全国性的工会组织。

产业原则，就是在国民经济中同一行业或性质相近的工会基层组织联合为地方的和全国的产业工会。我国早在 20 世纪早期就出现了产业工会，例如铁路工会、海员工会、煤矿工会等。我国工人运动史上著名的安源路矿大罢工、香港海员大罢工、京汉铁路工人大罢工等，都是经过产业工会组织与发动起来的。但是，按产业原则组织工会，仅仅是工人阶级实现联合的一个步骤和一种形式。工人阶级还要通过建立地方工会达到一个地区的联合，例如一个县、一个市、一个省的联合等。第二次全国劳动大会通过的《组织问题的决议案》指出："职工运动的组织形式，须特别灵便"，"为统一当地

---

① 刘晓倩：《中国共产党一大到六大中的工人运动决议案探析》，《工会信息》2021 年第 16 期。

② 马学军：《中国劳动组合书记部的渊源与演变再考察》，《学术交流》2016 年第 2 期。

③ 王永玺主编：《从一次劳大到工会十五大——中国工会历次代表大会巡礼》，中国工人出版社 2013 年版，第 20 页。

工会组织及亲密互助起见，凡城市或省区应只组织一个工会联合总机关"。①
我国工会实行产业与地方相结合的组织原则，在中国工会八大、九大、十大
通过的工会章程中都作出了明确规定。这是国际工人运动经验和我国工人运
动实际情况相结合的产物，既体现产业性特点，又体现地方性特点，有利于
充分发挥产业工会与地方工会两方面的作用。当前的工会领导体制中，在党
的领导下，有的行业以地方工会领导为主，有的行业以产业工会领导为主；
工会工作内容上，属于地方共同性的问题主要由地方工会负责，属于产业特
殊性的问题主要由产业工会负责。②

二、基层工会组织

工会组织实行联合制和代表制，也就是上级工会应当是下级工会的代表
者和联合体。具体地说，各级工会的领导机构自下而上地由其所属基层工会
或下级工会的代表联合组成。③ 基层工会是工会组织的基础。工会从其组织
性质的一般特征来看，它是职工群众自愿结合的组织，而广大职工群众主要
工作和生活在基层，这就决定了工会的全部工作最终必须落实在基层，并由
基层工会组织来承担。基层工会在整个工会组织体制中所处的这种特殊地
位，决定了基层工会组织建设成为整个工会组织建设的一项基础性工作。④

我国的基层工会组织，一般是建立在具有独立经济核算、独立的行政管
理机构和具有一定的权利与义务并取得相应法人地位的单位。根据工会法第
11 条的规定，用人单位有会员 25 人以上的，应当建立基层工会委员会；不

---

① 《建党以来重要文献选编（1921—1949）》第 2 册，中央文献出版社 2011 年版，第
359、361 页。
② 李生林等：《工会学原理》，吉林人民出版社 1988 年版，第 238 页。
③ 李生林等：《工会学原理》，吉林人民出版社 1988 年版，第 241 页。
④ 刘元文：《工会工作理论与实践》，中国劳动社会保障出版社 2008 年版，第 45 页。

足 25 人的，可以单独建立基层工会委员会，也可以由两个以上单位的会员联合建立基层工会委员会，还可以选举组织员一人，组织会员开展活动。按照《中国工会章程》的规定，工会基层委员会根据工作需要，可以在分厂、车间（科室）建立分厂、车间（科室）工会委员会。分厂、车间（科室）工会委员会由分厂、车间（科室）会员大会或者会员代表大会选举产生，任期和工会基层委员会相同。工会基层委员会和分厂、车间（科室）工会委员会可以根据需要，设若干专门委员会或者专门小组。

工会各级委员会实行集体领导和分工负责相结合的制度。重大问题由工会委员会民主讨论并作出决定，委员会成员根据集体决定和分工履行职责。工会强调集体领导，同时支持个人分工负责。各级领导机关要经常向下级组织通报情况，听取下级组织和会员的意见，下级组织也要经常向上级组织请示报告工作，以确保上级能在充分了解下级组织和会员群众的愿望与要求基础上作决定。

思考题

1. 如何理解中国特色社会主义工会的关系系统？
2. 如何理解我国工会组织与中国共产党的关系？
3. 我国工会组织和用人单位的关系在哪些方面进行协作？
4. 我国工会组织自身的关系系统是怎样的？

参 考 文 献

《毛泽东邓小平江泽民论工人阶级和工会工作》，中央文献出版社2002 年版。

全国总工会课题组编：《深入学习贯彻习近平总书记关于工人阶级

和工会工作的重要论述》，中国工人出版社 2021 年版。

中华全国总工会编：《中共中央关于工人运动文件选编》（上），档案出版社 1985 年版。

刘元文：《工会工作理论与实践》，中国劳动社会保障出版社 2008 年版。

中国工运研究所编：《新编中国工人运动史》下卷，中国工人出版社 2016 年版。

王永玺主编：《从一次劳大到工会十五大——中国工会历次代表大会巡礼》，中国工人出版社 2013 年版。

何生、李生林主编：《工会学原理》，吉林人民出版社 1988 年版。

桉苗、冯同庆、孙中范主编：《向社会主义市场经济转变时期的工会理论纲要与述评》，人民出版社 1997 年版。

杨光斌：《中国政府与政治导论》，中国人民大学出版社 2003 年版。

马学军：《中国劳动组合书记部的渊源与演变再考察》，《学术交流》2016 年第 2 期。

韩承敏：《改革开放 40 年劳模文化变迁的历史逻辑》，《学校党建与思想教育》2018 年第 11 期。

刘晓倩：《中国共产党一大到六大中的工人运动决议案探析》，《工会信息》2021 年第 16 期。

王永玺、钟雪生：《新时代中国工运事业和工会工作的行动指南与根本遵循——深刻把握习近平关于工人阶级与工会工作重要论述的核心要义》，《科学社会主义》2019 年第 6 期。

王玉普：《做好新形势下职工群众工作　在加强和创新社会管理中充分发挥工会组织的重要作用》，《纪念中国共产党成立 90 周年党建研讨会论文选编》上册，2011 年出版。

李建国、刘芳：《建国 70 年来劳模精神的发展演进、理论诠释及新时代价值》，《学习与实践》2019 年第 9 期。

第八章　工会工作的基本理念、基本原则与基本规律

教学基本要求

1. 认识中国特色社会主义工会工作基本理念与基本规律的特点
2. 理解探索中国特色社会主义工会工作基本理念与基本规律的意义
3. 把握中国特色社会主义工会工作基本理念与基本规律的内容
4. 理解中国特色社会主义工会工作的核心理念与主要规律

党领导下的波澜壮阔的百年工运史，是我国工人运动坚持把马克思主义基本原理同中国工运具体实际相结合的辉煌历史，贯穿其中的是中国工会运动发展的基本规律和主要规律。规律具有不以人的主观意志为转移的客观性，因而具有不可抗拒性。当前，团结带领全国各族人民全面建成社会主义现代化强国、实现第二个百年奋斗目标，以中国式现代化全面推进中华民族伟大复兴，作为中国工会的重要任务，要求工会组织必须按照客观规律开展工作，坚持基本理念和基本原则，积极发挥工会工作者的主体能动性，不断开创新时代工会发展新境界。就这个意义而言，正确把握中国特色社会主义工会工作基本理念、基本原则、基本规律，对于增强工会

工作实践的前瞻性、预见性和主动性，避免主观性、片面性和盲目性，有十分重要的意义。本章将重点对中国特色社会主义工会工作的基本理念、基本原则、基本规律进行阐述，并对其中的核心理念与基本规律进行阐释和分析。

第一节　中国特色社会主义工会工作的基本理念

思想是行动的先导。理念是思想的灵魂，也是实践的指南。理念管全局、管根本、管方向、管长远，是工作思路和着力点的集中体现。我国工会具有光荣历史与悠久发展历程，其工作理念在实践进程中有着丰富的历史积淀。因此，在高度凝练的工会工作理念形态中，蕴含着丰富的思想内容及核心价值，各种理念的有机集合即为工会工作理念体系。

一、工会工作基本理念概述

所谓理念，即为一种行动的逻辑或原则。工会工作理念，指针对职工群体（会员）的工作、生活、发展等需要，提供帮助、服务、支持等行动（行动旨在促进职工全面发展、实现体面劳动），并在其长期行动实践中所形成的逻辑、原则或指导思想。中国特色社会主义工会工作的基本理念是对工会工作进行归纳或总结后形成的基本观念，并进一步上升为具有规范意义的基本法则。探索中国特色社会主义工会工作的基本理念有重要实践意义。它不仅是工会工作实践成果提升和总结的精髓，也是工会为适应内外环境变化而升华的观念体系，对于工会工作具有重要的规范、指导意义。

二、中国特色社会主义工会工作的基本理念

(一) 政治理念

习近平总书记指出，政治性是群团组织的灵魂，是第一位的。① 正如蔡奇代表党中央在中国工会第十八次全国代表大会上的致词中强调的，要始终坚持正确政治方向。工会组织首先是政治组织，工会工作首要是政治工作。② 各级工会要深入学习贯彻习近平新时代中国特色社会主义思想，深入学习贯彻习近平总书记关于工人阶级和工会工作的重要论述，在思想上政治上行动上同以习近平同志为核心的党中央保持高度一致。要创新思想政治工作，持续推动党的创新理论走进职工当中，教育引导亿万职工紧密团结在党的周围，不断巩固党长期执政的阶级基础和群众基础。

一是提高政治站位。政治站位具有先导作用，决定着认识的高度、思想的深度、视野的宽度、落实的力度。深刻理解、准确把握、坚决贯彻习近平新时代中国特色社会主义思想，首要一条就是提高政治站位。首先，这是工人阶级地位和作用的必然要求。不论时代怎样变迁，不论社会怎样变化，我们党全心全意依靠工人阶级的根本方针都不能忘记、不能淡化，我国工人阶级的地位和作用都不容动摇、不容忽视。这就要求必须深刻把握工人阶级的地位和作用，贯彻落实党的全心全意依靠工人阶级根本方针，进一步发挥工人阶级的主力军作用。其次，这是工会工作职能定位的必然要求。习近平总书记强调，我国工运事业是在党的领导下发展起来的，是党的事业的重要组成部分。工会工作是党治国理政的一项经常性、基础性工作③。这就要求必

---

① 参见《习近平著作选读》第一卷，人民出版社 2023 年版，第 360 页。

② 蔡奇：《奋力书写我国工人阶级投身强国建设民族复兴的壮丽篇章——在中国工会第十八次全国代表大会上的致词（2023 年 10 月 9 日）》，《人民日报》2023 年 10 月 10 日。

③ 参见中共中央党史和文献研究院编：《习近平关于工人阶级和工会工作论述摘编》，中央文献出版社 2023 年版，第 13 页。

须深刻把握工会工作的职能定位，使工运事业在党的领导下，与党的事业紧密相连、同频共振、同向而行。最后，这是工会工作根本原则的必然要求。坚持党对工会工作的领导，是工会工作的根本原则和政治保证。习近平总书记指出，保持和增强党的群团工作的政治性，关键是群团组织必须自觉坚持中国共产党的领导。[①] 在坚持党的领导这个根本问题上，工会必须旗帜鲜明、立场坚定。[②] 这就要求必须深刻把握坚持党对工会工作领导的根本原则，更加自觉地把工会置于党的领导之下，在政治立场、政治方向、政治原则、政治道路上始终同以习近平同志为核心的党中央保持高度一致。

二是强化政治责任。习近平总书记强调，引导职工群众听党话、跟党走，巩固党执政的阶级基础和群众基础，是工会组织的政治责任。他指出，对群团组织来说，谁能把自己联系的群众最广泛最紧密地团结在党的周围，谁的工作就是做得好，反之就是做得不好。这为衡量工会工作成效确立了政治标准。首先，要按照学懂弄通做实的要求，面向广大职工群众，运用职工群众喜欢熟悉的话语体系、乐于接受的交流方式，广泛深入地开展各种形式的宣传宣讲，教育引导广大职工深刻领悟"两个确立"的决定性意义，坚定不移听党话、跟党走。其次，要聚焦统一职工思想、凝聚职工力量，多做组织职工、宣传职工、教育职工、引导职工的工作，使广大职工在理想信念、价值理念、道德观念上紧紧团结在一起。最后，要加快实施"智慧工会"建设工程，强化网上工作力量，走好网上群众路线，建好网上"职工之家"，切实增强传播力、引导力、影响力。

三是保持政治定力。对于工会干部而言，保持政治定力，就是要在大是大非面前立场坚定、旗帜鲜明。首先，要坚定信仰信念。要始终牢记坚定理想信念是共产党人安身立命的根本，牢牢抓住理论武装这个管根本、保方向

[①] 《习近平著作选读》第一卷，人民出版社 2023 年版，第 360 页。

[②] 中共中央党史和文献研究院编：《习近平关于工人阶级和工会工作论述摘编》，中央文献出版社 2023 年版，第 13 页。

的基础工作、灵魂工程，系统学习、准确把握党的基本理论、基本路线、基本方略，坚决做到"两个维护"，不忘工会初心、牢记工会使命。其次，要做到敏感敏锐。工会干部应切实提高政治敏锐性和政治鉴别力，增强危机意识，强化底线思维，注重研究工会工作对象、领域、内容、环境等的新变化，敏锐洞察重大问题，见微知著、未雨绸缪。最后，要敢于发声亮剑。工会组织必须按照习近平总书记的要求，自觉成为在职工群众中凝聚人心、坚守阵地、冲锋陷阵的战斗队、工作队；工会干部必须发扬斗争精神，坚决反对和抵制一切危害党的领导、危害中国特色社会主义制度的言行。

四是涵养政治品格。对于工会干部来说，涵养政治品格，关键是做到对党忠诚、对党的工运事业忠诚。首先，要做到无条件忠诚。习近平总书记强调："对党绝对忠诚要害在'绝对'两个字，就是唯一的、彻底的、无条件的、不掺任何杂质的、没有任何水分的忠诚。"① 工会要忠诚于党的事业，任何时候都要与党同心同德，对党中央的决策部署要无条件服从、无条件落实。其次，要坚决彻底地贯彻落实习近平总书记重要指示精神，牢记党赋予工会的职责使命，把动员组织职工建功立业的使命担当落实到位，把引导职工听党话、跟党走的政治责任完成到位，把维护职工合法权益、竭诚服务职工群众的基本职责履行到位。这就要求必须把彻底忠诚的最高标准树立起来，在见底到位上狠下功夫。最后，要做到发自内心忠诚。对党忠诚、对党的工运事业忠诚，必须做到表里如一、知行合一。对党中央的大政方针、对全国总工会的决策部署，必须发自内心地拥护、全力以赴地落实，即使遇到各种困难和问题，也要拿出担当作为的魄力、攻坚克难的勇气，迎难而上、久久为功、善作善成。

五是提升政治能力。习近平总书记指出，提高政治能力，就要不断提高

---

① 《习近平关于严明党的纪律和规矩论述摘编》，中央文献出版社、中国方正出版社2016年版，第24页。

各级领导干部，特别是高级干部把握方向、把握大势、把握全局的能力，辨别政治是非，保持政治定力、驾驭政治局面、防范政治风险的能力。① 对于工会干部来说，应着重提升四种政治能力。首先，要提升认识分析能力。最根本的要求，就是通过加强科学理论武装，深刻理解把握习近平新时代中国特色社会主义思想的世界观和方法论，切实提高把握大势、明辨是非、破解难题、抵御风险的能力。正如中国工会十八大报告所强调的，要深入学习贯彻习近平总书记关于工人阶级和工会工作的重要论述，深化理论研究、学理阐释，掌握其核心要义和精神实质，健全完善学习贯彻、创新落实的制度性安排。其次，要提升驾驭全局能力。无论是推进工会改革，还是统筹开展工作，工会干部都要坚持在大局下谋划、在大势中推进、在大事上作为；要牢固树立"一盘棋"思想，坚持宏观把握、系统谋划、统筹协调，形成上下联动、整体推进的工作格局。最后，要提升群众工作能力。要牢记民心是最大的政治，坚持从群众中来、到群众中去的工作方法，及时掌握职工群众的所思所想所忧所盼，及时回应职工诉求，真诚帮助职工排忧解难，把强信心、聚民心、暖人心的工作做得更有成效。

（二）群众理念

习近平总书记对做好群众工作始终高度重视。他强调："工会要坚持以职工为中心的工作导向，抓住职工群众最关心最直接最现实的利益问题，认真履行维护职工合法权益、竭诚服务职工群众的基本职责。工会要把服务职工、维护职工合法权益的大旗牢牢掌握在手中，把群众观念牢牢根植于心中，练就见微知著、以小见大的真功夫，哪里的职工合法权益受到侵害，哪里的工会就要站出来说话。"② 习近平总书记在谆谆告诫中深刻阐明了做好群

---

① 参见《习近平著作选读》第二卷，人民出版社 2023 年版，第 187 页。

② 中共中央党史和文献研究院编：《习近平关于工人阶级和工会工作论述摘编》，中央文献出版社 2023 年版，第 101 页。

众工作的认识论、方法论和辩证法，为工会组织做好群众工作指明了方向、提供了遵循。习近平总书记指出："人民立场是中国共产党的根本政治立场，是马克思主义政党区别于其他政党的显著标志。"①

党的十八大以来，以习近平同志为核心的党中央就密切党同人民群众联系制定出台了一系列制度、文件，包括关于改进工作作风、密切联系群众的八项规定等，并开展党的群众路线教育实践活动等多次党内集中教育。一个重要目的就是要教育广大党员干部更加深刻认识党的性质宗旨，树牢群众观点、站稳群众立场。群众工作是党的各项工作的基础，党的各项工作本质上都是群众工作。工会作为联系党与职工群众的桥梁纽带，要立足于巩固党执政的阶级基础和群众基础的政治高度做好职工群众工作，把职工群众拥护不拥护、赞成不赞成、满意不满意、答应不答应作为开展工作的评判标准，更好地组织群众、宣传群众、引导群众、服务群众。

一是聚焦职工群众急难愁盼的重点问题。群众工作从本质上看，就是做人的工作。要做好职工群众工作，就要从职工群众需要出发开展工作，实实在在为职工群众办实事做好事解难事。针对我国经济发展环境的复杂性和严峻性，工会组织要加大对生活困难职工的帮扶救助力度，落实中国工会十八大精神，加强新就业形态劳动者权益保障，完善协商协调机制，推动平台企业合法规范用工、科学调整算法、完善劳动定额标准，推进职业伤害保障试点工作。

二是探索互联网时代工会工作的特点规律。群众工作的特点和规律，就是要深深扎根于群众，坚持从群众中来、到群众中去，始终与群众打成一片。习近平总书记强调，要把网上工作作为工会联系职工、服务职工的重要平台，增强传播力、引导力、影响力。② 在互联网蓬勃发展、网络规模日益

---

① 《习近平谈治国理政》第 2 卷，外文出版社 2017 年版，第 40 页。

② 参见中共中央党史和文献研究院编：《习近平关于工人阶级和工会工作论述摘编》，中央文献出版社 2023 年版，第 49 页。

扩大的今天，做好职工群众工作，一方面要求工会干部要发扬与群众面对面、心贴心的优良传统，深入基层、深入职工群众；另一方面，要适应互联网时代要求，做到哪里有职工群众、哪里就要有工会组织，坚持线上和线下相结合，把互联网作为联系职工、服务职工的重要平台，创新互联网时代职工群众工作机制和方式方法，用好网络资源，积极回应职工关切，把工作做到网上，探索"互联网＋工会工作"的方式方法，打造工会工作升级版，使工会维护和服务职工工作做到全方位全天候全覆盖。应落实中国工会十八大精神，全面加快工会系统数字化建设。创建直达亿万职工群众、集成工会全部服务内容的服务终端，让亿万职工群众享受"一键入会""一网全通"，以及高效、实时、精准的"一终端全维服务"。完善线上线下服务资源，加快创建线上工会、云上课堂、线上援助、数字展馆等一系列线上、云上产品和服务，强化线上线下融合，倍增服务能力和效果。

三是练就做好职工群众工作的内功。习近平总书记要求："群团干部要由知群众、懂群众、爱群众的人来当，要有做群众工作的本领和经验，懂得群众的语言和习惯，熟悉群众的愿望和心声，善于运用新形势下群众工作方式方法。"[①] 做好职工群众工作是工会组织的天职和生命线，也是做好工会工作的内在要求。工会组织处在维护和服务职工群众工作第一线，工会干部在一线经受锻炼和考验，这是改进作风、提高群众工作能力的重要途径。这就要求完善联系职工群众的制度机制，把工作重心放在基层一线和职工群众身上，从职工群众切身需要来谋划和考量工作，不断提高工作的针对性和实效性。

（三）大局理念

首先，服从服务于大局是党和国家的性质及工会的地位所决定的。中国

---

① 　中共中央党史和文献研究院编：《习近平关于工人阶级和工会工作论述摘编》，中央文献出版社 2023 年版，第 123 页。

共产党是中国工人阶级的先锋队，也是中国人民和中华民族的先锋队，是中国特色社会主义事业的领导核心。中国工会作为党联系职工群众的桥梁和纽带、国家政权的重要社会支柱，其性质和地位决定了工会必须围绕党和国家大局开展工作。2013年10月23日，在同全国总工会第一届领导班子成员集体谈话时，习近平总书记要求工会必须牢记党的重托、不忘工会职责，倾听职工群众呼声，关心职工群众疾苦，为职工群众排忧解难，始终同职工群众心连心。①2015年1月8日，中共中央下发的《关于加强和改进党的群团工作的意见》指出，工会、共青团、妇联等群团组织联系的广大人民群众，是全面建成小康社会和坚持发展中国特色社会主义的基本力量，是全面深化改革、全面推进依法治国、巩固党的执政地位、维护国家长治久安的基本依靠。以上讲话和论断，深刻揭示了党和国家工作大局与工会工作的内在统一性。工会工作的本质就是以职工为本。工会通过履行维护职工群众合法权益、竭诚服务职工群众的基本职责，把广大职工组织起来，将其积极性调动起来，把职工群众引导到全面建成小康社会、实现中国梦上来，从而实现工人阶级的最终奋斗目标。实践证明，工会工作要有所作为、要提升地位，重要途径之一就是把工会工作放在大局中去认识、去把握。

其次，服从服务于大局是中国工会的优良传统和基本特征之一。中华全国总工会成立以来，紧紧围绕党在各个历史时期的中心任务积极开展工作，为实现民族独立、人民解放和国家富强谱写了光辉篇章。在革命战争年代，工会组织和领导的工人群众，为推翻三座大山、夺取新民主主义革命的胜利、建立人民当家作主的新中国作出重大贡献。新中国成立以后，各级工会组织动员工人阶级群众以主人翁的姿态投身经济建设，为恢复和发展国民经济以及加快社会主义建设的步伐创造了不朽功绩。改革开放以来，为建设中

---

① 参见中共中央党史和文献研究院编：《习近平关于工人阶级和工会工作论述摘编》，中央文献出版社2023年版，第113—114页。

国特色社会主义伟大事业，工会不断适应社会主义市场经济以及新时期、新形势的要求，站在协调劳动关系的第一线，主动、依法、科学维护职工合法权益，保护、调动并发挥职工群众的积极性和创造性，团结广大职工群众大力支持改革，在推动社会进步和经济发展中发挥了不可替代的作用。特别是中国工会十四大以后，工会紧紧围绕党和国家工作大局，明确提出了坚定不移走中国特色社会主义工会发展道路，在全面深化改革的大背景下，积极探索工会工作的改革创新，实现了新时期工会理论与实践创新的历史性飞跃。总之，中国工会的发展历史，就是在服从服务于大局中不断发展壮大的历史。历史和现实一再证明，工会工作只有始终置于全党全国工作的大局中去思考、去部署，才能找准位置、体现价值、发挥作用。

最后，服从服务于大局是走中国特色社会主义工会发展道路的必然要求。工会所承担的历史使命和所处的历史方位，决定了应该走什么样的发展道路（即中国特色社会主义工会发展道路）。它要求工会必须紧紧围绕党和国家工作全局开展工作，这是历史的选择，也是现实的需要。党的二十大郑重宣示："从现在起，中国共产党的中心任务就是团结带领全国各族人民全面建成社会主义现代化强国、实现第二个百年奋斗目标，以中国式现代化全面推进中华民族伟大复兴"[1]，吹响了奋进新征程的时代号角。中国工人阶级作为中国共产党最坚实最可靠的阶级基础，始终凝聚在党的旗帜下，牢牢把握我国工人运动时代主题，为完成党在不同历史时期的中心任务作出了重要贡献；中国工会作为党领导下的职工群众组织，始终忠诚党的事业，组织动员和服务亿万职工群众，充分发挥了桥梁纽带作用。党的中心任务就是中国工人运动和工会工作的主题与方向。新征程上，中国工人阶级和工会一定要在以习近平同志为核心的党中央坚强领导下，以党的旗帜为旗帜、以党的意志为意志、以党的使命为使命，坚定理想信念、坚守使命追求，自觉团结奋

---

① 《习近平著作选读》第一卷，人民出版社2023年版，第18页。

斗、积极改革创新，以更加豪迈的姿态、勇于担当的精神，为实现全面建成社会主义现代化强国、以中国式现代化全面推进中华民族伟大复兴的宏伟目标而奋勇前进。中国工会的发展历史证明，只有坚持党的领导，自觉服从服务于工作大局，坚决贯彻落实党的大政方针，道路才会越走越宽广。因而，服从服务于大局是党的要求、职工群众的愿望，也是坚持走中国特色社会主义工会发展道路的内在要求。离开了大局，工会工作就成了无源之水，就寸步难行。

当前，强化工会干部服务大局的意识和能力，需要从以下三个方面入手。

一是要强化大局意识。工会干部要善于用长远的眼光，从全局的高度、广度和深度观察形势、分析问题；善于围绕党和国家工作大局思考问题并作出决策。服从服务于大局是工会工作的优良传统，也是新时代工会工作的总要求。大局意识是工会干部必须具备的基本素质，它是做好各项工作的基础和重要前提。其内涵主要包括：首先，工会干部要自始至终地站在党和人民的立场上，从党和国家前途命运的高度来看问题，用切实维护和服务职工群众合法权益来夯实党的执政基础，把听党话、跟党走与对职工群众负责有机结合起来。其次，工会干部要具备远大的目光，树立系统观念，把握全局与局部、整体与部分之间的辩证关系。最后，大局意识还展示出一种思想境界和素养，在大局需要的时候，必须做到局部和个人服从整体与大局。只有具备了这样的大局意识，工会干部才能在纷繁复杂的形势面前、在大是大非面前保持头脑清醒。

二是要了解把握大局。要真正做到服从服务于大局，前提就是认识和把握大局。工会干部要全面了解和认真贯彻中央决策部署，坚决维护以习近平同志为核心的党中央权威，在新的历史起点上坚持和发展中国特色社会主义，为实现中华民族伟大复兴的中国梦而努力奋斗。首先，工会干部要加强对理论和政策的学习，自觉用最新的创新理论武装自己的头脑，增"三性"、去"四化"，积极改造客观世界和主观世界，树立正确的大局观。其次，工会干部要开拓思路和胸襟，不断提高谋全局、抓大事，从大局上观察、分析以及处理复杂问题的能力，为推进国家改革发展作出应有贡献。最后，工会干部要熟悉党和国家有关工人阶级与工会工作的方针政策，关心大局的进展，努力把握大局的发展脉络。

三是要提升服务大局能力。服从服务于大局的能力是一种综合能力，包括观察大局、分析大局、判断大局以及驾驭和处理大局的能力等诸方面。工会工作是一项政治性、政策性很强的工作。工会干部要站在党和国家的工作大局角度，认真研究具有战略性以及全局性的重大问题，并提供参考依据，当好党和政府重大决策的参谋帮手。工会干部要善于用战略眼光看待工会工作，以宽广视野研究工会工作，进一步提高在全党全国工作大局下行动的自觉性和坚定性。工会干部的政治水平和领导才能，往往体现在大局观念与工作布局方面。与党的执政能力提高相适应，工会需要全面加强自身建设，通过提升能力更好地为职工群众服务、为工作大局服务。对于不同岗位和不同层次的工会干部而言，由于承担不同的职责，服从服务于大局的具体要求也不完全相同。要求工会干部必须牢固树立和强化"四个意识"，做到讲政治、讲大局，善于协调并构建和谐劳动关系，维护好职工合法权益，竭诚服务职工群众。

第二节　中国特色社会主义工会工作的基本原则

站在新的历史起点上，不断开创中国工会事业新局面，就必须全面准确把握和坚持中国特色社会主义工会工作的基本原则。

一、工会工作基本原则概述

原则亦即准则，具有规范的意义。工会工作基本原则是指工会工作本身所特有的、贯穿于全部工会工作实践的规范，是指导和制约工会工作、具有全局性和根本性意义的准则。探索中国特色社会主义工会工作的基本原则有重要意义。

中国特色社会主义工会工作的基本原则是从长期的工会工作实践中总结、抽象出来的，是经过无数工会工作实践检验的真理性认识。

坚持中国特色社会主义工会工作的基本原则是中国工运事业与工会工作健康发展的根本前提和根本保证，对工会建设改革和工会事业发展起重要的保证作用：一是规定了坚定正确的政治方向，二是明确了以"职工为中心"的核心价值理念，三是保证有一个团结稳定的环境，四是指明了工会发展的内在动力，五是保证有统一意志和统一行动。

坚持中国特色社会主义工会工作的基本原则，是百年来我国工运事业和工会工作取得成功的一条根本经验。它昭示一个重要道理：在任何时候、任何情况下都必须坚持工会工作基本原则，既不能动摇，也不能忽视。

二、中国特色社会主义工会工作基本原则的内容

（一）坚持党的领导

将自觉接受党的领导作为工会根本政治原则，把党的政治建设摆在首位，全面贯彻党的基本理论、基本路线、基本方略，不折不扣地将党中央决策部署贯彻到工会各项工作中去，将党的意志主张落实到广大职工中去，充分发挥党联系职工群众的桥梁纽带作用，团结引导广大职工坚定不移听党话、矢志不渝跟党走，始终做党执政的坚实依靠力量。持之以恒地以党的创新理论武装头脑、指导实践、推动工作，不断提高政治判断力、政治领悟

力、政治执行力，始终在政治立场、政治方向、政治原则、政治道路上同以习近平同志为核心的党中央保持高度一致。

党的十八大以来，习近平总书记多次就工会自觉接受党的领导作出重要指示、提出明确要求，强调"工会工作是党的群团工作、群众工作的重要组成部分，是党治国理政的一项经常性、基础性工作"[①]，"工会工作做得好不好、有没有取得明显成效，关键看有没有坚持正确政治方向。坚持正确政治方向，一言以蔽之，就是要坚持中国共产党领导和社会主义制度"。[②] 因此，自觉接受党的领导是中国工会不可动摇的政治原则，也是中国工运事业和工会工作从胜利走向胜利的根本保证。中国工会接受中国共产党的领导，是历史的选择，也是中国工会的优良传统和政治优势。中国现代工人运动是在中国共产党直接领导下发展起来的。中国工会自诞生之日起就将自己同党的事业紧密相连，团结动员广大工人阶级群众围绕实现党的纲领和不同历史时期确立的中心任务，前仆后继、奋勇拼搏。坚持党的领导，是工会的工作准则和具体要求，是法律的明确规定。我国宪法、工会法和工会章程明确规定，中国工会自觉接受党的领导。各级工会组织和广大工会干部必须始终不渝地自觉遵循，任何情况下都不能动摇。工会所有工作最终都要体现到引导职工群众自觉坚持党的领导和我国社会主义制度上来，体现到团结引导职工群众听党话、跟党走上来，通过扎实有效的工作让党的领导具体而深入地落实到职工群众中去，这是工会组织的政治责任。

坚持党的领导，要旗帜鲜明地讲政治。要深刻领悟"两个确立"的决定性意义，增强"四个意识"、坚定"四个自信"、做到"两个维护"，始终在思想上政治上行动上同以习近平同志为核心的党中央保持高度一致。坚持党的领导，要自觉服从服务于党和国家工作大局。牢牢抓住为实现中华民族伟

① 习近平：《论坚持人民当家作主》，中央文献出版社2021年版，第125页。

② 中共中央党史和文献研究院编：《习近平关于工人阶级和工会工作论述摘编》，中央文献出版社2023年版，第4页。

大复兴的中国梦而奋斗这个我国工人运动的时代主题，围绕统筹推进"五位一体"总体布局和协调推进"四个全面"战略布局，把推动科学发展、实现稳中求进作为发挥作用的主战场，把做好新形势下职工群众工作、调动职工群众积极性和创造性作为中心任务，巩固党执政的阶级基础和群众基础，忠诚党的事业、竭诚服务职工。坚持党的领导，要积极争取各级党委加强和改进对工会的领导。积极争取各级党组织把工会工作摆上重要位置，将工会组织建设纳入党建总体格局，健全党建带工建的领导机制和工作制度；定期听取工会工作汇报，帮助解决工会工作遇到的难题；选好配强工会领导班子，加大对工会干部培养力度；向政府争取更多资源和手段，切实改善工会工作条件，为工会更好地服务职工群众提供必要的物质保障。

（二）坚持服务大局

围绕党和国家工作大局，谋划和推进工会工作，坚持在大局下思考、在大局下行动，组织动员广大职工充分发挥工人阶级主力军作用，以满腔热情投身全面建设社会主义现代化国家的伟大实践。

一是凝聚建功新时代的思想共识。广泛开展理想信念、社会主义核心价值观、学习"四史"、"中国梦·劳动美"、"大国工匠"、"最美职工"、"万名劳模工匠宣讲党的创新理论"等系列教育和活动，不断增强职工群众的政治认同、思想认同、理论认同、情感认同，筑牢亿万职工团结奋斗的共同思想基础。加强职工文化阵地建设，开展丰富多彩、喜闻乐见的职工文体活动，打造健康文明、昂扬向上、全员参与的职工文化，不断满足广大职工精神文化需求。切实加强工会宣传工作，按照统筹协调、守正创新、特色鲜明、深度融合的理念，形成党组统一领导、宣传部门牵头抓总、各有关部门及各级工会协同协作、主流媒体和新媒体各展所长的工会宣传工作格局，做强做优工会舆论宣传。

二是凝聚建功新时代的实践伟力。要广泛深入持久开展劳动和技能竞赛。围绕国家重大战略、重大工程、重大项目、重点产业，以技术创新为导向，深入开展"建功'十四五'、奋进新征程"主题劳动和技能竞赛，探索新产业新业态竞赛活动新形式，打造影响力大、引领力强的竞赛品牌。持续组织职工参加技术革新、技术协作、发明创造、合理化建议、网上练兵和"五小"等群众性创新创造活动，推动形成"建功新时代、比学赶帮超"的新风尚。

三是凝聚建功新时代的精神力量。大力弘扬劳模精神、劳动精神、工匠精神，开展"劳模工匠进校园""劳模工匠助企行"等活动。构建线下线上结合的工匠学院建设体系，深化劳模和工匠人才创新工作室建设，强化职工创新成果展示交流和应用转化。建立完善关心关爱劳模工匠和技能人才的常态化机制，推动落实劳模工匠待遇，提升劳模工匠地位，让劳动光荣、技能宝贵、创造伟大在全社会蔚然成风。

（三）坚持职工为本

牢固树立以职工为中心的工作导向，把联系和服务职工作为工会工作的生命线，扎实履行维护职工合法权益、竭诚服务职工群众的基本职责，不断提升职工群众的获得感、幸福感、安全感，推动实现共同富裕。习近平总书记强调，工会要坚持以职工为中心的工作导向，认真履行维护职工合法权益、竭诚服务职工群众的基本职责。哪里的职工合法权益受到侵害，哪里的工会就要站出来说话。[①] 这为工会做好职工维权和服务工作指明了方向。

各级工会要始终把群众观念深植于心中，心贴心、实打实地服务职工群众，把职工愿望作为"晴雨表"，把职工评价作为"试金石"，按照职工的"生物钟"开展工作，解决好"为了谁、依靠谁、我是谁"这个根本问题，不断

---

① 参见中共中央党史和文献研究院编：《习近平关于工人阶级和工会工作论述摘编》，中央文献出版社2023年版，第101页。

激发内生动力、释放内在活力。要带着深厚感情、满腔热情、火热激情，为职工群众鼓与呼、谋与求，做到"普惠"与"精准"相结合、"常态"与"长效"相结合、"输血"与"造血"相结合，通过在思想上解困、精神上解愁、生活上解忧、心理上解惑，真正为职工做好事、办实事、解难事，让他们感受到"娘家人"的贴心温暖。职工所需就是工会所为，工会有为才能在职工心中有位。加强对工会服务工作的研究分析，在搞好传统服务的基础上，适应时代要求和职工群众需求，全面运用数字化技术，推出更多更好更及时的服务职工群众项目。积极推进职工服务阵地建设，建好用好工人文化宫、职工书屋、工人疗休养院、服务中心等。巩固城市困难职工解困脱困成果，与提高职工生活品质有效衔接，推动改革发展成果更多惠及广大职工群众。推动农民工平等享受城镇基本公共服务，开展关爱农民工子女主题活动，推进职工健康服务。叫响做实工会送温暖、送清凉和金秋助学、职工医疗互助等工作品牌，加强职工公益基金组织建设。深入开展"暖边绿境"关爱职工专项行动。积极维护女职工合法权益，充分保障女职工特殊权益，促进男女平等和女职工全面发展。

（四）坚持改革创新

党的二十大首次把守正创新作为大会主题的重要内容。它作为习近平新时代中国特色社会主义思想的世界观和方法论之一，强调深化工会、共青团、妇联等群团组织改革和建设，有效发挥桥梁纽带作用。这是党中央从始终赢得人民拥护、巩固长期执政地位的高度出发，对群团组织提出的更高要求，为新时代新征程上党的工运事业和工会工作坚持守正创新、深化改革建设提供了重要遵循、注入了新的动力。新征程上，工会改革和建设要有新气象、新作为。

一是坚持以党的创新理论为科学指引。要坚持以习近平新时代中国特色社会主义思想为指导，全面学习、全面把握、全面落实党的二十大精神，深入学习贯彻习近平总书记关于全面深化改革特别是关于群团改革的重要论述，同习近平总书记关于工人阶级和工会工作的重要论述结合起来理解、贯通起来落实，深刻领悟"两个确立"的决定性意义，增强"四个意识"、坚定"四个自信"、做到"两个维护"，确保工会改革和建设始终沿着正确方向前进。要胸怀"两个大局"、牢记"国之大者"，把深化工会改革和建设放到党和国家工作大局、全面深化改革全局中去思考、去把握、去推进，更好发挥工会组织作用、体现工会工作价值，确保党中央重大决策部署在工会系统落地落实。

二是聚焦保持和增强政治性、先进性、群众性的目标方向。深化工会改革和建设，必须把保持和增强政治性、先进性、群众性作为根本标尺与长期任务来抓，做到凡是不符合"三性"的都要坚决地改、凡是能增强"三性"的都要坚决地做。

在保持和增强政治性方面，围绕政治性深化工会改革，就要坚持最高政治原则，完善理论学习常态化、贯彻落实习近平总书记重要指示批示、做到"两个维护"等方面的制度机制，把党的领导贯穿到工会工作全过程、各方面。要加强政治建设，完善工会系统全面从严治党各项制度机制，提高党的建设质量，不断增强工会组织的政治属性和政治功能。要履行政治责任，创新职工思想政治工作方式方法、增强针对性实效性，健全维护劳动领域政治安全长效机制，团结引领职工群众坚定不移听党话、矢志不渝跟党走，不断巩固党长期执政的阶级基础和群众基础。

在保持和增强先进性方面，围绕先进性深化工会改革，就要牢牢把握为实现中华民族伟大复兴的中国梦而奋斗的工运时代主题，组织动员亿万职工建功新征程、奋进新时代。要着眼壮大工人阶级队伍，完善坚持全心全意依靠工人阶级根本方针、保障工人阶级主人翁地位的制度安排，不断发展工人阶级的先进性。要着眼发挥工人阶级主力军作用，完善开展劳动和技能竞赛，激发职工创新活力，弘扬劳模精神、劳动精神、工匠精神等方面的制度机制，组织动员亿万职工为推动高质量发展贡献智慧和力量。要提升职工技术技能素质，健全构建职工技能形成体系、畅通技能人才职业发展通道、发挥企业主体作用等方面的制度机制，不断提升产业工人队伍建设改革实效。

在保持和增强群众性方面，要持续深化工会机关改革。进一步加强系统谋划、顶层设计，优化资源配置，深入查找在思想观念、体制机制、能力素质、作风建设等方面的问题，完善创新工作体系、工作内容和工作方式，充分发挥机关部门和干部的能动性、创造性，努力把各级工会组织都建设成为名副其实的"职工之家"，使所有工会干部都成为职工群众信赖的"娘家人"、贴心人。健全完善工会组织体系，构建全国总工会、产业工会、地方工会、基层工会之间高质高效的矩阵网络系统。加强领导、压实责任，确保必要资源，加快建立健全基层组织体系。广泛运用现代先进理念、先进工具和先进方式，大幅提高组织效能、个人能力。健全完善资金资产管理体系，创新工会财务管理和监督检查机制，深化工会经费收缴管理改革，实施全面预算绩效管理，加强工会财务信息一体化建设。加强工会资产管理和监督检查，推进工会资产标准化规范化建设，确保工会资产安全完整、保值增值和有效利用。严格工会经费审查审计监督，推进工会常态化经费审查监督体系建设，推进审查审计全覆盖。完善对机关干部和直属单位的综合考核，强化上级工会在财务、资产、经费审查领域对下一级工会的监督检查。全面加快工会系统数字化建设，创建直达亿万职工群众、集成工会全部服务内容的服务终端，让亿万职工群众享受"一键入会""一网全通"，以及高效、实时、精准的"一终端全维服务"。完善线上线下服务资源，加快创建线上工会、云上课堂、线上援助、数字展馆等一系列线上、云上产品和服务，强化线上线下融合，倍增服务能力和效果。

（五）坚持法治保障

按照全面推进依法治国总目标要求，自觉地把工会工作置于法治国家、法治政府、法治社会建设全局中谋划和推进，坚持依法建会、依法管会、依法履职、依法维权，不断提升工会法治化建设水平，推动国家治理体系和治理能力现代化。

一是推动完善劳动法律体系。建立健全工会立法参与机制，通过多种渠道加强立法参与和政策制定工作。围绕劳动就业、收入分配、劳动保护、社会保障等问题，积极推动健全劳动合同、劳动报酬、劳动安全卫生、集体合同、民主管理、社会保障等法律制度。

二是建立健全劳动关系协调机制。建立和完善以职工代表大会为基本形式的企业民主管理制度、平等协商签订集体合同制度、劳动关系三方协调机制、劳动法律监督制度和劳动争议处理制度等协调劳动关系的机制与制度，为工会协调劳动关系、维护职工合法权益提供制度和程序上的保障。

三是建立健全工会内部各项规章制度。进一步依法完善组建工会、民主选举等组织制度，工作人员权利义务、行为规范等管理制度，资产使用、经费审查等财务制度以及各项规章制度。建立健全决策、执行、保证、监督、信息传递反馈以及内外协调等各个层次、各个环节的工作制度，形成良好的运行机制。

《中华人民共和国工会法》于2021年12月24日完成修改，并于2022年1月1日起施行。工会法是明确工会法律地位和工作职责的基本法律，是工会组织依法开展工作的重要制度保障。顺应时代要求及时修改完善工会法，是贯彻习近平新时代中国特色社会主义思想特别是习近平总书记关于工人阶级和工会工作的重要论述的必然要求，是切实加强党对工会工作的领导、落实党中央关于工会改革新要求的重要体现，是保持和增强工会组织政治性、先进性、群众性的有力保障，是更好履行工会维护职工合法权益、竭诚服务职工群众基本职责的法治支撑。推动加大工会法实施力度，参与产业工人队伍建设立法工作，推动新就业形态劳动者等涉及职工维权服务和工会领域的法律法规制定。强化劳动领域法律法规执行，推动健全涉职工和工会工作的法律监督制度，建立健全与人大执法检查、行政执法等的协作配合机制。壮大工会劳动法律监督员、劳动保护监督检查员、劳动争议调解员、兼职仲裁员等工会法律人才队伍。加强工会法治宣传和法律服务。落实全国工会法治宣传教育五年规划，丰富法治宣传教育形式与内容，推进企业管理者和职工群众增强法治观念，推动形成尊法学法守法用法的风气。加快推进工会法律服务体系建设，叫响做实"尊法守法·携手筑梦"服务农民工公益法律服务行动。加强与司法行政部门的沟通协作，发挥法律援助工作者的作用，进一步加大职工法律援助工作力度。

第三节　中国特色社会主义工会工作的基本规律

在中国共产党的领导下，中国工人运动风起云涌、蓬勃发展，走过了波澜壮阔的百年历程，在中国革命、建设、改革和实现中华民族伟大复兴的宏伟事业中，作出了不可磨灭的历史性贡献。中国工运百年历史积累了宝贵经验，从中贯穿着中国工会工作的基本规律。在习近平新时代中国特色社会主义思想指引下，从理论上深刻揭示中国工会运动基本规律，对开创新时代中国工运事业发展新局面，有十分重要的意义。

一、工会工作基本规律概述

规律是事物内部以及事物和事物、现象和现象之间的本质的、普遍和必然的联系。决定事物发展方向的规律就是基本规律。基本规律自始至终都在发挥作用，是贯穿于过程始终、具有决定性意义的。工会工作规律是指工会内部各方面之间或同其他社会组织之间本质的、普遍和必然的联系，即工会工作最"本质"的、"决定"工会工作发展方向的内在必然联系。无论工会工作如何发展，总有一些规律是始终不变的，即工会工作的基本规律。毛泽东在领导中国革命的过程中，十分重视对中国革命和战争规律的研究。他说："大家明白，不论做什么事，不懂得那件事的情形，它的性质，它和它以外的事情的关联，就不知道那件事的规律，就不知道如何去做，就不能做好那件事。"① 认真总结中国工会工作的历史经验和教训，从中认识和把握工会工作的基本规律，对加强工会理论研究和指导中国工会工作健康发展具有重要的意义。

首先，探索工会工作基本规律是适应新时代工会改革发展形势的要求。面对新形势新任务，工会组织还存在不少与之不相适应的问题，影响着工会职能的发挥和工作水平的提升。解决这些问题，根本出路在于改革。习近平总书记高度重视工会工作的创新发展，多次强调，时代在发展、事业在创新。工会工作也要发展，也要创新，要增强自我革新的勇气，下大气力解决突出问题，自觉运用改革精神谋划推进工会工作，创新组织体制、运行机制、活动方式、工作方法，推动工会工作再上新台阶。习近平总书记关于工人阶级和工会工作的重要论述，是指导工会改革的根本遵循。做好新时代工会工作，必须着眼于新时代赋予工会组织和工会工作的新任务新要求，坚持问题导向，坚持改革创新，力求把工会工作的规律性特点和前瞻性要求体现到工会改革过程中。只有把握工会工作基本规律，按照规律进行工会建设改革，才能确保工会工作的正确性和科学性，最终取得满意的工作实效，实现工会工作预期目标。

其次，探索工会工作基本规律是我国工运事业和工会工作的内在要求。探索工会工作基本规律，有益于增强工会工作的原则性和方向性。工会工作有其自身的特点和基本规律。把握好工会工作的特点和基本规律，工会工作就能得到健康发展，工会在整个社会生活中的地位和作用就能充分显示。通

---

① 《毛泽东选集》第 1 卷，人民出版社 1991 年版，第 171 页。

过加强对工会工作规律性的探索和认识，努力使工会工作按照基本规律办事，并始终沿着正确的方向前进，就能够充分发挥工会组织的作用，团结动员亿万职工为全面建设社会主义现代化国家、实现中华民族伟大复兴的中国梦贡献智慧和力量。

最后，探索工会工作基本规律是工会理论研究自身发展的要求，也是建构中国特色社会主义工会学的主要任务。中国特色社会主义工会学作为一门学科，其本质要求就是探索和揭示工会发展的基本规律。任何一门学科，都以揭示本学科研究对象的运动变化和发展规律作为首要目的，这是学科建构同一般理论研究的主要区别之一。直面工会发展规律问题，从理论上科学抽象、深刻揭示工会运动发展规律的内涵，对于保证中国特色社会主义工会学理论体系的完整性具有重要意义。

二、中国特色社会主义工会工作的基本规律

（一）基本规律的决定意义

唯物辩证法认为，规律就是事物发展中本身所固有的、本质的、必然的和稳定的联系。

这一规定表明，规律具有客观性、本质性、稳定性、重复性和必然性等基本特征。列宁认为，规律就是关系，就是本质的关系或本质之间的关系。① 正是在客观事物及其现象之间的相互依存、相互影响、相互作用的紧密联系中，凸显出规律的作用和意义。认识客观事物或现象，必须把握事物内在的深刻本质或事物之间的本质关系。

规律具有层次性特征。决定事物成长趋势和发展方向的规律就是基本规律，它贯穿于事物发展过程始终，并在其中发挥决定作用。重视对工会工作

---

① 参见《列宁全集》第 55 卷，人民出版社 2017 年版，第 128 页。

基本规律的认识和把握，对于提高工会工作者按照规律办事的自觉性、减少工作的盲目性具有重大实践意义。

（二）中国特色社会主义工会工作的基本规律

依据基本规律的本质规定，在对党领导下百年工运历史的理论研究和逻辑分析中，十分清晰地展现出中国特色社会主义工会工作的基本规律，可以具体表述如下：一是自觉接受党的领导、服从服务于党的中心任务、依法依章程独立自主开展工作的规律。二是依法维护职工合法权益、竭诚服务职工群众、构建和谐劳动关系的规律。三是以增强"三性"为基本取向的工会建设改革规律。

1. 自觉接受党的领导、服从服务于党的中心任务、依法依章程独立自主开展工作的规律

中国共产党对中国工会的领导，贯穿于百年工运历史过程的始终。自觉接受党对工会的领导，是我国工会在百年历史过程中形成的坚定的历史自信和政治自信，因为党对工会的领导是中国工会最大的政治优势，是工会工作须臾不可违背的政治原则。

这条规律原则上要求，在党的领导下，工会必须围绕党的中心工作开展活动，必须服从服务于党的中心任务，为实现党的奋斗目标而努力拼搏。这是因为，工会作为党领导下的政治团体，必须忠诚于党的事业，团结带领职工群众听党话、跟党走，组织动员职工群众建功立业新时代，充分发挥主力军作用，为实现党的第二个百年奋斗目标而奋斗。

这条规律要求处理好一个辩证关系，即工会自觉接受党的领导与工会依法依章程独立自主创造性开展工作相统一。

首先，我国宪法和法律明确规定了工人阶级在国家中的地位。我国宪法第1条中规定了工人阶级作为国家领导阶级的地位。我国工会法第2条规定："工会是中国共产党领导的职工自愿结合的工人阶级群众组织"。第4条规

定，工会必须"坚持中国共产党的领导"，"依照工会章程独立自主地开展工作"。党与工会之间的关系是执政党与领导阶级的群众组织之间的关系，这就决定了工会作为党领导的工人阶级群众组织、作为党联系职工群众的桥梁和纽带、作为国家政权的重要社会支柱、作为职工利益的代表者和维护者所具有的法定地位和作用。

其次，党领导工会工作的历史经验，符合工人运动发展的规律。20世纪初，列宁在领导创建俄国马克思主义政党的斗争中，针对经济派向工人宣传"组织起来"强调指出，我们"不但要组织互助会、罢工储金会和工人小组，而且要组织政党"。工人运动脱离了党，"就会变得无足轻重，并且必然会堕入资产阶级的泥潭"。① 因此，我们党历来强调，必须维护职工队伍和工会组织的团结统一，这是工会服从服务于党和国家工作大局、巩固党执政的阶级基础和群众基础的必然要求，决不允许所谓第二工会的出现。

最后，工会一方面要坚持党的领导，在党的统一领导下开展工作；另一方面，要依据相关法律法规和章程开展工作，真正代表工人群众的利益，充分反映工人群众的愿望和要求，否则，工会就站不住脚，就会失去自身的地位。

这一规律还要求，在大局观的观照下，工会要坚持在维护全国人民总体利益的同时，维护职工群众的合法权益。全国人民总体利益与职工合法权益从根本上是相一致的，全国人民的总体利益中就包含了职工群众的合法权益，因而，两者是不可分割的统一体。实现全国人民总体利益过程中，在个别的、局部的问题上，有可能暂时对职工群众切身利益有所触及。这就要求工会做好两方面的工作，既要顾全大局，坚决维护全国人民总体利益；又要切实向党和政府反映职工群众的意见，依法维护职工群众的合法权益。

---

① 《列宁全集》第4卷，人民出版社2013年版，第336、334页。

2.依法维护职工合法权益、竭诚服务职工群众、构建和谐劳动关系的规律

首先，这一规律要求工会必须坚持依法维护职工权益和竭诚服务职工群众相统一。

中国工会十七大将竭诚服务职工群众作为工会基本职责确立下来。工会法明确规定："维护职工合法权益、竭诚服务职工群众是工会的基本职责。"正确认识和处理维权与服务的辩证关系，是工会履职尽责的基本前提。

维护职工合法权益与服务职工群众是相互依存、相互作用的辩证关系，具体体现在：维权与服务内在统一于增强党执政的阶级基础和群众的基础，统一于提高职工群众的获得感、幸福感、安全感，统一于增强工会组织的吸引力、凝聚力、战斗力。将竭诚服务职工群众作为工会基本职责的重要组成部分，可以看作是对履行维权职责提出的更高要求，凸显了新时代工会服务职工工作的重要性和紧迫性，它是"工会一切工作的出发点和落脚点"。①因此，要正确处理维权与服务的关系，树立维权与服务相统一的理念，在做好维权工作基础上强化服务工作，通过服务工作更好地促进维权工作。

其次，这一规律要求工会组织在构建并发展和谐劳动关系的实践中履职尽责，依法维护职工合法权益，实现职工的体面劳动、舒心工作和全面发展。

党和国家历来高度重视维护劳动者合法权益，构建和谐劳动关系。习近平总书记指出："劳动关系是最基本的社会关系之一。要最大限度增加和谐因素、最大限度减少不和谐因素，构建和发展和谐劳动关系，促进社会和谐。要依法保障职工基本权益，健全劳动关系协调机制，及时正确处理劳动关系矛盾纠纷。"②习近平总书记的上述重要论断，为新时代构建和谐劳动关系提供了重要指导思想。2015年，中共中央、国务院颁发《关于构建和

①　习近平：《论坚持人民当家作主》，中央文献出版社2021年版，第126页。

②　习近平：《在庆祝"五一"国际劳动节暨表彰全国劳动模范和先进工作者大会上的讲话》，人民出版社2015年版，第8—9页。

谐劳动关系的意见》，强调构建和谐劳动关系的重大意义，即事关广大职工和企业的切身利益、事关经济发展与社会和谐。面对新时代劳动关系主体及其利益诉求多元化带来的新问题，以及工业化、信息化、城镇化、市场化、国际化给劳动关系带来的深刻影响，构建和谐劳动关系已成为实现职工基本权益的重要保障。

我国工会组织承担"双重受托责任"，既要对执政党负责，也要对所代表的职工负责，要求工会组织在构建和谐劳动关系的实践中，必须坚持以人为本、依法构建的基本原则，在健全劳动关系协调机制以及健全劳动关系矛盾调处机制方面发挥积极作用，依法保障职工享有的劳动报酬权利、休息休假权利、劳动安全卫生保护权利、社会保险和接受职业技能培训等基本权益。同时，工会要深入推进和谐劳动关系创建活动，主动协调、正确处理、及时化解劳动关系的矛盾纠纷，努力营造构建和谐劳动关系的良好环境。只有如此，才能推动建立规范有序、公正合理、互利共赢、和谐稳定的劳动关系。

在构建和谐劳动关系的实践中，工会组织要充分履行教育职能，帮助职工群众通过正常途径依法表达利益诉求，通过思想政治工作引导广大职工群众"正确认识和对待改革发展过程中利益关系和利益格局的调整，正确处理个人利益和集体利益、局部利益和全局利益、眼前利益和长远利益的关系，树立法治观念，增强法律意识，自觉维护社会和谐稳定"。[①]

3.以增强"三性"为基本取向的工会建设改革规律

党领导下的工会事业是党的事业的重要组成部分。工会工作是党通过工会组织开展的群众工作，是党领导下的工会动员和组织广大职工群众为完成党的中心任务而奋斗的重要工作。因而，工会工作只能加强、不能削弱，只

---

① 习近平：《在庆祝"五一"国际劳动节暨表彰全国劳动模范和先进工作者大会上的讲话》，人民出版社 2015 年版，第8—9页。

能改进提高、不能停滞不前。

以增强"三性"为基本取向的工会建设改革规律，可以具体表述为：全面加强工会建设是做好新时代工会工作的重要基础，也是工会发挥作用的基本前提。工会组织在加强自身建设的实践中，必须以自我革命精神，通过自身改革解决存在的问题，特别是重点解决脱离职工群众的问题，不断增强工会组织的政治性、先进性和群众性，不断增强工会组织的吸引力、凝聚力和战斗力。在工会建设中不断改革，在工会改革中不断推动工会建设，这是加强工会建设与改革的辩证法。

加强工会建设，其目的在于更好履行工会的基本职责，维护好实现好发展好职工群众的利益，使职工群众实现获得感、幸福感、安全感。

加强工会建设，重点是基层工会建设，因为基层工会联系和服务职工群众最直接，是工会全部工作的基础。客观上要求工会建设要以组织建设为基础、以作用发挥为关键、以健全机制为保障、以职工满意为标准，突出服务职工、突出问题导向、突出改革创新。要遵循习近平总书记提出的"三个着力"原则，加强基层工会建设，即："着力扩大覆盖面、增强代表性，着力强化服务意识、提高维权能力，着力加强队伍建设、提升保障水平"。[①] 努力把基层工会建设成为职工群众信赖的"职工之家"，广大基层工会干部要成为职工群众信赖的"娘家人"和贴心人。

加强工会建设与工会改革具有内在的逻辑联系。改革是推动工会建设与发展的内在动力，其目标指向就是有效解决脱离职工群众的问题。脱离群众对群团组织而言是致命的。为此，时任全国总工会主席赖若愚曾经敲响了警钟，强调脱离群众是工会一切危险中最大的危险。

增强"三性"、反对"四风"，尤其是形式主义和官僚主义，是新时代工

[①]　中共中央党史和文献研究院编：《习近平关于工人阶级和工会工作论述摘编》，中央文献出版社 2023 年版，第 115 页。

会改革的基本取向。习近平总书记在中央党的群团工作会议上强调，党的群团组织要坚持解放思想、改革创新、锐意进取、扎实苦干，切实保持并增强党的群团工作和群团组织的政治性、先进性、群众性，组织动员广大人民群众更加紧密地团结在党的周围，把广大人民群众对美好生活的追求汇聚成强大动力，共同谱写实现"两个一百年"奋斗目标、实现中华民族伟大复兴中国梦的新篇章。①

工会改革的基本要求，首先要切实保持和增强工会组织的政治性。政治性是工会组织的灵魂，是第一位的。其次要切实保持和增强工会组织的先进性，这是工会工作的重要着力点。最后要切实保持和增强工会组织的群众性，这是工会组织的根本特点。

习近平总书记指出："要坚持把群众路线作为工会工作的生命线和根本工作路线，把工作重心放在最广大普通职工身上，着力强化服务意识、提高维权能力，改进工作作风，破除衙门作风，坚决克服机关化、脱离职工群众现象，让职工群众真正感受到工会是'职工之家'，工会干部是最可信赖的'娘家人'。"② 总之，推动新时代工会工作的发展以加强工会建设为基础、以工会自身改革为内在动力，这是被无数工会工作实践所证明的基本规律。

思考题

1. 如何树立中国工会的大局观工作理念？

2. 中国工会工作基本原则的内涵是什么？

3. 如何理解工会坚持党的领导与工会依法依章程独立自主开展工作相统一这条基本规律？

---

① 参见习近平：《论坚持人民当家作主》，中央文献出版社 2021 年版，第 138 页。

② 习近平：《论坚持人民当家作主》，中央文献出版社 2021 年版，第 126 页。

4.工会在维护全国人民总体利益的同时，维护职工群众的具体利益，何以成为中国工会工作的主导规律？

参 考 文 献

《列宁选集》第1卷，人民出版社2012年版。

《毛泽东选集》第1卷，人民出版社1991年版。

冯同庆：《再谈工会理论教学要注重研究规律——〈工会学〉新教材是如何揭示工会运动和工会活动规律的》，《中国劳动关系学院学报》1991年第4期。

郑莉等：《让"劳动光荣创造伟大"成为时代强音》，《中国职工教育》2015年第6期。

刘建军等：《马克思主义基本原理》，高等教育出版社2021年版。

莫负春：《把增强"三性"作为工会工作的根本标尺和长期任务》，《中国工运》2019年第4期。

任小平等：《"双重受托责任"下的中国工会维权机制研究——以工会介入"盐田国际"罢工事件为例》，《中共福建省委党校学报》2015年第10期。

李磊：《中国特色社会主义工会学学科建设研究》，《工会理论研究》2021年第6期。

第九章　中国特色社会主义工会建设

教学基本要求

1. 认识中国特色社会主义工会建设的重要性
2. 理解中国特色社会主义工会建设的基本逻辑
3. 把握中国特色社会主义工会建设的内涵和基本特征
4. 明确新时代中国特色社会主义工会建设的实践路径

中国特色社会主义进入新时代，这是我国经济社会发展新的历史方位。习近平新时代中国特色社会主义思想从理论与实践的结合上系统回答了新时代坚持和发展什么样的中国特色社会主义、怎样坚持和发展中国特色社会主义这个重大时代课题。全党和全国人民必须牢牢把握习近平新时代中国特色社会主义思想的世界观及方法论，坚持好、运用好贯穿其中的立场观点方法。中国工会是中国共产党领导的职工自愿结合的工人阶级群众组织，是党联系职工群众的桥梁和纽带，是国家政权的重要社会支柱，是会员和职工利益的代表。在推进中国式现代化建设的新征程上，坚持走中国特色社会主义工会发展道路，就是要坚持以习近平新时代中国特色社会主义思想为指导，深入贯彻习近平总书记关于工人阶级和工会工作的重要论述，围绕中心、服务大局，积极进取、勇担责任，聚焦主责主业、坚持改革创新，保持和增强政治性、先进性、群众性，有效发挥工会组织的桥梁纽带作用，系统回答新时代为什么要全心全意依靠工人阶级、怎样全心全意依靠工人阶级，建设什么样的工会、怎样建设工会等方向性、根本性、战略性重大问题。

中国特色社会主义工会建设具有丰富的内涵，主要围绕工会系统党的建设、民主建设、法治建设、组织建设、理论建设等方面展开，形成一个立体多维互动体系。中国特色社会主义工会建设是指在坚持党的领导根本保证下，通过加强工会的民主、法治、组织建设和理论建设，为工会履职尽责提供政治、制度、法治、组织和理论等方面的保障。其中，工会系统党的建设是新时代工会工作始终坚持正确政治方向的根本保证，也是工会充分发挥桥梁纽带作用的根本保证；工会民主建设是增强工会组织群众性的制度保障；工会法治建设是坚持中国特色社会主义工会发展道路的法治保障；工会组织建设是发挥维权服务职责的组织保障；工会理论建设是推进新时代工会改革创新的重要理论支撑。

第一节　中国特色社会主义工会党的建设

中国工会是在党的领导下创立发展起来的。坚持主动自觉接受党对工会的全面领导，是做好工会工作的根本政治原则和政治保证。2021 年新修改的工会法在总则部分，将第 2 条第 1 款修改为"工会是中国共产党领导的职工自愿结合的工人阶级群众组织，是中国共产党联系职工群众的桥梁和纽带"。把坚持党的领导写入工会法，是贯彻习近平新时代中国特色社会主义思想，特别是习近平总书记关于工人阶级和工会工作的重要论述的必然要求，从法律上确定坚持党对工会工作的领导是工会工作的根本要求和政治保证，为工会坚持正确政治方向、响应党的号召、始终同以习近平同志为核心的党中央保持高度一致，提供了坚实的法律保证。

一、中国特色社会主义工会党的建设的基本内涵

中国共产党领导是中国特色社会主义最本质的特征，是中国特色社会主义制度的最大优势。做好群众工作，保持党同人民群众的血肉联系，是党的优良传统和政治优势。中国工会是中国共产党领导的职工自愿结合的工人阶级群众组织。工会工作是党的群团工作、群众工作的重要组成部分，是党治国理政的一项经常性、基础性工作。工会系统要坚持不懈用习近平新时代中国特色社会主义思想凝心铸魂，紧紧围绕党和国家工作大局，忠诚党的事业、竭诚服务职工，改革创新、奋发进取，保持和增强政治性、先进性、群众性，持续提高引领力、组织力、服务力，充分发挥联系职工群众的桥梁纽带作用，团结引导亿万职工群众坚定不移听党话、跟党走，为全面建设社会主义现代化国家、全面推进中华民族伟大复兴发挥主力军作用。

中国特色社会主义工会党的建设是指，工会系统在工运事业和工会工作中，自觉地以习近平新时代中国特色社会主义思想为指导，坚定理想、锤炼党性、指导实践、推动工作，不断提高政治判断力、政治领悟力、政治执行力，深刻领悟"两个确立"的决定性意义，增强"四个意识"、坚定"四个自信"、做到"两个维护"，始终在思想上政治上行动上同以习近平同志为核心的党中央保持高度一致，强化职工思想政治引领，不断增强职工群众的政治认同、思想认同、理论认同、情感认同，筑牢亿万职工团结奋斗的共同思想基础。

二、中国特色社会主义工会党的建设的基本内容

中国特色社会主义工会党的建设就是以党的政治建设为统领，以党的思想建设为指引，以党的纪律建设为重点，以加强工会基层党组织建设为基础，以加强工会干部队伍建设为抓手，以加强作风建设为保障，推动工会系统全面从严治党向纵深发展，增强工会组织和工会工作的政治性、先进性、群众性。

在中国特色社会主义工会党的建设具体实践中，主要表现在切实贯彻新时代党的建设总要求，加强工会系统党风廉政建设，推进全面从严治党工作，自觉接受各级纪委监委驻工会机关纪检监察组监督，不断把全面从严治党引向深入；严格执行中央八项规定及其实施细则精神，制定实施加强党的政治建设具体措施，坚持正风肃纪反腐，持续建设风清气正的良好政治生态；不断改进工作作风、密切同职工群众联系，常态化开展工会系统机关干部赴基层蹲点工作等。

（一）以党的政治建设为统领，注重工会系统党建质量

党的政治建设是马克思主义政党为确保党的纯洁性、先进性，围绕政治方向、政治路线、政治原则等进行的自身建设，是直接关系到党的性质宗旨、直接影响党的领导核心地位、直接决定党在政治上成熟程度的根本性建设。新时代工会党的政治建设，主要体现在坚持中国特色社会主义工会发展道路、自觉接受党对工会工作的领导、密切联系职工群众、提高工会干部政治能力等方面。

加强工会系统党的政治建设，一是坚持中国特色社会主义道路，坚持以习近平新时代中国特色社会主义思想为指导，把中国工会高度的政治性、鲜明的阶级性和广泛的群众性统一起来，积极学习、响应、贯彻党的路线方针政策，服务于党和国家工作大局。二是自觉接受党的领导，在党组织的领导

下开展工作，坚定维护党中央权威和集中统一领导，在政治立场、政治方向、政治原则、政治道路上同党中央保持高度一致。三是坚持工会接受同级党委和上级工会双重领导、以同级党委领导为主的组织领导体制，健全全国总工会党组向党中央、各级工会党组织向同级党委请示报告工作制度。四是各级工会充分发挥工会系统党组织的领导核心作用和战斗堡垒作用、共产党员的先锋模范作用，坚持对党负责和对职工群众负责相统一，维护工人阶级团结和工会组织统一，始终做密切党和职工群众联系的桥梁纽带。五是健全完善工会系统从严治党主体责任体系，严肃党内政治生活，不断提高政治能力，切实担负起全面从严治党的政治责任。

（二）以党的思想建设为指引，健全工会系统理论武装长效机制

在中国特色社会主义工会党的思想建设，主要是不断健全完善理论武装长效机制，巩固拓展学习贯彻习近平新时代中国特色社会主义思想主题教育成果，系统掌握习近平新时代中国特色社会主义思想的科学内涵、精神实质和实践要求，做到学思用贯通、知信行统一；深入学习贯彻习近平总书记关于工人阶级和工会工作的重要论述，深化理论研究、学理阐释，掌握其核心要义和精神实质，健全完善学习贯彻、创新落实的制度性安排；教育引导工会系统广大党员干部牢记党的宗旨、加强党性修养，自觉做共产主义远大理想和中国特色社会主义共同理想的坚定信仰者、忠实实践者；把党性教育作为重要内容，按照党中央统一部署，不断深化中国特色社会主义和中国梦宣传教育，开展坚定"四个自信"教育，运用多种形式开展"四史"学习教育、理想信念教育和中国工运史教育等。

（三）以党的纪律建设为重点，构建良好的政治生态

党的纪律是全党必须遵守的行为准则。工会系统要坚持全面从严治党，落实从严治党主体责任、管党治党政治责任。一是通过学习教育引导工会党

员、干部严格遵守党章、贯彻党章、维护党章，防止"七个有之"，做到"五个必须"，把严守政治纪律和政治规矩的要求落实到各项工作中去。二是深入开展党风廉政建设和反腐败斗争，加强对党员的日常管理和监督，严格纪律执行，用强有力的问责推动基层党组织落实管党治党责任。三是加强对工会经费、工会资产的审查审计监督，严格规范使用管理。四是工会系统纪检监察组织充分发挥党内监督、审计监督、群众监督和舆论监督等作用，形成监督的整体合力。五是加强纪律教育，提高警示教育的政治性有效性，使铁的纪律转化为党员干部的日常习惯和自觉遵循。六是突出政治巡视、加强督查问效，着力发现问题、形成震慑，使巡视标本兼治的战略作用得到进一步突出和强化。

（四）以加强工会基层党组织建设为基础，打造坚强战斗堡垒

基层组织是党的全部工作和战斗力的基础。工会系统要树立党的一切工作到支部的鲜明导向，以提升组织力为重点，突出政治功能，把工会基层党组织建设成为宣传党的主张、贯彻党的决定、团结动员干部职工、推动事业创新发展的坚强战斗堡垒。

一是坚持党建带工建，充分发挥党组织对工会的引领作用，积极探索形式多样的活动载体、活动方式和工作方法，充分发挥党组织在思想政治上的优势，教育引导职工听党话、跟党走。二是加强工会基层党组织自身建设，将党支部建设作为组织体系建设的基本内容，通过优化党支部、党小组设置，拓宽党支部运行机制、活动载体、活动方式，切实增强自身活力，全面提高能力本领，推动党支部担负好直接教育党员、管理党员、监督党员和组织群众、宣传群众、凝聚群众、服务群众的职责。三是强化工会基层党组织的政治功能，抓好党员干部队伍建设，将政治要求、政治标准、政治教育放在首位，把严格的标准和措施贯穿党员教育管理始终，着力提高党员队伍素质，充分发挥党员干部的先锋模范作用。

（五）以加强工会干部队伍建设为抓手，打造忠诚干净担当的高素质专业化工会干部队伍

加强工会领导班子和干部队伍建设，建设忠诚干净担当的高素质专业化工会干部队伍，是团结动员广大职工群众在新时代发挥主力军作用的必然要求，是开创新时代工会工作新局面的客观需要，是加强工会自身建设的重要内容，主要从巩固干部队伍教育整顿成果，落实新时代好干部标准，树立正确选人用人导向，健全完善兼、挂职工作机制，发挥工会院校培训主渠道作用，完善网络培训体系，提升工会干部能力素质，打造忠诚干净担当的高素质专业化工会干部队伍等方面予以落实。

（六）以加强作风建设为保障，提升工会组织的吸引力凝聚力战斗力

党的作风就是党的形象，关系人心向背，关系党的生死存亡。工会系统党的建设，要从作风建设的突出问题切入，坚持问题导向，保持战略定力，凝聚意志、激发活力。

一是认真贯彻党的群众路线，引导工会干部始终把竭诚为职工群众服务作为一切工作的出发点和落脚点，把职工群众关注的难点和热点作为工会工作的重点，坚持为广大职工做实事、办好事、解难事。二是健全联系服务职工群众的长效机制，健全完善基层联系点、与职工结对子同劳动、代表联络、提案办理、工作评价评议、蹲点工作等常态化联系职工群众制度，使联系职工、服务职工常态化制度化，面对面、心贴心、实打实做好职工群众工作。三是持之以恒地纠正"四风"，巩固拓展落实中央八项规定及其实施细则精神的成果，坚决防止"四风"反弹回潮。

第二节　中国特色社会主义工会民主建设

2019 年 11 月，习近平总书记在上海市长宁区虹桥街道考察时，提出"人民民主是一种全过程的民主"。[①] 这是中国特色社会主义进入新时代，推动中国式民主建设的新命题、新理念、新部署。党的二十大报告指出："我国是工人阶级领导的、以工农联盟为基础的人民民主专政的社会主义国家，国家一切权力属于人民。人民民主是社会主义的生命，是全面建设社会主义现代化国家的应有之义。全过程人民民主是社会主义民主政治的本质属性，是最广泛、最真实、最管用的民主。"[②] 马克思主义认为："工人革命的第一步就是使无产阶级上升为统治阶级，争得民主。"[③] 在社会主义条件下，职工群众是国家的主人，也是企事业等基层单位的主人。工会组织职工在企事业单位行使民主管理的权利，不断完善职工参与企事业单位民主管理的制度，是全过程人民民主在工会领域的生动实践，是建设中国特色社会主义的必然要求。

一、中国特色社会主义工会民主建设的基本内涵

在中国共产党领导下，全过程人民民主通过为人民群众提供丰富多样的民主渠道和参与方式，不断推动人民当家作主的价值理念落实到国家政治生活和社会生活中。全过程人民民主表现在国家政治生活与基层社会事务两个实现层面。从权力角度看，全过程人民民主呈现为政治层面的民主形态，意

---

① 习近平：《论坚持人民当家作主》，中央文献出版社 2021 年版，第 303 页。

② 习近平：《高举中国特色社会主义伟大旗帜　为全面建设社会主义现代化国家而团结奋斗——在中国共产党第二十次全国代表大会上的报告》，人民出版社 2022 年版，第 37 页。

③ 《马克思恩格斯选集》第 1 卷，人民出版社 2012 年版，第 421 页。

味着人民群众能够全方位地参与行使国家权力，实现了对国家政治生活的全覆盖；从权利角度看，全过程人民民主呈现为社会层面的民主形态，意味着人民群众能够全领域地直接行使各种法定权利，实现了在基层社会事务各环节的自我管理。①

党的二十大报告提出："深化工会、共青团、妇联等群团组织改革和建设，有效发挥桥梁纽带作用。""积极发展基层民主。基层民主是全过程人民民主的重要体现。健全基层党组织领导的基层群众自治机制，加强基层组织建设，完善基层直接民主制度体系和工作体系……全心全意依靠工人阶级，健全以职工代表大会为基本形式的企事业单位民主管理制度，维护职工合法权益。"② 因此，中国特色社会主义工会民主建设就是积极推动完善以职工代表大会为基本形式的企事业单位民主管理制度，依法保障职工群众的知情权、参与权、表达权、监督权，在发展全过程人民民主中保障职工民主政治权利。中国特色社会主义工会民主建设在宏观层次是指为职工群众参与行使国家权力提供组织和制度保障，在微观层次是指为职工群众参与国家经济、政治、文化及社会事务的管理提供机会和支撑。因而，工会民主建设可以分为两个层面，既包括工会在整个社会民主体系中的地位与作用，又包括工会组织自身的民主化建设。

《中共中央关于加强和改进党的群团工作的意见》提出，要支持群团组织在社会主义民主中发挥作用。工会作为联系职工群众的群团组织，要组织职工群众积极参加企事业单位民主管理，引导职工群众正确行使民主权利，推动基层民主健康发展。职工民主管理是中国特色社会主义经济制度的必然要求，是中国特色社会主义政治制度的重要体现，是中国特色社会主义现代

---

① 张君：《全过程人民民主：新时代人民民主的新形态》，《政治学研究》2021 年第 4 期。

② 习近平：《高举中国特色社会主义伟大旗帜　为全面建设社会主义现代化国家而团结奋斗——在中国共产党第二十次全国代表大会上的报告》，人民出版社 2022 年版，第 38、39 页。

企业制度的重要组成部分，是中国特色社会主义工人运动的重要内容。职工民主管理主要是指工会组织职工依照法律和有关规定，通过一定的规范和形式，参加企事业单位管理，行使民主权利的制度和过程。职工民主管理体现了职工当家作主的本质要求，并立足于通过各种形式来维护与保障职工的经济权利和民主权利，是我国广大职工参与企事业单位民主选举、民主协商、民主决策、民主管理和民主监督的创造性实践，是全心全意依靠工人阶级办好企事业单位的有效途径，是加强基层民主政治建设的重要措施。

二、中国特色社会主义工会民主建设的基本内容

职工民主管理制度的发展，与国家的政治、经济、社会发展密切相关。改革开放前，贯彻党的群众路线优良传统，在企事业单位坚持集中领导同民主管理相结合的基本原则，充分调动职工群众参加民主管理的积极性和创造性，取得了积极效果。职工代表大会制度的建立，确立了工会组织职工行使民主管理权利的规范形式与途径。改革开放后，工会作为职工民主管理组织者的角色得到进一步确认，职工民主管理在制度上不断健全、内容上不断丰富、工作上不断规范，呈现出不同的阶段性发展特征。

习近平总书记提出："要健全以职工代表大会为基本形式的民主管理制度，推进厂务公开、业务公开，落实职工群众知情权、参与权、表达权、监督权，充分调动工人阶级的积极性、主动性、创造性。企业在重大决策上要听取职工意见，涉及职工切身利益的重大问题必须经过职代会审议。要坚持和完善职工董事制度、职工监事制度，鼓励职工代表有序参与公司治理。"[1]工会按照健全人民当家作主制度体系、发展中国特色社会主义民主政治的要求，在深化供给侧结构性改革中，积极发挥企业民主管理"减压阀"和"稳

---

[1]　习近平：《论坚持党对一切工作的领导》，中央文献出版社 2019 年版，第 153 页。

定器"的作用，从源头上维护职工合法权益；广泛开展"当好主人翁、建功新时代"主题活动，激发职工群众参与企业管理和发展的主体性与创新性。当前，在中国特色社会主义工会民主建设中，已经逐步形成了以职代会为基本形式，厂务公开广泛实行，职工董事、监事制度大力推进，集体协商普遍开展，职工民主管理委员会、民主议事会、劳资恳谈会、民主协商会等多种民主管理形式相辅相成的民主管理制度体系。

（一）建立和完善职工代表大会制度

党的十一届三中全会以来，就国家层面上而言，企业实现民主管理成为改革企业领导体制的主要内容之一，也是衡量改革成功与否的重要标准。向市场经济过渡时期的职工民主管理，最重要的是建立和健全以职工代表大会为基本形式的职工民主管理制度。

职工代表大会是职工民主管理的基本形式，在经济体制改革后具有较强的适用性，但在组织形式、职权、活动内容等方面存在局限，需要在制度上加以厘清和规范。1981 年 7 月，中共中央、国务院转发《国营工业企业职工代表大会暂行条例》，明确指出职工当家作主，民主管理企业，是社会主义企业同资本主义企业的根本区别之一。1986 年 9 月，中共中央、国务院颁发了《全民所有制工业企业职工代表大会条例》，对职工民主管理的性质、任务和组织形式作了进一步规定。20 世纪 80 年代后相继实施的《中华人民共和国全民所有制工业企业法》《中华人民共和国乡村集体所有制企业条例》等法律法规，适用于规范未进行现代企业制度改造的国有企业和集体企业开展职工民主管理工作；《中华人民共和国公司法》《中华全国总工会关于加强现代企业制度试点企业工会工作和职工民主管理的若干意见》《关于国务院确定的百家现代企业制度试点中工会工作和职工民主管理的实施意见》等法律法规，则适用于规范国有独资公司、两个以上国有企业或两个以上国有投资主体设立的有限责任公司开展职工民主管理工作。

在实行职工代表大会制度的企业，工会委员会是职工代表大会的工作机构，负责职工代表大会的日常工作。工会作为职工代表大会工作机构的主要工作内容，集中在职工代表大会的制度建设、组织建设和职工代表的队伍建设。在没有建立职工代表大会制度的企业，企业工会代表和组织职工实行民主管理，主要工作内容包括：工会组织召开会员代表大会，公司董事长或总经理向大会通报公司生产经营管理情况，保证职工对企业重大决策的知情权；建立工会与企业行政方面的定期协商制度；逐步建立和完善职工对董事长、总经理等高级管理人员的评议监督制度；工会代表职工与行政方面进行集体协商，签订集体合同等。

（二）施行职工董事和职工监事制度

职工董事和职工监事制度，是指公司制企业依照法律规定和民主程序，由职工大会或职工代表大会选举产生一定数量的职工代表进入董事会、监事会，担任董事、监事，参加企业重大决策的制度。《中华人民共和国公司法》明确规定，国有独资公司和两个以上国有企业或两个以上国有投资主体设立的有限责任公司，由公司职工民主选举一定数量的职工代表参与董事会，所有公司的监事会都应有公司职工民主选举的一定数量的职工代表参加。

职工董事和职工监事制度是完善企业法人治理结构的客观要求，也是完善我国企业职工民主参与管理制度的重要形式和途径。与其他职工民主管理形式相比，职工董事、职工监事制度具有层次高、直接性强等特点。

（三）探索非公企业职代会、厂务公开等多种民主管理形式

2004 年，全国总工会下发《关于进一步加强非公有制企业职工民主管理工作的通知》，提出积极探索非公有制企业以职工代表大会为基本形式的职工民主管理的有效途径，明确非公有制企业职工代表大会的职权，推动职工代表大会在非公有制企业的建制工作。

厂务公开是加强职工民主管理、推进基层民主政治建设、促进改革发展的创新实践。2002 年，中共中央办公厅、国务院办公厅下发《关于在国有企业、集体企业及其控股企业深入实行厂务公开制度的通知》，明确提出了厂务公开的重要意义、指导原则、总体要求、主要内容和实现形式，深入推动了厂务公开工作的开展。

除此之外，工会系统适应非公有制企业发展的新形势，结合民主管理原则对各类企业的普遍适用性，积极探索职工民主管理委员会、民主议事会、劳资恳谈会、民主协商会等多种职工民主管理形式，以实现企业发展与职工利益的双赢。

三、中国特色社会主义工会民主建设的实现路径

（一）加强源头参与，推动民主管理制度建设

在中国特色社会主义工会民主建设中，最根本的是加强与职工权益相关的各项民主政治制度建设，实现工会民主建设的法治化和制度化、工会维护职工民主参与企业管理及社会管理权利的规范化。工会主要从制度建设层面，通过相关政策及工作机制保障职工群众参与企事业单位民主管理的基本权利，持续夯实职代会制度在现代企业制度中的基础地位，不断加强和完善劳动关系领域的协商民主制度，促进工会社会监督制度高质量发展，从而形成多元化的职工民主管理制度体系。

（二）加强教育宣传，提升职工群众民主参与意识

职工是民主参与和民主建设的主体，中国特色社会主义民主政治建设和中国特色社会主义工会民主建设均有赖于职工素质的提高。工会通过广泛深入的教育宣传，增强职工群众的民主观念和主人翁责任感，教育职工群众正确行使民主权利，不断提升职工的民主意识和民主参与能力，从而为职工在

政治、经济、社会事务管理中的民主参与、民主管理奠定坚实的基础，为推动中国特色社会主义民主建设作出贡献。

（三）加强内部民主建设，增强工会组织群众性

工会内部民主建设至关重要。中国特色社会主义工会民主建设必须加强工会内部民主制度建设，通过民主选举、民主决策、民主管理及民主监督等制度建设和落实，使工会成为真正的群众组织，把工会组织和工会干部置于会员及职工群众的监督之下，不断增强工会的群众性，彰显政治性、先进性，才能充分发挥工人阶级和广大劳动群众的积极性、创造性，保障工人阶级与广大劳动群众行使管理国家、管理经济和社会事务的权利。

第三节　中国特色社会主义工会法治建设

党的二十大报告指出，全面依法治国是国家治理的一场深刻革命，关系党执政兴国，关系人民幸福安康，关系党和国家长治久安。必须更好发挥法治固根本、稳预期、利长远的保障作用，在法治轨道上全面建设社会主义现代化国家。要坚持走中国特色社会主义法治道路，建设中国特色社会主义法治体系、建设社会主义法治国家，围绕保障和促进社会公平正义，坚持依法治国、依法执政、依法行政共同推进，坚持法治国家、法治政府、法治社会一体建设，全面推进科学立法、严格执法、公正司法、全民守法，全面推进国家各方面工作法治化。[①] 中国特色社会主义工会法治建设是全面推进依法治国的时代要求，是工会改革创新的重要内容和法治保障。

---

① 参见习近平：《高举中国特色社会主义伟大旗帜　为全面建设社会主义现代化国家而团结奋斗——在中国共产党第二十次全国代表大会上的报告》，人民出版社 2022 年版，第 40 页。

一、中国特色社会主义工会法治建设的基本内涵

《中华全国总工会关于贯彻落实党的十八届四中全会精神大力推进工会工作法治化建设的实施意见》提出，全面推进依法治国，必须坚定不移走中国特色社会主义法治道路。工会工作法治化建设是法治国家、法治政府、法治社会一体建设的重要组成部分。推进工会工作法治化建设，是中国工会自觉接受中国共产党领导、坚持走中国特色社会主义工会发展道路的内在要求；是工会在全面建成小康社会、全面深化改革、全面推进依法治国新形势下依法维护职工合法权益的客观需要；是贯彻落实《中共中央关于加强和改进党的群团工作的意见》，充分发挥工会群众化、民主化优势，发展和谐劳动关系的重要保障。

中国特色社会主义工会法治建设是指工会在党的领导下，严格依照宪法、相关法律和工会章程的规定，独立自主开展活动，依法坚决履行基本职责和各项职能，用法律规范工会自身行为，加强工会各项制度建设，使工会工作逐步走上制度化、规范化、法治化的道路。具体而言，即工会在党的领导下，严格依照宪法、相关法律，加强工会法、工会章程的修订，积极推动涉及职工权益维护等方面法律法规的制定与完善，依法坚决履行工会基本职责和各项职能，用法律规范工会自身行为，使工会工作逐步走上法治化的道路，主要包括工会组织建设法治化、维权服务法治化、管理运行法治化等方面。①

二、中国特色社会主义工会法治建设的基本内容

（一）加强立法参与

立法参与是工会参与职能的重要体现，是工会在中国特色社会主义建设

---

① 张安顺：《工会工作法治化建设的基本内涵和实现路径》，《工人日报》2017 年 8 月 1 日。

进程中依法开展工作、维护职工权益的重要前提和保证。改革开放以来，工会参与立法工作不断取得突破，工会维权机制建设的法律基石日益坚固。各级工会主要围绕就业、工资、社会保障、安全卫生、民主管理等职工最关心、最直接、最现实的利益问题，积极参与法律法规的制定与修改工作，从源头上维护了职工的权益。《中华全国总工会关于贯彻落实党的十八届四中全会精神大力推进工会工作法治化建设的实施意见》指出，工会要通过立法建议、立法机关和社会公众沟通等机制，加强与立法机关的沟通协调，组织和代表职工参与立法，促进涉及职工权益和工会活动的各项立法更加科学、更加民主，重点推动收入分配、集体协商、民主管理、社会保障等方面法律的制定，促进法律体系不断完善；要通过工会与政府联席会议制度、协调劳动关系三方机制等途径和渠道，积极参与改革过程中涉及职工利益的政策和方案的制定，保证各项决策公平公正；要推动完善以职工代表大会为基本形式的企事业单位民主管理制度，依法参与涉及职工切身利益的规章制度或者重大事项的制定和完善，推动企事业单位依法管理、民主管理、科学管理，促进劳动关系更加和谐。

（二）坚持依法维护

中国特色社会主义工会法治建设的关键是切实贯彻法律，保障法律的严格实施，坚持依法维护。工会依法维护，是指各级工会利用法律手段维护劳动者和工会自身的合法权益。工会依法维护劳动者的合法权益，涉及劳动者权益的各个方面，主要是劳动者的政治民主权益、劳动经济权益、精神文化权益及其他合法权益。同时，依法维护工会自身的合法权益，也是工会依法维护的重要内容，主要包括依法组建工会的权益，依法管理工会事务、依法履行工会职责、工会合法开展活动的权益，工会工作者的权益等。

在中国特色社会主义工会法治建设中，工会回应改革发展及劳动关系、职工队伍结构变化的新情况、新要求，不断完善和创新工会依法维权机制，健全劳动关系矛盾纠纷预防化解机制，积极化解社会风险，维护劳动领域政治安全。

（三）强化执法监督

工会劳动法律监督，是指工会依法对劳动法律法规执行情况进行的有组织的群众监督，是我国劳动法律监督体系的重要组成部分，主要包括：加强各级工会监督组织建设及工会劳动法律监督员队伍建设；积极组织和代表职工建议，并配合人大执法检查、政府行政执法、政协委员视察，开展对劳动法律法规和工会法的监督检查，推动严格执法；推行工会劳动法律监督意见书和建议书制度、重大劳动违法案件曝光和公开谴责制度；充分发挥新闻媒体的作用，加强对劳动违法行为的舆论监督；推动完善劳动违法失信行为惩戒机制，推动企业履行社会责任，推进形成全社会协同共建的工会法律监督体系。

（四）注重法治教育

1.教育引导职工遵法守规

充分发挥工会组织"大学校"的重要作用，在职工群众中广泛开展法治教育，引导广大职工群众在享有法律规定权利的同时，自觉遵守法律规定，认真履行法定义务，保障劳动领域相关法律的有效执行。

2.面向职工开展法律宣传

工会通过形式多样的普法宣传，使基层工会干部和职工群众熟悉、认识、掌握与切身利益相关的法律法规内容，培养职工群众的劳动法律意识，树立法治观念，在合法权益受到侵犯时能够合理运用法律手段维护自身权益。

（五）培养法律人才

中国特色社会主义工会法治建设，依赖于完备的法律制度、工作制度和有效的运行机制，但专业法律人才队伍建设也至关重要。加强工会干部工会法律知识培训，提高工会干部的法律素质，不断提升工会干部运用法治思维和法治方式开展工作的能力。同时，加强法律人才队伍建设，形成稳定的工会公益律师、职工法律援助团队，加强劳动争议仲裁员、劳动争议调解员和劳动法律监督员队伍建设。

三、中国特色社会主义工会法治建设的实践策略

在实践策略上，中国特色社会主义工会法治建设可以分为三个层面：一是在法律法规层面，组织并代表职工参与包括国家和地方在内的立法工作。二是在政策层面，积极参与改革过程中涉及职工利益的政策和方案的制定。三是在企业内部规章制度层面，参与涉及职工切身利益的规章制度或者重大事项的制定和完善。

（一）推动保障职工权益和工会权利法律体系的建立与完善

改革开放以来，各级工会以推动工会法的修订和参与劳动法配套法规的立法工作为主线，建立健全工会立法参与机制，通过多种渠道加强立法参与和政策制定工作。主要围绕劳动就业、收入分配、劳动保护、社会保障等问题，积极健全劳动合同、劳动报酬、劳动安全卫生、集体合同、民主管理和社会保障等法律制度，推进事关工会改革和工会工作法治化建设的工会法，以及《中国工会章程》《集体合同规定》《工资集体协商试行办法》《企业民主管理规定》等法律法规和规章的制定、修订，推动并参与制定旨在维护职工合法权益、发展和谐劳动关系的劳动法、劳动合同法、劳动争议调解仲裁法、社会保险法、安全生产法、职业病防治法、女职工劳动保护特别规定等

涉及职工切身利益的法律法规。

工会系统通过源头参与，促进科学立法，已逐步建立起职工权益法律保障体系和工会权益法律保障体系，为落实中国特色社会主义工会维权观、坚持走中国特色社会主义工会发展道路提供了坚实的法律基础和保障。

（二）推动涉及职工权益的制度机制建设

各级工会通过政府和工会联席会议制度、协调劳动关系三方机制等途径和渠道，积极参与改革过程中涉及职工利益的政策和方案的制定，保证各项决策公平公正。

以职工代表大会为基本形式的企业民主管理制度、平等协商签订集体合同制度、劳动关系三方协调机制、劳动法律监督制度以及劳动争议处理制度等协调劳动关系的机制和制度，为工会协调劳动关系、维护职工合法权益提供制度和程序上的保障。

在具体工作中，主要是推动完善协调劳动关系制度机制，健全政府和工会联席会议制度，做实省、市、县三级地方及产业的协调劳动关系三方机制，并向乡镇（街道）、经济开发区、高新技术园区延伸；健全以职工代表大会为基本形式的企事业单位民主管理制度体系，进一步向非公有制企业拓展；推进厂务公开制度化、规范化，完善职工董事、职工监事制度，推进职工代表素质提升工程，提高企事业单位民主管理工作覆盖面和实效性；督促落实劳动合同制度，推动劳动用工规范管理；推动落实职工带薪年休假等制度，建立健全工时协商机制；健全完善工会农民工维权服务体系，推进落实农民工欠薪报告制度，推动解决拖欠农民工劳动报酬和社保转移接续等问题；完善工会劳动保护监督机制，深入开展安全生产、职业病防治工作；推动建立适应新业态的用工和社保制度，建立健全互联网平台用工等新就业形态劳动标准体系。

（三）建立健全工会内部各项规章制度

依法完善组建工会、民主选举等组织制度、工作人员权利义务行为规范等管理制度、资产使用经费审查等财务制度以及其他各项规章制度。建立健全决策、执行、保证、监督、信息传递反馈以及内外协调等各个层次、各个环节的工作制度，形成良好的运行机制，保证各级工会组织依法履行维护职工合法权益的基本职责。

第四节　中国特色社会主义工会组织建设

加强工会组织建设，最大限度地把广大职工群众组织到工会中来，是充分发挥工会在组织、引导、服务职工群众和维护职工群众合法权益方面重要作用的基础与前提条件。工会组织建设是推动解决职工群众最关心、最直接、最现实利益问题的迫切需要，是落实和发挥党联系职工群众桥梁纽带作用的重中之重，是密切党同职工群众血肉联系的必然要求。中国特色社会主义工会组织建设就是将工会组织的发展与新时代中国特色社会主义建设的新要求统一起来，在组织形式、组织机构、组织领导、组织原则等方面不断探索总结经验，尤其在扩大工会组织覆盖面、增强基层工会组织活力、加强工会干部队伍建设等方面着力推进。

一、中国特色社会主义工会组织建设的基本内涵和基本原则

（一）中国特色社会主义工会组织建设的基本内涵

中国特色社会主义工会组织建设，是指各级工会在习近平总书记关于工人阶级和工会工作的重要论述指导下，适应工会性质和发展任务基本要求，根据一定的组织原则，对工会的领导体制、组织机构、工作制度等方面不断

进行改革和完善，持续提高工会干部、工会积极分子的素质，积极维护广大职工合法权益，竭诚为广大职工服务，团结动员广大职工为全面建设社会主义现代化强国贡献智慧和力量的实践过程。

（二）中国特色社会主义工会组织建设的基本原则

1.坚持党的领导是中国特色社会主义工会组织建设的核心原则

坚持中国共产党的领导是中国特色社会主义最本质的特征。中国特色社会主义工会组织建设必须坚持以党的领导为核心，主动自觉接受党对工会的全面领导，包括思想领导、政治领导和组织领导。工会要发挥好党联系职工群众的桥梁纽带作用，牢固树立党的一切工作到基层的鲜明导向，切实承担起引导职工群众听党话、跟党走的政治责任。

2.民主集中制是中国特色社会主义工会组织建设的根本原则

民主集中制不仅是党和国家的组织原则，也是中国特色社会主义工会组织建设的根本原则。工会贯彻民主集中制的原则，发挥工会会员的积极性和创造性，在工会内部充分发扬民主，按照工会会员的共同意愿来开展活动，保证工会会员的民主权利。具体到工会组织的活动中，在扩大民主的同时，也要保持工会组织的集中统一。

3.产业和地方相结合是中国特色社会主义工会组织建设的组织领导原则

中国特色社会主义工会组织建设既是按照产业原则又是按照地方原则组织起来和开展活动的。产业与地方相结合原则是中国特色社会主义工会组织建设的重要组织领导原则，充分体现了中国国情和经济社会发展的需要。实行产业和地方相结合、以地方为主的组织领导原则，可以更好地把各地区、各产业的职工组织起来，有利于加强党对工会工作的领导。

二、中国特色社会主义工会基层组织建设

基层工会是整个工会组织的基础。企业、事业单位和机关以《中国工会章程》的规定为根据，建立工会基层组织。中国特色社会主义工会基层组织建设是工会发挥并实现党和职工群众之间桥梁纽带作用的根基，主要体现在工会组建和会员发展、工会领导体制与组织体制改革、工会干部队伍建设等方面。

（一）工会组建工作

改革开放后，以非公企业为主的新经济组织快速发展，劳动关系发生重要变化，职工合法权益维护问题面临挑战。在新经济组织中组建工会，扩大工会组织覆盖面，发挥工会维护职工权益基本职责至关重要。全国总工会出台《关于组建工会和发展会员工作考核奖励办法（试行）》《关于组织各种所有制企业、事业单位及机关的劳务工加入工会的通知》等文件，推动全国形成自上而下建会激励体系。全国总工会十五届四次执委会会议提出，要大力推动企业依法普遍建立工会组织、依法普遍开展工资集体协商（即"两个普遍"），坚持"党建带动工建、工建服务党建"，开展"广普查、深组建、全覆盖"集中行动，最大限度地把广大职工群众组织到工会中来。

在工作实践中，各级工会通过建立健全建会工作目标分解责任、定期通报、跟踪督察、考核激励、税务代收建会筹备金等长效机制，创新区域性、行业性基层工会和市场工会、项目工会、楼宇工会、农业产业链工会等多种组织形式，积极探索工会组建方式，把自上而下推动建会与自下而上职工主动要求建会统一起来，不断加强基层工会规范化建设，增强工会的吸引力和凝聚力。

在工会组建的领域方面，以企业集中的开发区、工业园区、商贸楼宇、集贸市场为重点区域，以世界 500 强跨国公司等外资和港澳台资企业，出租车行业、物流、商贸等现代服务业企业以及一些中小非公企业为重点单位，

不断扩大工会组织覆盖面。在组建对象上，以农民工、劳务派遣工、新就业形态劳动者为主要对象，将广大农民工、新就业形态劳动者都吸纳到工会组织之中。

（二）工会组织领导体制建设

工会组织领导体制是工会组织上下、内外等各方面关系及制度的总称，是工会组织建设发展的核心问题之一。改革开放以来，非公有制经济的快速发展和职工队伍的不断壮大给工会组织体制带来诸多挑战，也为工会组织体制的改革创新提供了机遇。

1."上代下"工会模式

1992 年，深圳蛇口工业园总工会在实践中探索出了由区工会来代替基层工会做好维权工作、由上级工会代表基层工会维权的蛇口工会工作模式，也被称为"上代下"模式。

"上代下"的核心内涵是指上级工会如何代表企业工会发挥作用。这里的"上"一般是指省、市、区层面的工会，"下"则指企业工会。"上代下"的机制主要有三种具体类型：（1）由上级工会来代表企业工会行使维权职能。在这一类型中，一般由上级工会来帮助企业工会调处劳动争议或者参与处置群体性劳资事件。（2）由上级工会直接介入到企业工会的产生和运行之中，以增强对企业工会的直接领导。在这一类型中，上级工会往往介入企业工会主席选举或者上级工会直接向企业选派工会主席。（3）由上级工会通过基层组织建设直接在工人群体中开展工会活动。在这一类型中，上级工会常常在社区、楼宇、工业园区大量组建工会联合会等基层组织。①

2.联合制、代表制

1988 年，《工会改革的基本设想》提出，按照民主集中制的原则和产业与地方相结合的原则，工会组织实行联合制、代表制。（1）由会员代表大会

---

① 闻效仪：《"上代下"：工会改革逻辑与多样化类型》，《社会学评论》2020 年第 5 期。

或者会员大会民主选举自己的领导机构和主要领导人组成基层工会。（2）基层以上各级工会的领导机构，一般主要由下一级工会民主选举的主要领导人作为候选人，通过民主选举组成。它既是下级工会的领导机关，又是下级工会的代表机关。（3）市以上的总工会的领导机构，一般主要由同级产业工会和下一级地方工会民主选举的主要领导人作为候选人，通过民主选举所组成。它是同级产业工会与下级地方工会的统一领导机关和代表机关。（4）按照上述方式建立起来的工会组织，都是一级工会组织，依照法律和工会章程的规定，享有工会应有的权利和义务，其工会主席是各该级工会组织的法人代表。[①]

3. 基层工会主席直选

随着我国基层民主政治建设实践的加强，基于工会组织的性质和特点，各级工会从探索和完善基层工会主席产生机制入手，健全完善基层工会委员会民主选举程序，不断扩大基层工会主席直选范围。全国总工会先后在1992年和2008年专门出台了《工会基层组织选举工作暂行条例》《企业工会主席产生办法》，对基层工会主席直选的条件和程序作了具体阐述。

基层工会主席直选既回应了经济社会发展过程中职工的新需要，为地区产业转型提供了推动力，同时又为工会组织改革、国家社会治理创新奠定了实践基础。

4. "小三级"工会组织体系建设

适应我国工业化、城镇化的进程，工会组织领导体制向下延伸。2004年、2005年，全国总工会分别出台了《关于开展建立乡镇（街道）总工会试点工作的意见》《关于加强乡镇（街道）工会规范化建设的意见》。自此以后，"小三级"工会拓展为包括乡镇（街道）、开发区（工兴园区）工会、区域性行业性工会、村（社区）工会等在内的基层工会组织体系。

[①]　孙中范、桉苗、冯同庆主编：《向社会主义市场经济转变时期的工会理论纲要与述评》，人民出版社1997年版。

（三）工会干部队伍建设

工会干部队伍建设，是工会组织建设的重要组成部分。工会干部队伍的发展状况，在一定程度上决定着工会工作的成效。

1.改革开放初期工会干部队伍"四化"建设

改革开放初期，适应经济社会转型新需要，工会干部队伍的革命化、年轻化、知识化、专业化建设尤为迫切。工会干部队伍"四化"建设要求工会干部要勇于承担政治责任，具备较强的工会业务能力和管理能力，能够做好职工群众工作，切实维护职工权益，又能不断增强政策理论水平，从而建设一支思想政治素质过硬、年龄结构合理、文化理论知识深厚、业务能力精干的现代化工会干部队伍。

2.新世纪工会干部维权服务能力建设

随着社会主义市场经济体制的确立和改革开放进程的不断深入，社会经济成分、组织形式、就业方式、利益关系和分配方式日益多样化，职工队伍的规模、结构、劳动方式、生活方式和思想观念发生了深刻变化，工会的工作对象、领域、范围、重点、方式等面临一系列新情况新问题，迫切需要建设一支高素质专业化的工会干部队伍。只有不断加强工会干部维权服务能力建设，才能实现新时期"组织起来、切实维权"的工运方针，为推动构建社会主义和谐社会提供更好的组织保证和人才支持。在提升工会干部维权和服务能力的同时，也注重工会干部权益的保护。2007年8月，全国总工会出台《企业工会主席合法权益保护暂行办法》，规定了保护内容与措施、保护机制与责任等，并率先设立了工会干部权益保障金，为各级工会组织保护企业工会主席合法权益提供了制度保障和物质保障，开启了建立基层工会干部权益保护机制的先河，调动和保护了基层工会干部主动维权、依法维权、科学维权的积极性。

3.新时代高素质专业化工会干部队伍建设

推动新时代中国特色社会主义工会组织建设，最重要的是贯彻落实党的二十大关于加强干部队伍建设的要求，建设高素质专业化干部队伍。2018年10月29日，习近平总书记在同全国总工会新一届领导班子成员集体谈话时指出："要加强和改进党对工会工作的领导，研究解决工会工作中的重大问题，推动建设一支高素质专业化的工会干部队伍，支持工会依法依章程创造性开展工作。"① 建设高素质专业化工会干部队伍，对巩固党的执政基础、充分发挥工会联系职工群众的桥梁纽带作用、促进劳动关系与社会和谐发展至关重要。

在加强基层工会组织建设过程中，工会会员队伍不断扩大，工会的组织功能得到强化。全国总工会、民政部、人力资源和社会保障部于2016年联合发布《关于加强工会社会工作专业人才队伍建设的指导意见》，为工会工作人才队伍建设提供了制度保障。针对基层工会组织建设工作任务重、人员紧缺的状况，一些地方工会有计划地从社会上聘用工会组织员，有些地方工会建立了工会协理员、工会主席助理员队伍等，壮大了工会工作者队伍。社会化的工会工作者不仅弥补了工会干部紧缺的状况，也有效地促进了工会运行机制和活动方式的转变。

第五节　中国特色社会主义工会理论建设

一、中国特色社会主义工会理论建设的基本内涵

理论来源于实践，又指导实践。马克思主义经典作家在工运实践中创立了马克思主义工会理论，历经实践检验使其不断丰富发展。改革开放以来，

---

① 中共中央党史和文献研究院编：《习近平关于工人阶级和工会工作论述摘编》，中央文献出版社2023年版，第15—16页。

在向市场经济体制转型过程中，我国劳动关系日趋复杂化、多元化，工会协调劳动关系、维护职工权益的实践不断面临新问题、新挑战。尤其是中国特色社会主义进入新时代，面临社会主要矛盾变化的新形势，更加需要不断梳理马克思主义经典理论和中国改革开放以来形成的工会理论成果，特别是深入理解、阐释习近平总书记关于工人阶级和工会工作的重要论述，形成中国特色社会主义工会理论建设的指导思想、理论体系、学科体系以及理论研究队伍。

中国特色社会主义工会理论建设，是指基于我国经济社会改革历史现实和工会工作发展实践，以中国特色社会主义理论体系和习近平新时代中国特色社会主义思想为指导，在回答"建设一个什么样的工会、怎样建设工会"和"工会发挥什么作用、怎样发挥作用"等重大问题方面进行深入的理论探索和实践研究过程。

二、中国特色社会主义工会理论建设的基本内容

（一）对党关于工人阶级和工会运动重大理论创新成果的研究

改革开放以来，党中央对工人阶级和工会工作作出了一系列重要论述，深刻回答了时代和实践对工会工作提出的重大课题，进一步丰富和发展了马克思主义关于工人运动发展规律的认识，体现了党在我国工人运动和工会工作指导思想上的与时俱进。党的十八大以来，以习近平同志为核心的党中央高度重视并大力推进党的工运事业和工会工作，开创了新时代工运事业和工会工作新局面。习近平总书记关于工人阶级和工会工作的重要论述，科学回答了"新时代为什么要全心全意依靠工人阶级、怎样全心全意依靠工人阶级""建设什么样的工会、怎样建设工会"等方向性、根本性、战略性重大问题，丰富了马克思主义工人阶级和工运学说，为新时代加强工会理论建设提供了根本遵循。

中国特色社会主义工会理论建设要对这些重大理论创新成果进行系统的学习、研究和阐释，准确把握这些理论成果形成的时代背景、实践基础，深刻理解其理论精髓和基本内涵，从整体上把握其内在联系；同时，联系当前工会工作的实际，创造性地解决实践中遇到的新矛盾和新问题，从而不断深化对工会工作的规律性认识。当前，正在构建的中国工会学学科理论体系首先是对马克思主义工会学基本原理的研究，通过研究马克思主义工会学说的经典著作和基本理论，厘清马克思主义经典作家关于工会的产生、发展、性质、地位、历史使命及其同工人阶级、工人阶级政党以及社会主义国家的关系等重大基本理论问题的论述，从整体上把握马克思主义工会学的科学体系，建构中国工会学作为知识性、学术性、系统性的独立学科的理论内核与思想灵魂。①

（二）对涉及职工利益和工会工作的经济社会问题、法律问题的研究

在中国特色社会主义工会建设过程中，工会工作面临着许多新的实践课题需要研究和回答，有许多新的实践经验需要提炼和概括，工会发展中的热点难点问题需要探索和解决。中国特色社会主义工会理论建设要把研究并回答工会工作的重大现实问题和热点难点问题作为主攻方向，以理论创新推动工会制度创新和工会实践创新。

中国特色社会主义工会理论建设要从经济社会发展全局出发，加强对职工群众劳动就业、收入分配、社会保障、劳动安全卫生等问题的研究，探讨在宏观政策、微观实践等不同层面充分发挥工会组织的参与、协商、调节、监督作用等问题，更好维护职工合法权益；同时，加强对工会法、劳动合同法、就业促进法、社会保险法、劳动争议调解仲裁法，以及集体合同、职工

---

① 刘向兵、潘泰萍、田田：《新时代中国工会学学科建设思路与实现路径研究》，《中国劳动关系学院学报》2022 年第 6 期。

民主管理等方面法律法规的研究，推动建立涉及健全保障职工合法权益保护和工会工作的规范健全的法律法规体系。

（三）对职工队伍状况的研究

中国特色社会主义工会理论建设要通过对职工队伍发展的新变化，特别是产业工人队伍现状和发展趋势、职工劳动经济权益和民主政治权利实现情况、企业劳动关系发展状况和工会工作情况等方面的深入研究，进一步把握我国职工队伍的发展变化特点和趋势，更好地为党和政府科学决策服务，为充分发挥工会在国家经济社会发展中的作用服务。

（四）对劳动关系状况的研究

中国特色社会主义工会理论建设要通过对不同类型劳动关系现状、发展变化特点和趋势的研究，正确认识我国社会主义劳动关系的性质，厘清资本主义条件下的劳动关系与社会主义条件下的劳动关系的根本区别，深入分析影响劳动关系和谐的主要因素，着力研究发展和谐劳动关系的实现途径和方式，围绕劳动关系建立、运行、监督、调处的全过程，研究如何通过创建劳动关系和谐企业活动载体，抓住劳动合同、平等协商、集体合同、职代会等关键环节，健全和完善工会维权机制，切实维护职工合法权益，推动建立规范有序、公正合理、互利共赢、和谐稳定的社会主义新型劳动关系，促进和谐社会建设。

（五）对国际工运问题及工会理论的比较研究

随着经济全球化日趋深入和对外开放不断扩大，我国劳动关系和工会工作面临更加开放、更为复杂的外部环境。中国特色社会主义工会理论建设要研究西欧、美国、日本等发达国家和不同类型发展中国家的经济社会发展现状、劳资关系状况、工会运动发展的特点与趋势，研究世界经济发展、国际贸易发展、实施国际劳工标准和企业社会责任运动等对我国企业、职工、劳动关系及工会工作的影响，认真分析国际工运格局的变化，加强对国际和区域性劳工组织、发达市场经济国家工会的发展动向与趋势及对我国工会影响的研究，推动建立公正合理和谐的国际工运新秩序，维护国家的战略利益和我国职工的利益，开阔工会理论研究的国际视野。

三、中国特色社会主义工会理论建设的经验

（一）坚持以科学理论为指导

坚持以科学理论为指导是中国特色社会主义工会理论建设的主要经验。在当代中国，坚持以科学理论为指导，最根本的就是要坚持以马克思列宁主义、毛泽东思想、邓小平理论、"三个代表"重要思想、科学发展观、习近平新时代中国特色社会主义思想为指导，尤其是其中所包含的工运思想的指导。坚持以科学理论为指导，是使工会理论探索始终沿着正确方向前进并取得显著成果的根本保证。

（二）突出工会自身特色

中国特色社会主义工会理论建设坚持以马克思主义科学理论为指导，同时又在探索中注重突出工会理论自身的特色。中国特色社会主义工会发展道路在理论上既坚持了中国特色社会主义理论体系包括其中的工运理论体系的基本原则，又富有鲜明的中国工会特色，从而具有鲜明的创新性。把马克思主义的科学理论，特别是其中的工运理论同中国工会的具体实际相结合，突出中国工会理论的自身特色，是中国特色社会主义工会理论建设的根本法宝。

（三）融入社会主义建设的大局

融入社会主义建设的大局，树立大局观，是中国特色社会主义工会理论建设的又一重要经验。中国的工运事业和工会工作不是孤立的，而是我国整个社会主义革命和建设以及改革开放、民族复兴伟大事业的重要组成部分。只有把工会工作与工会问题研究置于党和国家工作大局中去认识、去考虑，才能更深刻地把握工会问题研究的本质，把握工会问题与其他各方面问题的关系。

（四）着重研究和回答现实提出的重大理论问题

理论的基础是实践，又反过来指导实践。理论的生命力就在于它能够回答客观现实提出的重大课题。改革开放几十年来，中国工会正是由于紧扣重大现实课题，锲而不舍地进行艰辛探索，才形成了中国特色社会主义工会发展道路的科学理论，取得了工会理论发展的新成绩。实践证明，只有从中国工会工作实际出发，着重研究和回答现实提出的重大理论问题，工会理论探索才不会走偏方向，才能在回应现实问题过程中创造出新的理论成果。

（五）弘扬追求真理的科学精神

中国特色社会主义工会理论建设始终坚持和弘扬追求真理的科学精神，其核心是党的思想路线所高度概括的解放思想、实事求是、与时俱进。没有对以解放思想、实事求是、与时俱进为核心的追求真理的科学精神的坚持和弘扬，就不会有新时代在全面建成小康社会及构建社会主义和谐社会大局下工会一系列的探索开拓与重大创新理论的提出。

思考题 ————————————————————

1.中国特色社会主义工会党的建设的基本框架是什么？

2. 如何理解中国特色社会主义工会民主建设的实现路径？

3. 如何理解中国特色社会主义工会法治建设的实践策略？

4. 中国特色社会主义工会组织建设的基本原则是什么？

5. 中国特色社会主义工会理论建设的经验有哪些？

参 考 文 献

《马克思恩格斯选集》第 1 卷，人民出版社 2012 年版。

中共中央党史和文献研究院编：《习近平关于工人阶级和工会工作论述摘编》，中央文献出版社 2023 年版。

孙中范、桉苗、冯同庆主编：《向社会主义市场经济转变时期的工会理论纲要与述评》，人民出版社 1997 年版。

中国工运学院编写组：《工会学》，工人出版社 1985 年版。

刘向兵、戴文宪、钟雪生：《新时代坚持中国特色社会主义工会发展道路》，《工人日报》2018 年 5 月 22 日。

逄国君：《推进工会系统党的建设》，《工会信息》2018 年第 23 期。

张君：《全过程人民民主：新时代人民民主的新形态》，《政治学研究》2021 年第 4 期。

闻效仪：《"上代下"：工会改革逻辑与多样化类型》，《社会学评论》2020 年第 5 期。

刘向兵、潘泰萍、田田：《新时代中国工会学学科建设思路与实现路径研究》，《中国劳动关系学院学报》2022 年第 6 期。

第十章　中国特色社会主义工会改革与创新

教学基本要求

1.理解改革创新是工会工作的永恒主题

2.了解新时代工会改革创新的主要举措及成效

3.把握面向新征程工会改革创新的目标方向

工会改革与创新是中国特色社会主义工会学的一对重要范畴，在实践中体现为工会组织对自身存在矛盾和问题的深刻认识与有效解决，由此构成推动工会工作不断向前发展的内在动力。伴随新形势下的新变化，工会面临的新问题、新挑战纷至沓来，决定了工会改革与创新是党领导下工会工作的永恒主题。就这个意义而言，工会的改革与创新永远在路上。

党的二十大报告指出："深化工会、共青团、妇联等群团组织改革和建设，有效发挥桥梁纽带作用。"① 党的二十届三中全会审议通过的《中共中央关于进一步全面深化改革、推进中国式现代化的决定》，要求发挥工会、共青团、妇联等群团组织联系服务群众的桥梁纽带作用。这就向新时代的中国

---

① 《习近平著作选读》第一卷，人民出版社 2023 年版，第 31 页。

工会改革和建设提出新的重大实践要求，其鲜明的目标指向，聚焦于如何有效发挥工会组织的桥梁纽带作用。工会的改革创新实践证明：只有在党的领导下，准确把握时代脉搏，适应经济社会发展变化，不断推进工运事业和工会工作的改革以及工会理论创新、实践创新、制度创新，把工会组织建设得更加充满活力、更加坚强有力，才能充分发挥党联系职工群众的桥梁纽带作用，始终保持同党和国家事业同步前进。本章着重从理论上探讨新时代工会改革与创新的本质规定及辩证关系，从实践上梳理工会改革与创新发展的历史沿革，从逻辑上对工会改革与创新的主要经验进行概括和总结。

第一节　工会改革与创新的本质规定及其辩证关系

一、工会改革的基本规定

改革与创新是一个国家和民族进步的灵魂，是时代的主旋律和最强音，是破除一切阻碍发展藩篱的锐利武器，也是推动社会发展的强大动力。

工会改革作为重要范畴，在中国特色社会主义工会学的理论体系中，具有举足轻重的地位。它是中国共产党领导下的中国工会在不同历史阶段实现自我完善的基本方式，是激发工会组织活力、增强凝聚力和战斗力的内在驱动力。工会改革的过程就是发现问题、寻找产生问题症结、有效解决问题的过程，并在问题解决实践中实现自我革命和自我发展。

（一）工会改革目标

工会改革目标直面导致工会产生各种问题的根本原因，属于主要矛盾范畴，具有决定意义，因而成为工会改革的基本方向。在长期工会工作实践中，工会组织曾经出现了各种问题，其中最根本的问题是脱离职工群众。早在 20 世纪 50 年代，李立三、赖若愚等同志就敏锐地发现了这个问题，并向当时的工会工作敲响警钟。赖若愚特别强调脱离群众对于工会工作的严重性和危害性，明确认为，如何对待群众，是工会工作的一个根本问题，我们工会工作的许多缺点和错误都是和这个问题有关的。不正确地处理这一问题，工会就有脱离群众的危险。而脱离群众对于工会来说（其实，不只是对于工会），是一切危险中最大的危险。

围绕脱离职工群众问题，习近平总书记指出："要坚持把群众路线作为工会工作的生命线和根本工作路线，把工作重心放在最广大普通职工身上，着力强化服务意识、提高维权能力，改进工作作风，破除衙门作风，坚决克服机关化、脱离职工群众现象，让职工群众真正感受到工会是'职工之家'，工会干部是最可信赖的'娘家人'。要自觉运用改革精神谋划推进工会工作，创新组织体制、运行机制、活动方式、工作方法，推动工会工作再上新台阶。"① 上述重要论断，为加强新时代工会改革指明了方向。

（二）新时代工会改革方向与内容

与时俱进、改革创新已成为新时代工会工作的鲜明特征之一，也是做好新时代工会工作的必然选择。工会改革的必然性，取决于产生问题的主要根源及其带来的各种不利影响。习近平总书记在中央党的群团工作会议上明确指出："群团组织中存在的问题，实质是脱离群众。这些问题的存在，影响了群团组织履行职责，降低了群团组织对群众的动员力、号召力、影响力，导致群团组织在群众心目中分量下降，制约了党的群团工作健康发展，必须下决心进行纠正。"②

工会组织脱离群众问题，带来各个方面的影响，由此决定了工会改革的

---

① 习近平：《论坚持人民当家作主》，中央文献出版社 2021 年版，第 126 页。
② 《习近平关于社会主义政治建设论述摘编》，中央文献出版社 2017 年版，第 189 页。

针对性和全面性。所谓针对性就是重点解决主要矛盾问题，进一步密切工会同职工群众的血肉联系；所谓全面性就是将工会改革作为一个系统，将产生问题的各个方面普遍联系起来，统筹策划改革方案，形成明晰的工会改革逻辑。

首先，明确工会改革是全面深化改革的重要组成部分，工会改革的重要地位是不可替代的。因此，要从工会工作作为党治国理政的一项经常性、基础性工作的政治高度，认识工会改革的重大意义。

其次，明确工会改革指导思想，确保改革正确的政治方向。党的十八大以来，以习近平同志为核心的党中央高度重视工会工作，围绕工会改革发表一系列重要讲话、作出一系列重要指示，明确了工会改革的重大意义、工作方向、任务主线、具体路径等，为新时代的工会改革指明了方向，提供了根本遵循。

再次，明确工会改革以增强政治性、先进性、群众性，纠正"四风"特别是形式主义和官僚主义，作为基本方向。

《全国总工会改革试点方案》强调，全国总工会改革必须紧紧围绕保持并增强工会工作和工会组织的政治性、先进性、群众性这条主线，克服机关化、行政化、贵族化、娱乐化现象，解决脱离职工群众的突出问题，把保持和增强政治性、先进性、群众性贯穿改革全过程各方面；同时，加强对工会改革的统筹协调，不断增强改革的系统性、整体性、协同性，确保改革取得实质性效果。

最后，明确坚持党的领导是工会改革的最高政治原则，也是工会深化改革的重要政治保证。

在党的领导下，针对工会产生问题的根源，要主动坚持改进工会工作作风，要求工会干部深入基层、深入职工群众，通过维护和服务基本职责的履行，及时解决职工群众的急难愁盼问题，在构建和谐劳动关系的实践中，实现职工的获得感、幸福感、安全感。与此同时，重视和加强基层工会组织建设与改革，明确基层工会建设改革的基础地位，通过改革激发其应有的活力。

二、工会创新的本质规定

（一）工会创新的本质规定

工会创新作为中国特色社会主义工会学重要范畴，它决定工会的进步与发展，是推动工会工作发展的永恒主题和内在动力。新时代，工会组织要适应新形势、应对新挑战、克服新困难、解决新问题、开创新境界，其基本途径就是克服各种艰难险阻，不断进行创新。工会创新是以问题为导向，以认识并解决新旧矛盾和问题作为切入点，以设定的发展目标作为价值取向，通过变革的方式，打破固有的思维方式、旧的工作模式，在另辟蹊径的不断探索中，实现创新目的。

创新并非绝对地否定一切、抛弃一切，而是有所抛弃、有所保留、有所突破，是辩证否定的具体体现。创新不是基于主观臆测的随意性的标新立异，也不拘泥于既有的工作模式，不固守现成的经验，而是以变通的方式、变革的目光、辩证的思维，观察问题和解决问题，从而实现创新。工会创新也被赋予创新的共同属性，其目的在于对新形势下出现的新矛盾、新问题进行积极应对和有效解决，基于客观现实基础实现突破和超越。

（二）工会创新的逻辑

《中共中央关于加强和改进党的群团工作的意见》指出：改革创新是群团工作发展进步的不竭动力。各级党组织和群团组织要把握时代脉搏，适应社会发展变化，尊重基层首创精神，不断推进群团工作和群团组织建设理论创新、实践创新、制度创新，始终与党和国家事业同步前进。

中国工会十六大提出，要以工会理论创新带动工会实践创新和制度创新。这一基本要求便构成了工会创新的内在逻辑，成为工会工作创新的基本遵循。

植根于工会实践的工会理论所具有的普遍指导意义，常常成为工会工作实践的先导，并接受实践检验而证明其真理性。从创新的视角来看，工会工作实践创新为工会理论创新不断提供丰富的经验素材，通过理论抽象和概括，形成新理论、新思想、新观点。

工会创新逻辑所揭示的是工会理论创新对工会实践与制度创新具有的指导作用和带动作用，表明工会理论创新在遵循理论与实践辩证关系基础上，被赋予的重大意义。

但是，无论是工会实践创新，还是工会理论创新，抑或工会制度创新，要求工会工作者必须树立创新意识，掌握和运用创新的方法，以变革求异的目光看待存在的问题、出现的矛盾，乃至不断涌现的新鲜事物，从而保证工会创新始终建立在对工会运动规律的认识和把握上，不断提高创新的目的性和自觉性。

同时，要正确处理工会工作创新的针对性与长远性的辩证关系。工会工作创新，既要着眼于创新的针对性，又要着眼于创新的长远性。因而，实现创新并非当下的权宜之计、应对之策，而是在考虑应对的同时，还应当将其作为一种机制进行创新。这里的创新可以理解为工作思路、工作方式及其工作有效性上的突破，并赋予其长远性特点。①

三、工会改革与创新的辩证关系

工会工作创新与工会改革是一对辩证关系，工会改革是对固有问题"破"

---

① 赵健杰：《以自我革新的勇气全面推动工会改革与创新》，《工人日报》2017 年 6 月 27 日。

的过程，即革除顽症痼疾，因此，"破"要彻底。创新则是"立"的过程，所以，"立"要及时。坚持工会改革创新的逻辑，就是坚持工会"破"与"立"的辩证法，这就是"破""立"并举重要意义之所在。这一辩证关系表明：工会改革与工会创新是一个紧密联系的过程，即克服困难、解决问题的过程。正是在这种"破"与"立"的辩证矛盾运动中，形成推动工会工作不断与时俱进的内在动力。就这个意义而言，工会改革与创新是一对密不可分的辩证关系。这一关系的深刻性在于，工会改革并非绝对否定一切，也并非对原有的一切进行简单机械的增添或删减，而是以辩证的否定作为能动的力量，通过工会创新环节为其发展开辟道路。因此，工会工作创新是工会自我革新的应有之义，是工会改革不可或缺的重要环节。

第二节　工会改革创新的历史沿革

百年来，中国工会由小到大、由弱到强，在党和国家事业中发挥越来越重要的作用，很重要的就是能够主动顺应党在各个历史时期中心任务的变化，坚持解放思想、锐意改革创新，与时俱进调整工会工作方针和任务，完善组织体制、运行机制、活动方式和工作方法，在守正创新中不断焕发工会组织的生机与活力。

一、社会主义革命和建设时期的工会改革创新

新中国成立后，党的工作重心由农村转入城市。工人阶级成为国家的领导阶级，成为国家和企业的主人。在党的领导下，工会的基本方针、组织原则、组织体系等逐步确立并不断完善，对我国工运事业和工会工作产生了深远影响。

1949 年 9 月,《中国人民政治协商会议共同纲领》颁布,确立了以工人阶级为领导的、以工农联盟为基础的人民民主专政的国家制度。这不仅使工人阶级和中国工会在性质、地位、任务、组织体制及活动方式上发生了重大转变,也为工人运动和工会工作的开展提供了根本保障与有利条件。1950 年 6 月,中央人民政府颁布《中华人民共和国工会法》。这是新中国最早实施的三部法律之一,明确了工会在新民主主义国家中的法律地位与职责,对于推动工会组织自身发展、更好发挥工人阶级和工会组织在国家建设中的重要作用,具有十分重大的意义。

从 1953 年起,在党的过渡时期总路线的指导下,国家制定实施了"一五"计划。为保证大规模经济建设和工业化的需要,国家建立计划经济体制,实行新的工人招收和调配制度。为适应形势任务和经济管理体制的变化,1953 年 5 月 2 日至 11 日,中国工会七大召开,确立了向社会主义过渡时期的工运方针,其核心是以生产为中心,生产、生活、教育三位一体。

随着社会主义基本制度的建立,党领导全国各族人民进行全面的大规模的社会主义建设。1956 年 9 月,党的八大正确分析国内形势和国内主要矛盾的变化,制定了全面建设社会主义的路线方针政策。大会还指出,党应当加强对工会工作的领导,通过工会把我国工人阶级培养成为一个有组织的、有觉悟的、有文化技术的阶级,使广大工人群众紧密地团结在党的周围;通过社会主义劳动竞赛和先进生产者运动,为不断提高劳动生产率而奋斗。1957 年 12 月,中国工会八大确立了"坚持执行勤俭建国、勤俭办企业、勤俭办一切事业的方针,掀起新的生产高潮来迎接第二个五年计划,为完成和超额完成新的国家计划而斗争"的中心任务。大会通过的《中国工会章程》还明确了按产业和地区相结合组建工会的原则,并对职工代表大会、职工群众参加企业管理、监督企业行政及加强自我教育等作了规定。1958 年 3 月,中共中央在成都召开工作会议,通过《中共中央关于工会组织问题的意见》,确定了各级工会组织以同级党委领导为主,同时接受上级工会领导的工会组织领导体制。

这一时期，在党的领导和政府号召下，工人阶级在各级工会组织带动下，参与社会主义建设的热情空前高涨，取得了丰硕成果。

二、改革开放和社会主义现代化建设新时期的工会改革创新

随着改革开放的开启，特别是中国工会九大对工会职责的重新定位，工会与国家的关系从一体化逐步向统合转变，党和国家政治体制改革也为工会改革提供了政治空间。

（一）中国工会九大开启了中国工会的改革创新进程

1978 年 10 月召开的中国工会九大，是其后改革开放新时期我国工人运动和工会工作的新起点。邓小平发表的致词，深刻阐明了工会在社会主义现代化建设中的性质、作用和任务。这是指导新时期我国工人运动和工会工作的纲领性文件，为加强工会自身建设、推进工会改革创新提供了坚实的思想理论准备。1979 年 11 月，全国总工会九届三次执委会扩大会议贯彻落实党的十一届三中全会精神，深化了工会工作指导思想的拨乱反正，强调要坚持以经济建设为中心，在维护全国人民总体利益的同时，更好地表达和维护职工群众的具体利益。

党的十二大提出"走自己的路，建设有中国特色的社会主义"的重大政治论断，对开创社会主义现代化建设新局面作出全面部署。1983 年 3 月 14 日，中共中央书记处在讨论中国工会十大工作报告提纲时指出，工会的性质和任务应当是在党的领导下，代表工人阶级利益，为工人阶级办事的群众性组织；工会工作面临开创新局面的伟大任务，要认真研究包括体制、制度、工作方法和工作作风的改革。根据党的十二大精神和中共中央书记处指示精神，1983 年 10 月召开的中国工会十大，确定了"以四化建设为中心，为职

工说话、办事，维护职工的合法权益，加强对职工的思想政治教育和文化技术教育，建设一支有理想、有道德、有文化、守纪律的职工队伍，充分发挥工人阶级在社会主义物质文明和精神文明建设中的主力军作用"的工会工作新方针，标志着中国工会走上了探索和开创工会工作新局面的改革之路。

（二）坚持党的领导，探索中国工会改革创新的方向

党的十三大进一步确定了经济建设、经济体制改革和政治体制改革的大政方针，并强调工会组织在深化改革中应积极推进组织制度的改革，转变活动方式，积极参与社会协商对话、民主管理和民主监督，把工作重点放在基层，克服"官"气和行政化倾向，赢得群众特别是基层群众的信任。为贯彻落实党的十三大精神，1988 年 10 月，全国总工会十届六次执委会会议审议通过《工会改革的基本设想》，确定了工会改革的基本框架。《工会改革的基本设想》既是对过去工会改革实际经验的总结，更是对进一步推进工会改革的指导，在中国工会改革史上具有重大历史意义。1989 年 12 月，中共中央印发《关于加强和改善党对工会、共青团、妇联工作领导的通知》。这是新中国成立以来关于群团工作的第一个全面系统的党内文件，也是推动群团组织改革的纲领性文件。

（三）市场化转型时期，中国工会改革创新的总体思路

党的十四大正式把建立社会主义市场经济体制确立为我国经济体制改革的目标。1993 年 10 月，江泽民在会见中国工会十二大主席团常务主席时指出，要积极探索有中国特色社会主义工会工作的新路子，努力开创工会工作的新局面。为适应建立社会主义市场经济体制的需要，1994 年 7 月，全国人大常委会审议通过《中华人民共和国劳动法》。同年 12 月，全国总工会召开十二届二次执委会会议，提出了新时期工会工作的总体思路，即以贯彻实施劳动法为契机和突破口，带动工会各项工作，推动自身改革和建设，努力

把工会工作提高到一个新水平，在改革、发展、稳定中更好地发挥作用。

党的十五大对加快推进国有企业改革提出新要求，随后以建立现代企业制度为方向的国有企业改革攻坚全面展开。1998年10月，胡锦涛在中国工会十三大上发表祝词，强调工会必须全面履行维护、建设、参与、教育等各项社会职能，针对社会主义市场经济条件下劳动关系出现的新变化，更好地代表和维护职工的具体利益，切实把维护职工合法权益放到突出位置，使工会真正成为"职工之家"。此后，全国总工会在推进工会工作总体思路基础上，先后提出了"五突破一加强""三个最大限度""两手抓"等工作要求，不断探索社会主义市场经济条件下工会工作规律，在进一步突出履行维护职能的同时，带动了其他各方面工作的开展和创新，提高了工会工作整体水平。2001年10月修改的《中华人民共和国工会法》，以法律形式明确了维护职工合法权益是工会的基本职责，还规定了工会维护职工合法权益的两个主要手段，即平等协商和集体合同制度、职工代表大会制度。

（四）完善社会主义市场经济体制阶段的工会改革创新

进入新世纪后，党的十六大制定了全面建设小康社会的宏伟纲领。2003年9月，中国工会十四大强调要认真学习贯彻党的十六大精神，团结动员广大职工充分发挥工人阶级主力军作用，为全面建设小康社会、加快推进社会主义现代化作出新的贡献。同年12月，全国总工会十四届三次主席团（扩大）会议明确提出"组织起来、切实维权"的工会工作方针。2006年12月，全国总工会十四届十一次主席团（扩大）会议全面阐明了"以职工为本，主动依法科学维权"的中国特色社会主义工会维权观。同月，全国总工会印发《企业工会工作条例》，确立了"促进企业发展、维护职工权益"的企业工会工作原则。"组织起来、切实维权"工会工作方针、中国特色社会主义工会维权观、企业工会工作原则的提出，适应了我国劳动关系的发展变化，是中国特色社会主义工会理论创新和实践创新的重大发展。2007年国际金融危机爆发之后，我国劳动关系领域的各种矛盾日渐突出。2008年12月，全国总工会十五届二次执委会会议提出开展以保岗位、保工资、稳员增效为重点的"共同约定行动"。2010年7月，全国总工会十五届四次执委会会议提出"两个普遍"的工作要求和目标，即依法推动企业普遍建立工会组织、普遍开展工资集体协商。2011年8月，召开全国构建和谐劳动关系先进表彰暨经验交流会，提出"构建中国特色和谐劳动关系"的重大命题，在我国劳动关系发展进程中具有标志性意义。

在长期实践探索中，中国工会主动顺应经济关系、劳动关系和职工队伍的发展变化，深入研究社会主义市场经济条件下工会工作的特点和规律，调整工会工作方针、思路、任务、重点，创新工会工作体制机制、途径载体、方式方法，探索出一条适应时代要求、符合基本国情、体现工会性质的中国特色社会主义工会发展道路，把党的工运事业推进到一个新的历史阶段。

三、中国特色社会主义新时代工会改革创新的指导思想

党的十八大以来，以习近平同志为核心的党中央举旗定向、谋篇布局，把全面深化改革纳入"四个全面"战略布局，以前所未有的决心和力度开启了全面深化改革、系统整体设计推进改革的新时代，蹄疾步稳推进各方面改革，许多领域实现历史性变革、系统性重塑、整体性重构，有力推动了各项事业发展。在这一过程中，党中央把深化群团改革纳入全面深化改革的"总盘子"，作为政治领域固本谋远的重要改革加以推进。

在党的领导下，全国总工会和各级工会组织坚持以习近平新时代中国特色社会主义思想为指导，认真学习贯彻习近平总书记关于工人阶级和工会工作的重要论述，贯彻落实党中央关于群团改革的决策部署，坚定不移走中国特色社会主义工会发展道路，聚焦保持和增强政治性、先进性、群众性这一长期任务，着力解决机关化、行政化、贵族化、娱乐化问题，在建机制、强

功能、增实效上下功夫，有力有序有效推进工会改革创新，在一些重点领域和关键环节上实现突破，取得了重要阶段性成果。通过改革创新，工会在党和国家工作大局中的重要作用得到进一步彰显，为如期实现第一个百年奋斗目标、开启全面建设社会主义现代化国家新征程作出了历史性贡献。

第三节　新时代工会改革与创新

党的十八大以来，在以习近平同志为核心的党中央坚强领导下，全国总工会和各级工会以制定并实施《全国总工会改革试点方案》《深化工会改革创新实施方案》《中国工运事业和工会工作"十四五"发展规划》为抓手，分阶段、有步骤地推进工会改革创新，推动新时代党的工运事业和工会工作实现全面进步、全面提高。

一、新时代工会改革和工会工作创新试点

在全国总工会开展中央群团机关改革试点，这是党中央从统筹推进"五位一体"总体布局、协调推进"四个全面"战略布局出发作出的重大决策部署，是贯彻党的十八届三中全会和中央党的群团工作会议精神的重要举措，也是党中央交给全国总工会的重要政治任务，在中国工运史上意义重大、影响深远。

（一）《全国总工会改革试点方案》出台的背景和过程

群团工作是党的一项十分重要的工作，群团改革是全面深化改革的重要组成部分，党中央高度重视群团工作和群团改革。2013 年 4 月 28 日，习近平总书记在同全国劳动模范代表座谈时指出，时代在发展，事业在创

新，工会工作也要发展，也要创新。2023 年 10 月 23 日，习近平总书记在同全国总工会新一届领导班子成员集体谈话时强调，要继续深化工会改革和建设，牢固树立大抓基层的鲜明导向，夯实基层基础，激发基层活力，不断增强基层工会的引领力、组织力、服务力。要健全已有的组织基础，扩大工会组织覆盖面。要创新工作方式，努力为职工群众提供精准、贴心的服务。2013 年 11 月 9 日至 12 日，党的十八届三中全会召开，审议通过《中共中央关于全面深化改革若干重大问题的决定》。2015 年 1 月，中共中央印发《关于加强和改进党的群团工作的意见》，对加强和改进党对群团组织的政治领导、思想领导、组织领导，发挥群团组织作用、推动群团组织改革创新提出了明确要求。2015 年 4 月 28 日，习近平总书记在庆祝"五一"国际劳动节暨表彰全国劳动模范和先进工作者大会上指出，要自觉运用改革精神谋划推进工会工作，创新组织体制、运行机制、活动方式、工作方法，推动工会工作再上新台阶。同年 7 月 6 日至 7 日，召开党的历史上第一次中央党的群团工作会议，为党的群团事业发展和群团改革创新开启了新的阶段。习近平总书记出席会议并发表重要讲话，从巩固党执政的阶级基础、群众基础的战略高度，从推进党和国家事业长远发展的全局高度，精辟阐述了做好新形势下党的群团工作的重大意义、方向目标和基本要求，深刻阐明了党的群团工作一系列重大理论和实践问题，强调工会、共青团、妇联等群团组织要增强自我革新的勇气，下大气力解决机关化、行政化、贵族化、娱乐化的突出问题，切实保持和增强政治性、先进性、群众性，努力开创新形势下党的群团工作新局面。

2015 年，党中央决定在全国总工会开展中央群团机关改革试点。7 月 23 日，中央全面深化改革领导小组办公室下发《关于在全国总工会开展中央群团机关改革试点的通知》。10 月 22 日，中共中央书记处召开办公会议，讨论并原则同意《全国总工会改革试点方案》。11 月 9 日，习近平总书记主持召开中央全面深化改革领导小组第十八次会议，审议通过了《全国总工会改革试点方案》。会议指出,推进党的群团改革,必须紧紧围绕保持和增强政治性、先进性、群众性这条主线,强化问题意识、改革意识,着力解决突出问题,把群团组织建设得更加充满活力、更加坚强有力。群团组织要坚定不移走中国特色社会主义群团发展道路,坚持党对群团工作的统一领导,把自觉接受党的领导、团结服务所联系群众、依法依章程开展工作有机统一起来,在思想上政治上行动上自觉地同党中央保持高度一致。要坚持为党分忧、为民谋利,从群众需要出发开展工作、深化改革,眼睛向下、面向基层,改革和改进机关机构设置、管理模式、运行机制,坚持力量配备、服务资源向基层倾斜。这次会议,进一步为推进全国总工会改革试点工作指明了方向、提供了遵循。

(二)改革试点的总体思路和主要举措

改革试点的指导思想是,深入贯彻习近平总书记系列重要讲话精神,特别是关于工人阶级和工会工作的重要论述,按照"四个全面"战略布局,贯彻落实中央党的群团工作会议重要部署,全面把握中国特色社会主义群团发展道路"六个坚持"的基本要求和"三统一"的基本特征,贯彻党的全心全意依靠工人阶级根本方针,站在巩固党执政的阶级基础和群众基础的政治高度,牢牢把握工运的时代主题,坚定不移走中国特色社会主义工会发展道路,勇于责任担当、勇于直面问题、勇于自我革新,最广泛地把职工群众组织动员起来,为实现"两个一百年"奋斗目标、实现中华民族伟大复兴的中国梦建功立业。

改革试点的目标要求是,紧紧围绕保持并增强工会工作和工会组织的政治性、先进性、群众性这条主线,强化问题意识、改革意识,克服机关化、行政化、贵族化、娱乐化现象,改革全国总工会机关的组织体制、管理模式、运行机制和活动方式,解决脱离职工群众的突出问题,把工会组织建设得更加充满活力、更加坚强有力,切实承担起引导职工群众听党话、跟党走的政治责任。

改革试点的基本原则是，坚持正确方向，坚持中国共产党的领导，坚定走中国特色社会主义道路，把党的领导、党的意志和主张、党对职工群众的关怀落实到工会工作中；突出问题导向，明确重点、突破难点，对症下药、标本兼治，坚持立行立改，切实解决问题；着力开拓创新，解放思想、更新观念，发扬民主、集思广益，提出具有针对性、前瞻性、突破性的思路和办法，破解制约工会工作创新发展的制度性障碍，为推动工会工作再上新台阶提供强劲动力。

改革试点工作立足全国总工会机关、着眼工会系统，本着应该改能够改、可复制可推广的要求，提出了7个方面27条任务，主要有：第一，改进工会领导机构人员构成和全国总工会机构设置，包括提高领导机构中职工代表的比例、整合优化机关职能和机构设置、实行全国总工会机关编制"减上补下"、改进机关干部管理方式等；第二，创新职工建功立业的载体和方式，包括做强工会工作品牌、充分发挥工人阶级在实现中国梦中的主力军作用、改善劳动模范评选宣传和管理服务、拓展职工职业技能培训、强化职工思想政治工作等；第三，完善维护职工权益制度和机制，包括突出维护职工基本权益、健全职工协商民主机制、构建以精准帮扶为重点的服务职工体系、提升农民工入会和服务工作、强化工会资产服务职工功能、探索建立工会服务职工满意度评价制度等；第四，着力做强基层、夯实基础，包括加强和改进基层工会组织建设，坚持工会经费使用进一步向基层倾斜，改进会员发展和会籍管理工作，健全改进作风、联系基层、服务职工制度，强化产业工会的职责作用等；第五，坚决维护职工队伍和工会组织团结统一，包括加强工会系统维护稳定工作、探索联系引导劳动关系领域社会组织机制等；第六，创建工会网上工作平台，包括打造全国工会系统服务职工网络载体、开展网上教育引导和舆论斗争等；第七，充分发挥全国总工会党组的领导核心作用，包括围绕党和国家工作大局开展工会工作、全面落实党建工作责任制、建立与省级党委协调推进工会工作制度、加强和改进工会理论研究工作等。

二、新时代工会改革和工会工作创新实践

改革试点工作结束后，全国总工会乘势而上、顺势而为，制定实施《深化工会改革创新实施方案》，推动工会改革创新向纵深发展、向基层延伸。

（一）《深化工会改革创新实施方案》制定出台的背景

2017年2月6日，习近平总书记主持召开中央全面深化改革领导小组第三十二次会议，充分肯定全国总工会改革试点工作取得明显成效，强调已经开展试点的群团和地方要继续在建机制、强功能、增实效上下功夫，巩固改革成果。8月22日，习近平总书记就群团工作和群团改革作出重要指示，强调要认真总结经验，继续统一思想、抓好落实，切实把党中央对群团工作和群团改革的各项要求落到实处；要推动各群团组织结合自身实际，紧紧围绕增强政治性、先进性、群众性，直面突出问题，采取有力措施，敢于攻坚克难，注重夯实群团工作基层基础，以改革推动群团组织提高工作和服务水平，努力开创党的群团工作新局面。这一重要指示，是对工会在内的群团组织的巨大鼓舞和有力鞭策，为不断深化工会改革创新注入了强大动力。8月26日，群团改革工作座谈会召开，对贯彻落实习近平总书记重要指示、深化群团改革提出明确要求。

党的十九大确定了决胜全面建成小康社会、开启全面建设社会主义现代化国家新征程的目标，强调要创新群众工作体制机制和方式方法，推动工会、共青团、妇联等群团组织增强政治性、先进性、群众性，发挥联系群众的桥梁纽带作用，组织动员广大人民群众坚定不移跟党走。2018年2月，党的十九届三中全会召开，审议通过《中共中央关于深化党和国家机构改革

的决定》（以下简称《决定》）和《深化党和国家机构改革方案》。《决定》指出，要深化群团组织改革，健全党委统一领导群团工作的制度，推动群团组织增强政治性、先进性、群众性，优化机构设置，完善管理模式，创新运行机制，坚持眼睛向下、面向基层，将力量配备、服务资源向基层倾斜，构建联系广泛、服务群众的群团工作体系，增强群团组织团结教育、维护权益、服务群众的功能，更好发挥群团组织作为党和政府联系人民群众的桥梁纽带作用。

（二）《深化工会改革创新实施方案》的总体要求和主要措施

为全面贯彻党的十九大和十九届三中全会精神，落实党中央关于深化群团改革的决策部署，2018 年 9 月 25 日，全国总工会制定印发《深化工会改革创新实施方案》。

深化工会改革创新的指导思想是，以习近平新时代中国特色社会主义思想为指导，紧紧围绕统筹推进"五位一体"总体布局和协调推进"四个全面"战略布局，牢固树立和贯彻落实新发展理念，推动落实党的全心全意依靠工人阶级根本方针，牢牢把握工人运动时代主题，坚定不移走中国特色社会主义工会发展道路，紧紧围绕保持和增强政治性、先进性、群众性这条主线，以更大力度、更实举措推进工会改革创新，在建机制、强功能、增实效上下功夫，构建联系广泛、服务职工的工会工作体系，把工会组织建设得更加充满活力、更加坚强有力，进一步夯实党执政的阶级基础和群众基础，在实现国家治理体系和治理能力现代化过程中更好发挥工会组织的重要作用。

《深化工会改革创新实施方案》提出 7 个方面 30 条具体举措，主要有：第一，加强党的全面领导，包括坚持自觉接受中国共产党的领导、充分发挥党组织的领导核心作用、加强工会系统党风廉政建设等；第二，深化领导机构改革，包括提高统筹协调能力、创新运行机制、强化工作督导、探索创新产业工会工作、强化资产监督管理、改进工会经费使用管理、争取更多资源手段等；第三，优化强化工会职能，包括加强职工思想政治引领、提高职工技术技能素质、健全完善工会维权机制、强化维护职工队伍稳定工作、积极参与协商民主建设、提升工会工作法治化水平等；第四，健全服务职工工作体系，包括拓展服务阵地建设、创新服务方式、突出服务重点等；第五，不断夯实工会基层基础，包括明确基层建设重点、创新建会方式、壮大基层工作力量、活跃基层工会工作等；第六，扎实推进网上工会建设，包括推进工会网上工作、加快建设网上工作平台、充实网上工作平台内容、改进网上宣传引导等；第七，建设高素质专业化干部队伍，包括创新工会干部选拔管理制度、提升工会干部专业素养能力、完善工会干部保护机制等。

三、《中国工运事业和工会工作"十四五"发展规划》

立足"十四五"时期我国进入新发展阶段，全国总工会研究制定《中国工运事业和工会工作"十四五"发展规划》，以全局观念和系统思维谋划工会改革创新，不断提高工会工作改革创新的综合效能。

（一）《中国工运事业和工会工作"十四五"发展规划》出台的背景

2018年10月29日，习近平总书记在同全国总工会新一届领导班子成员集体谈话时指出，要深入推进工会改革创新，构建联系广泛、服务职工的工会工作体系，在建机制、强功能、增实效上下功夫，在已有改革成效基础上不断深化，切实把党中央关于深化工会改革的决策部署落到实处。2020年10月，党的十九届五中全会召开，审议通过《中共中央关于制定国民经济和社会发展第十四个五年规划和二〇三五年远景目标的建议》，擘画了我国未来5年和15年发展的宏伟蓝图。同年11月24日，习近平总书记在全国劳动模范和先进工作者表彰大会上指出，工会要总结95年来的成绩和经验，健全联系广泛、服务职工的工会工作体系，努力提高工会的工作能力和水平。2021年1月7日，习近平总书记在听取中共中央书记处工作报告时指出，对群团改革要进行盘点、做好评估，在此基础上谋划好"十四五"时期群团改革，推动改革不断向基层延伸、取得更大成效。

全国总工会动员各方力量、汇集各方智慧，研究制定《中国工运事业和工会工作"十四五"发展规划》（以下简称《规划》），并于2021年7月印发。这既是党中央的要求，是时代的呼唤，也是职工群众和各级工会的热切期盼。

（二）《规划》的总体要求和主要举措

《规划》在认真总结党的十八大以来中国工运事业和工会工作取得的成就、深刻分析进入新发展阶段工会面临的新形势新任务新要求基础上，提出了"十四五"时期工会工作的指导思想：以习近平新时代中国特色社会主义思想为指导，全面贯彻党的十九大和十九届二中、三中、四中、五中全会精神，学习贯彻习近平总书记关于工人阶级和工会工作的重要论述，深刻领悟"两个确立"的决定性意义，增强"四个意识"、坚定"四个自信"、做到"两个维护"，围绕把握新发展阶段、贯彻新发展理念、构建新发展格局、推动高质量发展，坚持稳中求进工作总基调，牢牢把握为实现中华民族伟大复兴的中国梦而奋斗的工运时代主题，坚定不移走中国特色社会主义工会发展道路，以保持并增强工会组织和工会工作的政治性、先进性、群众性为主线，以产业工人队伍建设改革和工会改革为动力，以推动工会工作高质量发展为着力点，使职工的理想信念更加坚定，权益保障更加充分，劳动关系更加和谐，党执政的阶级基础和群众基础更加牢固，广大职工在全面建设社会主义现代化国家开好局、起好步中的主力军作用更加彰显。《规划》明确了坚持党的领导、坚持正确方向、坚持服务大局、坚持职工为本、坚持改革创新、坚持法治保障的基本原则。《规划》提出了今后5年的奋斗目标，主要包括工会理论武装得到新加强、职工思想引领取得新进展、职工建功立业展现新作为、维护职工权益取得新实效、服务职工水平实现新提升、工会组织建设呈现新活力等6个方面。

《规划》以保持并增强工会组织和工会工作的政治性、先进性、群众性作为主线来谋划，努力紧扣大局、突出重点、体现特色、务求实效，从9个方面谋划了未来5年的重点工作，主要有以下特色亮点。

一是突出思想政治引领的政治责任。坚持以习近平新时代中国特色社会主义思想武装职工，加强思想政治引领的制度性安排，团结引导广大职工听党话、感党恩、跟党走，夯实党执政的阶级基础和群众基础。

二是突出产业工人队伍建设改革。广泛深入持久开展"建功'十四五'、奋进新征程"劳动和技能竞赛，强化创新的核心地位，发挥群众性创新活动优势，弘扬劳模精神、劳动精神、工匠精神，引导广大职工为推动高质量发展贡献智慧和力量。

三是突出新就业形态劳动者入会和维权服务。以货车司机、网约车司机、快递员、外卖配送员等新就业形态劳动者为重点，推动制定与修改完善有关法律法规和政策制度，做到教育引导、建会入会、维权服务一体推进。

四是突出提升职工生活品质。将巩固拓展城市困难职工解困脱困成果同提升职工生活品质有效衔接，打造送温暖、劳动者户外服务站点等工会服务品牌，健全困难职工家庭常态化帮扶长效机制，大力开展普惠性服务工作。

五是突出构建和谐劳动关系。坚持维权和维稳相统一，健全劳动关系协商协调机制，落实"五个坚决"要求长效机制，切实维护劳动领域政治安全。

六是突出工会改革创新。坚持重心下移，夯实基层基础；加强新经济领域工会组织建设，扩大工会组织覆盖面；加快推进智慧工会建设，构建联系广泛、服务职工的工会工作体系。

此外，《规划》还从素质提升、精准服务、依法维权、组织建设等4个方面提出18个数据指标，对未来5年的工会工作作出了明确要求。

四、新时代工会改革和工会工作创新的成功经验

（一）以加强党的领导为统领，始终保持了工会工作的正确政治方向

坚持把自觉接受党对工会工作的领导作为最高政治原则和根本要求，深刻领悟"两个确立"的决定性意义，增强"四个意识"、坚定"四个自信"、做到"两个维护"，始终在思想上政治上行动上同以习近平同志为核心的党中央保持高度一致。健全落实自觉接受党的领导制度，把学习贯彻习近平新时代中国特色社会主义思想作为首要政治任务，完善党组（党委）会议"第一议题"、党组理论学习中心组学习、向党中央请示报告重大事项等制度，健全贯彻落实习近平总书记重要指示批示精神和党中央重大决策部署工作制度。深化对习近平总书记关于工人阶级和工会工作的重要论述的学习贯彻与研究阐释，两次内部编印《习近平关于工人阶级和工会工作论述摘编》，出版《深入学习贯彻习近平总书记关于工人阶级和工会工作的重要论述》，连续4年召开学习宣传贯彻习近平总书记关于工人阶级和工会工作的重要论述理论研讨会。提高工会系统党建工作质量，扎实开展5次党内集中学习教育，制定实施全面从严治党责任清单，开展"忠诚党的事业、竭诚服务职工"模范政治机关创建，有力推动基层党组织全面进步、全面过硬。持之以恒改进工作作风，扎实开展赴基层蹲点活动、"县级工会加强年"专项工作、"转作风、解难题、促发展、保稳定"专项行动。

（二）以改革机构设置为突破，显著增强了工会组织的广泛性、代表性、群众性

适应形势任务发展需要，突出工会组织特点，改革机构设置、优化机构职能，领导机关运行效能得到持续提高。工会领导机关精简人员编制，提高领导机构中劳动模范和一线职工代表的比例，全国总工会执委、主席团成员中劳动模范和一线职工的比例为20.1%；全国31个省级地方工会配备挂职、

兼职副主席 143 名，其中劳动模范和一线职工兼职副主席 65 名。优化机关组织职能，全国总工会机关将 6 个主要职能部门整合为 3 个，事业单位由 18 个减少到 13 个，开展机构编制执行情况和使用效益评估试点工作，做好中央群团改革以来全国总工会机关职责运行情况的梳理摸底工作。

（三）以思想政治引领为先导，团结引导广大职工坚定不移听党话、跟党走

坚决履行工会的政治责任，坚持用新时代党的创新理论武装职工，加强对职工的思想政治引领，筑牢亿万职工团结奋斗的思想基础。广泛开展"四史"宣传教育、"中国梦·劳动美"主题宣传教育活动，推动党的创新理论进企业、进车间、进班组。大力培育和弘扬社会主义核心价值观，开展全国职工职业道德建设评选表彰活动，广泛开展职工志愿服务。打造"工"字系列职工文化特色品牌，制定实施《关于加强新时代职工文化建设的指导意见》，举办职工艺术节、建设工运史馆和劳模公园（广场）等，持续打造健康文明、昂扬向上、全员参与的职工文化。

（四）以推进产业工人队伍建设改革为牵引，极大激发了亿万职工奋进新征程、建功新时代的智慧和力量

牢牢把握我国工人运动时代主题，创新职工建功立业的载体和方式，组织动员广大职工为完成党中央确定的目标任务而奋斗。履行牵头抓总职责，推动党中央、国务院及相关部门出台改革配套文件 100 多个，全国总工会出台相关文件 20 多个，31 个省区市均出台改革实施方案及配套政策文件，健全和落实 6 项机制，开展两批 25 家单位改革试点。广泛深入持久开展"凝心聚力决胜小康"行动、"践行新理念、建功'十三五'"主题劳动和技能竞赛、"建功'十四五'、奋进新征程"主题劳动和技能竞赛等。截至 2020 年底，全国年均开展竞赛活动的已建工会规模以上企业达 78.7 万家，参与职

工 8260.5 万人。

大力弘扬劳模精神、劳动精神、工匠精神，牵头做好劳动模范评选表彰工作，注重向基层一线、普通劳动者倾斜。2018 年以来，全国五一劳动奖章表彰中，产业工人的比例超过 40%；2020 年的全国劳动模范表彰中，一线工人和企业技术人员占比达 71.1%。成功举办两届大国工匠创新交流大会和大国工匠论坛，命名 297 家全国示范性劳模和工匠人才创新工作室，示范带动创建各级各类创新工作室 8.2 万余家，20 个一线产业工人创新项目获国家科学技术进步奖。

（五）以强化维权服务为重点，有效提升了职工群众的获得感、幸福感、安全感

坚持以职工为中心的工作导向，认真履行维护职工合法权益、竭诚服务职工群众的基本职责，推动解决职工群众的急难愁盼问题，促进职工群众共建共享改革发展成果。加强工会源头参与和法律服务工作，配合全国人大常委会完成工会法修改工作。持续开展全国工会就业创业服务系列活动：党的十八大以来，累计组织线上线下招聘会 9 万余场次，成功介绍就业 1000 万人次；培训超过 2000 万人次，培训后就业 600 万人。扎实推进城市困难职工解困脱困工作，截至 2020 年底，工会建档立卡的 549.87 万户困难职工家庭全部如期实现解困脱困，困难职工家庭可支配收入平均增长 19.6%。突出做好新就业形态劳动者维权服务工作，开展"工会进万家·新就业形态劳动者温暖行动"服务活动，推进"劳动者港湾""爱心驿站"等工会户外劳动者服务站点建设，探索多领域多行业、平台头部企业建立协商协调机制。

（六）以引领构建和防范化解为抓手，切实维护了职工队伍团结统一和社会和谐稳定

坚持一手抓引领构建、一手抓防范化解，从构建工作格局上着力，以建立健全机制推进，切实把"五个坚决"要求落到实处，守牢"五个不发生"①
目标底线。落实构建和谐劳动关系长效机制，完善协调劳动关系三方机制，
开展劳动争议多元化解试点工作，实施集体协商攻坚计划、"稳就业促发展
构和谐"行动计划，协商建制率持续动态保持在80%以上。深化和谐劳动关
系创建示范活动，构建全国31个省区市、145个城市直报点、2985家企业的
劳动关系发展态势监测网络，推行企业集团职工代表大会制度，制定职工代
表大会操作指引，规范以职工代表大会为基本形式的企业民主管理制度。在
总体国家安全观的指导下，加强维护劳动领域政治安全体制机制建设，发挥
部委协同机制和全国总工会平安中国建设协调机制的作用，建立运转维护劳
动领域政治安全10项机制和"1+1+N"工作推进机制，突出抓好风险防控
和排查化解工作，开展涉稳网络舆情监测，做到及时预警、稳慎处置。

（七）以夯实基层基础为导向，有力促进了工会组织建起来、转起来、
强起来

贯彻落实到基层、落实靠基层的理念，把资源和手段进一步向基层倾
斜，激发基层工会活力。加强建会入会工作，连续开展基层工会建设年、落
实年活动和"强基层、补短板、增活力"行动，开展农民工入会集中行动、
货车司机等八大群体入会工作和百人以上企业建会专项行动等，持续推动工
会组织向非公经济组织、社会组织等领域延伸，向新业态、新就业群体拓
展。开展新就业形态劳动者入会集中行动，推行"重点建、行业建、兜底建"
模式，推动新就业形态劳动者，特别是货车司机、网约车司机、快递员、外
卖配送员等群体入会实现突破。加强基层工会规范化建设，推进基层工会组
织和工会会员实名制管理，规范基层工会选举工作，完善会员（代表）大会、

---

① "五个不发生"，指不发生政治性事件、重大群体性事件、重大安全生产方面的事
故、特种刑事案件和特种重大治安案件、不实舆情炒作。

会员评家制度，将全国工会经费全部收入的95%留在地方和基层工会，全国总工会本级集中的5%中，70%以上用于补助下级工会支出。

新时代，在以习近平同志为核心的党中央坚强领导下，全国总工会和各级工会的改革决心越来越强、改革力度越来越大、改革举措越来越实。工会改革和工会工作创新从试点先行、全面铺开，到整体推进、纵深发展，再到系统集成、提质增效，取得了重要阶段性成果。

党的二十届三中全会审议通过的《中共中央关于进一步全面深化改革、推进中国式现代化的决定》要求，绘制了恢宏的改革发展蓝图，为工会改革指明了方向。工会要在新的起点上，推进工会理论创新、实践创新和制度创新，坚持"破"与"立"的辩证法，推动工会工作高质量发展。

第四节　面向新征程的工会改革和建设

党的二十大报告指出，深化工会、共青团、妇联等群团组织改革和建设，有效发挥桥梁纽带作用。工会改革和建设是工会工作永恒的主题，必须永葆自我革命的勇气和定力，紧紧围绕保持和增强政治性、先进性、群众性的目标方向，着眼构建联系广泛、服务职工的工会工作体系，以更大力度、更实举措持续深化工会改革和建设，为推动工会工作高质量发展注入强大动力，不断开创新时代新征程党的工运事业新局面。

一、面向新征程的工会改革和建设的指导思想

党的二十大首次把守正创新作为大会主题的重要内容，作为习近平新时代中国特色社会主义思想的世界观和方法论之一；强调深化工会、共青团、妇联等群团组织的改革和建设，有效发挥桥梁纽带作用。这是党中央始终从

赢得人民拥护、巩固长期执政地位的高度出发，对群团组织提出的更高要求，为新时代、新征程上党的工运事业和工会工作坚持守正创新、深化改革建设提供了重要遵循、注入了新的动力。新征程上，工会改革和建设要有新气象、新作为。

工会工作聚焦《中共中央关于进一步全面深化改革、推进中国式现代化的决定》《中共中央、国务院关于深化产业工人队伍建设改革的意见》《新时期产业工人队伍建设改革方案》的核心要义，形成以服务化、体系化、品牌化、创新化、数智化建设为关键，以落实"559"工作部署（即"5大工程"：职工群众思想政治引领建设工程、职工群众建功立业创新创造建设工程、产业工人队伍建设工程、典型标杆的选树培育和示范推广建设工程、工会数智化建设工程。"5大行动"：新就业形态劳动者维权服务三年行动、非公企业工会建设三年行动、"小三级"工会建设三年行动、职工群众急难愁盼问题解决"12351+"专项行动、涉工法律规定执行监督专项行动。"9个方面的工作"：大力加强职工思想政治引领，着力在政治性、广泛性、有效性上下功夫；广泛组织动员职工建功立业，着力在出实招、求实效、得实惠上下功夫；认真履行维权服务基本职责，着力在抓重点、解难题、送急需上下功夫；坚决维护劳动领域政治安全，着力在关口前移、预防化解、及时有效处置上下功夫；有力夯实工会工作基层基础，着力在推动基层工会"建起来""转起来""强起来"上下功夫；深入推进工会工作法治化，着力在落实落地、日常监督、智能服务上下功夫；加强工会和职工对外交流交往合作，着力在建平台、强合作、优宣传上下功夫；加快工会数智化建设步伐，着力在优服务、提效率、体系化上下功夫；提升工会系统党建质量，着力在讲政治、讲先进、讲纯洁上下功夫）① 为抓手，以更宽视野、更大力度、更实举

---

① 徐留平：《在全总十八届二次执委会议上的工作报告（2024年1月25日）》，中工网2024年2月3日。

措全面深化工会改革和建设的体系化改革布局，提升工会工作整体能力和水平。

（一）坚持以党的创新理论为科学指引

要坚持以习近平新时代中国特色社会主义思想为指导，全面学习、全面把握、全面落实党的二十大精神，深入学习贯彻习近平总书记关于全面深化改革特别是关于群团改革的重要论述，同习近平总书记关于工人阶级和工会工作的重要论述结合起来进行全面落实，深刻领悟"两个确立"的决定性意义，增强"四个意识"、坚定"四个自信"、做到"两个维护"，确保工会改革和建设始终沿着正确方向前进。要胸怀"两个大局"、牢记"国之大者"，把深化工会改革和建设放到党和国家工作大局、全面深化改革全局中去思考、去把握、去推进，更好发挥工会组织作用、体现工会工作价值，确保党中央重大决策部署在工会系统落地落实。

（二）聚焦保持和增强政治性、先进性、群众性的目标方向

深化工会改革和建设，必须把保持和增强政治性、先进性、群众性作为根本目标与长期任务来抓，做到凡是不符合"三性"的都要坚决地改、凡是能增强"三性"的都要坚决地做。

在保持和增强政治性方面。围绕政治性深化工会改革，就要坚持最高政治原则，完善理论学习常态化、贯彻落实习近平总书记重要指示批示、做到"两个维护"等方面的制度机制，把党的领导贯穿到工会工作全过程、各方面。要加强政治建设，完善工会系统全面从严治党各项制度机制，提高党的建设质量，不断增强工会组织的政治属性和政治功能。要履行政治责任，创新职工思想政治工作方式方法、增强针对性实效性，健全维护劳动领域政治安全长效机制，团结引领职工群众坚定不移听党话、矢志不渝跟党走，不断巩固党长期执政的阶级基础和群众基础。

在保持和增强先进性方面。围绕先进性深化工会改革，就要牢牢把握为实现中华民族伟大复兴的中国梦而奋斗的工运时代主题，组织动员亿万职工建功新征程、奋进新时代。要着眼壮大工人阶级队伍，完善坚持全心全意依靠工人阶级根本方针、保障工人阶级主人翁地位的制度安排，不断发展工人阶级的先进性。要着眼发挥工人阶级的主力军作用，完善开展劳动和技能竞赛，激发职工创新活力，弘扬劳模精神、劳动精神、工匠精神等方面的制度机制，组织动员亿万职工为推动高质量发展贡献智慧和力量。要提升职工的技术技能素质，健全构建职工技能形成体系、畅通技能人才职业发展通道、发挥企业主体作用等方面的制度机制，不断提升产业工人队伍建设改革实效。

在保持和增强群众性方面。围绕群众性深化工会改革，就要着力转变拓展职能，紧紧围绕有效发挥桥梁纽带作用，创新体制机制和方式方法，构建联系广泛、服务职工的工会工作体系，更好履行工会基本职责及各项职能，把工会组织建设得更加充满活力、更加坚强有力。要密切联系职工群众，健全工会领导机关干部常态化下基层、网上联系服务职工等方面的长效机制，推动工会组织工作上网、服务上网、活动上网，把互联网建成工会工作的坚强阵地，走好新时代党的群众路线。要着力扩大有效覆盖，大力推行"重点建、行业建、兜底建"模式，推动改革向基层延伸，完善"小三级"工会建设、夯实基层基础、激发基层工会活力等方面的制度机制，建立健全纵横交织、条块结合的组织体系，做到哪里有职工、哪里需要做工作，工会组织和工会工作就跟进到哪里，激发基层工会组织的生机活力。要认真履行维权服务基本职责，完善新就业形态劳动者权益保障、协调劳动关系、提升职工生活品质等方面的制度机制，不断增强广大职工的获得感、幸福感、安全感，在扎实推动职工共同富裕过程中发挥积极作用。

二、面向新征程的工会改革和建设的基本要求

（一）着力破解制约工会工作高质量发展的重点难点问题和薄弱环节

工会改革道路上仍面临着很多复杂的矛盾和问题。我们已经啃下了不少硬骨头，但还有许多硬骨头要啃；我们攻克了不少难关，但还有许多难关要攻克。比如，在基层工会改革方面还有差距，改革向纵深推进、向一线延伸不够；在产业工人队伍建设改革方面，存在企业推进改革主体作用发挥不够、"最后一公里"没打通的问题；在新就业形态劳动者维权服务和建会入会方面，劳动者对劳动报酬、平台规则制定、社会保险、职业安全等突出问题仍然反映强烈；在智慧工会建设方面，"互联网＋"工会普惠性服务的实效性有待增强，数据信息的互联互通还不到位。这就要求各级工会继续奔着问题去、盯着问题改，敢于攻坚克难、啃硬骨头，着眼增强改革的系统性、整体性、协同性，上下联动、整体推进，优化工作职能，聚焦主责主业，破解制约工会工作创新发展的制度性障碍，真正让工会工作在职工群众中看得到身影、听得到声音、发挥出作用。

（二）把推动工会改革和建设落地见成效摆在更加突出的位置

一是抓统筹协调。对内要在发挥全国总工会深化工会改革创新领导小组作用的同时，统筹好领导小组办公室成员单位与业务部门、全国总工会机关及各地工会等方面的关系，做到既各司其职、各负其责，又加强协作配合，形成工作合力。对外要注重与中央改革办、国家部委、其他群团组织等的工作协调，为工会改革营造良好环境。

二是抓调查研究。一方面，要加强对重大改革问题的调研，坚持眼睛向下、脚步向下，多听听基层一线声音，多接触第一手材料，了解基层一线和职工群众所思、所想、所盼，使工会改革举措更接地气。另一方面，要尊重基层首创精神，注意激发基层改革活力，下功夫发现基层的有益探索，及时

总结经验做法，为面上改革探索路子。

三是抓督查落实。要加大督查工作力度，扩点拓面、究根探底，做到既要听其言，也要观其行、查其果，对改革举措成效如何要刨根问底、掌握实情。

四是抓能力建设。要加强对各级工会干部推进改革情况的了解，加大改革实绩考核权重，形成鼓励改革、支持改革的正确用人导向，把那些想改革、谋改革、善改革的干部用起来，激励干部敢于担当、攻坚克难。

五是抓宣传引导。完善工会改革宣传引导机制，大力宣传工会改革和建设取得的新进展新成效，准确解读出台的改革政策举措，为推动深化工会改革和建设营造良好氛围。

面向新征程，要通过深化工会改革和建设，全面加强党对工会工作的领导，提升工会联系服务职工的能力，激发工会干部队伍的工作热情，加强工会组织的凝聚力战斗力，不断开创工运事业和工会工作的新气象新局面。

思考题

1. 如何正确理解改革创新是贯穿党领导下百年工人运动史的鲜明主线？

2. 如何正确理解中央党的群团工作会议对中国工会改革和工作创新的重大指导意义？

3. 如何正确理解保持并增强政治性、先进性、群众性这一深化工会改革和建设的目标方向？

参 考 文 献

全国总工会课题组：《深入学习贯彻习近平总书记关于工人阶级和

工会工作的重要论述》，中国工人出版社 2021 年版。

尉健行：《工会的基本职责》，中国工人出版社 2009 年版。

赵健杰：《创新：工会工作发展的不竭动力》，《工会信息》2013 年第 16 期。

赵健杰：《工会工作价值化：建构逻辑与创新》，《工会信息》2015 年第 13 期。

陈骙：《改革中的工会和工会的改革》，中国工人出版社 1999 年版。

陶志勇：《中国工会理论创新四十年：1978—2018》，中国工人出版社 2018 年版。

吴建平：《改革开放以来中国工会的制度变迁》，社会科学文献出版社 2021 年版。

中华全国总工会：《中国工运事业和工会工作"十四五"发展规划》，中国工人出版社 2021 年版。

冯永光：《中国工会改革的逻辑》，中国工人出版社 2022 年版。

全国工会干部培训基础教材编写委员会：《工会基础理论概论》，中国工人出版社 2023 年版。

第十一章　中国工会走向国际的对外交往与合作

教学基本要求

1. 认识国际工运新秩序提出的时代背景

2. 掌握中国工会参与国际工运新秩序建设的基本原则

3. 理解和掌握中国工会参与国际工运新秩序建设的基本途径

4. 坚持以习近平外交思想为指导，努力开创新时代工会外事工作新局面

国际工会运动是世界各国工人阶级通过自己的组织——工会，来争取、捍卫与发展自身权益的历史过程。长期以来，国际工运秩序一直由西方工会主导和控制，它们掌握着国际工运话语权。正因如此，推动建立政治上互信、经济上互利、文化上互鉴、和谐有序、公正合理的国际工运新秩序，成为各国工会特别是广大发展中国家工会的共同愿望和迫切要求。"国际工运新秩序"是针对第二次世界大战后国际工运存在的霸权行径，以及不合理、不公正的"旧"国际工运状况而提出来的。

中国工会是世界上规模最大、会员人数最多的工会组织。中国工会高举中国特色社会主义旗帜，坚定走中国特色社会主义工会发展道路。中国工会要扩大在国际工运中的作用及影响力，就要为国际工会、国际工运、国际

工人阶级事业及国际共产主义事业作出积极贡献。1990 年，世界工会联合会（World Federation of Trade Unions，以下简称"世界工联"或 WFTU）第十二次代表大会召开。中国工会以观察员身份出席了大会，并提出了建立国际工会运动新秩序的主张。1991 年，时任中华全国总工会主席倪志福在会见非洲工会统一组织（Organization of African Trade Union Unity，以下简称"非工统"或 OATUU）总书记松莫努时，正式宣布并进一步阐明了建立国际工运新秩序的主张，指出国际工运新秩序应建立在独立平等、互相尊重、互不干涉内部事务的原则上，主要内容包括：一是各国工会都有权根据本国国情和广大工人的愿望选择自己的发展模式并确定自己的政策，任何外国工会和国际工会组织都不应该进行干预；二是各国工会不论大小都有权平等参与讨论和协商解决国际工运重大事务，不能由少数几个大工会或者某个国际工会组织来垄断；三是各国工会应该相互尊重、求同存异、平等对待、互利合作，对正义的斗争团结声援。只有建立起这样的国际工运新秩序，世界工会运动才能够为解决全世界工人和工会面临的和平、发展、工人权益问题团结斗争，真正作出重大贡献。①

党的十八大以来，以习近平同志为核心的党中央深刻把握新时代中国和世界发展大势，着眼实现中华民族伟大复兴中国梦的战略全局和世界百年未有之大变局，积极推进外交理论和实践创新，形成了习近平外交思想，实现了中国外交理论的重大飞跃。中国工会是党领导的职工自愿结合的工人阶级群众组织。工会外事工作是党的对外工作的重要组成部分，也是中国工会整体工作的重要组成部分。中国工会走向国际的对外交往与合作，必须坚持以习近平外交思想为根本遵循和行动指南，紧紧围绕党和国家外交战略布局，充分发挥工会组织的民间外交优势，开创新时代工会外事工作新局面，为实

---

① 李玉赋主编：《新编工人运动史》（修订版）下卷，中国工人出版社 2020 年版，第794 页。

现中国式现代化发展战略目标，实现中华民族伟大复兴的中国梦、推动构建人类命运共同体、增进各国劳动者福祉，作出新的更大贡献。

第一节　中国工会提出参与国际工运新秩序建设

中国工会外事工作伴随着时代的前进步伐，开放务实、与时俱进地调整方针政策，在面对机遇和挑战的把握与应对中，以勇气及智慧在党和国家的总体外交方针指导下，积极推动中国工会走向国际，展现了工会外事工作的中国特色。国际工运新秩序的提出，有其历史必然性，也有着深刻的国际环境和国内时代背景。

一、国际背景

从国际政治方面来看，20世纪80年代末90年代初，东欧剧变和苏联解体，美苏两极格局已经瓦解，其他国际政治势力开始崛起，发展中国家参与国际新秩序建设的愿望越来越强烈，世界处于新旧格局的转换时期，这为建立新的国际经济政治秩序提供了可能。在国际工运方面，2006年，世界劳工联合会（World Confederation of Labor，以下简称"世界劳联"或WCL），与国际自由工会联合会（International Confederation of Free Trade Unions，以下简称"国际自由工联"或ICFTU），合并重组为国际工会联合会（International Trade Union Confederation，以下简称"国际工联"或"国际工会联盟"或ITUC），国际工会运动长达50多年的三大国际工会组织并存、两极对峙的格局终结，一些区域性工会组织如非工统、独联体国家工会总联合会（General Confederation of Trade Unions of the Commonwealth of Independent States，GCTU-CIS）等随着经济区域化的发展也开始逐步发挥作用，国际工运的各种力量处于分化和重新组合之中。由于中国工会坚持独立自主的立场以及对国际工运新秩序的不断推进，中国工会提出的建立国际工运新秩序的主张得到了越来越多国家工会的认同。

从国际经济方面来看，经济全球化的发展成为推动国际工运新秩序的不竭动力。美国学者 A. 麦格鲁认为："全球化是指超越构成现代世界体系的民族国家（包含着社会概念）的复杂多样的相互联系和结合。它确指一种过程，通过这一过程，在地球某一地方的事件、活动、决定，会给遥远的另一地方的个人、社群带来重大的影响。"① 全球化首先是经济的全球化，同时会给政治、文化和意识形态带来全方位的广泛而深刻的影响。20 世纪 80 年代以来，在信息技术革命浪潮的强烈冲击下，在和平与发展成为时代主题的国际大背景中，经济全球化已经成为世界经济发展的一个显著特征和重要趋势。一是国际贸易规模扩大，各国生产价值的实现已越来越离不开世界市场；二是国际金融市场活跃、交易猛增，成为全球经济网络的中枢神经系统；三是国际直接投资增加，流向发生变化，经济资源愈益趋于在全球范围内自由配置；四是跨国公司迅猛发展，并购浪潮涌起，在世界经济中的重要性和影响力日渐凸显；五是国际化生产不断发展，分工转向水平化，各国经济的依赖程度增强；六是国际经济组织的作用加强，贸易壁垒大幅度消除，对国际经济实行控制和协调的紧迫性增强。进入新世纪以来，虽然出现了中美贸易战、新冠疫情、俄乌冲突等对经济全球化发展有逆势影响的重大事件，但从长期来看，并不能逆转经济全球化的发展趋势。

经济全球化的发展对国际工会运动产生了深刻复杂的影响，反映在就业、工资、工会组织率、劳工权利、社会保障和职工技能等多个方面。外国工会普遍认为，经济全球化对劳工界的负面影响远远大于积极效果。仅就工会而言，经济全球化的影响主要表现在以下几个方面：一是工会的吸引力

---

① 转引自岳长龄：《西方全球化理论面面观》，《战略与管理》1995 年第 6 期。

和凝聚力下降，工人入会率逐步走低。比如2018年，美国工人的入会率是10.5%，比2017年下降了0.2个百分点。① 二是集体谈判出现分散化和基层化趋势，工会的基本权利受到削弱。集体谈判权是"工会的生命线"。西方一些国家限制全国、地区一级的集体谈判，有的企业甚至避开工会，不搞集体谈判，由工人个人自行同雇主谈判。工会权益和工人权利不同程度受到侵蚀，使工会的吸引力和凝聚力进一步受到削弱。② 三是工会的政治影响力不断减弱，工会对政府政策的影响力越来越小。四是发达国家工会与发展中国家工会之间的经济利益冲突加剧。发达国家工会认为，经济全球化使资本流向了发展中国家，严重影响了本国工人的就业和待遇。它们一方面谋求与发展中国家工会合作，另一方面通过国际组织向发展中国家政府和工会施加压力，力图通过在全球建立高水准的劳工标准来减弱或阻止本国资本流向发展中国家。③

西方著名社会学家哈贝马斯曾经说过："西方发达国家的工人阶级不问政治，择安避危，顾全自身，同时又力图通过激烈竞争谋求好的职业，保持家庭的舒适和安逸，已经失去革命性。"④ 在此情况下，各国工会组织正在积极调整对策，努力振兴工会，力争更好地维护工人利益并在社会生活的宏观领域发挥更加重要的作用。进入新世纪以来，国际劳工组织（International Labour Organization，ILO）作为联合国系统负责劳动和社会事务的专门机构，作为国际劳工的代言人，积极与世界贸易组织等国际组织合作，积极参与国际政治经济政策的制定和决策，促进世界对话，促进国际工运新秩序的形成与发展。

---

① 中华全国总工会国际联络部编：《国际工运动态（2018—2019）》，中国工人出版社2020年版，第340页。

② 夏晓梅：《经济全球化对国际工会运动的影响及其主要对策》，《中国工运》2000年第9期。

③ 朱斌：《经济全球化发展对世界工会运动的挑战》，《国际工运》2004年第4期。

④ 参见中共中央党校教务部编：《"五个当代"讲稿选编》，中共中央党校出版社2001年版，第167页。

　　一是国际工会有加强联合的趋势。资本已在全世界联合，工会也必须在全世界联合。历史经验证明，工会行动的统一，将大大有助于工会运动目标的实现。2006 年 10 月 31 日，原国际上最大的两家工会组织——国际自由工联和世界劳联同时宣布解散，成员并入新成立的国际工联。至此，国际工联宣告成立。国际工联代表坚信，政治机构的全球化以及商业和市场的全球化必然导致工会的全球化。国际工联的成员包括英国职工大会（UKTUC）、美国劳联—产联（AFL-CIO）、法国总工会（CGT）、德国工会联合会（DGB）等世界五大洲的工会组织。国际工联的总部设在比利时的布鲁塞尔。国际工联的成立，把代表着五大洲 155 个国家近 1.7 亿工人的各个工会团结在一起，标志着国际工会运动向团结方向迈出了重要一步。由国际工联（ITUC）、全球工会联合会（GUF）与经合组织工会咨询委员会（TUAC）组成的工会咨询委员会，正在与国际货币基金组织、世界银行、世界卫生组织和世界贸易组织等国际组织合作，着力解决全球化过程中的一些不公平问题。

　　国际工会联合趋势加强的另一个表现是区域性工会之间的对话与合作加强，采用的形式主要有论坛、研讨会、交流等。例如，欧洲工会联合会（European Trade Union Confederation，以下简称"欧工联"或 ETUC）同亚太区域的工人组织建立交流机制，几乎每次亚欧政府首脑会议前夕都举办亚欧劳工论坛进行交流，并将工会的声明直接递交亚欧政府首脑会议。从欧工联与上述地区工会举行的会晤、研讨会和论坛情况来看，对话合作的主要内容基本上是与会各方商议面临的共同问题，协调彼此立场，向相应政府首脑会议提出建议和主张，包括促进就业和消除贫困、强调社会公平正义、强调工会参与社会经济发展议程等。①

　　二是工会运动和其他社会运动的联合与共进。20 世纪末期，西方社会兴起了新社会运动，由此产生了社会运动式的工会主义（Social Movement

----

① 黄汝接：《经济全球化进程中工会地区间的对话与合作》，《工会博览》2007 年第 28 期。

Unionism，SMU）。社会运动式的工会主义特别强调"阶级政治"与"身份政治"融合。与新社会运动的理论一样，社会运动式的工会主义认为，劳工运动只有认可工人在阶级立场以外的多元化的利益与身份，并与其他民主性的社会运动"相互合作"或"相互融合"，才能最大限度地发挥其改造社会的潜能。①

三是新就业形态下的新工人运动正在形成。根据国际劳工组织的研究成果，2014 年的全球劳动力中，有一半的人——大约 25 亿人在非正规经济中就业。在南亚地区，85% 以上的劳动力在农业部门之外的非正规经济中就业；在拉美和加勒比海地区，51% 的劳动力在非正规经济中就业；在中东和北非，相应的数字为 45%。国际劳工组织的统计数据显示，非正规经济不仅存在于发展中国家，在发达国家和地区也比较普遍。2013 年，欧盟 27 国中，非正规经济在其国内生产总值中的比重高达 18.4%；在澳大利亚、加拿大、日本、新西兰和美国，对应的平均数字为 8.6%。② 国际劳工组织认为，宏观经济与社会政策不当、无效、误导和执行力缺乏，在发展过程中缺少劳动三方咨商、缺少可操作的法律和制度框架、缺少良好有效的法律政策与好的治理模式，是造成非正规经济与非正规就业膨胀的根本原因。

非正规就业的一个典型现象就是劳动力平台的兴起。该平台满足了工人自治和自由的需求，消解了工人的集体意志，使工人组织碎片化，影响了工人集体行动的构建和发展，也制造了持续的矛盾和紧张。非正规就业占主导地位以及包括劳动力平台在内的多种雇佣关系，使组织有效的劳工运动的可能性受到质疑，也使很多人质疑非正规经济部门的工人能够组织起来并且有对抗资本的行动能力。

---

① 余晓敏：《经济全球化背景下的劳工运动：现象、问题与理论》，《社会学研究》2006 年第 3 期。

② 中华全国总工会国际联络部编：《国际工运动态（2016—2017）》，中国工人出版社 2020 年版，第 27 页。

在《共产党宣言》中，马克思和恩格斯不仅呼吁世界工人团结起来，也对资本主义的轨迹作出了非常有先见之明的描述："不断扩大产品销路的需要，驱使资产阶级奔走于全球各地。它必须到处落户，到处开发，到处建立联系。资产阶级，由于开拓了世界市场，使一切国家的生产和消费都成为世界性的了……它迫使一切民族——如果它们不想灭亡的话——采用资产阶级的生产方式……一句话，它按照自己的面貌为自己创造出一个世界。"① 实际上，在 21 世纪的今天，互联网信息技术的发展不仅使建立劳动生产的跨国组织更为容易，也使劳工的跨国团结成为可能，且更加便捷。传统的集成装配线变得越来越碎片化，并不意味着装配线本身已经消失了，也不意味着生产规模更小。相反，这意味着生产正在以更大的规模进行。大规模生产不是用工厂地板面积的大小来衡量的，而是用资本投资的规模和生产规模来衡量的。借助语言翻译软件、电子公告板、基于电子邮件的讨论、全球在线视频会议等形式，跨国工会和工人的交流和组织成为可能。国际网络工会(Union Network International，UNI)副书记克里斯蒂·霍夫曼认为，在经济全球化和新技术革命背景下，各国工会面临着许多共同的问题和挑战。工会只有像资本一样，跨越国界团结起来，才能有效保护工人的权利。国际网络工会成立的初衷就是通过建立全球联盟壮大工会力量，"以工会运动的全球化应对资本的全球化"②。随着资本在全球范围内的行动，工会必须在全球范围内同时行动。如果说现在资本主义比以往任何时候都更具全球化，那么，它所创造的工人阶级也是如此，工人阶级的国际主义也将逐渐到来，新的工人运动正在形成。

---

① 《马克思恩格斯选集》第 1 卷，人民出版社 2012 年版，第 404 页。

② 中华全国总工会国际联络部编：《国际工运动态（2016—2017）》，中国工人出版社 2020 年版，第 52 页。

二、国内背景

从国内来看，进入新世纪以来，中国的改革开放不断深入，其综合国力快速提升，国际影响力也不断提高。自 2001 年加入世贸组织以来，中国经济发展迅速。2009 年，中国成为世界第一大出口国；2010 年，中国成为世界第一制造业大国；同年，中国的国内生产总值超越日本，成为世界第二大经济体；2013 年，中国首次超过美国，跃居全球第一大货物贸易国。迄今，中国已连续 15 年保持全球第一大货物贸易出口国和第二大贸易进口国地位。中国在全球经贸中所占的份额越来越大。如果用传统的国内生产总值衡量标准——市场汇率来计算，中国经济占美国经济的比重已经从 2000 年的 10%上升到 2021 年的 78%；用购买力平价（Purchasing Power Parity，PPP）来衡量，中国的购买力平价水平比美国高了 15%。2020 年《财富》杂志发布了世界 500 强企业排名；其中，中国企业数量为 124 家，美国企业数量是 121 家。这是中国企业在世界 500 强企业中的总数首次超过美国。①

从世界经济格局来看，中国已经成为全球经济增长的重要引擎之一。由 2008 年的全球经济大衰退开始，世界国内生产总值增长的三分之一都是由中国创造的。在第二次世界大战结束之后的 10 年间，美国的国内生产总值占世界的一半。从这种主导地位出发，美国率先创建了战后的全球经济秩序。但到 1991 年冷战结束时，美国在全球国内生产总值中的份额已缩水到五分之一，到现在则只有六分之一了。今天，中国已经超过美国，成为几乎所有主要国家的最大贸易伙伴。到 2018 年，130 个国家与中国的贸易额超过了它们与美国的贸易额，其中三分之二以上的国家与中国

---

① 哈佛大学肯尼迪政府学院：《巨大的经济竞争：中国与美国》，见 http://www.kun-lunce.com/ssjj/guojipinglun/2022-04-05/160195.html。

的贸易额是其与美国贸易额的两倍。① 经济建设的成就使中国一跃而成为世界第二大经济体和亚洲第一大经济体，中国人民正在逐步实现从"站起来"到"富起来"再到"强起来"的伟大历史性跨越，中国的经济崛起对世界政治经济秩序产生了重大影响。

在政治上，中国是联合国安理会常任事国。随着国家实力上升以及在国际事务中参与程度的提高，中国在国际事务中所起的作用越来越大。中国对全球治理的参与和塑造正在经历两方面转变。一方面，全球化已成为中国推进国家治理现代化的基本时代背景，带来了一系列新的挑战和机遇。中国国内治理同跨国及全球治理的关系日益紧密，需要创新工作机制和拓展工作方式，提升外交外事服务国家治理的能力。另一方面，中国对国际事务的影响不断扩大，主动塑造环境的诉求与能力有所增强，参与并引领全球治理的能力和积极性大为提升。中国通过参与全球治理推进国家治理，通过倡导国际合作、塑造国际规则引领全球治理机制向符合自身改革与发展需要的方向发展，配合推进国家治理现代化进程。

中国的发展引起了以美国为首的西方主要发达资本主义国家的高度警觉，它们声称中国挑战了现在的国际秩序，"破坏"了现有的国际规则（美国主导制定的），因此，美国主动挑起了针对中国的贸易战、科技战，鼓励"台独"分裂势力，并对中国进行全面围堵，试图阻挠中国发展，打断中华民族伟大复兴的进程。2022 年 6 月 29 日，以美国为首的北约峰会在西班牙首都马德里召开。会议通过了所谓的战略概念文件——《北约 2022战略概念》，把俄罗斯定为北约的"最大且直接的威胁"，中国则是首次被列入该文件，也是首次被认为"挑战北约的安全、利益和价值观"，"对欧洲—大西洋构成系统性挑战"。"中俄间不断深化的合作"，则被描述成企

---

① 哈佛大学肯尼迪政府学院：《巨大的经济竞争：中国与美国》，见 http://www.kun-lunce.com/ssjj/guojipinglun/2022-04-05/160195.html。

图"破坏以规则为基础的国际秩序，与我们的价值观和利益背道而驰。"①这实际上从反面证实，中国已经成为国际活动的重要参与者，也是国际舞台的重要力量之一。

在这样的现实背景下，如何加强同国际工会的交流与合作，推进国际工运新秩序建设，增强在国际劳工事务中的话语权，在国际工运中树立起与中国经济社会发展总体水平相协调的中国工会形象，成为中国工会面临的时代课题。正是基于这样的责任感和使命感，2018 年 10 月召开的中国工会十七大报告指出，高举和平、发展、合作、工人权益的旗帜，围绕国家总体外交战略和"一带一路"建设，加强工会和职工对外交流交往，讲好中国故事、中国工人阶级故事、中国工会故事，巩固和扩大中国工会在国际工运领域的话语权、影响力，为推动构建人类命运共同体作贡献。②按照这一指导方针，中国工会在国际工作中始终坚持以党的外交思想为指导，紧紧围绕国家各阶段的工作大局和工作重点，高举和平、发展、合作和工人权益的旗帜，发挥人民外交的优势，积极发展同世界各国工会的友好合作关系，不断扩大中国工会在国际工人运动中的影响和作用，竭力推进国际工运新秩序的形成和发展。党的二十大明确指出：中国坚持经济全球化正确方向，共同营造有利于发展的国际环境，共同培育全球发展新动能。中国积极参与全球治理体系改革和建设，坚持真正的多边主义，推进国际关系民主化，推动全球治理朝着更加公正合理的方向发展。中国工会按照党的二十大精神积极参与国际工运新秩序建设，中国工会的国际影响力、感召力、塑造力将会不断提升。

---

① 《北约时隔 12 年公布新战略概念，首次声称中国构成系统性挑战》，见 http://k.sina.com.cn/article_1887344341_707e96d502001a417.html。

② 《中国工会十七大报告全文》，见 https://www.sohu.com/a/276128003_769346。

第二节 中国工会参与国际工运新秩序建设的基本原则

截至目前，中国工会已与世界上 150 多个国家、400 多个工会组织建立了友好关系。2024 年 6 月，中国工会代表连续第 5 次成功当选国际劳工组织理事会工人正理事。党的十八大以来，中国工会始终以服务国家总体外交战略为己任，围绕推动建设相互尊重、公平正义、合作共赢的国际工运新秩序，以构建人类命运共同体，服务国家总体外交战略，高举和平、发展、合作、工人权益旗帜等为基本原则，积极发展同各国工会组织、国际工会组织和区域性工会组织的关系，为构建国际工运新秩序发挥积极作用。中国工会十八大报告中，也明确指出："积极开展工会双边多边国际交流。加强同各国工会组织、区域和国际工会组织的交流合作，厚植构建人类命运共同体理念，增进同各国工人阶级的友谊。参与全球劳工治理和工会南南合作，增强发展中国家工会在国际劳工事务中的代表性和发言权。"①

一、积极推进人类命运共同体建设

19 世纪 40 年代，马克思、恩格斯在《德意志意识形态》中提出了"历史向世界历史的转变"这一伟大命题。他们描述的这一历史进程是："各民族的原始封闭状态由于日益完善的生产方式、交往以及因交往而自然形成的不同民族之间的分工消灭得越是彻底，历史也就越是成为世界历史。"② 在这一历史进程中，世界面临着百年未有之大变局，政治多极化、经济全球化、文化多样化和社会信息化潮流不可逆转，各国间的联系和依存日益加

---

① 王东明：《在中国工会第十八次全国代表大会上的报告》，《工人日报》2023 年 10 月 14 日。

② 《马克思恩格斯选集》第 1 卷，人民出版社 2012 年版，第 168 页。

深，国际社会日益成为一个你中有我、我中有你的"命运共同体"。面对世界经济的复杂形势和全球性问题，任何国家都不可能独善其身。突如其来的新冠疫情席卷全球，给人类带来前所未有的挑战。这也让人类进一步认识到构建人类命运共同体的必要性和紧迫性。

人类命运共同体，顾名思义，就是每个民族、每个国家的前途命运都紧紧联系在一起，必须风雨共舟、荣辱与共，才能把人类生于斯、长于斯的这个星球建设成一个和睦的大家庭，把世界各国人民对美好生活的向往变成现实。"人类命运共同体"是中国政府反复强调的关于人类社会的新理念。2011 年发布的《中国的和平发展》白皮书提出，要以"命运共同体"的新视角，寻求人类的共同利益和共同价值的新内涵。党的十八大以来，以习近平同志为核心的党中央科学把握时代趋势和国际大势，统筹国内国际两个大局，作出推动构建人类命运共同体、推进"一带一路"建设等重大决策，体现了中国政府对人类命运的责任意识以及维护世界和平、促进共同发展的使命担当。党的二十大报告再次明确强调：中国始终坚持维护世界和平、促进共同发展的外交政策宗旨，致力于推动构建人类命运共同体。这深刻表明党和政府对构建人类命运共同体的决心与信心。

中国工会倡导将构建人类命运共同体的理念写入国际劳工大会决议，为国际劳工领域实现互利共赢、推动全球劳工治理健康发展、促进国际工运新秩序建设提供了中国智慧和中国方案，展现了中国工会的世界情怀和大国工会担当，得到国际劳工组织成员国政府、工会和雇主组织三方的共同支持。2018 年 6 月 8 日，第 107 届国际劳工大会以协商一致的方式通过"促进有效的发展合作，实现可持续发展目标"的决议。该决议呼吁各成员国共同努力，促进有效的发展合作，构建人类命运共同体；并强调各成员国要承担共同责任，构建伙伴关系，促进互利共赢的南南合作，实现联合国 2030 年可持续发展目标。特别是新冠疫情发生以来，中国工会积极与有关国家和国际、区域工会组织加强沟通，宣传中国政府立场和抗疫取得的成就，积极回应友好工会组织对我国抗疫举措的声援和支持，驳斥各种将疫情政治化、病毒标签化的错误言论，共建人类命运共同体。中国工会积极参与组织或参加国际劳工组织、二十国集团国家工会、金砖国家工会围绕"疫情对劳动世界的影响与工会作用"等主题召开的国际会议，举办中国—非工统、中日等多个区域和国家工会组织间的视频会议，分享疫情信息，交流抗疫经验，讲好中国抗疫故事，倡导国际劳工界携手推进抗疫国际合作。面对非工统、奥地利、柬埔寨等区域和国家工会组织提出的援助请求，中国工会克服国内抗疫物资紧张的困难，及时提供力所能及的帮助，体现了中国工会在人类命运共同体建设中的担当作为。①

二、服务于国家总体外交战略

工会外事工作是国家总体外交的重要组成部分，更是工会工作的重要组成部分，是工会全部工作在对外交往领域的延伸和展开。在经济全球化深入发展和我国对外开放不断深化的新形势下做好工会外事工作，对于中国工会更好地服务党和国家工作大局、丰富和拓展中国特色社会主义工会发展道路、扩大中国工会在国际工运中的影响力，具有重要意义。2015 年 4 月 28 日，习近平总书记在庆祝"五一"国际劳动节暨表彰全国劳动模范和先进工作者大会上的讲话中指出，工会"要发挥民间外交优势，增进我国工人阶级同各国工人阶级的友谊，发展同各国工会组织、国际和区域工会组织的关系，为维护世界和平、促进共同发展作出新的更大贡献"。② 中国坚定奉行独立自主的和平外交政策，始终根据事情本身的是非曲直决定自己的立场和政策，维护国际关系基本准则，维护国际公平正义，坚决反对一切形式的霸

---

① 陈刚：《深入学习贯彻习近平外交思想，推动新时代中国工会外事工作创新发展》，《当代世界》2021 年第 10 期。

② 习近平：《论坚持人民当家作主》，中央文献出版社 2021 年版，第 126 页。

权主义和强权政治，反对冷战思维，反对干涉别国内政，反对搞双重标准。中国永远不称霸，永远不搞扩张。在2022年10月召开的中国共产党第二十次全国代表大会上，习近平总书记再次重申："中国坚持在和平共处五项原则基础上同各国发展友好合作，推动构建新型国际关系，深化拓展平等、开放、合作的全球伙伴关系，致力于扩大同各国利益的汇合点。秉持真实亲诚理念和正确义利观加强同发展中国家团结合作，维护发展中国家共同利益。"① 构建人类命运共同体事业的历史责任，为新时代中国工会加强对外交往与合作指明了方向。

中国工会是世界上最大的工会组织。扩大中国工会在国际工运中的作用和影响、推动国际工运新秩序建设，就是要结交更多的朋友，为国际工会运动的发展作出应有的贡献；就是要争取世界上更多的工会与工人对中国改革开放和现代化建设的理解及支持，扩大中国工会在国际工运中的话语权和影响力，为中国经济社会建设争取有利的国际环境；就是要通过发展同外国工会、国际工会组织及区域性工会组织的交流与合作，促进国际工运新秩序的形成。

三、坚持独立自主、互相尊重、求同存异、加强合作、增进友谊的方针

1971年10月，中华人民共和国恢复了在联合国的合法席位，中国的国际影响逐渐扩大，中国工会在国际活动的空间也逐步打开。中国工会遵循中国政府对外方针政策，结合国际工运和中国工会国际工作的实际，在总结历史经验的基础上，逐步形成了一套比较完整的中国工会对外政策。1985年在庆祝中华全国总工会成立60周年和"五一"国际劳动节的大会上，中国

---

① 《习近平著作选读》第一卷，人民出版社2023年版，第50页。

工会领导人郑重向全世界宣布：中国工会在国际事务中奉行独立自主、广泛联系的方针，主张超越意识形态差异和所属国际工会组织的不同，在独立平等、互相尊重、互不干涉内部事务原则基础上同各国工会建立和发展友好关系。①

实践中，中国工会也切实贯彻独立自主、互相尊重、求同存异、加强合作、增进友谊的方针，超越各国工会模式的不同，撇开意识形态的分歧，寻求双方的共同点。中国工会积极通过各种方式，比如考察、培训、经济与技术问题交流等，与各国工会平等合作，推动了与各国工会友好关系的发展。在此方针指导下，中国工会积极发挥民间外交的优势，改善了与一些国际工会组织以及欧洲主要资本主义国家工会的关系。

四、高举和平、发展、合作、工人权益的旗帜

和平、发展是当今世界的主题。在和平与发展的时代主题下，无论是发展中国家还是发达国家，尽管各自谋求和平与发展的出发点不尽相同，但出于自身阶级和民族利益的考虑，都希望在和平的国际环境中谋求经济发展，这越来越成为世界各国人民的共识。合作是维护世界和平、促进共同发展的主要途径，工人权益是各国工会追求的共同目标。和平、发展密切关系着工人的权益和生活。只有和平稳定的环境和持续的经济发展，才能为改善工人生活和工人权益创造有利条件；也只有更好地维护工人权益才能激发工人的积极性，为推进世界和平与经济发展作出最大可能的贡献。和平、发展、合作、工人权益是全世界工人普遍关心的重大问题，也是国际工会运动面临的紧迫问题。国际劳工组织全球委员会在 2019 年提出的《世界社会保障报告》

---

① 李玉赋主编：《新编工人运动史》（修订版）下卷，中国工人出版社 2020 年版，第787 页。

对工人权益保障有更直接的涉及：所有工人，无论其合同安排或就业状况如何，都应享有基本的权利、足够的生活工资、最高限制的工作时间并保护工作中的安全和健康。集体协议或法律法规可以提高这一保护底线。该报告还允许将工作中的安全和健康视为工作中的一项基本原则与权利。

求和平、谋发展、促合作既是时代潮流，又符合中国国家利益和职工利益。维护和平，重视发展、合作及工人权益，也是中国工会的历来主张。早在1986年的"国际和平年"期间，中国工会邀请了亚非拉和欧洲的工会代表前来参加纪念活动，举办了"工会与和平"国际座谈会，以及以"和平"为主题的工人业余文艺演出和工人摄影美术和书法展览等一系列活动。中国工会高举和平、发展、合作、工人权益的旗帜，不断增进与各国工会的互利互助，树立中国工会开放务实、与时俱进的新形象，赢得世界上更多工会组织的理解和支持。

第三节　中国工会参与国际工运新秩序建设的基本途径

一、积极参与国际劳工组织活动及国际劳工规则的制定

国际劳工组织成立于1919年6月，1946年成为联合国下属的一个专门处理劳工事务的机构，在研究和处理国际劳工事务方面具有重要作用。中国是国际劳工组织的创建国之一。1971年10月中国在联合国的合法席位恢复后，相应地恢复了在国际劳工组织中的合法权利，但由于当时中国处于"文化大革命"中，中国工会未能及时参与国际劳工组织的活动。直到1983年6月，国际劳工组织举行第69届国际劳工大会时，中国才首次派遣代表出席。从此，中国恢复了在国际劳工组织中的活动。中国恢复在国际劳工组织中的活动是国际工人运动的一件大事，对于促进国际劳工组织的工作和中国工

会与各大国际工会组织的联系都具有重要的意义。在 1984 年第 70 届国际劳工大会上，中国工会代表参加了竞选工人副理事活动并成功当选。此后 1987 年、2002 年、2008 年，中国工会代表先后三次成功当选国际劳工组织理事会工人副理事，重返国际劳工组织决策机构。中国工会一直主张，为了更好地发挥国际劳工组织的作用，国际劳工组织各机构包括理事会应充分体现普遍性和代表性原则，既应包括不同社会制度国家和不同政治倾向的工会组织的代表，也应包括不同地区处于不同发展水平和发展阶段国家的工会组织的代表，以便在讨论国际劳工和国际工会运动问题时广泛听取各方意见，更好地动员各国工会、各个国际工会组织积极参与解决国际工运面临的共同问题，从而推动国际工运新秩序不断发展。中国工会积极参与国际经济和社会发展战略及政策的制定，参与劳动立法和执法的监督，参与国际劳工组织的各类会议和活动包括技术合作项目等，在涉及工会工人权益如就业、改善工作和生活条件等重大问题上，坚定地同发展中国家工会站在一起。

2011 年在瑞士日内瓦举行的第 100 届国际劳工大会上，中国工会代表、中华全国总工会书记处书记江广平以 99 票的高票数，成功当选国际劳工组织理事会工人正理事。这是自 1983 年中国恢复在国际劳工组织的活动以来，中国工会代表首次当选工人正理事；也是中国工会 28 年来首次竞选工人正理事并一举取得成功，展示了中国工会的国际新形象。[①]2017 年 6 月 4 日，第 106 届国际劳工大会在瑞士日内瓦召开，来自 169 个国际劳工组织成员国的三方代表及国际组织、国际非政府组织代表共计 4941 人出席了本届大会。在本届国际劳工组织理事会换届选举中，经过工人组 128 名代表投票，江广平以票数第一成功连任国际劳工组织的 2017—2020 届理事会工人正理事。

---

① 李玉赋主编：《新编工人运动史》（修订版）下卷，中国工人出版社 2020 年版，第 804 页。

这是继 2011 年中国工会代表首次当选工人正理事后第二次成功连任，进一步巩固了中国工会在国际劳工组织理事会的地位。①2021 年 6 月，在第 109 届国际劳工大会上，江广平再次当选国际劳工组织理事会工人正理事。2024 年 6 月 11 日，在日内瓦举行的第 112 届国际劳工大会选举产生国际劳工组织理事会，中国工会代表，中华全国总工会副主席、书记处书记魏地春成功当选国际劳工组织理事会工人正理事。中国工会代表在国际劳工组织理事会会议上积极参与国际劳工组织机构发展政策及国际劳工标准制定等重要议题的讨论，同时积极宣介习近平新时代中国特色社会主义思想、"一带一路"倡议、人类命运共同体理念以及中国特色社会主义工会发展道路。中国发展模式以及中国特色社会主义工会发展道路，正在被国际上越来越多的工会组织了解和认可。

二、积极推进同共建"一带一路"国家工会的交流与合作

"一带一路"倡议由习近平总书记于 2013 年 9 月首次提出，这一伟大战略构想覆盖了全球 60% 以上的人口，产出在世界经济国内生产总值的占比为 33%，所有的参与国都将从中获益。在"一带一路"建设中，中国工会通过多层次、宽领域、多渠道的交流与合作活动，同共建"一带一路"国家工会组织的交流与合作逐步深入，促进了这些国家及其工会组织的发展。近年来，中国工会积极运用双边交流，宣传"一带一路"倡议。比如，先后与东盟工会理事会、南亚工会理事会、阿拉伯工联以及老挝、越南、苏丹等国家的工会组织共同开展专题研讨和干部培训，设立专题讲座宣介"一带一路"倡议给各国劳动者在就业、技能提升和生活质量等方面带来的机会与前

---

① 中华全国总工会国际联络部编：《国际工运动态（2016—2017）》，中国工人出版社 2020 年版，第 13 页。

景。① 从 2013 年开始，中国工会先后组织了"全国总工会—非工统加强工会干部能力建设项目（2013）"、"'一带一路'构想与工会能力建设"世界工联青年干部培训班（2015）、"中非命运共同体和工会作用"非洲工会领导人培训班（2017）、"工会助力中非命运共同体建设"苏丹工会干部培训班等，并加强与俄罗斯、白俄罗斯、伊朗、老挝、尼泊尔、吉尔吉斯斯坦等共建"一带一路"国家工会的互访交流，与哈萨克斯坦工会签订中哈工会合作备忘录，与柬埔寨民间社会组织联盟论坛签署中柬职工交流合作备忘录，与非工统签署新阶段框架性合作协议，等等。

此外，中国工会还专门设立"一带一路"人文交流项目。自 2016 年起，中国工会主办了中巴青年职工"互学互鉴"研讨营、中赞经贸合作区"劳动美"班组长友好交流营，以及中哈"促进产能合作、推动技能发展"专家交流团。2017 年春夏之交，"一带一路"国际合作高峰论坛在北京召开，中华全国总工会也借此组织了工会之间的交流活动。4 月 17 日至 18 日，来自共建"一带一路"21 个国家的工会组织及国际和区域工会组织的代表齐聚北京，参加"经济增长·充分就业·体面劳动——丝绸之路沿线劳动者的呼声"国际研讨会。这次国际研讨会形成了成果文件《北京倡议》，并通过"一带一路"国际合作高峰论坛传递工会的呼声。4 月 20 日，中国—非洲工会领导人研讨会召开，非工统和非洲国家工会的 30 余位领导人围绕"中非命运共同体"、"一带一路"建设等话题交换意见。与会者一致认为，工会应充分把握"一带一路"建设带来的历史机遇，加强交流与合作，让各国劳动者真正从"一带一路"建设中获益。在人文交流活动中，近年来具有典型意义的是 2017 年 11 月 10 日在河北廊坊举办的上合组织国家职工技能大赛，这是中国工会首次举办国际性的职工技能大赛，旨在对接上合组织国家产业调整和经济发

---

① 郑莉：《中国工会积极参与"一带一路"建设》，见 http://acftu.workercn.cn/38/201705/12/170512072111662.shtml。

展需求，加强上合组织国家职工的专业交流，提升上合组织国家职工技能水平，展示中国产业工人形象，增进友谊、深化合作。①

三、积极扩大同国际工会组织的合作与交流

第二次世界大战后，国际工会组织经过联合、分裂、重新组合，形成了世界工联、国际自由工联和世界劳联三大国际工会组织，对国际工运新秩序有重大影响。这三大国际工会组织在联合国下属的专门机构——国际劳工组织中都享有咨询地位，其主要负责人每年都率团参加国际劳工大会。它们都同意在国际劳工组织范围内开展对话，在某些问题上进行磋商与合作，但它们之间也有很大分歧，且难以消除。

世界工联原是以社会主义国家和共产党影响下的国家工会为主体的国际工会组织，在发展中国家有一定的群众基础。中国工会曾是世界工联创始者之一。1949 年 6 月，在世界工联二大上，刘少奇被选为副主席和执行委员会委员，刘宁一被选为候补执行委员，朱学范和刘长胜被选为理事会理事。此后，中国工会积极参加世界工联的各项活动。因多种原因，从 1966 年 12 月起，中华全国总工会停止参加世界工联的活动，但保留会员身份。1990 年 11 月，世界工联十二大后，不再将中华全国总工会列入其会员名单，但是中国工会以观察员身份参加世界工联的活动。2019 年 1 月，中华全国总工会与世界工联在北京等地联合开展工会干部培训项目，并且举办了"一带一路"倡议与工会工作会议。2020 年 5 月，针对美国某些政客在新冠疫情方面对中国的抹黑和攻击，世界工联直接发文逐条进行驳斥。

国际工联成立于 2006 年 10 月，是目前世界上最大的国际性工会组织。

---

① 《中国工会首次举办国际性职工技能大赛》，见 http://www.workercn.cn/28264/201711/10/171110201123193.shtml。

中华全国总工会 2008 年与其确立对话交流关系。2014 年 10 月，由总书记夏兰·巴洛率领的国际工联代表团到访北京，希望加强同中国工会在亚太经合组织和二十国集团框架下的伙伴关系。

此外，国际工会组织还有区域性工会组织，如非工统（1973 年 4 月成立）、欧工联、阿拉伯工人工会国际联合会（International Confederation of Arab Trade Unions，ICATU）、独联体国家工会总联合会；以及行业性国际工会组织，如国际建筑工人工会（International Federation of Building and Wood Workers，IFBWW）、国际运输工人联合会（International Transport Workers' Federation，ITF）等。它们对国际工运新秩序的发展也有不可替代的作用。中国工会同样注重同这些工会组织的交流与合作。2019 年 9 月，中国工会代表团前往肯尼亚首都内罗毕，参加非工统第 42 届总理事会暨"国际劳工组织百年宣言：工会的作用"研讨会。中国工会代表团除了积极参加大会相关议题的讨论外，还积极与非工统领导层进行接触，深入交换意见；并与其他非洲国家如埃及、苏丹、尼日利亚、南非、索马里等国家的工会代表友好交流，就未来合作方向及如何更好开展双边交流交换意见。①

四、积极扩大同西方发达国家工会的交流与合作

西方发达国家的工会是国际工运的重要力量，尤其以美国、英国、德国等国家的工会为最。劳联—产联（AFL-CIO）是美国最大的工会组织，在国际工会运动中具有重要影响力。长期以来，劳联—产联对中国工会采取不接触、不友好甚至敌对的态度。2005 年 8 月，美国工会发生分裂，美国服务雇员工会、美国卡车司机工会、美国食品工会和商业工会等 7 家工会成立了

---

① 中华全国总工会国际联络部编：《国际工运动态（2018—2019）》，中国工人出版社 2020 年版，第 270 页。

变革谋胜利工会联合会（Chang to Win）。同年10月，美国服务雇员工会主席斯特恩率美国工会代表团访华，变革谋胜利工会联合会主席安娜·博格也随团访华。2007年5月18日，美国变革谋胜利工会联合会代表团一行21人在主席安娜·博格的带领下，开始了对中国为期9天的访问。这也是美国变革谋胜利工会联合会自2005年成立以后首次正式访华，标志着中美两国工会正式建立总工会级别的友好合作关系。

德国工会联合会（German Confederation of Trade Unions，以下简称"德工联"或DGB）是德国最大的全国性总工会，也是世界上重要的工会组织之一。德工联是1978年中华全国总工会恢复对外活动后最早与我国工会建立和发展关系的主要西方国家工会。2005年5月，德工联主席舒尔特访华。同年10月，尉健行率中共代表团访问德国时也会见了德工联的主要负责人，不但实现了两会关系正常化，而且推动了两会之间的实质交流与合作。此后，中德两国产业工会及地方工会的交往也不断增加，两国工会之间建立了多层次、实质性的交往与合作关系。2018年5月，中国工会代表团应邀出席了德工联第41届代表大会。此次大会的主题是"团结、多元和公正"，重点关注劳工领域的前沿话题，比如移民、气候变化、人口变化以及数字化与自动化对工人和工作所带来的变化等。围绕这些话题，中国工会代表充分参与讨论，发表自己的观点。时任德国总统施泰因迈尔、总理默克尔和国际工联总书记夏兰巴洛、欧工联总书记贝尔纳黛特出席了会议。① 近年来，德国工会同中国工会的交流与合作日益增强，双方多次举办"中德工会论坛"，围绕经济发展及职工权益保护等相关主题进行交流与合作。目前，德工联及其下属的五金工会均与中华全国总工会保持定期交往。

日本工会同中国工会有着长期友好关系。进入新世纪以来，中国工会同

---

① 中华全国总工会国际联络部编：《国际工运动态（2018—2019）》，中国工人出版社2020年版，第294页。

日本工会的交流与合作稳步推进。2001 年初为推动中日两国友好事业在新世纪继续发展，中国工会和日本工会共同在北京建立了"中日劳动者友好之碑"。2002 年配合中日邦交正常化 30 周年的纪念活动，中华全国总工会与日本工会联合举办了三项大型群众性活动，增进了两国工人和人民之间的友谊。①2018 年是中日和平友好条约缔结 40 周年。日本工会总联合会（Japanese Trade Union Confederation，以下简称"日本联合"或 Rengo）会长神津里季生率代表团于 2018 年 7 月来华访问，双方就各自的工会重点工作进行了交流。关于两会今后的关系发展，中华全国总工会提出了四点建议，得到了神津里季生会长的积极响应。这四点建议，一是继续保持两组织定期高层会晤机制，二是继续支持推动两会下属产业、地方以及企业工会之间的交流与合作，三是加强工会智库在国际工人运动、劳动问题研究方面的合作与交流，四是希望一如既往地保持两国工会在国际工运事务中的协调与合作。②

五、发展和巩固同广大发展中国家工会的交流与合作

发展中国家工会是国际工运新秩序建设的重要力量之一，也是扩大中国工会在国际工运中影响的重要依托。中国工会坚定支持发展中国家工会的正义斗争及合理要求，无论是在亚洲地区、非洲地区还是美洲地区，都积极发展和巩固同广大发展中国家工会的交流与合作。在亚洲地区，中国工会克服困难，先后与蒙古国、越南、老挝、印度尼西亚、伊朗、哈萨克斯坦、缅甸、印度等国家的工会建立了友好合作关系。特别是为了推动亚洲工会的团

---

① 李玉赋主编：《新编工人运动史》（修订版）下卷，中国工人出版社 2020 年版，第 800 页。

② 中华全国总工会国际联络部编：《国际工运动态（2018—2019）》，中国工人出版社 2020 年版，第 128 页。

结合作，根据许多亚洲国家工会的愿望，中国工会于 1991 年和 1993 年分别召开了"工会和发展、就业"亚洲研讨会。1993 年召开的第二次亚洲研讨会范围更加广泛，内容更加深入，增加了越南和韩国工会的代表。这次亚洲研讨会除大会主旨发言外，还对就业、新技术应用、外商投资企业和经济区划等问题进行了专题分组讨论。2017 年 11 月，中国工会应老挝中央工会联合会和柬埔寨工会总联合会的邀请派团访问了两国工会。双方就国家社会经济发展及工会工作进行了交流，就加强合作达成了广泛共识。①

在非洲地区，时任中华全国总工会副主席、书记处第一书记于洪恩在 1991 年访问了摩洛哥、马里等国家。1991 年，江泽民会见来访的非工统总书记松莫努，并决定由中国工会援建非工统一座 1000 平方米的办公大楼。中华全国总工会先后派团多次出席非工统年度峰会，双方多次举办劳工相关主题研讨会，通过开展定向援助、专题培训、技能交流等方式不断增进双方的友谊与互信。2018 年，中国工会代表团先后访问了苏丹、埃塞俄比亚等国家的工会；2019 年，坦桑尼亚、南非工会代表团来华访问。中国工会同非洲地区国家工会的交流与合作进一步加强。

在美洲地区，时任中华全国总工会主席倪志福于 1992 年访问了墨西哥、巴西、古巴和委内瑞拉。此后中国工会同美洲地区发展中国家工会的交流与合作不断发展。2018 年 9 月，中国工会代表团首次访问了巴拿马，双方在交流中表达了强烈的合作愿望。2019 年 4 月，中国工会代表团出席了古巴工人中央工会第 21 次全国代表大会并顺访墨西哥，增进了双方之间的相互了解，为双方加强合作创造了有利条件。②

---

① 中华全国总工会国际联络部编：《国际工运动态（2016—2017）》，中国工人出版社 2020 年版，第 132 页。

② 中华全国总工会国际联络部编：《国际工运动态（2018—2019）》，中国工人出版社 2020 年版，第 349 页。

六、积极打造中国工会国际交流新平台

"经济全球化与工会"国际论坛，是中国工会立足经济全球化背景、紧扣工会相关主题及国际工运领域的热点问题自主打造的国际工会交流平台。自2004年首次举办"经济全球化与工会"国际论坛以来，中国工会已连续多届担任"经济全球化与工会"国际论坛的东道主，旨在为不同社会制度和意识形态的工会组织开展多层次、多渠道的平等对话与交流提供平台。每次论坛都根据国际工运形势的变化而更换主题，例如2005年论坛的主题是"经济全球化条件下的工会与消除贫困"、2008年的主题是"可持续发展、体面劳动和工会的作用"、2010年的主题是"国际金融危机与工会作用"、2014年的主题是"促改革、谋发展、共圆美好梦想"。"2008'经济全球化与工会"国际论坛召开时，胡锦涛出席开幕式并致辞。他在致辞中强调，各国工会应共同促进经济全球化健康发展，使世界经济增长惠及各国人民。2010年2月25日，"2010'经济全球化与工会"国际论坛在北京人民大会堂开幕，习近平在开幕式上致辞。本次论坛共有来自国际和区域工会组织、亚洲、非洲、拉丁美洲、欧洲78个国家和地区、118个工会组织的158名工会领导人与会。习近平在致辞中指出，各国工会都应该顺势而为、趋利避害，促进经济全球化健康发展，使世界经济增长惠及各国人民。要坚决反对和抵制各种形式的保护主义，维护公正、自由、开放的全球贸易和投资体系。[1]

"经济全球化与工会"国际论坛先后共举办了10届。10年来，论坛规模不断扩大，交流议题日益广泛，国际影响逐步增强，已成为各国工会加强合作、平等交流的重要平台，对促进各国经济社会发展、维护劳动者合法权益、实现社会公平正义和劳动者体面劳动、推进世界经济可持续发展、推动国际工运健康发展，发挥着积极作用。连续参加十届论坛的世界工联总书记

---

[1] 《人民日报》2010年2月26日。

乔治·马瑞克斯说："每一届论坛的成功及其累累硕果，都夯实了工会组织与工人阶级的国际主义和国际团结的基础。"① 论坛的成功举办也赢得了国际劳工组织的由衷称赞，评价论坛反映了国际工运和劳工领域的利益诉求，对推动包容性增长、维护劳动者权益有着重要的战略意义，是国际劳工组织体面劳动议程中的重要组成部分。

第四节　以习近平外交思想为指导，开创新时代工会外事工作新局面

新中国成立以来，中国工会在党的领导下，紧紧围绕党和国家工作大局，依据不同历史时期的形势特点，确定和调整对外工作方针政策，取得了一系列工会外事工作的新成果新业绩。改革开放以来，中国工会适应国际形势的变化，将工会对外工作方针从"独立自主、广泛联系"，进一步充实为"独立自主、互相尊重、求同存异、加强合作、增进友谊"，广泛发展工会对外友好关系，中国工会同各国工会、区域和国家工会组织的双边及多边关系进入快速发展时期。

进入新时代，中国工会坚持以习近平新时代中国特色社会主义思想为指导，立足新发展阶段，贯彻新发展理念，在独立、平等、互相尊重、互不干涉内部事务的原则下，不断深化同世界各国工会的友好合作关系与务实合作，提升中国工会在国际劳工领域的话语权和影响力，积极营造于我有利的外部劳工环境，为推动全球劳工治理体系改革，助力推动"一带一路"建设、构建人类命运共同体，作出新的更大贡献。

---

① 《"2014'经济全球化与工会国际论坛"闭幕》，见 https://www.163.com/news/article/A721V9KL00014AEE.html。

一、坚持工会外事工作的正确政治方向

实践证明，坚持党的领导，工会外事工作才能始终确保正确政治方向，沿着中国特色社会主义工会发展道路前进。

（一）坚持和加强以习近平新时代中国特色社会主义思想为指导

习近平新时代中国特色社会主义思想是当代中国马克思主义、21世纪马克思主义，是中华文化和中国精神的时代精华。习近平外交思想是习近平新时代中国特色社会主义思想的重要组成部分，是新时代我国对外工作的根本遵循和行动指南。坚持用习近平外交思想武装头脑、指导实践、推动工作，是学习贯彻习近平新时代中国特色社会主义思想、全面推进中国式社会主义现代化建设事业的必然要求，是服务实现中华民族伟大复兴的必然要求，是全面推进新时代中国特色大国外交的必然要求。新时代工会外事工作要坚持把学习贯彻习近平新时代中国特色社会主义思想，特别是习近平外交思想作为重要政治任务，把学习贯彻习近平外交思想的精神实质，与深刻领会党的二十大和党的二十届二中、三中全会精神相结合，与贯彻落实习近平总书记关于工人阶级和工会工作的重要论述相结合，提高政治站位，保持战略定力，始终坚持工会外事工作正确政治方向。

（二）始终坚持党对工会外事工作的领导

党的二十大报告指出，"坚持党的全面领导是坚持和发展中国特色社会主义的必由之路，中国特色社会主义是实现中华民族伟大复兴的必由之路"。① 党是最高政治领导力量，党的集中统一领导是中国外交的最大政治优势，中国特色社会主义是中国外交的源泉和根基。新时代工会外事工作要

---

① 《习近平著作选读》第一卷，人民出版社2023年版，第57页。

自觉接受党的领导，坚决维护习近平总书记党中央的核心、全党的核心地位，坚决维护党中央权威和集中统一领导，深刻领悟"两个确立"的决定性意义，增强"四个意识"、坚定"四个自信"、做到"两个维护"。要全面贯彻党的基本理论、基本路线、基本方略，不折不扣地将党中央对外大政方针和决策部署贯彻到工会外事工作之中，始终在政治立场、政治方向、政治原则、政治道路上同以习近平同志为核心的党中央保持高度一致，不断提高政治判断力、领悟力、执行力。

（三）切实增强对外工作"大协同"意识

对外工作是一个系统工程。有关各方要强化统筹协调，形成和巩固党总揽全局、协调各方的对外工作大协同，凝聚合力，承担起实现中华民族伟大复兴、推进人类命运共同体建设事业的历史重任。新时代工会外事工作要牢固树立对外工作"一盘棋"的系统性观念意识，从党和国家工作大局的高度来思考问题、谋划并推进工作。各级工会组织要积极主动向同级党委、上级工会组织请示汇报外事工作，自觉地把工会外事工作融入党和国家的对外工作、地方经济建设、工会整体工作，在同级党委和上级工会组织的领导指导下，与地方有关部门有力配合，确保党中央对外战略部署落实到位。

（四）坚定不移走中国特色社会主义工会发展道路

习近平总书记强调，中国特色社会主义工会发展道路是中国特色社会主义道路的重要组成部分，深刻反映了中国工会的性质和特点，符合我国国情和历史发展趋势。中国特色社会主义工会发展道路是中国工运事业蓬勃发展的必由之路。新时代工会外事工作要坚持以服务强国建设、实现民族复兴为己任，以构建人类命运共同体、促进世界和平与进步为目标，继续高举"和平、发展、合作、工人权益"的旗帜，遵循"独立自主、互相尊重、求同存异、加强合作、增进友谊"的工作方针，加强同国际、区域和各国工会的交流与合作，巩固和增进与各国劳动者的友谊，营造于我有利的外部劳工环境，积极参与全球劳工治理，切实维护我国国家利益和职工合法权益，不断提升中国工会的国际地位和影响力，推动全球劳工治理朝着更加公正合理的方向发展。

二、坚决贯彻以人民为中心的外交理念

（一）深刻认识马克思主义的人民立场

人民性是科学社会主义的理论本质，是马克思主义的本质属性。马克思主义关注人的生存和发展，关注人的价值、自由和解放，揭示了人类社会发展规律，创立了人民实现自身解放的思想体系；同时指出，人民群众是社会物质财富和精神财富的创造者，是推动社会变革和社会前进的决定性力量。马克思主义为中国革命、建设、改革提供了强大思想武器，指引中国社会革命成功走上全面建设社会主义现代化强国的宽阔大道。新时代工会外事工作要坚持高举马克思主义伟大旗帜，深刻把握习近平新时代中国特色社会主义思想的世界观和方法论，坚持好运用好贯穿其中的立场、观点和方法，坚持党的创新理论，不断提升运用马克思主义中国化最新成果应对重大风险和挑战的能力。要把人民立场作为根本立场，把人民至上的原则放在一切工作的首位，把为人民谋幸福作为根本使命，为促进人的全面发展和人类进步事业不懈奋斗。

（二）积极践行外交为民的宗旨

中国外交始终坚持根植人民、胸怀人民、造福人民，处理一切国际事务和国际问题时，都从中国人民和世界人民的根本利益出发，根据事情本身的是非曲直，独立自主地决定自己的态度和政策，进而获得了中国人民和广大热爱和平的友好人士的信任与支持，拥有了深厚的根基、蓬勃的力量、强大

的动力。新时代工会外事工作要坚持维护世界和平、促进共同发展的外交政策宗旨，致力于推动构建人类命运共同体；要高举"和平、发展、合作、共赢"的旗帜，走和平发展道路，奉行独立自主的外交政策，维护国际关系基本准则，维护国际公平正义；要发挥工会作为民间组织的特点和优势，加强与各国劳动者的交流交往，拓展与国际、区域及各国工会组织的务实合作，不断夯实共建"一带一路"的民意基础和社会基础；要秉持外交为民的宗旨，讲好中国故事、中国工人阶级故事、中国工会故事，弘扬和平、发展、公平、正义、民主、自由的全人类共同价值，与各国工会组织携手，为促进社会公平正义、增进世界劳动者福祉积极贡献力量。

（三）找准新时代工会外事工作的着眼点和切入点

维护职工合法权益、竭诚服务职工群众，是新时代中国工会的基本职责。这一基本职责，充分体现了我们党以人民为中心的发展思想和全心全意依靠工人阶级的根本方针，符合中国工会的性质、价值取向和目标任务，有利于工会组织和工会工作更好地顺应形势发展、契合职工现实需要，是新时代中国工会一切工作的出发点和落脚点。工会外事工作作为工会整体工作的重要组成部分，要立足工会的基本职责，紧紧围绕工会的中心工作，深入思考、加强研究、分析研判新时代工会外事工作面临的新形势新挑战，积极探索破解工会外事工作难题的新思路新方法新举措，牢牢把握我国工人运动的时代主题，找准工会外事工作的着力点与切入口，在推动国家现代化建设与推进新时代工运事业过程中发挥积极作用，展现新的作为。

三、坚持服从服务于国家总体外交

工会外事工作是国家总体外交的重要组成部分。做好新时代工会外事工作，必须不断提高政治站位，贯彻落实党中央确定的国家外交方略，立足工会实际创造性开展工作，承担起新时代赋予工会外事工作的新使命和新任务。

（一）以元首外交为引领推进工作

习近平总书记是新时代中国外交的掌舵者和领路人。在进入新时代以来的伟大变革中，习近平总书记高瞻远瞩、运筹帷幄，继承发扬中国外交核心原则及优良传统，提出一系列富有中国特色、体现时代精神的新理念新主张新倡议；他亲力亲为、率先垂范，至 2022 年 9 月底，42 次出访成果丰硕，足迹遍及五大洲 69 个国家，全力推进波澜壮阔的新时代外交实践，引领中国特色大国外交在全球变局中开创新局，在世界乱局中化危为机，战胜了各种艰难险阻，取得了全方位、开创性历史成就。新时代工会外事工作要坚持以元首外交为引领，确立工作目标、明确工作重点，积极配合国家重大主场外交活动开展和推进工作，利用重要时间节点，有针对性地加大宣传、开展配套活动，为国家重大主场外交营造良好氛围、丰富成果清单、扩大国际影响力。要加强顶层设计，加强二十国集团、金砖国家、中非、中拉等合作框架下劳动领域相关议题和活动的设置与谋划，提出中国方案、贡献中国力量，引领舆论导向、彰显大国担当。

（二）助力"一带一路"建设

共建"一带一路"，是我国扩大对外开放、促进国际合作的重要举措。坚持以共商共建共享为原则推动"一带一路"建设，既对新时代我国开放空间布局进行了统筹谋划，又对中国与世界实现开放共赢的路径进行了顶层设计，是新时代中国特色大国外交的重大创举，是我们党关于对外开放理论和实践的重大创新。新时代工会外事工作要积极开展与共建"一带一路"国家工会组织和职工的交流交往活动，深入推进"一带一路"职工与产业工人的人文交流和国际技能交流，做实叫响共建"一带一路"国家工会干部汉语研修奖学金项目，搭建共建"一带一路"国家中资企业与有关国家工会组织的交流沟通平台，办好服务"走出去"企业的工会干部专题培训班、中外职工交流会等活动，加强信息沟通、经验分享，解疑释惑、增强互信，为夯实"一带一路"民意基础和社会基础作出贡献。

（三）切实维护国家核心利益

维护国家主权、安全、发展利益是我国对外工作的出发点和落脚点。党的十八大以来，以习近平同志为核心的党中央坚定不移地把维护国家主权、安全、发展利益放在对外工作的首要位置，作出一系列重要指示和重大决策部署，采取一系列开创性重大举措，有力维护和塑造了有利于国家发展与民族复兴的良好外部环境。当前，我国国家安全的内涵和外延比历史上任何时候都要丰富，时空领域比历史上任何时候都要宽广，内外因素比历史上任何时候都要复杂。境内外敌对势力对我劳动领域渗透破坏的手段花样翻新、更加隐秘。新时代工会外事工作要坚持贯彻总体国家安全观，贯彻落实全球安全倡议，把国家安全贯穿到工会对外工作的各方面全过程。要立足国际秩序大变局来把握规律，立足我国发展重要战略机遇期大背景来谋划布局，立足劳工领域重大风险来统筹应对。面对无理讹诈和极限施压，要保持战略定力，发扬斗争精神，坚定维护国家核心利益和民族尊严。要敢于斗争、善于斗争，既要亮明立场、正本清源、坚决捍卫底线，又要注重策略方法、讲求斗争艺术，在斗争中争取团结、在斗争中谋求合作、在斗争中争取共赢，依靠顽强斗争打开事业发展新天地。

四、坚持推动构建人类命运共同体

（一）厚植人类命运共同体理念

构建人类命运共同体，是习近平新时代中国特色社会主义思想特别是习近平外交思想的重要组成部分，是新时代中国外交的总目标，也是世界各国的共同责任和历史使命。自提出至今，人类命运共同体理念的内涵不断丰富、发展和完善，在国际社会赢得越来越广泛的认同。当前，世界之变、时代之变、历史之变正以前所未有的方式展开，构建人类命运共同体的历史远见和时代意义更加凸显。中国是这一理念的倡导者、实践者和引领者。新时代工会外事工作要深入学习贯彻构建人类命运共同体理念，深刻理解其丰富内涵和重大意义，面向国际劳工界大力宣传这一理念以及中国推进构建人类命运共同体理念积累的实践经验，讲好中国故事、中国工人阶级故事、中国工会故事，促进民心相通、文化相融，让人类命运共同体理念在国际劳工界得到更广泛的理解和认同。

（二）巩固与周边和广大发展中国家的友谊

周边是我国安身立命之所、发展繁荣之基。广大发展中国家是我国在国际事务中的天然同盟军，始终是我国外交战略的"基本盘"。党的十八大以来，以习近平同志为核心的党中央在保持外交大政方针延续性和稳定性的基础上，积极运筹、锐意进取，开展了一系列重大外交活动，丰富和发展了对周边及发展中国家的外交理论与实践。新时代工会外事工作在推进与周边和发展中国家工会组织关系的过程中，要坚持正确的义利观，秉持公道正义，坚持平等相待，在涉及对方核心利益和重大关切的问题上相互支持，维护发展中国家共同利益。要忠实贯彻党中央关于周边、中非、中阿、中拉等重要战略思想和方针政策，积极对接国家间合作框架及各国发展战略，深化同周边及广大发展中国家工会的交流与务实合作，拓展工会南南合作的深度和广度，团结扶持知华友华力量，多做得人心、暖人心的事，使周边及广大发展中国家的工会和劳动者对我更友善、更亲近、更认同、更支持，不断扩大中国工会的"朋友圈"。

（三）加强与大国工会组织的沟通协调

发展同主要大国的关系是中国对外关系的重要组成部分。习近平总书记指出，大国关系事关全球战略稳定，大国肩上都承担着特殊责任。中国致力于推进大国协调合作，期待大国和睦相处、不冲突不对抗、相互尊重、合作共赢，推动构建总体稳定、均衡发展的大国关系框架。新时代工会外事工作要坚决贯彻党中央关于发展大国关系的方针政策和决策部署，着眼国家发展战略，有针对性地做重点国家、重要组织、重点人物的工作，开展高层会晤、增强政治互信，加强对话沟通、寻求更多利益交汇点，通过举办专题研讨等活动，从双方共同感兴趣的话题入手凝聚更多共识，为推动构建新型大国关系夯实基础。

五、坚持推动全球劳工治理体系改革

（一）坚定维护真正的多边主义

习近平总书记指出，世界上的问题错综复杂。解决问题的出路是维护和践行多边主义，推动构建人类命运共同体。21 世纪的多边主义要守正出新、面向未来，既要坚持多边主义的核心价值和基本原则，也要立足世界格局变化，着眼应对全球性挑战需要，在广泛协商、凝聚共识基础上改革和完善全球治理体系。新时代工会外事工作在参与国际劳工事务的过程中，要坚持维护以联合国为核心的国际体系，维护以国际法为基础的国际秩序，反对一切形式的单边主义，反对国际劳工事务中霸权主义和强权政治的行径，反对搞针对特定国家的阵营化和排他性小圈子。要团结一切可以团结的力量，巩固和扩大同广大发展中国家工会的友谊与合作，坚持和践行共商共建共享的全球治理观，以公平正义为理念引领全球劳工治理体系变革，坚持对话而不对抗、包容而不排他，携手应对全球挑战、促进全球发展。

（二）更加自信地参与全球劳工治理

坚持中国特色社会主义的道路自信、理论自信、制度自信、文化自信，体现了新时代中国的国家意志、民族精神和国际形象，是开展对外工作的力量之源和信念之基。坚持以中国特色社会主义为根本增强战略自信，是新时代中国对外工作必须遵循的根本要求。新时代工会外事工作要始终高举中国特色社会主义伟大旗帜，在国际劳工事务中，更加自信地展示我国国家制度和国家治理体系的显著优势，更加自信地参与国际劳工领域会议议题的设置、国际劳工标准及规则的制定、国际劳工组织重要职位的选举和推荐，更加自信地推进落实全球发展倡议、工会南南合作，支持扩大发展中国家在国际劳工事务中的代表性和发言权，坚定维护发展中国家工会的合理诉求与正当权益，引领全球劳工治理体系改革的前进方向，展现中国精神、中国价值、中国力量。

（三）不断增强参与全球劳工治理的能力和水平

当前，国际形势波诡云谲、周边环境复杂敏感、改革发展稳定的任务艰巨繁重，对外工作的任务更加繁重、使命更加光荣。新时代工会外事工作要坚持以党的政治建设为统领，把党的建设落实到干部队伍建设全过程，着力培养建设一支忠于党、忠于国家、忠于人民，政治坚定、业务精湛、作风过硬、纪律严明的工会外事工作队伍。要弘扬伟大建党精神，心怀"国之大者"、统筹"两个大局"，以实际行动把握新发展阶段、贯彻新发展理念、构建新发展格局，在新时代新征程上展现新气象新作为。要树立正确的历史观、大局观、角色观，在变局中把握本质、抓住机遇，掌握战略主动权。要增强忧患意识，未雨绸缪，精准研判、妥善化解劳动领域重大风险。要坚持底线思维、保持战略定力，敢于斗争、善于斗争，将原则的坚定性和策略的灵活性有机结合，建设和巩固国际民间统一战线。要加强业务学习，不仅要熟悉党和国家的方针政策、了解我国国情，还要具有全球视野、通晓国际规则、精通谈判，不断提升中国工会在国际劳工事务中的参与度和话语权，为营造于我有利的外部劳工环境、推动实现中华民族伟大复兴的中国梦、构建人类命运共同体作出新的更大贡献。

思考题

1. 什么是国际工运新秩序？中国工会提出国际工运新秩序的时代背景是什么？

2. 中国工会参与国际工运新秩序建设的基本原则有哪些？

3. 中国工会参与国际工运新秩序建设的基本途径有哪些？

4. 什么是新时代中国工会外事工作的指导思想与行动指南？

参 考 文 献

《马克思恩格斯选集》第 4 卷，人民出版社 1995 年版。

王东明：《在中国工会第十八次全国代表大会上的报告》，《工人日报》2023 年 10 月 14 日。

李玉赋主编：《新编工人运动史》（修订版）下卷，中国工人出版社 2020 年版。

陈刚：《深入学习贯彻习近平外交思想，推动新时代中国工会外事工作创新发展》，《当代世界》2021 年第 10 期。

全国工会干部培训基础教材编写委员会：《国际工会运动概论》，中国工人出版社 2023 年版。

黄汝接：《经济全球化进程中工会地区间的对话与和合作》，《工会博览》2007 年第 28 期。

夏晓梅：《经济全球化对国际工会运动的影响及其主要对策》，《中国工运》2000年第9期。

余晓敏：《经济全球化背景下的劳工运动：现象、问题与理论》，《社会学研究》2006年第3期。

岳长龄：《西方全球化理论面面观》，《战略与管理》1995年第6期。

张志强：《在世界百年未有之大变局中创造人类文明新形态》，《世界社会主义研究》2022年第4期。

朱斌：《经济全球化发展对世界工会运动的挑战》，《国际工运》2004年第4期。

中华全国总工会国际联络部编：《国际工运动态（2016—2017)》，中国工人出版社2020年版。

中华全国总工会国际联络部编：《国际工运动态（2018—2019)》，中国工人出版社2020年版。

后　记

　　研究生教材《中国特色社会主义工会学》是中国劳动关系学院"十四五"规划建设项目，依托学校研究生处在 2020 年确立的特色学科建设项目开展，由工会学院、工会干部培训学院成立课题组，具体组织与统筹计划。

　　本教材付梓成书之际，将迎来中华全国总工会百年华诞，这是党领导下的我国工运事业政治生活中的一件大事。谨以本书向中华全国总工会成立 100 周年献礼！

　　本编写组坚持以习近平新时代中国特色社会主义思想为指导，以习近平总书记关于工人阶级和工会工作的重要论述为根本遵循，深入学习贯彻习近平总书记关于高等教育的重要论述，坚持历史与现实、理论与实践相统一，融多学科于一体，对工会学相关问题开展研究，探索编撰出工会学学科领域的第一部研究生教材——《中国特色社会主义工会学》。本教材以研究"工会的产生和中国共产党领导下中国工会运动的历史发展，中国特色社会主义工会学的研究对象、学科归属和建构原则，中国特色社会主义工会学的逻辑起点、逻辑落脚点和范畴体系，中国特色社会主义工会学的研究范式和研究方法，建构中国特色社会主义工会学的重要意义"等基本问题作为绪论，分别对以下基本理论问题进行深刻阐述，构成了《中国特色社会主义工会学》的理论体系，即：中国特色社会主义工会学的理论基础，中国特色社会主义工会学的实践基础，中国特色社会主义工会的性质和地位，中国特色社会主义工会的基本职责与职能，中国特色社会主义工会的发展道路，中国特色社会主义工会的作用，中国特色社会主义工会的关系，工会工作的基本理念、基本原则与基本规律，中国特色社会主义工会建设，中国特色社会主义工会改革与创新，中国工会走向国际的对外交往与合作。

《中国特色社会主义工会学》由中国劳动关系学院党委书记刘向兵研究员和《中国劳动关系学院学报》原总编辑、中国劳动关系学院工会干部培训学院赵健杰教授担任主编。全书的总体框架、编写大纲和写作体系由主编提出，在中国科学社会主义学会副会长倪德刚教授、中华全国总工会研究室副主任徐世鼎的指导下，并经编写组成员充分讨论后确定。最后，刘向兵、赵健杰负责全书的统稿与整合工作，杨志强副研究员、钟雪生副教授担任项目建设的统筹与服务工作。

参加本书撰写的成员及分工如下：绪论由赵健杰教授撰写，第一章由杨冬梅教授、孙伟正副教授撰写，第二章由刘元文教授撰写，第三章由孟泉副教授、谭丙华博士撰写，第四章由曹荣副教授撰写，第五章由钟雪生副教授撰写，第六章由胡玉玲博士、李杏果教授撰写，第七章由刘晓倩副教授撰写，第八章由范丽娜副教授撰写，第九章由原会建副教授撰写，第十章由王明哲副教授撰写，第十一章由李磊教授、杨志强副研究员、郑海欣撰写。

在本书编写过程中，中国劳动关系学院副校长李珂研究员、潘泰萍教授、桂俊煜教授给予了一定指导，杨柳芩、王菲等同志也做了大量协调与服务工作，在此一并表示衷心感谢！

感谢人民出版社有关同志的大力支持，以及为本书出版付出的努力。

在本书编撰过程中，作者阅读、参考、吸收、引用了大量国内外学者的研究成果与文献，在此谨向这些成果的作者表示真诚的感谢和崇高的敬意！

由于撰写者能力与水平所限，书中难免存在一些缺点和表述不当之处，恳请专家、学者、读者批评指正。

《中国特色社会主义工会学》编写组

2024 年 11 月